Geulnuri
2020-B-01

Intellectual Property Act

지적재산권법

- 개요와 실무 -

김 관 식

글누리
HNU

머 / 리 / 말

필자가 20여년 전 다케다 가즈히코(竹田和彦) 선생의 "特許の知識"을 특허청의 동료 심사관들과 함께 공부하면서 이론과 실무를 겸비한 이 책의 진가를 발견하고 나도 언젠가는 이와 같은 책을 한번 써 보고자하는 마음을 품었던 것이 엊그제 같다.

본서는 지적재산권법을 처음 접하는 이들이 지적재산권법의 전반적인 체제를 이해하고 그 바탕 위에서 지적재산권을 실제 사회에서 확보하여 이를 쉽게 활용할 수 있도록 기본적이면서도 체계적인 정보를 제공한다는 점을 기본적인 집필 방향으로 삼았다. 이를 위하여 본서에서는 새로운 아이디어를 창출한 이가 이를 지적재산권으로 확보하고 이를 실제로 활용하기 위하여 현실에서 고려하여야 할 지식을 순차적으로 배열하였다. 제1편에서는 지적재산권 전반에 관한 기본적인 지식을, 제2편에서는 지적재산권을 확보하기 위하여 실제로 필요한 절차를 다루고, 제3편에서는 확보된 지적재산권을 활용할 때 타인과의 관계에서 발생할 수 있는 지적재산권 침해 문제를 간략하게 기술하였다.

본서에서는 종전의 초판과 개정판 발행이후의 법령 및 실무의 개정 사항을 반영하고 내용을 수정 · 보완하였으나, 지적재산권 분야의 법령과 이를 반영한 실무 절차 등은 다른 분야에 비하여 비교적 자주 변경되는 실정이어서 본서에서 제시된 법령의 내용이나 수수료 액수 등은 독자가 접하는 시점에서 일부 차이가 있을 수도 있다는 점을 염두에 두기 바란다.

한정된 지면에 특허법, 실용신안법, 디자인보호법 및 상표법의 산업재산권법과, 저작권법, 그리고 컴퓨터프로그램, 인터넷, 생명공학 등의 첨단기술과 관련된 지적재산권법을 모두 담기에는 본인의 능력이 부족함을 절감하게 된다. 실무와 관련된 지적재산권법을 강의하면서 적절한 교재를 구하지 못하여 이를 일천한 우리나라의 연구 환경 탓으로 돌리며 적절한 교재를 만들어 보려고 한 것이 한 낱 희망으로 남게 된 것 같아 아쉬움이 남지만, 향후 내용은 점차 보완하기로 다짐하고 “천리 길도 한 걸음부터”라는 평범한 진리에 마음 한자락 의지하면서 이 조그만 책자를 세상에 내보낸다.

2020년 봄을 맞아

연구실에서 저자

목 차

제 1 편
지적재산권

1. 갑돌이는 휴대폰을 사용하다가, 현재의 한글 입력방법이 불편하다고 느껴서, 새로운 입력방법을 생각해 내었다. 휴대폰과 같은 물건에 대해서는 특허를 받을 수 있다는 것은 알고 있지만, 한글을 입력하는 방법과 같은 것으로도 특허를 받을 수 있는지 궁금하다. 특허를 받을 수 있는가?

2. 을순이는 남편을 도와서 새로운 사업을 벌이고자 한다. 다단계 영업방법이 큰 자본 없이 돈을 벌수 있는 방법으로 생각되어 이 영업을 시작하려고 한다. 하지만, 현재의 다단계 영업방법에 관한 인식이 좋지 않아, 현재의 영업방법을 개량한 새로운 다단계 영업방법을 생각해 내었다. 이 새로운 다단계 영업방법에 대하여 특허를 받을 수 있는가?

3. 갑돌이는 인터넷 상의 웹페이지를 검색하는 경우에 검색된 다수의 웹페이지를 우선순위에 따라 순위를 매겨서 보여주는 알고리즘을 생각한 후 이를 컴퓨터 프로그램으로 실제로 구현하였다. 갑돌이는 자신의 프로그램에 대하여 어떻게 보호받을 수 있는가?

제1장 지적재산권의 개요

제1절 법, 권리, 지적재산권

Ⅰ. 법, 권리, 정의

우리나라를 비롯한 동아시아의 한자 문화권에서는 법(法)이라는 용어를 널리 사용하고 있다. 그런데 현재의 법학 등에서 사용하는 법의 용어는 동아시아에서 전통적으로 사용되던 법의 의미와는 차이점이 많고, 이는 서양의 근대 법학 특히 우리나라 법학의 근원이 되는 독일 법학에서 '권리'의 의미로 사용되는 'Recht'[1]에 대응하는 것이다. 이러한 사례로는 독일의 경우 특허법을 지칭하는 용어로 특허권리(Patentrecht)의 용어를 사용하는 점으로부터도 잘 알

1) 영어로는 Right에 대응한다.

수 있다.

또한 서양에서 사용되는 언어의 뿌리가 되는 라틴어에서 Ius는 법뿐만 아니라 '정의'(옳은 것)의 의미를 가지고 있고, 이러한 점은 Iustatia(정의), Iustinianus (유스티니아누스 대제)의 용례에서 잘 알 수 있다. 영어 단어의 다수는 그 뿌리를 고대 로마의 라틴어에 두고 있는데, Ius의 라틴어에서 비롯된 단어로는 Jury(배심원), Judge(판사), Justice(정의, 대법관), Jurisprudence(법학, 법철학, 법리학) 등이 있고, 여기에서도 법과 정의는 구분이 되지 않는 개념임을 잘 알 수 있다.

이와 같이 근대 법학에서 사용되는 법에는 권리와 정의의 개념이 포함되어 있음을 잘 알 수 있다.

Ⅱ. 지적재산권

인간이 누릴 수 있는 권리는 참정권 등의 '공적인 권리'(公權, 공권)과, 재산권, 인격권(명예권),[2] 가족권, 사원권 등의 '사적인 권리'(公權, 사권)으로 크게 구분된다. 이중에서 재산권은 물건에 대하여 발생하는 '물권'과 다른 사람의 일정한 행위 즉 '급부'(給付 Leistung)를 요구할 수 있는 '채권'으로 구분된다.[3]

특허권, 상표권, 저작권 등은 권리 중에서 사권이고, 사권 중에서 재산권의 일종임에는 분명하나, 전통적인 물권과 채권으로는 보기 힘든 재산권의 일종이라는 점 때문에, 현재는 이들을 대체로 무체재산권[4] 또는 지적재산권, 지식재산권[5]의 이름으로 부르고 있다.

---

2) 대표적인 예가, 타인의 초상(肖像, 사람의 얼굴이나 모습)을 무단으로 촬영하거나 사용하는 경우에 침해 여부가 문제가 되는 초상권이 있다.

3) 법학의 세계에서는 이 세상을 '사람(人)'과 '물건'으로 크게 구분한다. 사람 중에서 실제의 자연인이 아닌 법적으로 인정하는 사람을 법인(法人)이라고 한다. 물권과 채권의 구분은 물건에 대한 권리를 물권으로, (다른) 사람에 대한 권리를 채권으로 이해할 수 있다.

4) 이는 통상의 물건이 고체, 액체, 기체 등의 유체물을 대상으로 하고 있는데 반하여, 특허권, 저작권 등의 지적재산권이 무체물을 그 대상으로 하고 있다는 점을 고려한 것이다.

5) 이는 Intellectual Property에 대응하는 것으로, 지식(아는 것)에 관련된 재산권이라는 의미이다.

제2절 아이디어와 지적재산권

인간이 창조적 노력을 하여 새로운 물건을 만든 것은 역사가 오래되었다. 양들을 가두기 위한 철사 울타리에 가시달린 철사를 사용한 예가 있고, 단면이 둥근 연필이 경사면에서 잘 구르는 것을 단면을 육각형으로 하여 잘 구르지 않게 개량한 예도 있다. 그 외에도 에디슨의 백열전구, 현재 널리 사용되는 휴대폰의 덮개 및 안테나 구조 등도 인간이 창조적 노력을 발휘한 결과이다.

다음 그림은 에디슨이 1880년 1월 27일에 미국 특허 제223,898호로 획득한 전구(Electric-Lamp)에 관한 특허명세서이다.

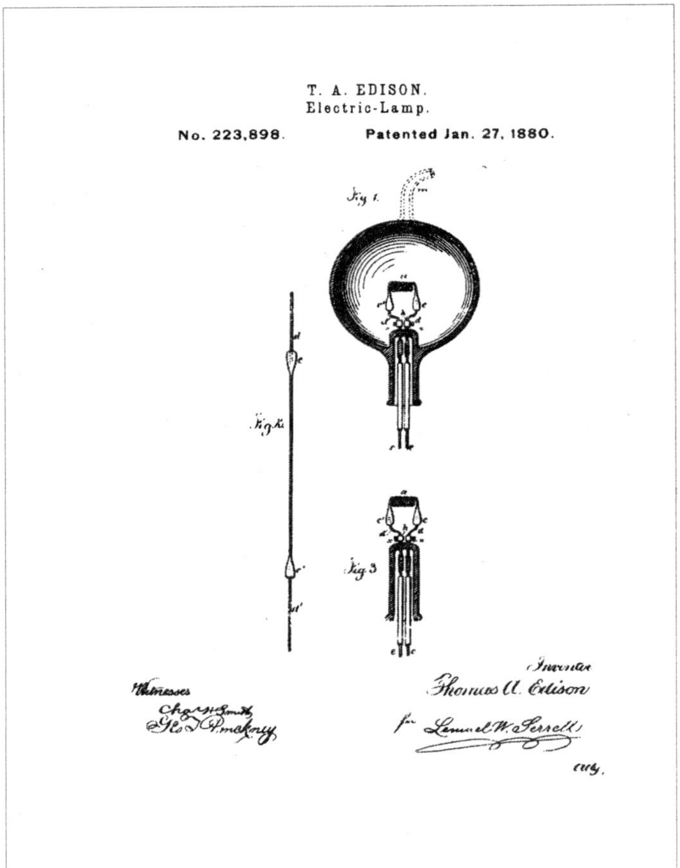

【그림 1-1】 에디슨의 특허 제223,898호의 도면

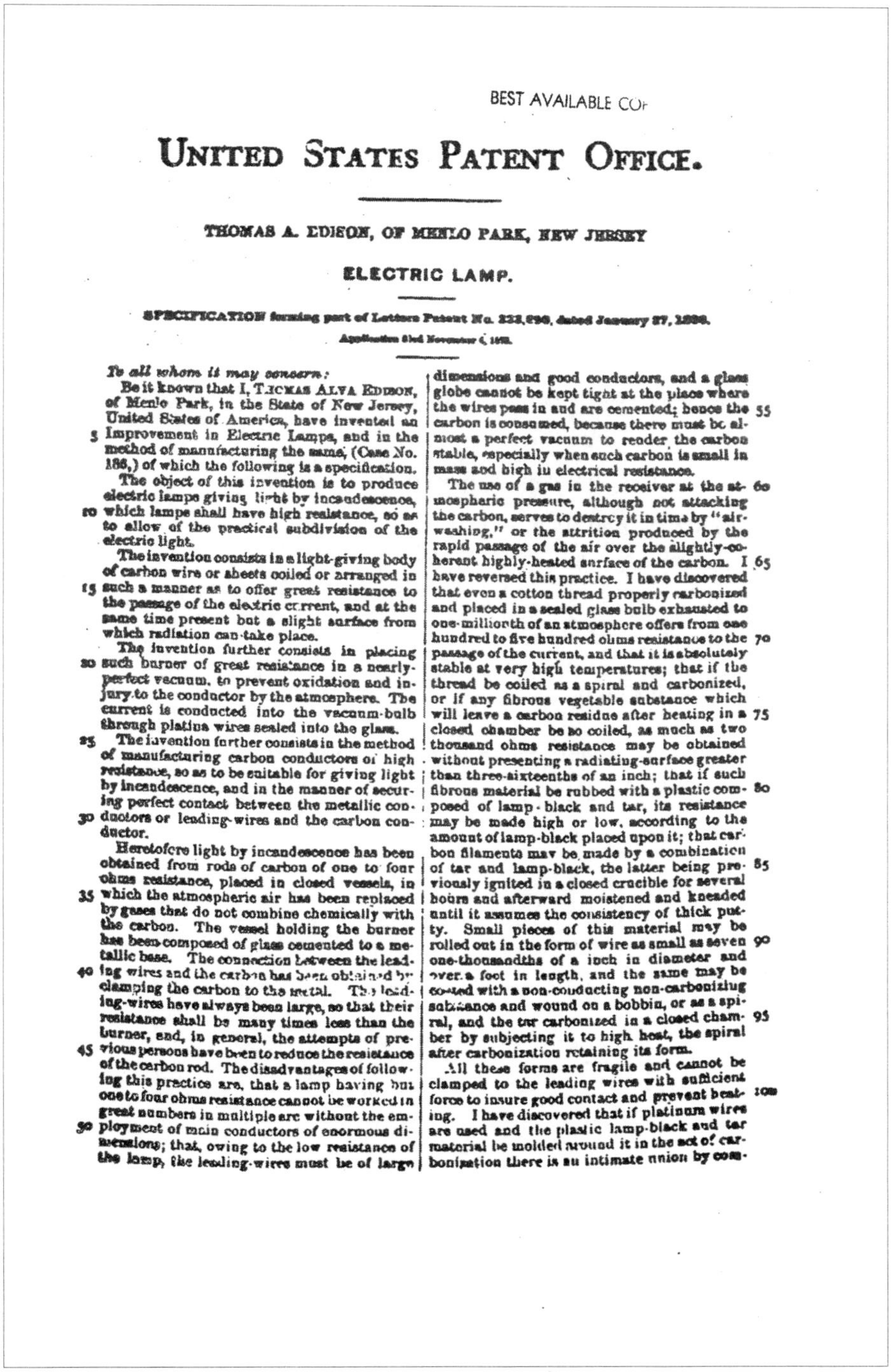

BEST AVAILABLE CO

UNITED STATES PATENT OFFICE.

THOMAS A. EDISON, OF MENLO PARK, NEW JERSEY

ELECTRIC LAMP.

SPECIFICATION forming part of Letters Patent No. 223,898, dated January 27, 1880.

Application filed November 4, 1879.

To all whom it may concern:

Be it known that I, THOMAS ALVA EDISON, of Menlo Park, in the State of New Jersey, United States of America, have invented an Improvement in Electric Lamps, and in the method of manufacturing the same, (Case No. 186,) of which the following is a specification.

The object of this invention is to produce electric lamps giving light by incandescence, which lamps shall have high resistance, so as to allow of the practical subdivision of the electric light.

The invention consists in a light-giving body of carbon wire or sheets coiled or arranged in such a manner as to offer great resistance to the passage of the electric current, and at the same time present but a slight surface from which radiation can take place.

The invention further consists in placing such burner of great resistance in a nearly-perfect vacuum, to prevent oxidation and injury to the conductor by the atmosphere. The current is conducted into the vacuum-bulb through platina wires sealed into the glass.

The invention further consists in the method of manufacturing carbon conductors of high resistance, so as to be suitable for giving light by incandescence, and in the manner of securing perfect contact between the metallic conductors or leading-wires and the carbon conductor.

Heretofore light by incandescence has been obtained from rods of carbon of one to four ohms resistance, placed in closed vessels, in which the atmospheric air has been replaced by gases that do not combine chemically with the carbon. The vessel holding the burner has been composed of glass cemented to a metallic base. The connection between the leading wires and the carbon has been obtained by clamping the carbon to the metal. The leading-wires have always been large, so that their resistance shall be many times less than the burner, and, in general, the attempts of previous persons have been to reduce the resistance of the carbon rod. The disadvantages of following this practice are, that a lamp having but one to four ohms resistance cannot be worked in great numbers in multiple arc without the employment of main conductors of enormous dimensions; that, owing to the low resistance of the lamp, the leading-wires must be of large dimensions and good conductors, and a glass globe cannot be kept tight at the place where the wires pass in and are cemented; hence the carbon is consumed, because there must be almost a perfect vacuum to render the carbon stable, especially when such carbon is small in mass and high in electrical resistance.

The use of a gas in the receiver at the atmospheric pressure, although not attacking the carbon, serves to destroy it in time by "air-washing," or the attrition produced by the rapid passage of the air over the slightly-coherent highly-heated surface of the carbon. I have reversed this practice. I have discovered that even a cotton thread properly carbonized and placed in a sealed glass bulb exhausted to one-millionth of an atmosphere offers from one hundred to five hundred ohms resistance to the passage of the current, and that it is absolutely stable at very high temperatures; that if the thread be coiled as a spiral and carbonized, or if any fibrous vegetable substance which will leave a carbon residue after heating in a closed chamber be so coiled, as much as two thousand ohms resistance may be obtained without presenting a radiating-surface greater than three-sixteenths of an inch; that if such fibrous material be rubbed with a plastic composed of lamp-black and tar, its resistance may be made high or low, according to the amount of lamp-black placed upon it; that carbon filaments may be made by a combination of tar and lamp-black, the latter being previously ignited in a closed crucible for several hours and afterward moistened and kneaded until it assumes the consistency of thick putty. Small pieces of this material may be rolled out in the form of wire as small as seven one-thousandths of a inch in diameter and over a foot in length, and the same may be coated with a non-conducting non-carbonizing substance and wound on a bobbin, or as a spiral, and the tar carbonized in a closed chamber by subjecting it to high heat, the spiral after carbonization retaining its form.

All these forms are fragile and cannot be clamped to the leading wires with sufficient force to insure good contact and prevent heating. I have discovered that if platinum wires are used and the plastic lamp-black and tar material be molded around it in the act of carbonization there is an intimate union by com-

【그림 1-2】 에디슨의 특허 제223,898호의 명세서 1면

본 특허명세서의 특허청구범위에는 탄소로 구성되는 고저항의 필라멘트와 이를 지지하는 금속체로 구성되어 백열방식6)으로 빛을 발하는 전기램프가 기술되어 있다.

I claim as my invention-

1. An electric lamp for giving light by incandescence, consisting of a filament of carbon of high resistance, made as described, and secured to metallic wires, as set forth.

......

Signed by me this 1st day of November, A.D. 1879.

THOMAS A. EDISON.

Witnesses :

S. L. Griffin.

John F. Randolph.

【그림 1-3】 에디슨의 특허 제223,898호의 특허청구범위

6) 물체의 온도가 올라감에 따라 빛이 발생하는 현상을 말한다. 온도가 점차 증가함에 따라 적외선, 가시광신(빨강, 주황, 노랑, 초록, 파랑, 남색, 보라), 자외선 등으로 그 색상이 변화한다. 현재 널리 사용되고 있는 형광등은 백열등과 달리, 형광등 내에 포함되어 있는 수은 증기에 전자를 충돌시켜서 발생하는 자외선을 형광등 안쪽 표면에 도포되어 있는 형광물질에 비추어서 가시광선을 발생시키는 것으로 백열등과 그 원리가 상이하고, 전기를 빛으로 변환시키는 효율이 높다. 현재 점차 사용되고 있는 LED(발광다이오드, Light Emitting Diode)는 반도체 소자를 이용하여 빛을 발생시키는 것으로 효율이 형광등보다도 높아 점차 널리 사용되고 있다.

material be molded around it in the act of carbonization there is an intimate union by combination and by pressure between the carbon and platina, and nearly perfect contact is obtained without the necessity of clamps; hence the burner and the leading-wires are connected to the carbon ready to be placed in the vacuum-bulb.

When fibrous material is used the plastic lamp-black and tar are used to secure it to the platina before carbonizing.

By using the carbon wire of such high resistance I am enabled to use fine platinum wires for leading-wires, as they will have a small resistance compared to the burner, and hence will not heat and crack the sealed vacuum-bulb. Platina can only be used, as its expansion is nearly the same as that of glass.

By using a considerable length of carbon wire and coiling it the exterior, which is only a small portion of its entire surface, will form the principal radiating-surface; hence I am able to raise the specific heat of the whole of the carbon, and thus prevent the rapid reception and disappearance of the light, which on a plain wire is prejudicial, as it shows the least unsteadiness of the current by the flickering of the light; but if the current is steady the defect does not show.

I have carbonized and used cotton and linen thread, wood splints, papers coiled in various ways, also lamp-black, plumbago, and carbon in various forms, mixed with tar and kneaded so that the same may be rolled out into wires of various lengths and diameters. Each wire, however, is to be uniform in size throughout.

If the carbon thread is liable to be distorted during carbonization it is to be coiled between a helix of copper wire. The ends of the carbon or filament are secured to the platina leading-wires by plastic carbonizable material, and the whole placed in the carbonizing-chamber. The copper, which has served to prevent distortion of the carbon thread, is afterward eaten away by nitric acid, and the spiral soaked in water, and then dried and placed on the glass holder, and a glass bulb blown over the whole, with a leading-tube for exhaustion by a mercury-pump. This tube, when a high vacuum has been reached, is hermetically sealed.

With substances which are not greatly distorted in carbonizing, they may be coated with a non-conducting non-carbonizable substance, which allows one coil or turn of the carbon to rest upon and be supported by the other.

In the drawings, Figure 1 shows the lamp sectionally. *a* is the carbon spiral or thread. *c c'* are the thickened ends of the spiral, formed of the plastic compound of lamp-black and tar. *d d'* are the platina wires. *h h* are the clamps, which serve to connect the platina wires, cemented in the carbon, with the leading-wires *x x*, sealed in the glass vacuum-bulb. *e e* are copper wires, connected just outside the bulb to the wires *x x*. *m* is the tube (shown by dotted lines) leading to the vacuum-pump, which, after exhaustion, is hermetically sealed and the surplus removed.

Fig. 2 represents the plastic material before being wound into a spiral.

Fig. 3 shows the spiral after carbonization, ready to have a bulb blown over it.

I claim as my invention—

1. An electric lamp for giving light by incandescence, consisting of a filament of carbon of high resistance, made as described, and secured to metallic wires, as set forth.

2. The combination of carbon filaments with a receiver made entirely of glass and conductors passing through the glass, and from which receiver the air is exhausted, for the purposes set forth.

3. A carbon filament or strip coiled and connected to electric conductors so that only a portion of the surface of such carbon conductors shall be exposed for radiating light, as set forth.

4. The method herein described of securing the platina contact-wires to the carbon filament and carbonizing of the whole in a closed chamber, substantially as set forth.

Signed by me this 1st day of November, A. D. 1879.

THOMAS A. EDISON.

Witnesses:

S. L. GRIFFIN,
JOHN F. RANDOLPH.

【그림 1-4】 에디슨의 특허 제223,898호의 명세서 2면

Correction in Letters Patent No. 223,898.

12-18-1883

DEPARTMENT OF THE INTERIOR,

UNITED STATES PATENT OFFICE,

WASHINGTON, D. C., *December 18, 1883.*

In compliance with the request of the party in interest, Letters Patent No. 223,898, granted January 27, 1880, to Thomas A. Edison, of Menlo Park, New Jersey, for an improvement in "Electric-Lamps," is hereby limited so as to expire at the same time with the patent of the following named, having the shortest time to run, viz: British Patent dated November 10, 1879, No. 4,576; Canadian Patent dated November 17, 1879, No. 10,654; Belgian Patent dated November 29, 1879, No. 49,884; Italian Patent dated December 6, 1879; and French Patent dated January 20, 1880, No. 133,756;

It is hereby certified that the proper entries and corrections have been made in the files and records of the Patent Office.

This amendment is made that the United States Patent may conform to the provisions of Section 4887 of the Revised Statutes.

BENJ. BUTTERWORTH,
Commissioner of Patents.

Approved:

M. L. JOSLYN,
Acting Secretary of the Interior.

【그림 1-5】 에디슨의 특허 제223,898호의 정정공보

3

Order of Cancellation of Certificate of Correction of Letters Patent No. 223,898.

It is found that the following certificate has been attached to Letters Patent granted to Thomas A. Edison for improvement in "Electric Lamps," No. 223,898, dated January 27, 1880:

DEPARTMENT OF THE INTERIOR,

UNITED STATES PATENT OFFICE,

WASHINGTON, D. C., *December 18, 1883.*

In compliance with the request of the party in interest Letters Patent No. 223,898, granted January 27, 1880, to Thomas A. Edison, of Menlo Park, New Jersey, for an improvement in "Electric Lamps," is hereby limited so as to expire at the same time with the patent of the following-named, having the shortest time to run, viz.: British patent, dated November 10, 1879, No. 4,576; Canadian patent, dated November 17, 1879, No. 10,654; Belgian patent, dated November 29, 1879, No. 49,884; Italian patent, dated December 6, 1879, and French patent, dated January 30, 1880, No. 133,756.

It is hereby certified that the proper entries and corrections have been made in the files and records of the Patent Office.

This amendment is made that the United States patent may conform to the provisions of section 4887 of the Revised Statutes.

[SEAL.]

BENJ. BUTTERWORTH,
Commissioner of Patents.

Approved:
M. L. JOSLYN,
Acting Secretary of the Interior.

Now, in compliance with the request of the parties in interest, said certificate is hereby *canceled* and proper entries and corrections have been made in the files and records of the Patent Office.

In testimony whereof I have hereunto set my hand and caused the seal of the Patent Office to be affixed, this 15th day of March, 1893.

W. E. SIMONDS,
Commissioner of Patents.

Approved:
CYRUS BUSSEY,
Assistant Secretary of the Interior.

【그림 1-6】 에디슨의 특허 제223,898호 정정 취소공보

제3절 지적재산권 제도

I. 연 혁

이와 같은 인간의 창조적 노력에 대하여 일정한 권리를 부여한 예로는 고대 그리스에서 특별한 요리를 창작한 요리사에게 1년간의 독점을 인정한 것을 들 수 있다. 비교적 체계적으로 그 권리를 보호하기 시작한 것으로는 1474년 베네치아에서 신규성, 유용성, 실행가능성을 지닌 발명에 대하여 특허를 부여하여 10년간의 독점적 권리를 부여한 것을 들 수 있다. 갈릴레오 갈릴레이가 양수기에 관한 특허를 획득한 곳도 이곳이라고 한다. 베네치아 특허법에는 특허를 출원하는 절차 및 특허를 침해한 경우에 침해자에게는 100Ducat[7]의 벌금을 부과하는 벌칙규정도 구비되어 있어 최초의 근대 특허법으로 인정할 수 있다.

영국에서는 1624년에 '신규한 제조방법'(any new manner of manufacture)[8]에 대한 '최초의 진실한 발명자'에게 14년간의 독점권을 부여하는 전매조례(Statute of Monopolies)가 제정되었으며 이곳에서 채택된 선발명주의는 훗날 미국 특허법에도 도입된다.[9] 특허(特許)로 번역된 Patent라는 용어는 전매조례에서 공개장이라는 의미로 사용된 Literae Patentes(Letters of Patent)에서 유래한 것이다. 전매조례는 현대 특허법의 모체로 인정되고 있다.

미국에서는 1641년 최초의 특허제도가 성립되어 제염방법에 대하여 최초의 특허가 부여되었고, 1790년에 미국연방특허법이 제정되었다. 미국에서는 먼저 발명한 자에게 특허를 부여하는 이른바 '선발명주의'를 오랫동안 채택하고 있었으나, 2011년 특허법의 개정(신규성, 진보성 등의 요건에 대해서는 2013. 3.16. 이후 출원분부터 적용)에 의하여 선발명주의가 일부 가미된 선출원주의를 채택하여 선출원주의를 채택하고 있는 다른 나라와 조화를 이루게 되었다.

---

7) The Economist, "Patent sense, How the system works", Oct. 22, 2005, p.6.

8) 여기서 manufacture는 물건(object)의 제조(creation)뿐만 아니라 이러한 물건의 설계(design)도 포함하는 것이다. Justine Pila, "The common law invention in its original form", Intellectual Property Quarterly 3 (1), Sweet & Maxwell, 2001. http://en.wikipedia.org/wiki/Statue_of_ Monopolies에서 재인용(2011. 1. 접속).

9) 오랫동안 미국에서는 다른 나라와 달리 선발명주의를 채택하였으나, 다른 나라와의 조화등을 고려하여, 2011년 미국 특허법의 개정에 의하여 일종의 선출원주의가 채택되어 2013. 3.16. 이후 출원분에 적용되고 있다.

독일에서는 최선출원자에게 특허를 부여하는 '선출원주의'를 표방한 특허법이 1877년에 제정되고, 일본에서는 최초의 특허제도라고 할 수 있는 '전매략(專賣略)규칙'이 1871년에 제정되어 잠시 시행한 후 폐지되었다가 1885년 전매특허조례가 다시 제정되어 특허제도가 부활하였다.

우리나라에서는 1887년, 지석영이 고종에게 올린 시무소(時務疏)에서 특허제도의 도입을 주장한 바 있고, 1908년 8월 12일 일본 특허법, 의장법(意匠法), 상표법을 의용(依用)한 한국 특허령, 의장령, 상표령을 공포하여[10] 최초의 지적재산권법 제도가 시행되었다. 이 법에 의하여 등록된 최초의 특허는 정인호가 출원한 갓 모양으로 생긴 말총모자이다.[11]

1946년 10월에는 정부가 수립되기 이전까지 특허제도의 운영을 위하여 미군정에 의하여 특허법이 시행되었는데 이 법에 의하여 1947. 2. 14. 출원되어 1948. 11. 20. 등록사정[12]된 서울시 종로구 동숭동의 중앙공업연구소 안동혁 소장의 '유화염료제조법'이 대한민국 제1호 특허로 등록되었다. 실용신안 1호는 서울 충무로 신경철의 '아동용 보건차(保建車)'로 운전하기 쉽고 저렴한 유모차에 관한 것이었고, 의장(당시에는 미장) 등록 1호는 서울 동대문구 신설동 최총록의 '반휘장 옷고름의 모양 및 색채의 결합'으로 옷감의 안팎에 금색으로 수놓은 '福' 자에 관련된 디자인에 관한 것이었다. 한편 최초의 등록상표는 천일산업이 출원하여 1949. 11. 28. 등록된 '天' 상표였다.

【그림 2-1】 대한민국 상표 등록번호 제1호

10) 일본 칙령 제196호 특허령, 제197호 의장령, 제198호 상표령.
11) 2010. 12. 3. 조선일보 A29면.
12) 현재의 등록결정.

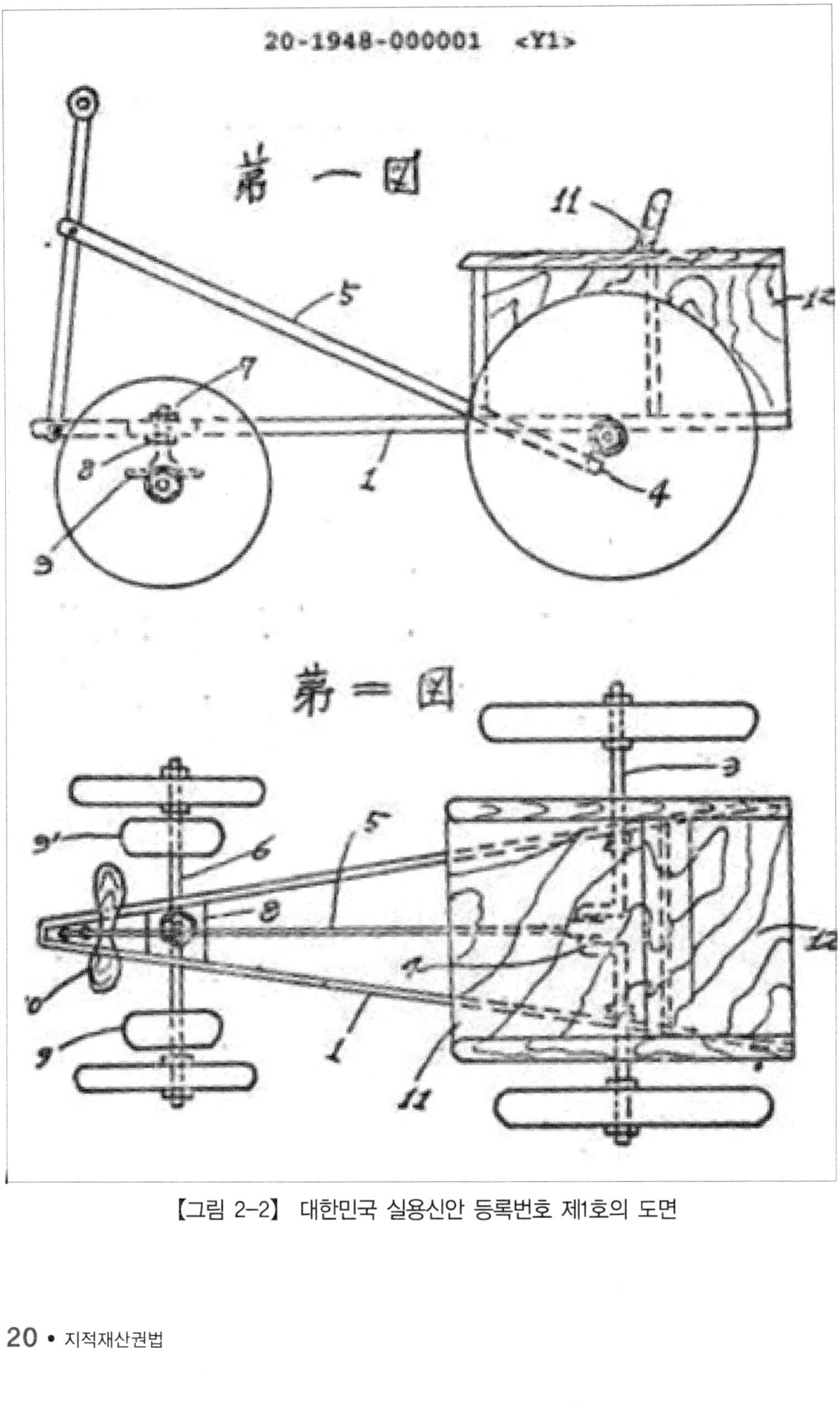

【그림 2-2】 대한민국 실용신안 등록번호 제1호의 도면

그 후 1961년에 비로소 특허법, 실용신안법, 의장법(현, 디자인보호법)이 제정되어 오늘에 이르고 있다.

Ⅱ. 근 거

인간의 창조적 결과물에 일정한 권리를 부여하는 근거로는 1791년 프랑스에서 제정된 특허법에서 새로운 기술을 창작한자는 당연히 그 창작물을 재산으로 소유할 수 있으며, 만일 그러한 창작이 창작자의 재산으로 인정되지 않으면 이것은 창작자의 인격을 본질적으로 무시하는 것이 된다는 "자연권설"을 표방한 것이 최초이다. 현재는 발명의 비밀을 공개하는 대가로 특허를 부여하여 산업발전을 도모하기 위한 산업정책적인 입장에서 특허권을 부여한다는 "산업정책설"의 입장을 유력하게 지지하고 있다.

최근에는 독점적인 권리의 대상이 전통적으로 특허의 대상으로 인정된 기계나 공작품뿐만 아니라 인간이 생성한 지적생산물 전체로 확대되고, 독점적 권리를 이용한 고율의 실시료 수입 및 고가의 매매 등이 가능하게 되는 등 그 경제적 가치도 증가하게 되어 재산권의 하나로 인정받게 되었다.

한편, 전통적인 재산권에는 물건을 대상으로 하는 물권과, 인간을 그 대상으로 하는[13] 채권이 있으며, 특허권의 대상인 발명을 물건[14]으로 구분하기에는 곤란한 점이 있어, 발명과 같은 무체물을 대상으로 하는 무체재산권으로 구분하게 되었다. 현재는 인간의 창조적 노력의 결과물에 대한 독점적 권리를 통칭하여 지적재산권(Intellectual Property), 지적소유권, 지식재산권 등으로 지칭하고 있다.[15]

13) 구체적으로는 타인의 급부 즉, 행위를 대상으로 한다.

14) 우리나라 【민법】 제98조에서는 물건을 "有體物 및 電氣 其他 管理할 수 있는 自然力"으로 규정하고 있다. 반면에 우리 민법에 지대한 영향을 미친 일본의 민법에서는 물건을 단순히 유체물로 한정하고 있다. 일본 民法 第八十五条 本法二於テ物トハ有体物ヲ謂フ(민법 제85조 본법에서 물건이라는 것은 유체물을 말한다) 참조.

15) 지적재산권(知的財産權)은 일본의 知的財産権(知的財産權)에 대응하는 용어이다. 한편, 중국에서는 이에 대응하는 용어로 知识产权(知識産權)을 사용한다.
우리나라와 일본에서 사용하는 특허(特許)라는 용어도 일본에서 만든 용어이고, 중국에서는 특허에 해당하는 용어로서 专利(專利)를 사용한다.

제2장 지적재산권의 종류

지적재산권의 종류로는 전통적으로 지적재산권 등으로 일컬어 온 것으로서 산업 발전을 목적으로 하는 산업재산권, 문화 발전을 목적으로 하는 저작권 및 최근에 지적재산권으로 인정받기 시작한 신지적재산권[16)]을 들 수 있다.

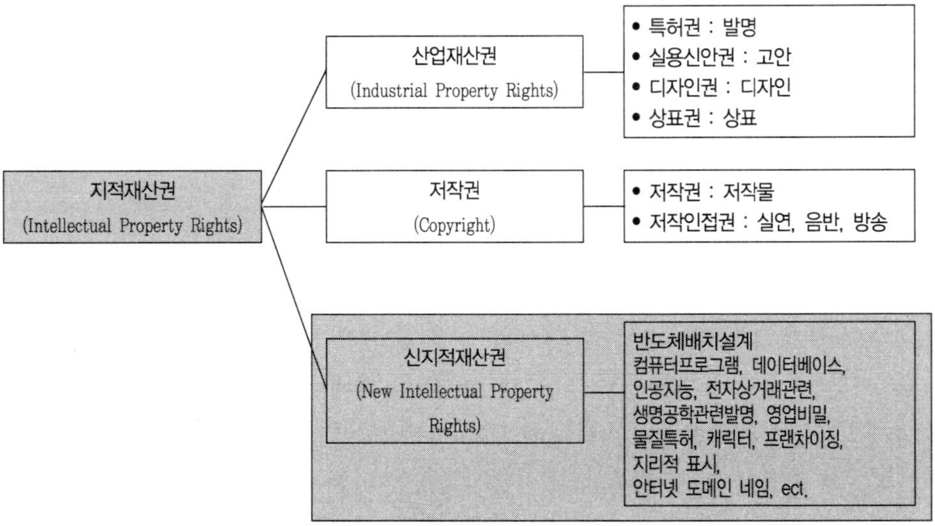

【그림 3】 지적재산권의 분류

16) 본서에서는 전통적인 산업재산권과 저작권으로 설명하기 힘들거나 비교적 최근 그 보호여부가 논의되고 있는 지적재산권에 대하여 '신지적재산권'이라는 용어를 사용하고 있으나, 혹자는 '기타 지적재산권'이라는 용어를 사용하기도 한다. 각 용어에는 장단점이 있으므로 어느 한편이 절대적으로 옳다고 할 수는 없을 것이다. 양자 모두 그 대상이 종래의 산업재산권과 저작권으로 설명하기에 부족한 점이 있다는 공통된 고민의 결과로 신지적재산권 혹은 기타지적재산권이라는 새로운 용어가 사용된 것이다.

제1절 산업재산권

산업재산권은 특허권, 실용신안권, 디자인권, 상표권 4가지로 구분된다.

Ⅰ. 특허권

1. 내용

특허권자는 출원하여 특허된 발명(특허발명)을 업(業)으로써[17] 실시할 권리를 독점한다. 따라서 타인이 정당한 근거 없이 특허발명을 실시하면 특허권 침해가 된다.

타인이 정당하게 특허발명을 실시할 수 있는 예로는, 특허권자에게 일정한 금액을 지불하여 특허권을 매수하거나, 특허권 자체는 특허권자에게 그대로 두면서 특허발명을 실시할 수 있는 권리인 실시권을 획득하는 것이 대표적이다.

특허권은 특허권 설정등록일에 발생하여 특허출원일 후 20년이 되는 날까지 존속한다(특허법 제88조 제1항).

2. 발명

(1) 개요

산업재산권 중에서 가장 중요한 위치를 차지하고 있는 특허권은 '자연법칙을 이용한 기술적 사상의 창작으로 고도한 것'을 의미하는 '발명' 중 '산업상 이용 가능한 발명'을 대상으로 한다.

특허대상인 발명을 특허법에서는 '물건의 발명'과 '방법의 발명'으로 크게 두 가지로 나누고 있다. 또한, 방법의 발명은 '단순 방법발명'과 '물건을 생산하는 방법발명'으로 나누어진다.

각국에서 특허대상으로서 발명을 어떻게 취급하고 있는 가는 과학기술의 진

---

17) 사업으로써의 의미이다.

보에 따라 신규의 기술 분야가 탄생할 때 특허대상여부를 결정하는데 큰 영향을 준다.

(2) 각국에서의 비교

우리나라에서는 특허의 대상으로 '발명' 특히 '산업상 이용가능한 발명'을 들고 있다.[18] 발명의 의미에 관해서는 특허법 제2조에서 "자연법칙을 이용한 기술적 사상의 창작으로서 고도한 것"으로 정의하고 있다.

일본에서도 발명을 "자연법칙을 이용한 기술적 사상의 창작 중 고도한 것"으로 정의하고 있어 우리나라와 유사하다.[19] 이와 같이 발명을 특허법 내에서 적극적으로 정의하는 것은 흔하지 않은 점이다.

미국에서는 특허법상의 발명을 '발명' 또는 '발견'을 의미한다고만 정의하고 있고[20] 특허대상을 규정한 미국 특허법 제101조는 특허 가능한 내용으로 신규하고 유용한 방법(process), 기계(machine), 제조물(manufacture), 조성물(composition of matter) 또는 이들의 신규하며 유용한 개량을 들고 있다.[21] 특히, 자연에 이미 존재하는 물질이더라도, 자연적으로 존재하지 않는 형태로 분리하거나 추출하면 특허의 대상이 되고 비록 생물이더라도 자연적으로 발생하는 것이 아니라면 특허 대상으로 하고 있다. 즉, 특허대상인지의 판단은 생물체인가 무생물체인가의 문제가 아니라, '자연의 산물'인가 아니면 '인간이 만든 발명'인가에 의하여 구별이 되어야 한다고 한다.[22] 또한, 컴퓨터 응용에

---

18) 특허법 제29조 ① 산업상 이용할 수 있는 발명으로서 다음 각호의 1에 해당하는 것을 제외하고는 그 발명에 대하여 특허를 받을 수 있다.

19) 일본 特許法 第2条 この法律で「発明」とは´ 自然法則を利用した技術的思想の創作のうち高度のものをいう(특허법 제2조 이 법률에서 발명이라는 것은, 자연법칙을 이용한 기술적 사상 중 고도한 것을 말한다).

20) 35 U.S.C. 100 Definitions.
When used in this title unless the context otherwise indicates –
(a) The term invention means invention or discovery.

21) 35 U.S.C. 101 Inventions patentable.
Whoever invents or discovers any new and useful process, machine, manufacture, or composition of matter, or any new and useful improvement thereof, may obtain a patent therefor, subject to the conditions and requirements of this title.

22) Funk Bros. Seed Co. v. Kalo Inoculant Co. 333 U.S. 127, 76 U.S.P.Q. 280(1948).
… Discovery of the fact that certain strains of each species of these bacteria can be mixed without harmful effect to the properties of either is a discovery of their qualities of non-inhibition. It is no more than the discovery of some of the handiwork of nature and hence is not patentable.…

관련된 것이라도, 기계로 읽는 것이 가능한 구체적인 매체에 구현된 것은 물건으로 하여, 컴퓨터에 의해 실행되는 일련의 단계는 방법으로 특허받을 수 있다.

영업방법에 관해서는 종래에는 특허되지 않는 것으로 되어 있었지만, 1996년 이래 미국 특허청의 심사지침서의 비특허대상으로부터 삭제되어, 1998년의 스테이트 스트리트 은행(State Street Bank) 사건의 미국연방순회구항소법원(CAFC; United States Court of Appeals for the Federal Circuit)[23] 판결에 의해, '유용하고, 구체적이고 또한 유형의 결과(useful, concrete and tangible result)'를 발생하게 하는 것은 특허성이 있다고 하여 유용한 결과의 발생을 특허대상의 판단기준으로 제시하여[24] 영업방법 발명이 특허대상이 될 수 있는 가능성을 확대한 바 있고, 이에 따라 국제적으로 영업방법 발명에 대한 출원이 급증한 바 있다.

그런데 2008.10.30.의 Bilski 사건의 항소심판결[25]에서는 영업방법을 포함하는 방법(process) 발명의 경우 특허대상이 되기 위해서는 기계와 결합이 되거나 방법의 대상이 되는 물질을 변형시켜야 한다는 'machine-or-transformation의 기준'을 제시하여 영업방법 발명이 특허대상으로 인정될 가능성을 매우 축소한 바 있고, 이어서 2010.6.28.의 대법원에서의 상고심에서는 영업방법이 특허의 대상이 된다는 점을 명확하게 확인하고, machine-or-transformation 기준은 방법발명의 특허대상 여부를 판단하기 위한 '유용한 테스트'가 된다는 점은 인정할 수 있지만 방법발명의 특허대상 여부를 판단하기 위한 '유일한' 테스트는 아니라고 판시하였다. 그 후 Bilski의 출원발명에 대해서는 '추상적인 사상(abstract idea)'에 불과하여 특허대상으로 인정할 수 없다고 판단한 바 있다.

결국 대법원에서는 항소심의 판단과는 달리 영업방법 발명이 machine-or-transformation 테스트를 통과하지 못하더라도 특허대상이 될 수 있음을 밝힌 것인데, 방법발명이 machine-or-transformation 테스트를 충족하지 못하는 경우에 어떠한 조건을 충족하여야 특허대상으로서의 방법발명으로 인정되는지에 대한 구체적인 판단기준을 제시하지는 않았다.[26]

---

23) CAFC에서는 우리나라의 특허법원과 달리 특허심판원의 심결에 관한 취소소송뿐만 아니라 특허에 관한 민사사건에 관한 항소심도 전속관할하고 있다.

24) 149 F.3d 1368, 47 U.S.P.Q. 2d 1596(1998).

25) 545 F.3d 943(Fe. Cir. 2008).

26) 김관식, 발명의 성립성과 subject-matter patentability, 사법 제16호, 사법발전재단, 2011, 75-116면.

한편, 발명에 해당되는 않는 것으로는, (i) 인쇄물 (ii) 과학적 원리, 수학적 발견[27] (iii) 자연적으로 발생하는 물건 (iv) 사고방법 등을 들 수 있다.

또한, 이미 알려져 있는 [旣知]의 물건에 내재하고 있는 성질의 발견은 특허될 수 없다. 다만, 발견한 성질을 이용한 물건과 방법은 특허될 수 있다.

유럽특허조약(European Patent Convention)의 경우에는 불특허대상으로, 발견, 과학적 이론, 수학적 방법, 미적인 창조품, 정신작용의 수행을 위한 방법, 게임방법, 사업방법, 컴퓨터 프로그램 등을 특허대상으로서의 발명으로서 제외하고 있다.[28]

3. 불특허 발명

특허법상 특허의 대상이 되고, 신규성 및 진보성 등의 특허요건을 충족하더라도, 특허를 부여하지 아니하는 경우가 규정되어 있다. 우리나라에서는 불특허 대상으로 1980년도에는 음식물 및 기호물, 의약 또는 2 이상의 의약을 혼합하여 1의 의약을 조제하는 방법의 발명, 화학방법에 의하여 제조될 수 있는 물질, 원자핵 변환방법에 의하여 제조될 수 있는 물질 및 화학물질의 용도에 관한 발명 및 공고의 질서 또는 선량한 풍속을 문란하게 하거나 공중의 위생을 해할 염려가 있는 발명 등이 불특허 대상으로 규정되어 있었고, 1986년도

---

27) 단, 이러한 것을 이용한 방법, 장치는 특허 가능하다.

28) Article 52 – Patentable inventions

(1) European patents shall be granted for any inventions which are susceptible of industrial application, which are new and which involve an inventive step.

(2) The following in particular shall not be regarded as inventions within the meaning of paragraph 1:

(a) discoveries, scientific theories and mathematical methods;

(b) aesthetic creations;

(c) schemes, rules and methods for performing mental acts, playing games or doing business, and programs for computers;

(d) presentations of information.

(3) The provisions of paragraph 2 shall exclude patentability of the subject-matter or activities referred to in that provision only to the extent to which a European patent application or European patent relates to such subject-matter or activities as such.

(4) Methods for treatment of the human or animal body by surgery or therapy and diagnostic methods practised on the human or animal body shall not be regarded as inventions which are susceptible of industrial application within the meaning of paragraph 1. This provision shall not apply to products, in particular substances or compositions, for use in any of these methods.

에는 물질특허에 대한 제한을 해소하여 불특허 대상으로 음식물 또는 기호물, 원자핵 변환방법에 의하여 제조될 수 있는 물질, 공공의 질서 또는 선량한 풍속을 문란하게 하거나 공중의 위생을 해할 염려가 있는 발명으로 제한하였다. 현재는 특허법 제32조에 '공공의 질서 또는 선량한 풍속에 어긋나거나 공중의 위생을 해칠 우려가 있는 발명'만으로 제한하고 있다.[29] 일본도 동일의 취지의 조문을 일본 특허법 제32조에 두고 있다.[30]

미국은 특허를 받을 수 없는 발명을 특허법 내에서는 별도로 규정하고 있지 않다. 그러나, 실무상 공서양속에 위배된 발명은 특허법 제101조에 규정중 산업상 이용 가능성이 없다는 이유로 거절되고,[31] 원자력 무기와 관련된 발명은 원자력법에 의하여 특허가 제한된다.[32]

유럽의 경우에는 불특허대상으로, 공서양속에 위반되는 발명 및 동물, 식물의 품종을 들고 있다.[33]

Ⅱ. 실용신안권

실용신안권은 '자연법칙을 이용한 기술적 사상의 창작'인 '고안' 중 '산업상 이용가능한 물품의 형상 · 구조 · 조합에 관한 고안'을 대상으로 한다. 따라서, '물건'과 '방법'이 특허의 대상이 되는 특허와는 달리, '방법'은 실용신안권의 대상이 되지 않는 점에서 특허와 차이가 있다. 방법에 관한 것을 실용신안출

---

29) 제32조(특허를 받을 수 없는 발명) 공공의 질서 또는 선량한 풍속을 문란하게 하거나 공중의 위생을 해할 염려가 있는 발명에 대하여는 제29조제1항 및 제2항의 규정에 불구하고 특허를 받을 수 없다.[전문개정 95·12·29]

30) 일본 特許法 第32条(特許を受けることができない発明) 公の秩序′ 善良の風俗又は公衆の衛生を害するおそれがある発明については′ 第29条の規定にかかわらず′ 特許を受けることができない(특허법 제32조(특허를 받을 수 없는 발명) 공공의 질서, 선량한 풍속 또는 공중의 위생을 해할 염려가 있는 발명에 대해서는 제29조의 규정에 불구하고 특허를 받을 수 없다.)

31) U.S.P.T.O., "MANUAL OF PATENT EXAMINING PROCEDURE", 2000, 706.03(a) LACK OF UTILITY.

32) 42 U.S.C. The Public Health and Welfare § 2181(a).

33) EPC Article 53 – Exceptions to patentability.
European patents shall not be granted in respect of:
(a) inventions the publication or exploitation of which would be contrary to "ordre public" or morality, provided that the exploitation shall not be deemed to be so contrary merely because it is prohibited by law or regulation in some or all of the Contracting States;
(b) plant or animal varieties or essentially biological processes for the production of plants or animals; this provision does not apply to microbiological processes or the products thereof.

원하면, 신규성, 진보성 등의 실체심사를 거치기도 전에 실용신안의 대상에 해당하지 않는다는 이유로 거절된다.

실용신안권자는 등록된 실용신안(등록실용신안)을 업으로서 실시할 권리를 독점한다.

실용신안권은 '실용신안권의 설정등록을 한 날'에 발생하여 '실용신안등록 출원 후 10년이 되는 날'까지 존속한다(실용신안법 제22조 제1항).

Ⅲ. 디자인권

디자인권은, "물품의 형상, 모양이나 색채 또는 이들을 결합한 것으로서 시각을 통하여 미감을 일으키게 하는 것"인 "디자인"[34]을 그 대상으로 한다. 2004년의 개정법에서는 글자체를 물품에 포함시켜서 글자체를 디자인권으로 보호할 수 있게 되었다.

실무에서 미감의 발생 여부는 특별히 문제되지 않으나, '미감'은 '기술적 사상'을 보호하는 특허와 '장식적 요소'를 보호하는 디자인권을 구분하는 중요한 역할을 한다.[35]

원래 기존의 디자인과 동일하거나 유사한 디자인은 등록할 수 없으나(디자인보호법 제33조 제1항 제1-3호), 디자인권자는 등록된 디자인(**기본디자인**)과만 유사한 디자인(**관련디자인**)에 대하여 기본디자인의 출원일로부터 1년 이내에 출원하여 등록할 수 있으며, 그 존속기간은 기본디자인의 만료일에 소멸한다.

등록된 디자인을 독점 배타적으로 사용할 수 있는 권리는, 특허권과 마찬가지로 설정등록일에 발생하여 디자인등록출원일 후 **20년**이 되는 날까지 존속하고,[36] 기본 디자인과만 유사한 관련 디자인으로 등록된 디자인은 그 기본 디자인의 만료일과 동일한 일자에 만료한다(디자인보호법 제91조 제1항).

---

34) 구법(2004.12.31 개정 이전의 법)에서는 의장(意匠)이라는 용어를 사용하였다.

35) 이러한 점은, 유명한 삼성전자와 미국의 애플사와의 디자인권, 상표권(트레이드 드레스)의 침해분쟁에서 중요한 주제로 되었다.

36) 2015. 5. 28. 개정, 2014. 7. 1. 시행, 법률 제11848호. 이 개정 전에는 디자인권은 디자인권 설정등록일에 발생하여 15년간 존속하였다. 개정에 의하여 심사기간 약 1년을 제외하면 약 4년간 존속기간이 연장되는 효과가 발생할 것으로 예상된다.

Ⅳ. 상표권

상표권은 상표를 그 보호대상으로 하고 있다. 상표법에서는 '상표'와 동일한 체제로 '단체표장, 증명표장, 업무표장'도 그 보호대상으로 하고 있다.[37)]

1. 표장의 종류

(1) 상표

상표권은 "상품(서비스 또는 서비스의 제공에 관련된 물건 포함)을 생산 · 가공 · 증명 또는 판매하는 것을 업으로 영위하는 자가 자기의 업무에 관련된 상품을 타인의 상품과 식별되도록 하기 위하여 사용하는 표장"인 "상표"를 그 대상으로 한다. 여기서, 표장(標章)[38)]은 '기호 · 문자 · 도형 · 소리 · 냄새 · 입체적 형상 · 홀로그램 · 동작 또는 색채 등으로서 <u>그 구성이나 표현방식에 상관없이 상품의 출처를 나타내기 위하여 사용하는 모든 표시</u>'를 말한다

우리나라에서는 미국에서 상표권의 대상으로 인정하고 있는 소리와 냄새에 대해서 상표권의 대상인 표장으로 인정하지 아니하였으나, 2007년 상반기에 협상이 타결된 한 · 미 자유무역협정(FTA, Free Trade Agreement)에서는 소리와 냄새도 식별력이 인정되면 상표로서 보호하기로 합의하여[39)] 상표의 대상을 소리와 냄새까지 확대하고 있다.

미국에서 소리상표는 1947년에 도입되어 현재 100여건 등록되어 있다. 그 중의 대표적인 예로는 MGM 영화사의 사자울음 소리, Intel사의 CPU를 광고할 때 사용하는 4음으로 구성되는 음향, THX 음향 광고 시 사용하는 음향 등이 있고, Harley-Davidson사에서 v-cam twin engine의 독특한 소리에 대하여 1994.2.1 상표 출원하였으나 논란 끝에 2000년 등록이 무산되었다.

미국에서 냄새상표는 1990년에 도입되어 현재 10건 미만이 등록되어 있다. 대표적인 예로는 레이저프린터 토너에 대하여 사용하는 레몬 향 상표이다.

---

37) 상표법 제2조 ③ 단체표장 · 증명표장 또는 업무표장에 관하여는 이 법에서 특별히 규정한 것을 제외하고는 상표에 관한 규정을 적용한다.
38) 마크(mark)에 해당하는 용어이다.
39) 한 · 미 FTA 협정문 2007, § 18.2:1.

입체적 형상으로 구성되는 상표를 '입체상표'라고 하며 대표적인 것으로는 KFC 식당 앞에 서 있는 설립자 커널 샌더스(Colonel Sanders) 할아버지 조형물, 코카콜라사의 코카콜라 병 등을 들 수 있다.

색채는 종전에는 독자적으로는 상표가 될 수 없고, 기호 · 문자 · 도형 · 입체적 형상 · 홀로그램 · 동작 등의 표장의 기타 구성요소와 결합하여야만 등록될 수 있었으나,[40] 현재는 독자적으로 상표가 될 수 있다.

아래는 상표의 예로 문자와 도형이 결합되어 있다.

【그림 4】 문자와 도형으로 구성된 상표의 예

【그림 5】 지정상품이 서비스인 상표의 예

40) 상표법 제7조 제1항 제13목.

(2) 단체표장

"단체표장"이라 함은 상품을 생산 · 제조 · 가공 · 증명 또는 판매하는 것 등을 업으로 영위하는 자나 서비스업을 영위하는 자가 공동으로 설립한 법인이 직접 사용하거나[41] 그 소속단체원에게 사용하게 하기 위한 표장을 말한다(상표법 § 2-①-3).

아래는 "서울특별시가구공업협동조합"의 단체표장으로 지정상품이 제20류 중에서 의자, 장롱 등을 지정하고 있다.

【그림 6】 단체표장의 예

아래는 "하동축산영농조합법인"의 단체표장으로 지정상품은 제29류 중에서 소고기를 지정하고 있다.

【그림 7】 단체표장의 예

단체표장은 그 표장을 사용하고자 하는 단체를 구성하여(즉, 법인설립) 단체의 이름으로 출원하여야 하므로,[42] 출원시에는 상표, 서비스표의 출원에 필요

---

41) 예전에는 등록권리자인 법인 자신은 사용할 수 없었으나, 2004.12.31의 개정(시행일 2004.7.1)에 의하여 사용할 수 있게 개정이 되었다.

42) 제2조 (정의) ① 3. '단체표장'이란 상품을 생산 · 제조 · 가공 · 판매하거나 서비스를 제공하는 자가 공동으로 설립한 법인이 직접 사용하거나 그 소속 단체원에게 사용하게 하기 위한 표장을 말한다.

한 서류에 추가하여, 다음과 같은 "단체표장의 사용에 관한 사항"(상표법 시행령 § 3-①)을 규정한 '정관'을 작성하여 첨부하도록 되어있다(상표법 § 36-③).

1. 단체표장을 사용하는 소속 단체원의 가입자격 · 가입조건 및 탈퇴
2. 단체표장의 사용조건
3. 제2호의 사용조건을 위반한 자에 대한 제재
4. 그 밖에 단체표장 사용에 필요한 사항

(3) 증명표장

"증명표장(Certification Mark)"이란 상품의 품질, 원산지, 생산방법이나 그 밖의 특성을 '증명'하고 관리하는 것을 업(業)으로 하는 자가 타인의 상품에 대하여 그 상품이 품질, 원산지, 생산방법 또는 그 밖의 특성을 충족한다는 것을 '증명'하는데 사용하는 표장이다(상표법 제2조 제1항 제7호).[43)]

증명표장 제도가 일찍이 도입된 미국의 경우에 대표적인 증명표장으로는 아래와 같은 예를[44)] 들 수 있다.

표장			
요건	아이다호주에서 생산되는 감자	전자제품 안전기준	순면 100%

【표 1】 증명표장의 예

증명표장은 상표의 기능 중에서 품질표시기능을 강화하여 소비자에게 상품에 대한 적절한 선택을 가능하도록 하는 점에 그 의의가 있다. 증명표장권자

43) 증명표장은 한 · 미 FTA에 의하여 2011. 12. 2. 법률 제11113호 개정 법률에 의하여 2012. 3. 15.부터 도입되었다.
44) 특허청, 2012. 3. 15. 새로 도입된 소리 · 냄새상표 및 증명표장 출원 가이드북, 2012, 23면.

는 자신이 그 표장을 사용할 수 없고(상표법 § 3-③),[45] 증명표장권자가 공시한 일정 기준을 충족하는 사람 · 단체에 대하여 사용하게 하여야 한다.

증명표장을 출원하거나 등록을 받은 자는 그 증명표장과 동일 · 유사한 표장을 상표 · 단체표장 또는 업무표장으로 등록을 받을 수 없다(상표법 § 3-⑤).

증명표장의 등록출원시에는 증명표장의 사용에 관한 사항을 정한 서류(법인의 경우 정관, 법인이 아닌 경우 규약) 및 증명하고자 하는 상품의 품질, 원산지, 생산방법 또는 그 밖의 특성을 증명하고 관리할 수 있음을 입증하는 서류를 '증명표장등록출원서'에 첨부하여야 한다(상표법 § 36-④).

증명표장은 상품의 품질 및 특징을 증명 · 보증하는 기능을 하는 점에서 타 표장과 구별되는 특징을 가진다. 또한 증명표장은 증명표장권자는 사용할 수 없고, 정관의 기준을 충족하는 자 만이 사용할 수 있다는 점에서, 구성원뿐만 아니라 단체표장권자인 법인이 사용가능한 단체표장과 구별된다.[46]

(4) 업무표장

"업무표장"이라 함은 영리를 목적으로 하지 아니하는 업무를 하는 자가 그 업무를 나타내기 위하여 사용하는 표장을 말한다(상표법 § 2-①-9).

업무표장은 비영리를 목적으로 하는 점에서 상표와 대비된다. 또한, 업무를 영위하는 개인 또는 법인 자신이 직접 권리자가 되어 직접 사용하고자 하는 점에서, 법인이 출원자가 되고 법인 및 법인의 구성원이 사용하고자 하는 단체표장과 차이가 있다. 이를 아래와 같이 정리할 수 있다.

보호대상	출원인	영리 여부	사용자	지정상품
상표	-	-	-	상품, 서비스업
단체표장	법인	-	법인, 구성원	상품, 서비스업
증명표장	-	-	구성원	상품, 서비스업
업무표장	-	비영리	-	업무

【표 2】 표장의 종류와 특징

45) 이는 품질에 관한 관리 · 통제가 곤란해질 우려가 있고 만일 이를 허용한다면 통상의 상표와 차이가 없게 된다.

46) 단체표장도 원래는 구성원만이 사용할 수 있었다.

출원시에는 업무표장출원서에 출원의 대상이 되는 업무를 경영하는 사실을 입증하는 서면 즉, “업무의 경영사실을 증명하는 서류”를 업무표장등록출원서에 첨부하여야 한다(상표법 § 36-⑥). 법인의 경우에는 정관, 국가 및 지방자치단체의 경우에는 관련법령, 조례, 규칙이고, 개인의 경우에는 지정업무의 경영사실을 객관적으로 증명할 수 있는 서면 등을 말한다. 지정업무는 상품서비스업 류 구분표와 관계없이, 첨부하는 ‘업무의 경영사실을 입증하는 서면’에서 정한 목적 범위 내에서 개별적이고 구체적으로 지정한다.

다음은 비영리법인인 한국소비자보호원의 업무표장[47]으로, 지정상품(업무)으로는 아래의 6가지를 들고 있다.

① 소비자 보호를 위한 상품검사 업무
② 소비자 피해 구제를 위한 분쟁상담 조정 업무
③ 소비자 보호에 관한 교육 및 홍보활동 업무
④ 소비생활에 관한 간행물 출판 업무
⑤ 소비자 보호 관련제도 정책연구 업무
⑥ 국내외 관련기구와의 교류 및 관련 업무

한국소비자보호원
韓國消費者保護院
CONSUMER PROTECTION BOARD

【그림 8】 업무표장의 예

업무표장은 비영리 업무에 관련되어야 하므로 영리를 목적으로 하는 업무에 사용하는 경우에는 등록될 수 없다.

47) 출원번호 42-1987-0000011 (등록번호 42-00000820000) 및 42-1987-0000012 (등록번호 42-00000830000)

2. 지정상품

상표권자는 모든 상품에 대하여 등록상표를 사용할 권리를 독점하는 것이 아니라, 상표출원 당시에 자신의 상표를 사용하고자 지정한 '지정상품'에 관하여 그 등록상표를 사용할 권리를 독점한다. 따라서 상표가 '동일'하더라도 사용되는 상품 '상이'한 경우에는 기본적으로는 상표권 침해가 되지 않는다. 예를 들어, '전자제품'을 지정상품으로 한 '삼성'이라는 상표가 있는 경우에, 동일한 상표를 '의약품'에 사용하더라도 원칙적으로는 상표권 침해가 되지 않는다.

이러한 점 때문에 상표, 단체표장, 증명표장 및 업무표장을 출원할 때에는 그 표장을 사용하고자 하는 상품을 지정하도록 되어 있다(상표법 § 36-①-4). 특허청에서는 이러한 상품·서비스업을 45개의 그룹으로 지정하고 있는데, 이를 "상품류"라고 하며, 45개의 류가 있다. 제1류~제34류까지는 상품이 제35류~제45류까지는 서비스업이 분류되어 있다(상표법 시행규칙 별표 1). 대표적인 상품류에 분류되어 있는 상품(서비스)의 예는 다음과 같다.

- 제1류(공업용, 과학용, 사진용, 농업용, 원예용 및 임업용 화학품 ; 미가공 인조수지, 미가공 플라스틱 ; 비료 ; 소화제(消火劑) ; 조질제(調質劑) 및 땜납용 조제 ; 식품보존제 ; 무두질제 ; 공업용 접착제)
  예) 비료, 공업용 접착제, 인공감미료,새잡이끈끈이, etc.

〈제2류-제33류 생략〉

- 제34류(담배 ; 흡연용품 ; 성냥)
  예) 담배(의료용은 제외), 흡연용구, 성냥, 흡연용 라이터, etc.

- 제35류(광고업 ; 기업관리업 ; 기업경영업 ; 사무처리업)
  예) 라디오광고업, 텔레비전광고업, 옥외광고업, 과고물작성법, 회계업, 세무대리업, 도매업, 소매업, etc.

〈제36류-제44류 생략〉

- 제45류(법무서비스업, 재산 및 개인을 보호하기 위한 보안서비스업, 개인의 수요를 충족시키기 위해 타인에 의해 제공되는 사적인 또는 사회적인 서비스)

  예) 법무서비스업, 의복대여업, 장의업, 애완동물장의업, 가사서비스업, 경호업, 경비업, 결혼상당법, 결혼중개서비스업, 애완동물 돌보기업, etc.

상표권의 침해 여부를 판단하는 경우에는 상표의 동일성뿐만 아니라, 상표가 사용되는 지정상품의 동일성 여부도 침해 여부의 판단시에 고려된다.

3. 상호와 상표

상호는 상인(법인, 개인)이 영업상 자기를 표시하는 명칭으로, 영업의 동일성을 표시하는 기능이 있다. 즉, 상호는 상인이 영업에 관하여 자기를 표시하는 명칭으로서 인적 표지의 일종이며, '문자'로 표현되고 호칭되며 회사기업의 경우에는 상호의 사용이 강제적이다.

반면에 상표는 자타상품을 식별하기 위하여 상품에 부착하는 표장으로 상품의 동일성을 표시하는 기능을 가지는 것이고, 문자뿐만 아니라 기호, 도형 및 입체적 형상, 색채, 홀로그램, 동작 및 기타 시각적으로 인식할 수 있는 모든 것의 결합으로 구성되는 점과 상표의 사용 여부는 임의로 선택할 수 있다는 점에서 상호와 차이가 있다.

그러나 기업의 이미지를 통일화[48]하는 전반적인 추세에 따라, 상호를 상표로서 사용하는 경우가 점차 많아지고 있어 상호와 상표를 중복하여 사용하는 경우가 점차 증가하고 있다. 예를 들어, (주)삼성전자가 삼성을, (주)현대자동차가 현대를 상표로서 사용하는 경우를 들 수 있다.

한편 일정한 경우 상호권과 상표권이 충돌하는 경우가 있는데, 상표법상에서는 상호권을 일정하게 보호하고 있다. 즉, 저명한 타인의 상호 또는 이들의 약칭을 포함하는 상표에 대해서는 상표등록거절 및 무효사유가 되고,[49] 자기의 상호를 '보통으로 사용하는 방법'으로 표시하는 상표에 대해서는 상표권의

48) 이를 CI라고 한다.
49) 상표법 § 34-①-6.

효력이 미치지 않는 것으로 제한하고 있다.[50] 다만 상표권의 설정등록이 있은 후에[51] 부정경쟁의 목적으로 그 상표를 사용하는 경우에는 예외로 되어 있으므로 상표권의 효력이 미친다.

(1) 상호의 보통 사용

자신의 상호를 보통으로 사용하는 방법의 판단기준과 관련하여, 대법원에서는 "외관상 일반인의 주의를 끌만한 특이한 서체나 도안으로 된 경우는 자기의 상호 등을 보통으로 사용하는 방법으로 표시하는 것에 해당하지 않을 가능성이 많기는 하지만, 그러한 사정만으로 단정할 것은 아니고 사용된 표장의 위치, 배열, 크기, 다른 문구와의 연결관계, 도형과 결합되어 사용되었는지 여부 등 실제 사용태양을 종합하여 거래통념상 자기의 상호 등을 보통으로 사용하는 방법으로 표시한 경우에 해당하는지 여부를 판단하여야 한다"고 하여, 결국 사용되는 상표의 '외관'과 실제의 '사용양태'를 종합하여 거래 통념상 자기의 상호를 보통으로 사용한 것인지의 여부를 판단하도록 한 바 있다.[52] 외관의 경우, 단순히 자기의 명칭을 기재한 경우에는 보통으로 사용한 것으로 인정될 수 있으나, 도형, 문자의 결합에 일반인의 주의를 끌기 위한 것으로 인정된다면 보통성이 부정된다. 사용의 양태와 관련하여 사용시점이 상표 출원인 이전이라는 점은 긍정적으로 참작될 수 있다.

상호에 해당하는 명칭을 사용하는 경우에 실제 판례의 경우에는 보통으로 사용하는 방법을 부정한 사례가 더 많고[53] 대표적인 사례로 옥류관 사건, 장수온돌 사건 등을 들 수 있다.

---

50) 상표법 § 90-①-1.

51) 다만 대법원 판례에 의하면 상표권 설정등록이 있기 전부터 사용하였던 경우라도 부정경쟁의 목적이 인정될 수 있다.

52) 평양옥류관사건 대법원 2002. 11. 13. 선고 2000후3807 판결.

53) 비교적 최근의 사건으로 보통사용이 긍정된 흔하지 않은 예로는 "은고개애마" 사건 대법원 2009. 10. 15. 선고 2009후1934 판결(심리불속행 기각)이 있는데, 여기에서는 등록상표가 은고개인데, 확인대상 표장을 문자로서의 "은고개애마"로 확정한 후 '아무런 도안화나 서체의 변형'이 없으므로, 상표법 제51조 제1항 제1호 소정의 '자기의 상호를 보통으로 사용하는 방법으로 된 서비스표'라고 판단한 것이다. 또한 확인대상표장을 실제 사용하는 간판의 은고개 애마 로 인정한다 하더라도, 등록상표가 '은고개'이고 확인대상표장이 '은고개애마'이어서 비유사하므로 보통으로의 사용 여부 판단에 나아갈 것도 없이 권리범위에 속하지 않는다는 판단이 가능하다.

i) 옥류관 사건

이 사건에서는 등록서비스표인 '옥류관'에 대하여 '평양옥류관'이라는 아래 그림과 같은 표장의 사용이 상호의 보통사용에 해당하여 상표권이 미치지 아니하는지의 여부가 쟁점이 되었다.

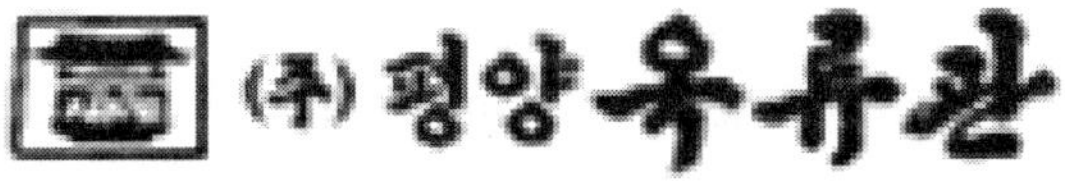

【그림 9】 옥류관 사건에서 사용된 표장의 예

법원에서는 확인대상 표장은 원고의 상호와 도형이 결합된 표장으로서, 그 글자체가 문자인식력을 압도할 정도로 도안화된 것은 아니지만, 그 사용실태를 살펴보면 '통상적인 거래에서의 상호의 사용'이라고 보기 어렵다는 점을 이유로 상표법 제51조 제1호 소정의 "자기의 상호를 보통으로 사용하는 방법으로 표시한 표장"에 해당하지 않는다고 판단하였다.

ii) 장수온돌 사건

이 사건에서 문제가 된 원고의 등록상표는 '장수산업'의 '장수온돌'이고 피고는 자신의 상호인 장수온돌과 관련하여 한글 인터넷 주소인 "장수온돌"을 등록, 사용하고 해당 웹페이지 내에서 같은 내용이 표시되도록 하였다.

【그림 10】 장수온돌 사건에서 사용된 표장의 예

이에 대하여 법원[54]에서는 "이 사건 한글인터넷 주소와 동일한 문자부분 "장수온돌"이 다른 문자에 비하여 돋보이는 글자체로 변형되어 빨간색의 큰

54) 장수온돌사건, 대법원 2008. 9. 25. 선고 2006다51577 판결.

글씨로 횡서된 채로 그 왼쪽의 도형과 결합된 일체로서 표시되어 있을 뿐만 아니라, 그 웹사이트 화면의 중앙에는 상품의 명칭으로 "장수온돌침대Queen, 장수온돌침대Double"이라고 표기되어 있는 점, 서비스표인 위 도형과 문자부분 이외에는 상품 자체의 식별표지로 인식될 만한 다른 표장을 찾아볼 수 없는 점 등의 여러 사정을 종합하여 볼 때, 이 사건 한글인터넷 주소는 일반 수요자에게 상호라기보다는 주로 상표로서 사용되고 있다고 인식될 것이므로, 이 사건 한글인터넷 주소는 거래통념상 자기의 상호를 보통으로 사용하는 방법으로 표시한 상표에 해당한다고 볼 수 없다"고 하여 결국 장수온돌 상호의 보통사용을 부정하였다.

iii)소결

결국 자신의 상호를 '도안화나 서체의 변형'이 없이 사용하는 경우에는 상표법상의 권리제한 사유인 '자신의 상호를 보통으로 사용하는 표장'에 해당하는 것으로 해석될 것이나, 자신의 상호라 하더라도 이를 도안화하거나 장식적인 요소를 가미하여 사용하는 경우에는 사용하는 표장의 문자부분이 자신의 상호라고 하더라도 '자신의 상호를 보통으로 사용하는 표장'에 해당하지 않아 결국 상표권자의 권리가 미치는 것으로 해석될 것이다.

(2) 선사용권에 의한 상호의 보호

이와 같이 자신의 상호를 타인이 상표 혹은 서비스표로 등록하는 경우에는 상표권침해가 발생하는 경우가 많아 이와 같은 경우 상호에 관한 상표 사용자를 일정하게 보호하기 위하여 상표의 선사용권 제도가 2007. 7. 1.부터 도입되었다.

만일 1. 자신의 성명 · 상호 등 인격의 동일성을 표시하는 수단을 상거래 관행에 따라 상표로 사용하고, 2. 등록상표의 '출원이전'부터 부정경쟁의 목적이 없이 계속 사용하고 있으며, 3. 상표의 사용으로 타인의 상표등록출원 시에 국내 수요자 간에 그 상표가 '특정인의 상품을 표시하는 것이라고 인식되어 있다면', 타인에 의하여 등록된 상표에도 불구하고 자신의 상표(성명, 상호 등)를 계속 사용할 수 있게 하고 있다(상표법 § 99-① 및 ②).

한편 상표권자는 등록상표와 상호에 관한 상표의 오인혼동을 방지하는 표시를 요구할 수 있다(상표법 § 99-③).

제2절 저작권

저작권은 '인간의 사상 또는 감정을 표현한 창작물'인 '저작물'을 그 대상으로 한다. 저작물에 대한 실연(實演), 음반, 방송은 '저작인접권'의 대상이 된다. 예를 들어, 어느 작곡자가 작곡한 가요는 저작물에 해당하여 저작권의 대상이 되고, 이 가요를 실제로 부른 가수의 공연인 실연은 저작인접권의 대상이 된다.

Ⅰ. 저작권

저작물을 그 대상으로 하는 저작권은 크게 저작인격권과 저작재산권으로 구분할 수 있다.

1. 저작인격권

저작인격권은 저작자의 인격과 관련된 것으로 저작재산권과 달리 양도하거나 이전할 수 없는 일신전속적인 권리이므로 원칙적으로 저작자의 사망과 동시에 소멸한다. 그러나, 저작자가 사망하여 인격권이 소멸되더라도 저작자의 생존시에 할 수 없는 행위로서 저작자의 **명예를 훼손하는 정도**에 이르는 것은 그 행위가 금지되므로,[55] 이와 같은 경우에는 존속기간의 제한이 없다고 볼 수 있다.

저작인격권에는 공표권, 성명표시권, 동일성유지권이 있다.

---

55) 저작권법 제14조(저작인격권의 일신전속성)
① 저작인격권은 저작자 일신에 전속한다.
② 저작자의 사망 후에 그의 저작물을 이용하는 자는 저작자가 생존하였더라면 그 저작인격권의 침해가 될 행위를 하여서는 아니 된다. 다만, 그 행위의 성질 및 정도에 비추어 사회통념상 그 저작자의 명예를 훼손하는 것이 아니라고 인정되는 경우에는 그러하지 아니하다.

(1) 공표권

공표되지 아니한 자신의 저작물을 '공표할지의 여부를 결정할 권리'이다.

공표는 저작물을 공연 · 방송 또는 전시 그 밖의 방법으로 '일반공중에게 공개'하는 것과 '저작물을 발행'하는 경우를 말한다.

발행은 저작물을 '일반공중의 수요'를 위하여 '복제 · 배포'하는 것이다.[56)]

(2) 성명표시권

저작자가 저작물을 공표할 때, 저작자명을 표시할지의 여부 및 표시하는 경우 구체적인 내용 즉, 실명 혹은 이명(異名)으로의 표기를 결정할 권리이다.

(3) 동일성유지권

저작물의 내용 · 형식 및 제호의 동일성을 유지할 수 있는 권리이다. 다만, 부득이한 경우에는 본질적인 내용의 변경이 아니면 가능하다.[57)] 따라서, 저작물의 내용을 저작자의 허락없이 임의로 변경하는 것은 저작인격권을 침해하게 된다.

음반제작자가 작곡자와 동요 사용에 관한 계약을 하고 동요테이프를 제작 판매하는 과정에서 실수로 음표 하나를 바꿨더라도 저작권 즉, 저작인격권을 침해하였다고 판단한 사례가 있다.[58)] 본 사안에서는 12마디로 구성된 동요의

---

56) 저작권법 제2조제24목. "발행"은 저작물 또는 음반을 공중의 수요를 충족시키기 위하여 복제 · 배포하는 것을 말한다.
한편, 컴퓨터프로그램보호법 제2조 제6목에는 발행을 "일반공중의 수요에 응하기 위하여" 프로그램을 복제 · 배포하는 행위로 정의하고 있어 저작권법에서의 정의와 표현의 차이는 있으나 동일한 의미일 것이다.

57) 저작권법 제13조 (동일성유지권)
① 저작자는 그의 저작물의 내용 · 형식 및 제호의 동일성을 유지할 권리를 가진다.
② 저작자는 다음 각 호의 어느 하나에 해당하는 변경에 대하여는 이의(異議)할 수 없다. 다만, 본질적인 내용의 변경은 그러하지 아니하다.
1. 제25조의 규정에 따라 저작물을 이용하는 경우에 학교교육 목적상 부득이하다고 인정되는 범위 안에서의 표현의 변경
2. 건축물의 증축 · 개축 그 밖의 변형
3. 그 밖에 저작물의 성질이나 그 이용의 목적 및 형태 등에 비추어 부득이하다고 인정되는 범위 안에서의 변경

58) 동아일보 2007.7.24(화)자 기사.

음표 중 '미' 하나를 '라'로 바꾸어서 제작판매한 경우라 하더라도, "저작물은 저작권자의 인격을 표현한 것인데 저작물의 변경을 쉽게 허용하면 저작자의 감정을 해치고 창작 의욕에도 영향을 미친다. 단순한 오류를 바로 잡거나 사소한 부분을 바꾸는 것이 아니라면 원칙적으로 저작자의 동의를 얻어야 저작물 변경이 가능하다."고 판시하여 단지 하나의 음표를 변경하는 행위도 저작인격권의 침해를 구성한다고 판시한 바 있다.

2. 저작재산권

(1) 저작재산권의 종류

저작권자가 저작물을 재산적으로 이용할 수 있는 저작재산권의 내용으로는 복제권, 공연권, 궁중송신권, 전시권, 배포권, 대여권, 2차적저작물 작성권을 가진다.

- 복제권

저작자는 자신의 저작물을 복제할 권리를 갖는다.

복제는 인쇄 · 사진 · 복사 · 녹음 · 녹화 그 밖의 방법에 의하여 "유형물"에 고정하거나 유형물로 다시 제작하는 것을 말한다.

건축물의 경우에는 그 건축을 위한 모형 또는 설계도서에 따라 이를 시공하는 것을, 각본 · 악보 그 밖의 이와 유사한 저작물의 경우에는 그 저작물의 공연 · 실연 또는 방송을 녹음하거나 녹화하는 것을 포함한다.

- 공연권

저작자는 자신의 저작물을 공연할 권리를 갖는다.

공연은 저작물을 상연 · 연주 · 가창 · 연술 · 상영 그 밖의 방법으로 "일반 공중에게 공개"하는 것과, 이의 복제물을 재생하여 "일반공중에게 공개"하는 것을 말하며, 동일인의 점유에 속하는 연결된 장소 안에서 이루어지는 송신을 포함한다.

- 공중송신권

저작자는 저작물을 '공중송신할 권리'를 갖는다.

공중송신은 저작물, 실연·음반·방송 또는 데이터베이스(이하 "저작물등"이라 한다)를 공중(公衆)이 수신하거나 접근하게 할 목적으로 무선 또는 유선통신의 방법에 의하여 송신하거나 이용에 제공하는 것을 말한다.

공중송신은 공중이 동시에 접근할 수 있는 지의 여부를 기준으로, 공중이 동시에 수신하게 할 목적으로 음·영상을 송신하는 '방송'과 공중의 구성원이 개별적으로 선택한 시간과 장소에서 접근할 수 있도록 저작물을 이용에 제공하는 '전송'으로 구분된다.

예를 들어, 음악을 방송국에서 전파로 송신하여 TV로 수신하는 것은 '방송'에 해당하고, 음악을 인터넷을 통해서 전송하여 컴퓨터로 수신하는 것은 '전송'에 해당한다.

- 전시권

저작자는 미술저작물 등의 원작품이나 복제품을 전시할 권리를 갖는다.

- 배포권

저작자는 저작물의 원작품이나 그 복제물을 배포할 권리를 갖는다.

배포는, 저작물의 원작품 또는 그 복제물을 일반공중에게 대가를 받거나 받지 아니하고 "양도" 또는 "대여"하는 것을 말한다.

배포권은 원칙적으로 저작자에게 있으므로 저작자 이외의 자가 배포(양도·대여)하는 것은 저작권자의 배포권 침해가 된다. 그러나 저작물의 원작품이나 그 복제물이 배포권자의 허락을 받아 판매의 방법으로 거래에 제공된 경우에는 이를 계속하여 배포할 수 있으므로(최초판매의 원칙, First-sale Doctrine, 배포권의 소진),[59] 서적 등을 구입한 자는 그 저작물을 다시 판매하거나 대여할 수 있는 것이 원칙이다.

---

59) 【저작권법】 제20조 (배포권) 저작자는 저작물의 원본이나 그 복제물을 배포할 권리를 가진다. 다만, 저작물의 원본이나 그 복제물이 해당 저작재산권자의 허락을 받아 판매 등의 방법으로 거래에 제공된 경우에는 그러하지 아니하다.

• 대여권

그런데 일반적인 서적 등과 달리 '상업용 음반(판매용 음반)'을 영리적 목적으로 '대여'하는 권리는, 비록 적법하게 구입하여 배포권(양도권, 대여권)을 보유하고 있다 하더라도 여전히 저작권자에게 있으므로(제21조),[60] 음반이나 비디오 대여점에서 음반을 대여하는 경우에는 그 음반을 적법하게 구입하는 것만으로 충분하지 않고, 저작권자로부터 별도로 대여권의 이용허락을 받아야 한다.

• 2차적저작물 작성권

2차적저작물은 원저작물을 번역·편곡·변형·각색·영상제작 그 밖의 방법으로 작성한 창작물이다.

2차적저작물의 작성권이 원저작자에게 있으므로[61], 2차적저작물을 작성하고자 하는 자는 원저작자의 허락을 받아야 한다. 2차적저작물에 대해서는 독립적인 저작권이 부여되어 보호된다.

원저작자는 2차적 저작물을 작성하여 이용할 권리를 보유하고 있으며[62] 2차적 저작물에 대하여 독립적인 저작물로 보호한다는 점이 원저작자의 권리에 영향을 미치지 아니하므로[63] 원저작자의 권리는 2차적저작물에도 미친다.

예를 들어 영문판 'Harry Potter'를 번역하여 한글판 '해리포터'를 작성하기 위해서는 우선 원저작자로부터 2차적 저작물 작성권을 허락받아야 한다. 작성된 한글판 해리포터는 독립적인 저작물로 보호받으므로 제3자가 한글판 해리포터를 무단으로 복제하면 저작권 침해가 된다. 또한 한글판 해리포터에 대해서도 원저작자는 저작권을 보유하므로 한글판 해리포터에 대한 배포권을 획득하고자 하는 자는 번역자뿐만 아니라 원저작자에게도 이용허락을 받아야 한다.

---

60) 【저작권법】 제20조 (배포권) 저작자는 저작물의 원본이나 그 복제물을 배포할 권리를 가진다. 다만, 저작물의 원본이나 그 복제물이 해당 저작재산권자의 허락을 받아 판매 등의 방법으로 거래에 제공된 경우에는 그러하지 아니하다.
제21조 (대여권) 제20조 단서에도 불구하고 저작자는 판매용 음반을 영리를 목적으로 대여할 권리를 가진다.

61) 제22조 (2차적저작물작성권) 저작자는 그의 저작물을 원저작물로 하는 2차적저작물을 작성하여 이용할 권리를 가진다.

62) 여기서, 자신이 작성한 2차적 저작물을 이용할 권리를 보유하는 것은 명백하나, 타인이 작성한 2차적 저작물의 이용권을 보유하는 지는 법문상 불명확하나, 통설로는 이를 보유하는 것으로 해석한다.

63) 제5조 (2차적 저작물) ① 원저작물을 번역·편곡·변형·각색·영상제작 그 밖의 방법으로 작성한 창작물(이하 "2차적 저작물"이라 한다)은 독자적인 저작물로서 보호된다.
② 2차적 저작물의 보호는 그 원저작물의 저작자의 권리에 영향을 미치지 아니한다.

(2) 저작재산권의 존속기간

저작재산권은 원칙적으로 생존시와 사망 후 70년간 존속한다.[64] 공동저작물의 저작재산권은 맨 마지막으로 사망한 저작자가 사함한 후 70년간 존속한다(39조 2항).

이때의 기산일은 저작자가 사망하거나 저작물을 창작 또는 공표한 다음 해 1월 1일이다.[65] 따라서, 저작자가 2017년 5월 15일 사망한 경우, 2018년 1월 1일부터 기산하여 70년이 되는 2087년 12월 31일까지 존속한다. 이는 특허권 등의 산업재산권에서 기간의 계산이 '날짜'를 기준으로 하는 점과 특별히 상이한 점이다.

Ⅱ. 저작인접권

저작인접권은 저작물에 관한 실연(實演), 음반, 방송에 관하여 성립하는 권리이다. 실연, 음반, 방송 등의 저작물에 대하여 우리나라와 일본을 비롯하여 일반적으로 대륙법계에 속하는 국가에서는 저작권과 구별하여 저작인접권을 부여하고 있고,[66] 영미법계에 속하는 국가에서는 저작인접권이라는 개념을 별도로 도입하지 않고 타 저작물과 마찬가지로 저작권을 부여하고 있으나, 명칭의 차이에도 불구하고 부여되는 권리의 내용에는 실질적인 차이가 없다.

저작인접권자 중 실연자는 저작인격권으로서 성명표시권, 동일성 유지권을 가지고, 저작재산권으로서 복제권, 배포권, 대여권, 공연권, 방송권, 전송권 등을 가진다.

음반제작자는 음반에 대한 복제권, 배포권, 대여권, 전송권 등을 가지고, 방

64) 第39조 (보호기간의 원칙) ① 저작재산권은 이 관에 특별한 규정이 있는 경우를 제외하고는 저작자의 생존하는 동안과 사망 후 70년간 존속한다.
② 공동저작물의 저작재산권은 맨 마지막으로 사망한 저작자의 사망 후 70년간 존속한다.
종전에는 사후 50년이었으나, 한국 유럽 자유무역협정(한 · EU FTA)의 체결로 저작재산권의 존속기간을 70년으로 하는 것으로 2011. 6. 30. 저작권법이 개정이 되어 2013. 7. 1.부터 시행한다. 2011. 6. 30. 개정 저작권법(법률 제10807호) 제39조 및 부칙 제1조.

65) 제44조 (보호기간의 기산) 이 관에 규정된 저작재산권의 보호기간을 계산하는 경우에는 저작자가 사망하거나 저작물을 창작 또는 공표한 다음 해부터 기산한다.

66) 우리나라에서는 1987년 7월의 저작권법 전면 개정, 시행 당시에 처음 도입되어 20년의 권리를 부여하였고 그 후 세계적 추세에 부응하여 1994년에 50년으로 되었고, 2011년에 70년으로 연장되었다.

송사업자는 그의 방송에 대한 복제권, 동시중계방송권을 가진다.

저작인접권은 실연, 음반에의 고정, 방송이 이루어진 다음 해부터 실연, 음반에 관한 저작인접권은 70년, 방송에 관한 저작인접권은 50년간 존속한다.[67] 예를 들어, 실연 등이 2016.6.1.에 이루어진 경우, 저작인접권의 발생일은 2016.6.1.이고, 소멸일은 2017.1.1.부터 50년이 되는 2066.12.31.까지 존속한다.

제3절 신지적재산권(기타 지적재산권)

Ⅰ. 신지적재산권(기타 지적재산권)의 등장

과학 기술의 급속한 발달과 사회 여건의 병화로 종래의 산업재산권 또는 저작권으로 보호하기에는 적절하지 않은 새로운 지적재산이 등장하게 되었다. 이와 같은 대표적인 것으로는 반도체집적회로에서 회로의 설계에 관한 반도체 배치설계, 컴퓨터 프로그램, 데이터베이스, 전자상거래 기술, 영업비밀, 물질특허, 캐릭터, 프랜차이징(franchising), 지리적표시, 인터넷 도메인 네임 등을 들 수 있다.

이러한 기술 등은 기존의 지적재산 보호체계에서는 보호대상으로 하지 않거나, 기존의 지적재산 보호체계로는 충분한 보호를 받지 못하는 특성을 가지고 있어, 신지적재산권 또는 기타지적재산권으로 분류하기도 한다.

---

67) 제86조 (보호기간) ① 저작인접권(실연자의 인격권을 제외한다. 이하 같다)은 다음 각 호의 어느 하나에 해당하는 때부터 발생한다.

1. 실연의 경우에는 그 실연을 한 때
2. 음반의 경우에는 그 음을 맨 처음 음반에 고정한 때
3. 방송의 경우에는 그 방송을 한 때

② 저작인접권은 다음 각 호의 어느 하나에 해당하는 때의 다음 해부터 기산하여 70년(방송의 경우에는 50년)간 존속한다.

1. 실연의 경우에는 그 실연을 한 때. 다만, 실연을 한 때부터 50년 이내에 실연이 고정된 음반이 발행된 경우에는 음반을 실행한 때
2. 음반의 경우에는 그 음반을 발행한 때. 다만, 음을 음반에 맨 처음 고정한 때의 다음 해부터 기산하여 50년이 경과한 때까지 음반을 발행하지 아니한 경우에는 음을 음반에 맨 처음 고정한 때
3. 방송의 경우에는 그 방송을 한 때

Ⅱ. 신지적재산권(기타 지적재산권)의 보호체계

신지적재산권(기타 지적재산권) 중에서는 기존 산업재산권 혹은 저작권 법률의 해석을 확장하여 종래의 산업재산권 혹은 저작권으로 보호하는 경우와, 기존의 법률로는 보호하기 곤란하여 법률의 제정 · 개정을 통하여 새롭게 보호하는 경우로 크게 나눌 수 있다.

1. 종래 법에 의한 보호

생명공학관련 기술, 물질특허, 전자상거래 관련기술 등은 종래의 특허보호대상의 범위를 확장하여 특허권으로 보호하고 있다.

컴퓨터 프로그램은 일종의 저작물로서 저작권으로 보호받을 수도 있고,[68] 컴퓨터 프로그램에 포함된 기술적 사상에 대해서는 물건 혹은 방법의 발명으로 기술하여 특허권으로도 보호받을 수 있다.

캐릭터에 대해서는 저작권의 대상인 저작물로 인정하여 보호받을 수 있다.[69]

---

68) 종전에는 컴퓨터 프로그램 언어로 작성된 컴퓨터 프로그램에 대하여 저작권법상 저작물로 인정하면서 저작권법의 특별법인 컴퓨터프로그램보호법에 의하여 저작권법과는 별도로 보호하는 형식을 취하였다. 종전의 컴퓨터프로그램보호법에서는 컴퓨터프로그램에 대하여 '프로그램 저작권'을 부여하였는데, 여기에는 공표권 · 성명표시권 · 동일성 유지권과 프로그램을 복제 · 개작 · 배포 · 발행 및 전송할 권리가 포함되어 있었다. 그런데 이러한 권리는 2009. 4. 22. 컴퓨터프로그램보호법이 폐지되면서 저작권법 내로 흡수되었다.

69) 대법원 1995.11.14. 선고 94도2238판결.
한편, 대법원 2003.10.23. 선고 2002도446판결에서는 '101마리 달마시안'이라는 만화영화에 등장하는 달마시안 종의 개의 모양을 본 딴 캐릭터의 저작물성이 문제가 되었다. 제1심에서는 만화영화의 캐릭터가 달마시안 종의 개의 모양을 거의 그대로 묘사하고 있으므로, 저작권의 대상이 되는 인간의 정신적 노력에 의하여 얻어진 사상 또는 감정의 창작적 표현물로 인정할 수 없다고 하였으나, 항소심 및 상고심인 본 사건에서는 위 대법원 판결(대법원 1995.11.14. 선고 94도2238판결)을 인용하면서 저작물로 인정받기 위항 인간의 창작성은 완전한 의미의 창작성이 아니라 남의 것을 모방한 것이 아니고 작자 자신의 독창적인 사상 또는 감정의 표현을 담고 있음을 의미할 뿐이어서 이러한 요건을 충족하기 위해서는 단지 저작물에 그 저작자 나름대로 정신적 노력의 소산으로서의 특성이 부여되어 있고 다른 저작자의 기존 작품과 구별할 수 있는 정도이면 충분하다고 설시하고 있다.

2. 법률의 제정 · 개정에 의한 보호

법률의 제정이나 개정에 의하여 신지적재산을 보호하는 경우는 다음과 같다.

(1) 반도체배치설계

"반도체집적회로의 배치설계에 관한 법률"을 제정하여 "반도체 배치설계권"으로 보호하고 있다.

(2) 데이터베이스

저작권법에 "데이터베이스 제작자의 보호" 부분을 추가하여 "데이터베이스 제작자의 권리"로서 보호하고 있다.

데이터베이스는 특허로도 보호받을 수 있는데, 전화번호부와 같이 단순히 고객의 정보를 통상의 방법으로 배열한 것은 신규성, 진보성이 결여되어 특허대상이 되지 못하지만, 데이터베이스의 구축, 검색방법 등과 같은 기술적 사상은 특허요건을 충족하면 특허받을 수도 있다.

(3) 영업비밀

부정경쟁방지법을 "부정경쟁방지 및 영업비밀 보호에 관한 법률"로 개정하여 보호하고 있다.

(4) 도메인 이름

"부정경쟁방지 및 영업비밀 보호에 관한 법률" 중에 '정당한 권원이 없는 자가 상표 등 표지에 대하여 정당한 권원이 있는 자 또는 제3자에게 판매하거나 대여할 목적, 정당한 권원이 있는 자의 도메인 이름의 등록 및 사용을 방해할 목적, 또는 그 밖의 상업적 이익을 얻을 목적으로 국내에 널리 인식된 타인의 성명 · 상호 · 상표 그 밖의 표지와 동일하거나 유사한 도메인 이름을 등록 · 보유 · 이전 또는 사용하는 행위'를 부정경쟁행위 중의 하나로 추가하는 개정[70]을 통하여 인터넷 도메인 이름을 보호하고 있다.

70) 2004. 1. 20. 개정.

(5) 지리적표시

지리적표시는 상품의 특정한 품질, 명성 또는 그 밖의 특성이 본질적으로 특정 지역에서 비롯된 경우에, 그 지역에서 생산, 제조 또는 가공된 상품임을 나타내는 표시를 나타내는 것으로, 예를 들어, '영광'은 굴비에 대하여 사용하는 경우 지리적표시에 해당한다.

지리적표시 단체표장 제도가 도입되기 이전에는, 영광에서 생산된 굴비에 대하여 '영광'은 굴비의 '산지'(종전 상표법 제6조 제1항 제3호) 혹은 '현저한 지리적 명칭'(종전 상표법 제6조 제1항 제4호)에 해당하므로 굴비를 지정상품으로 하는 '영광굴비'는 식별력이 없는 상표로 인정되어 상표등록이 될 수 없고, 영광에서 생산되지 아니한 굴비를 지정상품으로 하는 '영광굴비'는 '품질의 오인이나 수요자 기만'(종전 상표법 제7조 제1항 제11호)에 해당하여 결국 굴비를 지정상품으로 하는 '영광굴비' 상표는 등록될 수 없었다.[71]

현재는 지리적표시를 사용하는 상품과 관계된 단체가 사용하는 "지리적표시 단체표장"[72] 및 그 출처를 증명하는 표장인 "지리적표시 증명표장"이 도입되어 예전에는 산지표시에 해당하여 보호받을 수 없던, 보성녹차, 대구따로국밥, 안동간고등어, 병천순대, 경주황남빵 등의 보호가 가능하게 되었다.[73]

(6) 입체상표

입체적 형상을 갖는 상표와 관련해서는 표장의 정의로서 전통적으로 인정되어 오던 **'기호 · 문자 · 도형' 또는 이들의 결합을 '기호, 문자, 도형, 소리, 냄새, 입체적 형상, 홀로그램·동작 또는 색채 등으로서 그 구성이나 표현방식에 상관없이 상품의 출처를 나타내기 위하여 사용하는 모든 표시'**로 확장하는 개정에 의하여 보호의 대상에 포함시키고 있다.[74]

---

71) 상표가 등록이 되지 않더라도 상표를 사용할 수 없는 것은 아니므로, 굴비에 대하여 영광굴비 상표를 사용하는 것은 문제가 없다. 다만, 타인이 동일한 상표를 사용하는 것을 막지 못할 뿐이다.

72) 【상표법】 § 2-①-4. "지리적 표시"란 상품의 특정 품질 · 명성 또는 그 밖의 특성이 본질적으로 특정지역에서 비롯된 경우에 그 지역에서 생산 · 제조 또는 가공된 상품임을 나타내는 표시를 말한다.
【상표법】 § 2-①-5. "동음이의어 지리적 표시"란 같은 상품에 대한 지리적 표시가 타인의 지리적 표시와 발음은 같지만 해당 지역이 다른 지리적 표시를 말한다.
【상표법】 § 2-①-6. 6. "지리적 표시 단체표장"이란 지리적 표시를 사용할 수 있는 상품을 생산 · 제조 또는 가공하는 자가 공동으로 설립한 법인이 직접 사용하거나 그 소속 단체원에게 사용하게 하기 위한 표장을 말한다.

73) 2004. 12. 31. 개정 상표법에 의하여 2005. 7. 1.부터 시행.

74) 2016. 2. 29. 전부개정 【상표법】 제2조 제1항 제2호.

제3장 특정 주제별 지적재산권

제1절 컴퓨터프로그램 관련 기술

컴퓨터 관련 기술을 특허법으로 보호 받고자 하는 경우, 자연법칙의 이용여부가 문제시 된다. 우리나라 특허법에서는 특허의 대상으로 발명을 들고 있으며 발명은 '자연법칙을 이용한 기술적 사상의 창작으로서 고도한 것'으로 정의되어 있기 때문이다.

Ⅰ. 컴퓨터프로그램 발명의 성립성

컴퓨터프로그램이 특허받기 위해서는 우선 "산업상 이용 가능한 발명"이어야 한다.[75] 이 요건은 산업상 이용 가능성을 구비할 것이라는 요건과, 발명이어야 한다는 요건 두가지로 구분할 수 있다. 이중 첫 번째 요건인 산업상 이용 가능성은, 컴퓨터프로그램이 컴퓨터에서의 이용을 전제로 한 것이므로 특별한 사정이 없는 한 산업상 이용 가능성은 인정될 것이고, 두 번째의 요건 즉, 발명이어야 한다는 요건의 충족여부가 특별히 문제가 된다.

다만, 그 구체적인 내용에 있어서는 차이가 있는데, 우리나라와 일본에서는 발명의 정의 규정 중 자연법칙의 이용여부가 문제가 되고, 이에 대응되는 규정이 없는 미국에서는 특허법상의 특허대상 즉, 법정주제(subject matter)에 해당하는지의 여부가, 유럽특허조약(EPC)에서는 특허 제외 대상으로 규정된 '컴퓨터프로그램 자체'[76]의 해석이 문제가 되는데, 현재는 컴퓨터프로그램 관련 발명의 성립성을 일반적으로 인정하고 있다.

---

75) 특허법 제29조 본문.

76) 유럽특허조약 제52조 제2항 및 제3항.

Ⅱ. 컴퓨터프로그램과 발명의 종류

현재 우리나라에서는 컴퓨터프로그램 관련된 발명이 기재된 청구항의 형식에 관해서, 컴퓨터프로그램이 수행되고 있는 PC등의 '정보처리장치', 프로그램에 의하여 절차가 수행되는 '방법', 컴퓨터가 읽을 수 있는 '매체' 등 형식의 청구항만을 인정하여 왔다. 특허청구범위에서 '컴퓨터프로그램'을 청구하는 경우에는 청구하는 발명의 종류가 물건의 발명인지, 방법의 발명인지 불명확하고 따라서, 특허법 제42조 제4항 제2호 소정의 발명이 명확하지 않다는 점을 이유로 특허되지 아니하였다.

그런데 이러한 현재의 관행에 대해서는 비판이 있고,[77] 일본의 전례 등을 참고하여 컴퓨터프로그램을 물건의 발명으로 명시적으로 규정하려는 움직임이 있어 왔으며,[78] 이에 따라 특허청의 실무에서는 2014.7.1.이후 출원에 대해서는 "하드웨어와 결합하여 특정 과제를 해결하기 위하여 매체에 저장된 컴퓨터프로그램"의 형식으로 기재된 청구항도 허용하고 있으나, 아직 법원의 태도는 명확하지 않다.

Ⅲ. 특허에 의한 보호와 저작권에 의한 보호

컴퓨터 프로그램 관련 기술을 기존의 체계에서 보호받는 방법으로는 특허법으로 보호받을 수 있고, 저작권법의 특별법적인 성격을 갖는 컴퓨터프로그램보호법으로도 보호받을 수 있다. 그러나, 양자에는 보호의 성질에 있어서 아래 표와 같이 매우 큰 차이가 존재한다.

	저작권	특허권
권리범위	저작물 자체	특허청구범위
권리의 발생 시점	저작물 창작시	특허권 설정등록시
차단효 여부	No	Yes

【표 3】 저작권과 특허권의 비교

77) E.P.O.에서는 1993년의 IBM T110/90 사건에서는 컴퓨터프로그램 형식의 청구항은 절대 특허될 수 없다고 하였으나, IBM T1173/97(1998) 및 T935/97(1999)에서는 청구항의 형식은 특허대상 여부 판단과는 무관함을 밝히고 있다.

78) 2007년 8월 특허법 개정안.

저작권에 있어서는 권리의 범위가 저작물 자체에 미치지만, 특허권의 경우에는 특허출원 명세서의 특허청구범위에 기재된 내용에 한정하여 권리가 발생한다. 또한, 저작권은 저작물을 창작한 시점에 자동으로 발생하나, 특허권의 경우에는 특허출원을 하여 심사를 받고 특허결정을 받은 후 일정한 금액을 납부하여 특허권설정등록을 하여야 권리가 발생한다. 또한, 저작권은 저작자의 창작성을 보호하는 취지의 규정이므로, 타인이 우연하게 동일한 저작물을 창작하는 경우에는 원 저작자의 권리가 미치지 않는다. 즉, 저작권 침해에서는 특허권 침해와 달리 침해자가 저작물의 존재, 내용을 알고 있을 것을 요건으로 한다. 달리 말하면, 저작물에 대한 접근(access)이 침해의 요건이다. 따라서, 비록 그 확률이 비록 높진 않지만, 우연히 동일한 저작물이 창작된 경우에는 저작권 침해가 성립하지 않는다.[79)]

이에 반해서 특허권의 경우에는 신규한 발명을 보호하는 취지이므로 타인이 비록 모방을 하지 않고 스스로 창작한 경우에도 타인의 앞서는 발명과 동일한 경우에는 특허를 받을 수 없게 되어, 후출원이 특허받는 것을 배제 할 수 있는 차단효[遮斷效, Sperrwirkung, block effect]가 생긴다는 점에서 매우 큰 차이가 있다. 이러한 점에서, 저작권으로 보호받는 경우가, 특허권으로 보호받는 경우보다 권리의 보호가 미흡하다는 단점이 있다.

제2절 인터넷 및 전자상거래 관련 기술

인터넷은 다수의 컴퓨터를 네트워크로 연결하여 정보를 전달하는 컴퓨터 네트워크의 일종이다. 전자상거래는 인터넷 등의 네트워크와 디지털화를 바탕으로 발생하는 새로운 상거래 행위를 말한다. 특히, 영업방법에 관한 새로운 사상을 인터넷 기술로 구체화한 발명을 영업방법 발명(Business Model, Business Method)이라고 일반적으로 일컫는다. 이와 같은 기술이 특허의 대상 즉 발명이 되는 지의 여부는 특허법에서 발명을 정의하고 있는, "자연법칙을 이용한"이라는 요건을 충족하는지의 여부가 특히 문제가 되고, 미국에서는 특허법상 특허의 대상인 방법(Process)인지 여부가 쟁점이 된다.

---

79) 흔하지 않은 이러한 예로는, 송영식 · 이상정, 저작권법 개설, 세창출판사, 2003, 120면 참조.

소위 BM특허에서 최초로 국제적인 논란을 불러일으킨 사건으로는 스테이트 스트릿 은행(State Street Bank) 사건과 그 후 판단기준을 엄격하게 변경한 Bilski 사건이 유명하다.

Ⅰ. 미국에서 판단 기준의 변경

1. '유용한 결과'의 판단기준: State Street Bank 사건

이 사건의 당사자인 시그너처 파이낸셜 그룹사(Signature Financial Group Inc.)는 여러 개의 투자신탁 기금을 한 곳에 전부 투입한 후 복수의 금융상품에 투자하는 적절한 자금 운용 방법을 자동적으로 결정하는 시스템 및 그 방법에 관한 특허[80]를 출원하여 미국특허 제 5,193,056호(1993.3.9)로 특허권

80) What is claimed is:

1. A data processing system for managing a financial services configuration of a portfolio established as a partnership, each partner being one of a plurality of funds, comprising: (a) computer processor means for processing data; (b) storage means for storing data on a storage medium; (c) first means for initializing the storage medium; (d) second means for processing data regarding assets in the portfolio and each of the funds from a previous day and data regarding increases or decreases in each of the funds, assets and for allocating the percentage share that each fund holds in the portfolio; (e) third means for processing data regarding daily incremental income, expenses, and net realized gain or loss for the portfolio and for allocating such data among each fund; (f) fourth means for processing data regarding daily net unrealized gain or loss for the portfolio and for allocating such data among each fund; and (g) fifth means for processing data regarding aggregate year-end income, expenses, and capital gain or loss for the portfolio and each of the funds.

2항 생략.

3. A data processing system as claimed in claim 2, wherein said second means further comprises: (a) means for verifying that the storage medium is correct by retrieving from the storage medium the value identifying the storage medium; (b) means for retrieving from the storage medium the pricing date data and allowing the pricing date data to be corrected if necessary; (c) means for inputting and storing on the storage medium the data regarding increases or decreases in each of the funds's assets; (d) means for retrieving from the storage medium the data regarding a previous day's total investments; and (e) means for calculating and storing on the storage medium the data regarding adjusted total investments and allocation ratios.

4. A method as claimed in claim 3, wherein said third means further comprises: (a) means for verifying that the storage medium is correct by retrieving from the storage medium the value identifying the storage medium; (b) means for retrieving from the storage medium the pricing date data and for allowing the pricing date data to be corrected if necessary; (c) means for allowing retrieval from the storage medium of any previously input data regarding daily incremental income, expenses, and net realized gain or loss; (d) means for inputting and for storing on the storage medium the data regarding daily incremental income, expenses, and net

을 획득하였다. 이에 대하여 실시권을 허락받고자 하던 스테이트 스트릿 은행이 특허권자와의 실시권 계약 협상이 난항에 이르자, 본 특허는 수학적 알고리즘에 해당하고, 청구항에 영업방법을 기재하여 특허권의 대상이 될 수 없다는 이유를 들어 특허권 무효를 주장하였다.

이에 대하여 1심에서는 무효로 판결되었는데, 연방순회항소법원(CAFC)에서는 영업방법발명이라고 해서 특허대상에서 제외되는 것은 결코 아니라고 판시하였다.[81] 이 사건의 청구범위가 특허대상이 되는지의 여부는 청구항이 미국특허법상의 특허대상의 범주 중에서 어느 것에 정확하게 해당하는지에 초점을 두는 것이 아니라, 출원된 발명의 본질적인 특성 특히 실질적인 유용성(practical utility)에 초점을 두어야 된다고 밝힌 후, 이 사건 청구범위는 허브와 스포크 소프트웨어로 프로그램된 기계에 관한 것으로서 비록 유용한 결과가 가격, 이익, 퍼센트 비용 혹은 손실등과 같은 숫자로서 표현되어 있지만, 유용하며(useful), 구체적인(concrete) 동시에 유형의 결과(tangible result)를 가져오기 때문에 특허대상이 된다고 판시하였다.[82] 결국 이 사건에서는 유용하고, 구체적이며, 유형의 결과라는 유용한 결과를 생성한다는 점에 초점을 두어 영업방법 관련발명을 특허의 대상으로 판단하였다.[83]

---

realized gain or loss; (e) means for retrieving from the storage medium the data regarding adjusted total investments and allocation ratios; and (f) means for computing data representing prepricing assets for the portfolio and each of the funds.

5-6항 생략.

본 특허청구범위는 모두 6개의 항으로 구성되어 있는데, 특히 제4항이 시스템을 청구하고 있는 제3항을 인용하면서 방법을 청구하고 있는 점이 특이하다.

81) Id. at 1375.

82) For purpose of our analysis, as noted above, claim 1 is directed to a machine programmed with the Hub and Spoke software and admittedly produces a "useful, concrete, and tangible result." Alappat, 33 F.3d at 1544, 31 USPQ2d at 1557. This renders it statutory subject matter, even if the useful result is expressed in numbers, such as price, profit, percentage, cost, or loss.

83) 한편 본 판결은 스테이트 스트릿 은행에 의하여 대법원에 상고되었으나, 상고 허가를 받지 못하여(denial of certiorari) 확정되었다.

US005193056A

United States Patent [19]

Boes

[11] **Patent Number: 5,193,056**

[45] **Date of Patent: Mar. 9, 1993**

[54] **DATA PROCESSING SYSTEM FOR HUB AND SPOKE FINANCIAL SERVICES CONFIGURATION**

[75] Inventor: **R. Todd Boes**, Boston, Mass.

[73] Assignee: **Signature Financial Group Inc.**, Boston, Mass.

[21] Appl. No.: **667,777**

[22] Filed: **Mar. 11, 1991**

[51] **Int. Cl.**^{5} **G06F 15/21**; G06F 15/30

[52] **U.S. Cl.** **364/408**

[58] **Field of Search** 364/401, 408

[56] **References Cited**

PUBLICATIONS

Boston Business Journal, Nov. 11, 1991, "Signature seeks patent for mutual fund wheel", p. 6 (abstract only).

BNA Securities Law Daily, Mar. 20, 1992, "Dingell asks Breeden for report on so-called 'hub-and-spoke' funds".

Financial Services Week, Apr. 20, 1992, "Hub-and-Spoke Funds Draw Regulators' Attention".

Barons, Feb. 17, 1992, Eaton, "Mutual Funds: Wheeling and Dealing", p. 39, column 3 (abstract only).

Business Wire (San Francisco, Calif.), Mar. 30, 1992, Becker "Signature Licenses Hub and Spoke System to Van Eck Associates", pp. s1, p1.

DataPro Directory of Software, Apr. 1991, McGraw-Hill Pub. Co., pp. D15-450-001 to D15-45-0-017.

The Wall Street Journal, Jul. 13, 1987, Sebastian, "More Groups Structure Funds as Partnerships", p. 25, column 3 (Eastern Edition).

Data Sources, Computer Associates International, Inc., 1989, pp. J-416 to J-426.

Primary Examiner—Roy N. Envall, Jr.
Assistant Examiner—David Huntley
Attorney, Agent, or Firm—Pennie & Edmonds

[57] **ABSTRACT**

A data processing system is provided for monitoring and recording the information flow and data, and making all calculations, necessary for maintaining a partnership portfolio and partner fund (Hub and Spoke) financial services configuration. In particular, the data processing system makes a daily allocation of assets of two or more funds (Spokes) that are invested in a portfolio (Hub). The data processing system determines the percentage share (allocation ratio) that each fund has in the portfolio, while taking into consideration daily changes both in the value of the portfolio's investment securities and in the amount of each fund's assets. The system also calculates each fund's total investments based on the concept of a book capital account, which enables determination of a true asset value of each fund and accurate calculation of allocation ratios between the funds. The data processing system also tracks all the relevant data, determined on a daily basis for the portfolio and each fund, so that aggregate year-end data can be determined for accounting and for tax purposes for the portfolio and for each fund.

6 Claims, 18 Drawing Sheets

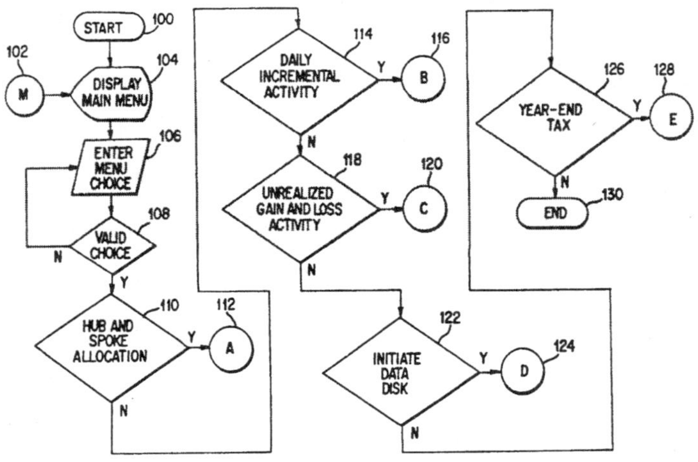

【그림 11】 Signature Financial Group의 영업방법 관련 특허 공보의 제1면

2. 엄격한 기준(MoT)으로의 회귀: 미국의 Bilski 사건

Bilski는 1997.4.10.에 상품 거래시에 발생하는 가격변동의 위험을 회피하는(hedge) 거래방법에 관하여 특허출원하였는데, 제1항은 상품의 공급자, 상품의 수요자, 시장 참여자 3자간의 거래 방법에 관한 것으로 '상품공급자와 상품수요자간에 일정한 고정가격1로서 거래하고, 특정 조건을 만족하는 시장 참여자를 검색한 후, 또 다른 고정가격2의 가격으로 상품공급자와 시장참여자 사이에서 거래를 수행하는 전형적인 영업방법'에 관한 것이다. 한편 이와 같은 거래유형은 현재 선물(future), 옵션(option)거래 등에서 유사한 방법으로 이미 거래되고 있는 것으로 보이고, 추상적인 거래방법 자체를 청구하는 점에 그 특징이 있다.

이 출원에 대하여 미국 특허상표청에서는 출원발명이 특정 장치에 구현되어 있지 않고, 단순히 추상적 사상을 조작하고 있고, 실질적인 응용으로 제한됨이 없이 단순히 수학문제를 풀고 있어, 출원발명이 기술(technological art)에 관한 것이 아니라는 이유로 미국 특허법상 특허대상의 하나인 process에 해당하지 않는다고 판단하였고, 미국특허심판부에서도 기술에 관한 것인지의 여부와, 특정 장치(apparatus)의 사용을 요구한 것은 잘못이라고 판단하였으나, 추상적 사상을 청구하고 있어 타인의 사용을 배제하고 있고, 유용하고, 구체적이며, 유형의(useful, concrete, and tangible) 결과를 야기하지 않으므로 특허대상인 방법(process)이 아니라고 판단하였고, 출원인은 항소하였다.

미국연방순회구항소법원(Court of Appeals for the Federal Circuit, CAFC)에서는 종전 대법원의 Gottschalk v. Benson사건[84], 탄수화물의 촉매분해반응에서 일정한 수식을 이용하여 알람을 설정하는 방법의 특허성을 긍정한 1978년의 Parker v. Flook사건[85], 고무의 가황 소성공정에서 수식을 사용하여 소성공정 시간을 설정한 방법의 특허성을 긍정한 1981년의 Diamond v. Diehr사건[86] 등으로부터, 방법(process)이 특허되기 위해서는 특정한 기계나 장치에

84) 409 U.S. 63, 70 (1972).

85) 437 U.S. 584, 589 n. 9 (1978).

86) 450 U.S. 175, 192 (1981). 이 사건은 합성 고무를 성형하는 방법에 관한 것으로, 성형을 완벽하게 하기 위해서는 성형되는 입자의 두께, 성형공정의 온도, 성형 시간 등의 요인을 정밀하게 제어하여야 하는데, 본 방법에서는 활성화 에너지 상수(C), 성형틀의 온도(T) 및 성형틀에 의존하는 상수(x)를 이용하

결합되거나, 또는 특정한 물품을 다른 상태 혹은 물건으로 변환하여야 한다는 machine-or-transformation의 기준을 채택한 후,[87] 이를 Bilski 청구항에의 적용하여, 우선 Bilski 청구항에서는 특정한 기계 혹은 장치와의 결합이 누락되어 있고, 또한 물체나 물질에 대하여 특정한 주된 목적에 따른 변형 예를 들어, 가죽의 무두질, 염색, 방수천의 제조, 고무의 가황, 원석의 제련, 고무의 경화, 지방을 구성성분으로 분해하는 등의 변형이 있어야 하고, 법률상의 의무 혹은 관계, 사업상 위험 등에 대한 단순한 변형 조작은 물리적인 실체나 이를 표현하는 것이 아니므로, 출원인의 방법은 특정 물품을 다른 상태나 물건으로 변형시키는 것으로 인정할 수 없다고 하여 결국 특허대상이 아니라고 판단하였다.

미국연방대법원에서는 Federal Circuit에서 process에 대한 특허대상 여부의 판단기준으로 채택한 machine-or-transformation은 특허대상 여부를 판단하는 유일한(sole) 테스트 방법은 아니지만, 유용하고 중요한 단서(useful and important clue)가 될 수는 있다고 판시하고[88], Bilski 출원에 대한 이 기준을 적용하여 출원인의 발명은 장래의 위험을 회피한다는 상업분야에서 오래전부터 실행된 기본적인 경제적 관행에 관한 추상적 사상(abstract idea)에 관한 것이어서 특허대상이 되지 않는다고 하고,[89] 또한 만일 출원인의 발명에 독점권을 부여한다면 모든 분야에서 위험을 회피한다는 추상적 사상에 대하여 실질적으로 독점을 허용하게 될 것이라는 점을 들었다.

여 Ln v = C · Z + x 와 같은 아레니우스(Arrhenius) 식을 이용하여 총 성형시간(v)을 결정하였다. 이에 대하여 특허청에서는 미국 특허법 제101조의 특허대상이 아니라는 이유로 특허를 거절하였지만 법원에서는 아레니우스 식은 자체로는 특허의 대상이 되지 아니하나, 고무를 성형하는 제조방법에 포함되어 있는 경우에 그 제조방법은 특허대상에서 제외되지는 않는다. 특허청구범위는 각 구성요소를 분해하여 해석하는 것이 아니라, 전체로서 파악되어야 한다고 판시하여 결국, 발명의 내용 중에 수학식, 알고리즘 등이 포함되더라도 청구항을 전체로 파악했을 때, 수학식 혹은 알고리즘 자체를 청구하는 것이 아닌 경우에는 특허의 대상으로 인정 하였다. 이 사건 이후에 컴퓨터프로그램의 특허대상 여부를 판단하는 방법으로 1. 청구항이 알고리즘을 직접적이거나 간접적인 방식으로 언급하고 있는지의 여부, 2. 청구된 발명이 전체적으로 보아 알고리즘 자체에 해당하는지의 여부의 2단계 판단방법이 성립하였으며 이를 Freeman-Walter-Abele Test라고 한다.

87) 545 F.3d 943, 954 (2008).

88) 법원에서는 출원인의 발명이 추상적 사상에 해당하여 특허대상이 되지 않으므로 특허대상으로서의 process에 대한 정의를 할 필요성은 없다고 하여, MoT기준을 충족하지 않으나 process에는 포함되는 것이 있을 수 있다는 가능성만 말하고, process의 판단 기준에 대해서는 언급하지 않고 있다. Id.

89) 이는 다름 아닌 항소심에서 Rader판사의 견해이다.

3. Bilski 대법원 판결의 의의

미국 특허법상 특허의 대상은 방법(process)과 우리나라에서 물건에 해당하는 기계(machine), 제조품(manufacture), 조성물(composition of matter)이다. 여기서 방법은 원래 제조방법을 의미하는 것으로 이해되었는데, 영업방법에 관한 발명도 특허의 대상으로서 방법(process)에 포함이 되는지 논란이 되어 왔다. 특허대상으로서 방법(process)의 판단기준으로서 1998년의 State Street Bank 사건에서 미국 연방순회구항소법원(CAFC)에서는 영업방법 발명의 특허대상 여부 판단기준으로 useful, concrete, tangible 이라는 유용성에 중점을 둔 기준을 채택하여 (영업)방법에 대하여 다소 완화된 기준을 채택한 바 있고, 반면에 2008년의 Bilski 사건에서 CAFC는 machine-or- transformation이라는 다소 엄격한 기준을 채택하여 상이한 2개의 기준이 양립한 상태로 있어 대법원의 판단이 주목되었다. 그후 미국 연방대법원에서는 특허대상으로서 방법(process)에 대하여 후자의 machine-or- transformation의 기준을 채택하여 상대적으로 엄격한 종전의 대법원 기준으로 되돌아 간 것으로 볼 수 있다.

Ⅱ. 한국의 생활쓰레기 배출방법 사건

1. 개요

본 사건[90]은 영업방법 발명에 관한 판단기준을 제시한 최초의 사례로 일반적으로 들고 있는 최초의 사례이다.[91]

이 사건에서는 생활쓰레기의 배출 등의 관리를 종합적으로 하기 위하여, 배출자 정보가 담긴 바코드 스티커를 관할 관청에서 배부하고 배출자는 자신의 바코드를 부착하여 쓰레기를 배출하고, 규정에 위반하여 배출된 쓰레기에 대

90) 특허법원 2001.9.21.선고 2000허5438판결 [하집2001-2, 577]; 대법원 2003.5.16.선고 2001후3149판결 [공2003.6.15.(180), 1369].

91) 이 판결을 그 후의 다수의 판결에서 영업방법 발명의 성립성 판단의 기준으로 인용하고 있다. 2006. 12. 21.선고 2005허11094판결 [각공2007. 2. 10.(42), 462] 및 그 상고심인 대법원 2008. 12. 11. 선고 2007후494 판결【거절결정(특)】[미간행]; 2007. 6. 27. 선고 2006허8910판결 거절결정(특)】확정[각공2007. 8. 10.(48), 1705]; 대법원 2008. 12. 24. 선고 2007후265 판결【거절결정(특)】[공2009상, 127].

해서는 바코드를 판독하여 시정하는 것 등을 특징으로 하고 있는 방법에 관한 발명이다. 이 사건에서는 자연법칙의 이용여부가 문제가 되었다.

2. 판시

법원에서는 쓰레기 배출 및 처리에 관한 방법은 관할관청, 배출자, 수거자 간의 인위적 결정 및 관찰 관청 등의 정신적 판단에 불과하여 자연법칙 이용성을 부정하여 결국 발명의 성립성을 부정하였다.

판결에서는 자연법칙 이용성 판단과 별도로 영업방법 발명의 해당 여부를 판단하면서,[92] 영업방법 발명이 되기 위해서는 "컴퓨터 상에서 소프트웨어에 의한 정보처리가 **하드웨어**를 이용하여 구체적으로 실현되고 있어야 한다"고 한 후 본 발명은 온라인상에 처리되는 것이 아니라 오프라인 상에서 처리되고 있으며, 소프트웨어와 하드웨어가 연계되는 시스템이 구체적으로 실현되고 있지 않다는 점을 이유로 일반적인 영업방법 발명의 범주에도 속하지 않는다고 판단하였다.

3. 해설

본 사건에서 문제가 된 발명은 그 본질이 생활쓰레기의 배출 및 그 처리 방법에 관한 것으로 그 자체가 영업방법에 관한 것으로 보기 곤란한 점이 있고, 여기에서 영업방법발명의 기준으로서 제시된 판단 기준은 컴퓨터프로그램 발명의 성립성과 구분이 되지 않는 것으로 결국 영업방법 발명 고유의 성립성 판단이 이루어진 것으로도 볼 수 있다.[93] 다만, 여기에서 제시된 "컴퓨터 상에서 소프트웨어에 의한 정보처리가 **하드웨어**를 이용하여 구체적으로 실현되고 있어야 한다"는 기준은 영업방법발명이 특허의 대상이 되는지 여부에 관한 발명의 의 성립성 판단 기준으로 사용되는 경우가 많다.

---

92) 그런데 출원발명이 자연법칙을 이용하지 않아 발명의 성립성을 부정할 경우, 영업방법 발명에 해당하는지의 여부를 반드시 판단할 이유는 없을 것이나, 이에 대하여 굳이 판단한 것은 당사자 일방의 주장 때문일 것이다.

93) 정상조, 박성수 편, 특허법주해 I(김관식 집필부분), 박영사, 2010, 35면.

제3절 생명공학관련 기술

생명공학은 동 · 식물 및 미생물과 같은 생명체를 그 연구의 대상으로 한다.

우리나라 특허법에서 동 · 식물과 관련된 조항으로는, 예전에는 특허법 제31조에서 '무성적으로 반복, 생식하는 변종식물은 특허받을 수 있다'고 규정한 조문이 있었다. 이 조문의 존재로 인하여 유성번식식물은 특허의 대상이 아니라고 일반적으로 해석되고 있었으나, 최근의 개정에 의하여 해당 조문이 삭제되어 식물발명은 유성, 무성에 관계없이 특허의 대상이 된다.

한편, 유성번식식물은 종자산업법에 의해서도 일정한 권리가 부여되고 있다.

동물에 대해서는 명시의 규정이 없으며, 이로 인하여 동물을 유전공학적으로 변형한 신규한 동물등에 대해서는 특허를 실무적으로 부여하고 있다. 다만, 인간과 동물의 유전자를 결합하여 만든 반인반수의 생명체와 같이 사회적, 윤리적으로 논란의 여지가 있는 것은 법제32조의 "공공질서, 미풍양속에 반하거나 공중위생을 해할 염려가 있는 발명"에 해당하여 특허받을 수 없게 된다.

Ⅰ. 생명체와 특허: 식물특허와 동물특허

1. 특허법 제31조 삭제 이전

식물에 대해서는 우리나라에서는 무성적으로 번식하는 변종식물을 특허대상으로 하고 있다. 식물과 같은 생물체를 명세서에 타인이 반복적으로 실시하도록 기재하는 것은 비교적 용이하지 않다고 인정되고 있으나, 우리나라 특허법의 경우에는 식물을 특허대상으로 인정하고 있을 뿐, 특허요건의 판단은 다른 물건의 발명과 동일하게 신규성, 진보성 등의 요건뿐만 아니라 명세서 기재요건도 판단하고 있다. 따라서 무성번식 식물을 특허 받는 것은 다른 물건에 관한 발명에 비해서는 대체적으로 곤란할 것이다.

한편, 유성번식 식물은 일률적으로 특허의 대상에서 제외하고 있으며,[94] 종

94) 특허청, 특허 · 실용신안 심사지침서, 2004, 2604면.
…특허법에서는 무성적으로 반복 생식할 수 있는 변종식물에 한에서 보호하고 있고, …

자산업법의 보호대상으로 하고 있다. 종자산업법에서는 식물의 육종방법이나 재배방법은 제외하고, 벼, 보리, 콩, 옥수수 등의 식물 품종을 보호대상으로 하여, 신규성(미판매성), 구별성, 균일성, 안정성 및 품종의 명칭부여를 보호의 요건으로 하고 있다.[95]

유성번식식물을 특허의 대상에서 제외되는 것으로 해석하고 있는 것은, 무성번식식물이 특허대상으로 된다는 점을 규정한 특허법 제31조를 근거로 하고 있는 것으로 보인다. 제31조를 둔 것은 동물과 식물 중에서 특별히 무성번식 식물은 재현성이 있으므로 이를 특별히 특허대상이 됨을 명시한 것으로 이해된다. 현재는 생명공학 기술의 발전으로 인하여 동물, 식물을 구별하지 아니하고 동식물의 새로운 종을 개발할 수 있고, 특허법에서 규정하고 있는 특허요건을 충족하면 특허하지 않아야 할 이유가 없으므로, 특허법에서 이 규정을 삭제하는 것이 바람직하다.

더욱이, 동물인 경우에는 원래 특허대상이 될 수 없다는 의미에서 특별한 규정이 없었으나, 이제는 이 점으로 인하여 오히려 동물이 기본적으로 특허의 대상으로 인정하고 있는 점을 고려하면 현재 유성번식 식물을 특허대상에서 제외하는 해석은 문제가 있다. 따라서 특허법 제31조는 무성번식 식물을 특허대상으로 한다는 것을 명확히 한 것 일뿐, 유성번식 식물을 특허의 대상에서 제외한다는 취지로 해석하지 않는 것이 타당할 것이다.

2. 특허법 제31조의 삭제 (2006.10.1) 이후

이러한 문제점을 인식하고, 국제적 추세에도 부응하기 위하여, 2006.3.3.의 개정[96]에 의하여 특허법 제31조[97]가 삭제되었다. 따라서, 식물발명은 유성, 무성 번식을 불문하고 특허의 대상이 되나, 사회적 · 윤리적으로 논란이 될 수 있는 발명에 대해서는 특허법 32조 소정의 "공공질서, 미풍양속에 반하거나 공중위생을 해할 염려가 있는 발명"에 해당하여 불특허대상이 될 것이다.

---

95) 식물신품종보호를 위한 국제조약에는 UPOV 조약이 있으며, 현재 우리나라를 비롯하여, 미국, 프랑스, 독일, 일본을 포함하여 50여개 국가가 가입하고 있다.

96) 2006.10.1 발효.

97) 第31條 (植物發明特許) 無性的으로 反復生殖할 수 있는 變種植物을 發明한 者는 그 發明에 대하여 特許를 받을 수 있다.

식물관련 발명이 실제적으로 특허를 받기 위해서는 발명의 상세한 설명에서 반복 · 재현성이 보장될 수 있도록 기재하는 점이 문제가 될 것이다.

Ⅱ. 최초의 생명체 특허: 미국의 식물특허

미국의 경우는 특허제도가 우리나라와 상이하여 미국특허법에서는 특허의 종류로 다음과 같이 3종류가 규정되어 있다.

① 실용특허(utility patent)[98]
② 디자인특허(design patent)[99]
③ 식물특허(plant patent)

이와 같이 식물특허가 특허 종류의 하나로 별도로 규정되어 있는 점이 우리나라와는 상이하다. 이중에서 식물특허는 "덩이줄기[100]로 번식하는 식물 또는 야생식물을 제외하고,[101] 현저하게 신규한 식물의 품종에 대해서" 그 품종을 무성적으로 번식시킨 경우에 특허 받을 수 있다.[102] 박테리아는 실용특허(utility patent)의 대상이 될 수는 있지만, 식물특허의 대상은 아니다.[103] 식물특허에도 실용특허의 규정이 대부분 적용되어 신규성 및 진보성 등의 판단은 특허와 동일하게 적용된다. 그러나 다음과 같이 3가지의 중요한 차이점이 있다.

---

98) 일반적으로 특허라고 하면 실용특허(utility patent)를 지칭한다.
99) 우리나라의 디자인권(구, 의장권)에 해당한다.
100) 괴경(塊莖)이라고도 한다. 식물의 뿌리 줄기가 가지를 치고 그 끝이 양분을 저장하여 비대해진 형태를 뜻한다. 감자, 돼지감자, 튤립이 대표적인 예이다.
101) 우리나라의 1990.9.1 이전 특허법에서 덩이줄기로 번식하는 식물을 식물특허의 대상에서 제외한 것은, 미국특허법의 영향에 의한 것이다.
102) 35 U.S.C. 161 Patents for plants.
Whoever invents or discovers and asexually reproduces any distinct and new variety of plant, including cultivated sports, mutants, hybrids, and newly found seedlings, other than a tuber propagated plant or a plant found in an uncultivated state, may obtain a patent therefor, subject to the conditions and requirements of this title.
The provisions of this title relating to patents for inventions shall apply to patents for plants, except as otherwise provided.
103) *In re* Arzberger, 112 F.2d 834, 46 U.S.P.Q. 32 (C.C.P.A. 1940).

① "명세서에 의하여 개시 및 도시된 식물을 청구"하는 형식으로 기재된 단일 청구항만 허용한다.[104]

② 미국 특허법 제112조제1단의 명세서 기재요건을 완화하여, "합리적으로 가능한 한도 내에서 완전하게" 기재하였다고 인정되면 명세서 기재요건을 위반한 것으로 하지 않는다.[105]

③ 특허유지료가 없다.[106]

이 중에서 명세서의 기재요건을 완화한 부분이 통상의 특허와 가장 중요한 차이점이다.

식물특허의 권리는 타인이 그 식물을 무성생식으로 재생하는 것을 방지하고, 그 재생된 식물을 판매 혹은 사용하는 것을 배제하는 것이다.[107] 식물특허의 출원에는 ① 컬러 도면 2부 ② 명세서 2부, 및 심사관이 원하는 경우에는 ③ 견본이 필요하다.

아래 그림은 미국의 식물특허명세서의 예이다. 발명의 상세한 설명 및 특허청구범위의 내용이 실용특허(utility patent)와는 차이가 있다.

---

104) 35 U.S.C. 162 Description, claim. 2nd paragraph.
The claim in the specification shall be in formal terms to the plant shown and described.

105) 35 U.S.C. 162 Description, claim. 1st paragraph.
No plant patent shall be declared invalid for non-compliance with section 112 of this title if the description is as complete as is reasonably possible.

106) 35 U.S.C. 41 Patent fees; patent and trademark search systems.
(b) … No fee may be established for maintaining a design or plant patent in force.

107) 35 U.S.C. 163 Grant.

US00PP14000P29

(12) **United States Plant Patent**
Strope

(10) **Patent No.:** **US PP14,000 P2**
(45) **Date of Patent:** **Jul. 22, 2003**

(54) **NEW GUINEA IMPATIENS PLANT NAMED 'BALCELSUNA'**

(75) Inventor: **Kerry Strope**, Pismo Beach, CA (US)

(73) Assignee: **Ball FloraPlant, a division of Ball Horticultural Co**, West Chicago, IL (US)

(*) Notice: Subject to any disclaimer, the term of this patent is extended or adjusted under 35 U.S.C. 154(b) by 0 days.

(21) Appl. No.: **10/114,880**

(22) Filed: **Apr. 1, 2002**

(51) **Int. Cl.**^{7} **A01H 5/00**
(52) **U.S. Cl.** **Plt./318**
(58) **Field of Search** Plt./318

Primary Examiner—Bruce R. Campell
Assistant Examiner—Annette Para
(74) *Attorney, Agent, or Firm*—C. A. Whealy

(57) **ABSTRACT**

A new and distinct cultivar of New Guinea Impatiens plant named 'Balcelsuna', characterized by its upright, rounded and uniform plant habit; red-colored flowers that are positioned above and beyond the leaves; and dark green-colored leaves.

1 Drawing Sheet

1

BOTANICAL CLASSIFICATION/CULTIVAR DENOMINATION

Impatiens hawkeri cultivar Balcelsuna.

BACKGROUND OF THE INVENTION

The present Invention relates to a new and distinct cultivar of New Guinea Impatiens plant, botanically known as *Impatiens hawkeri*, and hereinafter referred to by the name 'Balcelsuna'.

The new Impatiens is a product of a planned breeding program conducted by the Inventor in Arroyo Grande, Calif. The objective of the breeding program is to develop New Guinea Impatiens cultivars that have a freely branching growth habit and large flowers with attractive flower colors.

The new Impatiens originated from a cross-pollination made by the Inventor in 1998 of a proprietary selection of *Impatiens hawkeri* identified as code number 2079B, not patented, as the female, or seed parent, with the *Impatiens hawkeri* cultivar Grenada, disclosed in U.S. Plant Pat. No. 9,343, as the male, or pollen parent. The cultivar Balcelsuna was discovered and selected by the Inventor as a flowering plant within the progeny of the stated cross-pollination in a controlled environment in Arroyo Grande, Calif.

Asexual reproduction of the new cultivar by terminal cuttings taken in Arroyo Grande, Calif. since August, 1998, has shown that the unique features of this new Impatiens are stable and reproduced true to type in successive generations.

SUMMARY OF THE INVENTION

The following traits have been repeatedly observed and are determined to be the unique characteristics of 'Balcelsuna'. These characteristics in combination distinguish 'Balcelsuna' as a new and distinct Impatiens cultivar:

1. Upright, rounded and uniform plant habit.

2. Red-colored flowers that are positioned above and beyond the leaves.

3. Dark green-colored leaves.

Plants of the new Impatiens differ primarily from plants of the female and male parents in flower color.

Plants of the new Impatiens can be compared to plants of the cultivar BFP-796, disclosed in U.S. Plant Pat. No. 11,486. In side-by-side comparisons conducted in West Chicago, Ill., plants of the new Impatiens differed from plants of the cultivar BFP-796 in the following characteristics:

2

1. Plants of the new Impatiens were more compact than plants of the cultivar BFP-796.

2. Plants of the new Impatiens had shorter lateral branches and shorter internodes than plants of the cultivar BFP-796.

3. Plants of the new Impatiens had slightly larger flowers than plants of the cultivar BFP-796.

BRIEF DESCRIPTION OF THE PHOTOGRAPH

The accompanying colored photograph illustrates the overall appearance of the new cultivar, showing the colors as true as it is reasonably possible to obtain in colored reproductions of this type. Colors in the photograph differ from the color values cited in the detailed botanical description which accurately describe the colors of the new Impatiens. The photograph comprises a side perspective view of multiple flowering plants of 'Balcelsuna' grown in a container.

DETAILED BOTANICAL DESCRIPTION

The cultivar Balcelsuna has not been observed under all possible environmental conditions. The phenotype may vary somewhat with variations in environment such as temperature and light intensity without, however, any variance in genotype.

The aforementioned photograph and following observations and measurements describe plants grown in West Chicago, Ill., under commercial practice in a polycarbonate-covered greenhouse with day temperatures ranging from 20 to 24° C., night temperatures ranging from 16 to 20° C. and light levels ranging from 4,000 to 6,000 footcandles. Rooted young plants were planted in containers and had been growing for about eight weeks when the photographs and the description were taken.

In the following description, color references are made to The Royal Horticultural Society Colour Chart, 1995 Edition, except where general terms of ordinary dictionary significance are used.

【그림 12】 미국 식물특허공보의 예

US PP14,000 P2

3

Botanical classification: *Impatiens hawkeri* cultivar Balcelsuna.

Parentage:

Female parent.—Proprietary selection of *Impatiens hawkeri* identified as code number 2079B, not patented.

Male parent.—*Impatiens hawkeri* cultivar Grenada, disclosed in U.S. Plant Pat. No. 9,343.

Propagation:

Type cutting.—Terminal cuttings.

Time to initiate roots.—About 7 days at 18° C.

Time to produce a rooted cutting.—About 21 days at 18° C.

Root description.—Fine, fibrous and white in color.

Rooting habit.—Freely branching.

Plant description:

General appearance.—Upright, rounded and uniform plant habit; freely basal branching growth habit, about four basal branches form per plant. Vigorous.

Plant height.—About 13 cm.

Plant diameter or spread.—About 24.1 cm.

Lateral branches.—Length: About 5.6 cm. Diameter: About 6 mm. Internode length: About 1.4 cm. Color: 183A.

Foliage description.—Arrangement: Opposite or in whorls of three. Length: About 11.9 cm. Width: About 4.3 cm. Shape: Narrowly elliptic. Apex: Acuminate. Base: Attenuate. Margin: Serrulate with ciliation. Texture, upper and lower surfaces: Smooth, glabrous. Venation pattern: Pinnate. Color: Young foliage, upper surface: Slightly more yellow than 139A. Young foliage, lower surface: 147B. Fully expanded foliage, upper surface: 139A. Fully expanded foliage, lower surface: 145C. Venation, upper surface: Midvein, 185A; lateral veins, 145C. Venation, lower surface: 147B. Petiole: Length: About 1.5 cm. Diameter: About 3 mm. Texture, upper and lower surfaces: Glabrous, rugose. Color, upper surface: 185C. Color, lower surface: 185A.

Flower description:

Flower type and flowering habit.—Single rounded flowers. Usually about eight flowers and flower buds per lateral branch. Flowers positioned above and beyond the foliage and typically face upward or outward. Flowers not fragrant. Petals self-cleaning; gynoecium persistent.

4

Flower longevity.—Flowers last about one week on the plant.

Flowering season.—Year-round under greenhouse conditions; in the garden, flowering from spring until fall. Plants begin flowering about eight weeks after planting.

Flower buds.—Length: About 1.6 cm. Diameter: About 7 mm. Shape: Ovoid. Color: 51B.

Flower diameter.—About 7.7 cm.

Flower depth.—About 2.1 cm.

Flower shape.—Rounded; mostly flat.

Petals.—Quantity: Five per flower, imbricate. Length, banner petal: About 3.2 cm. Length, lateral and basal petals: About 4 cm. Width, banner petals: About 4.6 cm. Width, lateral and basal petals: About 3.8 cm. Shape: Obovate. Apex: Emarginate. Base, banner petal: Truncate. Base, lateral and basal petals: Attenuate. Margin: Entire. Texture, upper and lower surfaces: Smooth; satiny. Color: When opening and fully opened, upper surface: Towards margin, 43C; towards base, between 51A and 53D; becoming closer to 47B with subsequent development. When opening and fully opened, lower surface: 52C.

Spur.—Quantity: One per flower. Length: About 5.8 cm. Diameter, at apex: Less than 1 mm. Diameter, at flower: About 2.5 mm. Aspect: Curved downward. Color: 53C.

Peduncles.—Length: About 5.6 cm. Diameter: About 1 mm. Strength: Strong; flexible. Angle: Acute. Color: 185A.

Reproductive organs.—Androecium: Stamen quantity/arrangement: Five fused at anthers, hooded; filaments free. Anther length: About 3 mm. Anther shape: Oval. Anther color: 53A. Pollen amount: Moderate. Pollen color: 10D. Gynoecium: Pistil quantity: One per flower. Pistil length: About 7 mm. Stigma color: Colorless. Style length: Less than 1 mm. Style color: 150D. Ovary arrangement: Five-celled. Ovary color: 144B.

Seeds/fruits.—Seed and fruit development has not been observed.

Disease/pest resistance: Plants of the new Impatiens have not been observed to be resistant to pathogens and pests common to Impatiens.

It is claimed:

1. A new and distinct cultivar of New Guinea Impatiens plant named 'Balcelsuna', as illustrated and described.

* * * * *

【그림 13】 미국 식물특허 공보의 특허청구범위

U.S. Patent   Jul. 22, 2003   US PP14,000 P2

【그림 14】 미국 식물특허 공보의 도면

이와 같이 미국의 식물특허는 무성번식변종식물에 대하여 "명세서 기재요건을 완화시켜서" 변종식물에 대한 특허취득을 용이하게 해 준다. 식물특허의 규정이 식물 신품종을 제101조 규정의 특허대상으로부터 배제시키는 것은 아니므로, 무성생식으로 번식하는 신품종인 경우에는 실용특허(utility patent) 및 식물특허로 중복하여 보호받을 수 있다.[108)]

유성번식 식물에 대해서 특허취득이 가능하다는 점은 미국과 우리나라에서 동일하나, 미국에서는 무성번식 식물에 대하여 통상의 특허뿐만 아니라 '명세서의 기재요건을 완화한' 식물특허로도 용이하게 보호받을 수 있는 점이 우리와는 상이한 점이다.

또한, 유성생식된 식물의 신변종인 경우에는 식물변종보호법으로 보호받을 수 있는 점은 우리나라와 같다.

Ⅱ. 최초의 미생물 특허: 차크라바티 사건

1. 개요

생명공학은 동 · 식물과 같은 생명체를 그 연구의 대상으로 한다. 생명체가 특허의 대상이 될 수 있는 지에 대해서는 예전에는 논란이 있었다. 이와 관련한 유명한 사건으로는 차크라바티(Chakrabarty) 사건을 들 수 있다. 차크라바티 박사는 미국 General Electric사의 연구원으로, 유전공학을 이용하여 특수한 박테리아를 생산하는 방법을 개발하였다. 이 박테리아는 탄수화물을 분해하여 생존에 필요한 에너지를 생산하는 성질[109)]을 가지고 있는데, 이러한 성질은 유조선이 바다에서 침몰하여 유출되는 원유를 제거하는데 이용될 수 있어 매우 중요한 의의를 가지는 발명이었다. 차크라바티 박사는 이 박테리아에 대하여 1972년에 특허출원하였으나, 미국특허청 및 특허심판원에서는 미생물은 자연의 산물이고, 살아있는 생명체는 미국특허법 제101조[110)]에 규정된

---

108) *Ex Parte* Hibberd, 227 U.S.P.Q. 443 (Bd. Pat. App.& Int. 1985).

109) What I claim as new and desire to secure by Letters Patent of the United States is:
1. A bacterium from the genus Pseudomonas containing therein at least two stable energy-generating plasmids, each of said plasmids providing a separate hydrocarbon degradative pathway.

110) 35 USC § 101 (process, machine, manufacture, composition of matter)

특허대상이 아니라는 이유로 거절되었다. 그 후, 고등법원(CCPA, the Court of Customs and Patent Appeals, 현재는 CAFC, the Court of Appeals for the Federal Circuit)에서는 특허대상이 된다는 판결이 나오고, 대법원(1980년)에서도 신규한 생물이지만, 유용성을 인정하여 특허대상으로 인정하였다.

2. 대법원의 판단

대법원에서 특허대상으로 판단한 이유는 생명체라고 해서 반드시 특허대상에서 제외되는 것은 아니며, 차크라바티 박사의 박테리아는 매우 유용한 새로운 특성을 지니고 있다는 점에 초점을 두고 있다.

1952년 입법당시의 보고서에 의하면, 특허법 제정당시의 의회의 의도는 '인간이 제조한 모든 것은 특허의 대상이 된다'[111]는 것이라고 하였다. 즉, 생명체라고 해서 특허의 대상이 되지 않는 것은 아니라고 판단하였다. 이때 박테리아가 미국특허법상의 4가지 특허대상 중 적어도 manufacture 또는 composition of matter에 해당한다고 판단하였다. 한편, 불특허대상으로는 자연법칙, 자연현상, 추상적 개념은 여전히 불특허 대상으로 판단하였다. 본 발명은 자연에서 발견되는 것과는 매우 특성이 다르고, 유용한 새로운 박테리아를 제조한 것이고, 따라서, 본 발명은 자연의 작품[112]이 아니라, 발명자 자신의 작품이다. 따라서, 미국특허법상의 특허대상이 된다고 하였다.

특허대상이 되지 않는다는 근거로 주장하는 1930년에 입법된 식물특허[113]제도의 의의에 대해서는, 미국에서 식물특허제도를 도입한 것은 생명체를 특허대상에서 제외하고자 하는 의도가 아니라, 입법당시에는 식물은 인공적으로 성장하더라도, 자연의 산물이어서 특허대상이 되지 않는 다는 믿음이 있었고, 식물은 특허법상의 "명세서 기재 요건"을 충족하기 힘들므로 이를 완화해 주기 위한 의도였다고 파악하였다.

이 판결에서는 5:4의 차이로 특허성을 인정하였는데, 특허성을 반대한 소수의견은, 생명체는 미국특허법 제101조의 특허대상이 아니고, 1930년에 식물특

111) Anything under the sun that is made by man is patentable.

112) handiwork of nature

113) plant patent.

허 제도를 도입한 것은, 첫째, 생명체는 특허대상이 아니라고 인식하였으며, 식물을 보호하기 위하여 입법이 필요하였으므로, 본 사건에서와 같은 박테리아를 보호하기 위하여도 별도의 입법이 필요하다고 주장하고, 특허대상의 광협을 조정하는 것은 법원의 권한이 아니라, 의회의 권한이라고 주장하였으나, 소수의견에 머물렀다.

3. 결과

결국 본 사건은 1981년3월31일자로 미국특허 제4,259,444호 (Microorganisms having multiple compatible degradative energy-generating plasmids and preparation thereof)로 특허되었다.

다음의 그림은 특허공보의 표지이다. 본 특허는 방법에 관한 발명으로서 그림이 포함되어 있지 않다.

United States Patent [19] **Chakrabarty**

[11] **4,259,444**

[45] **Mar. 31, 1981**

[54] **MICROORGANISMS HAVING MULTIPLE COMPATIBLE DEGRADATIVE ENERGY-GENERATING PLASMIDS AND PREPARATION THEREOF**

[75] Inventor: **Ananda M. Chakrabarty**, Latham, N.Y.

[73] Assignee: **General Electric Company**, Schenectady, N.Y.

[21] Appl. No.: **260,563**

[22] Filed: **Jun. 7, 1972**

[51] **Int. Cl.**[3] **C12N 15/00**

[52] **U.S. Cl.** **435/172; 435/253; 435/264; 435/281; 435/820; 435/875; 435/877**

[58] **Field of Search** .... 195/28 R, 1, 3 H, 3 R, 195/96, 78, 79, 112; 435/172, 253, 264, 820, 281, 875, 877

[56] **References Cited**

PUBLICATIONS

Annual Review of Microbiology vol. 26 Annual Review Inc. 1972 pp. 362-368.
Journal of Bacteriology vol. 106 pp. 468-478 (1971).
Bacteriological Reviews vol. 33 pp. 210-263 (1969).

Primary Examiner—R. B. Penland

Attorney, Agent, or Firm—Leo I. MaLossi; James C. Davis, Jr.

[57] **ABSTRACT**

Unique microorganisms have been developed by the application of genetic engineering techniques. These microorganisms contain at least two stable (compatible) energy-generating plasmids, these plasmids specifying separate degradative pathways. The techniques for preparing such multi-plasmid strains from bacteria of the genus Pseudomonas are described. Living cultures of two strains of Pseudomonas (*P. aeruginosa* [NRRL B-5472] and *P. putida* [NRRL B-5473]) have been deposited with the United States Department of Agriculture, Agricultural Research Service, Northern Marketing and Nutrient Research Division, Peoria, Ill. The *P. aeruginosa* NRRL B-5472 was derived from *Pseudomonas aeruginosa* strain 1c by the genetic transfer thereto, and containment therein, of camphor, octane, salicylate and naphthalene degradative pathways in the form of plasmids. The *P. putida* NRRL B-5473 was derived from *Pseudomonas putida* strain PpG1 by genetic transfer thereto, and containment therein, of camphor, salicylate and naphthalene degradative pathways and drug resistance factor RP-1, all in the form of plasmids.

18 Claims, 2 Drawing Figures

【그림 15】 차크라바티의 박테리아에 관한 특허공보의 Front Page

Ⅳ. 유전자 관련 발명

인간의 유전자에 대하여 특허가 부여된 사례로는, 미국에서 생체 내에서 적혈구 생성을 촉진하는 Erythropoietin(EPO)[114]을 코딩하는 DNA에 대하여 1987년에 미국 특허 제4,703,008호가 부여되고,[115] 인간 tPA[116]를 코딩하는 DNA에 대하여 1988년에 미국 특허 제4,766,075호가 부여되었다.[117]

SNP 현상을 찾아내는 방법에 대해서는 1998년 미국 특허 제5,712,098호가 부여되고,[118] 새로운 인간 단백질 키나제를 코딩하는 특별한 염기서열(EST)에 대해서 1998년 미국 특허 제5,817,479호가 부여되었다.[119]

---

114) Erythropoietin. 생체 내에서 혈액을 생성하는 조혈성장 인자 중, 적혈구 생성을 촉진하는 물질. 스포츠 선수들이 경기력 강화를 위하여 불법적으로 섭취하여 문제가 되기도 한다. EPO는 유전자 재조합기술로 생산하는데, 1g당 가격이 5억이며, 세계시장규모가 28억 달러에 이르는 고부가가치 상품이다. 이 EPO를 1989년 최초로 상품화한 미국의 벤처기업인 암젠(Amgen)사는 급격한 매출과 순익의 상승을 이루어서 바이오 벤처기업으로는 최초로 포춘지 선정 세계 500대 기업에 선정된 바 있다.

115) What is claimed is:

1. A purified and isolated DNA sequence encoding erythropoietin, said DNA sequence selected from the group consisting of:
   (a) the DNA sequences set out in FIGS. 5 and 6 or their complementary strands; and
   (b) DNA sequences which hybridize under stringent conditions to the DNA sequences defined in (a).
2. A purified and isolated DNA sequence consisting essentially of a DNA sequence encoding human erythropoietin.

116) tissue phasminogen activator.

117) We claim:

1. A DNA isolate consisting essentially of a DNA sequence encoding human tissue plasminogen activator.

118) What is claimed is:

1. A method to determine the presence or absence of the common hereditary hemochromatosis (HH) gene mutation in an individual, comprising:
   providing DNA or RNA from the individual; and
   assessing the DNA or RNA for the presence or absence of the HH-associated allele A of a base pair polymorphism designated herein 24d1,
   wherein, as a result, the absence of the allele indicates a likely absence of the HH gene mutation in the genome of the individual and the presence of the allele a likely presence of the HH gene mutation in the genome of the individual.

119) We claim:

1. A purified polynucleotide having a nucleic acid sequence selected from the group consisting of SEQ ID NO:1, SEQ ID NO:2, SEQ ID NO:3, SEQ ID NO: 4, SEQ ID NO:5, SEQ ID NO:6, SEQ ID NO:7, SEQ ID NO:8, SEQ ID NO:9, SEQ ID NO:10, SEQ ID NO:11, SEQ ID NO:12, SEQ ID NO:13, SEQ ID NO:14, SEQ ID NO:15, SEQ ID NO:16, SEQ ID NO:17, SEQ ID NO:18, SEQ ID NO:19, SEQ ID NO:20, SEQ ID NO:21, SEQ ID NO:22, SEQ ID NO:23, SEQ ID NO:24, SEQ ID NO:25, SEQ ID NO:26, SEQ ID NO:27, SEQ ID NO:28, SEQ ID NO:29, SEQ ID NO:30, SEQ ID NO:31, SEQ ID NO:32, SEQ ID NO:33, SEQ ID NO:34, SEQ ID NO:35, SEQ ID NO:36, SEQ ID NO:37, SEQ ID NO:38, SEQ ID NO:39, SEQ ID NO:40, SEQ ID NO:41, SEQ ID NO:42, SEQ ID

식물에 대한 특허로는 식물에 외부의 유전자를 삽입하여 유전자 변형 식물[120]을 만드는 방법에 대해서 1987년에 미국 특허 제4,684,611호가 부여되었다.[121]

동물에 대한 최초의 특허는 암 유전자를 가지도록 유전자가 변형된[122] 마우스[123]에 대한 특허가 1988년 미국 특허 제4,736,866호가 부여된 바 있다. 유럽에서는 EPC 제53조(b)에서 동물 신품종(animal variety)을 불특허사항으로 규정하고 엄격한 심사기준을 적용하여 왔으나, 유전자가 변형된 상기 마우스에 대해서는 신품종이 아니라 새로운 동물 자체라는 이유로 특허제외대상이 아니라는 이유로 미국에 이어 특허를 부여하였다.[124] 우리나라와 일본은, 동물특허에 대한 별도의 규정이 없으므로, 공서양속 위반이 되지 아니하고 일반적인 특허요건을 충족하면 특허될 수 있다.

유전자 관련 발명의 특허의 대상이 되는 발명으로서 성립하는지의 여부와 관련하여 미국에서는 많은 논의가 있어 왔는데 종전에는 유전자의 유용성을 근거로 인간의 유전자로부터 분리된 유전자의 성립성을 인정하였는데, 유방암을 유발하는 유전자에 관한 Myriad사건에서는 2013. 6. 13.의 대법원 상고심[125]에서 분리된 DNA에 대해서는 특허성을 부정하여 이를 인정한 원심을

NO:43, and SEQ ID NO:44.
(주: SEQ ID NO:1-NO:44는 명세서 내에 다수의 A,G,C,T의 배열로 정의 되어 있다.)

120) transgenic plant.

121) We claim:

1. A process for transforming genetic properties of higher plants or parts thereof by inserting into the DNA of these plants DNA of a plasmid that is foreign to these plants, characterized by initially incubating protoplasts of higher plants together with plasmid DNA in the presence of polyethylene glycol, calcium ions, and carrier DNA, subsequently, after a period of incubation, gradually increasing the calcium ion concentration in the incubation medium, and decreasing the polyethylene glycol concentration wherein said calcium ion concentration is increased to 100- 125 mmoles/l with a simultaneous decrease in said polyethylenCe glycol concentration to about 1-3% (weight/volume) separating the resulting aggregates, growing these further separately, and examining them for modification of their genetic properties.

122) transgenic animal.

123) oncomouse의 일종. 일명 하버드 마우스라고 한다. 고등동물에 대한 제1호 특허이다.

124) 1992.5.

125) 133 S.Ct. 2107, 569 U.S. 576(2013). 한편 이 사건의 당초 항소심인 653 F.3d 1329(C.A.Fed.(N.Y.), 2011)에 대하여 2011. 12. 7. 상고허가를 신청하여(Petition for Certiorari Filed, No. 11-725) 2012. 3. 26. 상고가 허가된 후, thiopurine의 투여량을 개인의 체질에 맞추어 조절하는 치료방법에 대하여 이는 그 본질이 자연법칙에 해당한다는 이유로 그 특허적격성을 부정한 Mayo Collaborative Services v. Prometheus Labs., Inc., 132 S.Ct. 1289 (2012) 대법원 판결의 취지에 비추어 재심리를 요구하면서 파기 환송하였는데, 파기환송후의 항소심에서는 원심과 거의 동일한 취지(다수의견 Lourie, Moore, 반대

일부 파기 하였다. 구체적으로, 제1심에서는 유방암 유발 유전자를 코딩하는 DNA에 대하여 분리된 DNA 및 그 DNA에 대한 cDNA(complementary DNA)에 대하여 이들은 모두 자연계의 DNA와 충분히 상이하지 않다는 점을 주된 근거로 모두 특허대상이 될 수 없다고 판단하였으나, 항소심에서는 양자는 구체적인 분자구조의 관점에서 자연계에 존재하는 DNA와는 상이하다는 점을 근거로 모두 특허대상이 될 수 있다고 판단하였다. 반면에 대법원에서는 분리된 DNA에 대해서는 자연계에 존재하는 DNA가 단순히 '분리'되었다는 점을 근거로는 특허적격성이 인정될 수 없다고 하여 그 특허적격성을 부정하였으나 cDNA에 대해서는 '자연에서 찾아 볼 수 없는 인공물'이라는 점을 주된 근거로[126] 그 특허적격성을 인정하고 있는 점에서 차이가 있다.

우리나라의 경우 유전자 관련 발명의 성립성을 직접적으로 다룬 사례는 없어 보이고,[127] 다만 간접적으로나마 이를 언급한 사례로는 특허법원 2008. 9. 26. 선고 2007허5116 판결을 들 수 있는데, 여기에서는 컴퓨터프로그램을 이용하여 기존의 기능이 알려진 유전자와 일정한 상동성을 갖는 단리된 DNA에 대하여 "특정의, 구체적이고 실질적인 유용성(specific utility & substantial utility)에 대하여 신뢰할 수 있을 정도로(credible) 명세서에 기재가 되어 있어야 비로소 <u>산업상 이용 가능성이 있는 완성된 발명</u>이라는 특허요건을 구비하게 된다"고 판시하여 유용성이 결여되는 경우 발명이 완성되지 아니하여 특허의 대상인 발명으로서 성립하지 아니하였다고 볼 여지를 두고 있다.[128]

특허청의 특허 심사 실무에서는 유전자관련 발명이 '산업상 이용 가능성이

의견 Bryson)의 판결이 2012. 8. 16. 다시 내려졌다(689 F.3d 1303(C.A.Fed. (N.Y.), 2012). 이 사건은 이에 대한 제2차 상고심이다.

126) 다만 자연상태에서도 cDNA가 존재할 가능성이 있으나, 이러한 cDNA가 BRCA cDNA와 동일하다는 점이 입증되지 않았고, 예외적인 상황에서 동일할 가능성이 있다고 하더라도, 이러한 점에 의하여 특허적격성이 부정될 수는 없다. Id. at 16, n. 8. 한편 길이가 극히 짧은 일부 DNA의 경우 intron 부분이 없는 경우가 있고 이 경우에는 cDNA가 형성될 때 제외되는 intron 부분이 없으므로, DNA와 cDNA가 일치하여 cDNA가 자연에 존재하는 DNA와 구분되지 않게 된다. Id. at 17.

127) 인용발명에 관한 것이나, 인용발명의 외래유전자의 염기서열이 명확하지 아니하고 외래유전자를 지정기관에 기탁하지 아니한 이유로 발명의 성립성을 부정한 사례로는, 대법원 1992. 5. 8. 선고 91후1656 판결 등이 있다. 한편 유전자 관련 발명에 대한 명세서의 기재요건이 쟁점이 된 것으로는, 특허법원 2002. 5. 30. 선고 2001허1006 판결이 있다.

128) 이종우, "핵산(cDNA) 및 그에 의해 코딩되는 단백질에 관한 출원발명이 특정적이고 실질적이며 신뢰할 만한 유용성이 없으므로 산업상 이용 가능성이 없는 발명 또는 기재불비에 해당하여 특허를 받을 수 없다고 판단한 사례-특허법원 2008. 9. 26. 선고 2007허5116판결-", 지적재산권, 지적재산권법제연구원, 2009년 3월, 72면, 각주 14 참조. 다만 본 판결문의 소결부분에서는 '산업상 이용 가능성이 없는 발명'이라고 결론짓고 있다. 특허법원 2008. 9. 26. 선고. 2007허5116 판결 17면.

있는' 발명으로 인정되지 아니하는 예로, DNA 단편의 경우, 전장 DNA를 얻기 위한 프로브로서 사용될 수 있다는 것만이 기재된 DNA 단편에 관한 발명은 유용성이 없는 것으로 취급하고, 다만 특정질병을 진단하기 위한 프로브로의 이용 가능성 또는 특정 단백질을 코딩한다는 점이 구체적으로 제시되어 있는 경우에는 유용성이 있는 것으로 취급한다. SNP(Single Nucleotide Polymorphism)의 경우에는 단순히 법의학적 감정에 사용할 수 있다는 것만이 기재된 경우에는 유용성이 없는 것으로 취급하나, 특정 질병과의 관계를 규명하여 특정질병의 진단시약으로 이용할 수 있다는 점이 기재되어 있으면 유용성을 인정하고 있다. 전장 cDNA의 경우, 공지의 데이터 베이스로부터 특정 단백질의 유전자임을 추정할 수 있는 경우에는 유용성이 없는 것으로 취급하고 있다. 단백질의 발명에서는 염기서열 이외의 물리적, 화학적, 생물학적 특성이 기재되어 있지 않다면 유용성이 없는 것으로 취급하고 있는 등,[129] 단순한 염기서열이나 구조를 밝힌 것만으로는 그 유용성을 부정하고, 질병의 진단 등의 활용 가능성이 제시되어야 그 유용성을 인정하는 실무로 보인다.

제4절 의료행위 관련 발명

의료행위와 관련된 발명에 대해서는 대체적으로 세계적으로 특허권과 같은 독점배타적 권리를 부여하는데 소극적이다. 그러나 구체적인 양태는 나라에 따라서 상이하다.

Ⅰ. 한국

우리나라에서는 발명이 특허받기 위해서는 산업상 이용할 수 있는 발명일 것으로 요구하고 있다.[130] 이를 발명의 성립성과 산업상 이용 가능성 요건이

129) 특허청, 산업부분별심사기준 생명공학분야, 2010년 1월, 12면; 특허청 특허실용신안 심사기준, 2018, 9105-9106면.

130) 特許法 第29條 (特許要件) ① 産業상 이용할 수 있는 發明으로서 다음 各號의 1에 해당하는 것을 제외하고는 그 發明에 대하여 特許를 받을 수 있다. 〈개정 2001.2.3〉

라고 한다. 발명으로서 성립할 것은 우리나라 특허법상 발명을 자연법칙을 이용한 기술적 사상의 창작으로서 고도한 것으로 정의하는 것과 관련이 있다. 산업상 이용 가능성 요건을 구체적으로 구분하면 산업에 해당하여야 한다는 점과 이용 가능성이 있어야 한다는 점을 포함하고 있다. 여기서 산업은, 광의로 해석되어,[131] 제조업 이외의 운수업, 통신업도 포함된다.[132] 산업상 이용 가능성이 결여된 예로는, 의료행위와 관련된 발명을 들고 있는데, 이는 '산업상 이용 가능성' 중 '산업상' 요건을 충족하지 않는 것으로 이해하고 있다. 즉, 의료업은 특허법상의 산업에 해당하지 않는 것으로 해석한다. '산업상' 이용 가능성이 없는 다른 예로는, 단순히 학술적, 실험적으로 수행한 발명도 '산업상' 요건을 충족하지 않은 것으로 하고 있다. '이용 가능성'이 결여된 발명으로는 관념적, 이론적으로는 가능할 수 있으나, 현실적으로 구현이 불가능한 발명을 '이용 가능성'이 결여된 발명의 예로 들고 있다.

결국, 우리나라에서는 의료업 관련 발명을 자연법칙을 이용한 기술적 사상으로 인정하는데는 이론이 없어 보이고, 따라서, 특허의 대상인 발명으로는 인정되지만, 산업상 이용 가능성 특히 '산업상' 이용 가능성이 인정되지 않는다는 점을 특허거절의 이유로 들고 있다.

Ⅱ. 일본

일본에서도 그 사정은 우리나라에서와 유사하여, 종래부터, 골절의 치료방법, 피임방법, 타액을 검사하여 끽연의 유무를 판정하는 방법 등의 치료방법이라든지 인체 처치 방법의 발명에 대해서는 산업상 이용할 수 없다하여 특허

---

131) Paris Convention Article 1

(3) Industrial property shall be understood in the broadest sense and shall apply not only to industry and commerce proper, but likewise to agricultural and extractive industries and to all manufactured or natural products, for example, wines, grain, tobacco leaf, fruit, cattle, minerals, mineral waters, beer, flowers, and flour.

파리협약 제1조(3)

산업재산권은 최광의로 해석되어 엄격한 의미의 공업 및 상업뿐만 아니라 농업 또는 채취산업의 분야 및 제조 또는 천연의 모든 산품, 예컨대 포도주, 곡물, 담뱃잎, 과실, 가축, 광물, 광천수, 맥주, 꽃, 밀가루에 대하여도 적용된다.

132) 吉藤辛朔 著 YOU ME 特許法律事務所 譯, 特許法概說 第13版, 대광서림, 2000, 93면; 尹宣熙, 知的財産權法 6訂版, 세창출판사, 2004, 113면; 千孝南, 特許法 제11판, 법경사, 2005, 203면; 특허청, 특허 · 실용신안 심사지침서, 2004, 2203면.

되지 않고 있다.[133] 그러나, 산업상 이용할 수 있는 발명에서 의미하는 산업은 광의로 해석되어, 이 산업에는 제조산업 이외의 광업, 농업, 어업, 운수업, 통신업 등을 포함한다고 하고 있으며, 산업상 이용할 수 없는 발명에 해당하지 않으면, 원칙적으로 산업상 이용이 가능한 발명으로 보고 있다.[134] 산업상 이용할 수 없는 발명의 예로는 첫째로, 인간을 수술, 치료 또는 진단하는 방법, 둘째로, 그 발명이 업으로서 이용할 수 없는 방법, 셋째로, 실제상 명백하게 실시할 수 없는 발명의 3종류를 들고 있다. 하지만, 인간의 수술, 치료, 진단 방법이 산업상 이용 가능성이 없다고 하는 근거가 명확하게 제시되어 있지는 않다.[135]

한편, 의료기기, 의약자체는 물건에 해당하여 특허의 대상이 될 수 있다. 하지만, 이것을 사용하여 인간을 수술하는 방법, 의약을 사용하여 인간을 치료하는 방법은, 인간을 수술, 치료 또는 진단하는 방법에 해당하므로 특허의 대상으로 인정되지 않는다. 특허대상이 되는 의료기기의 작동방법에는 의료기기 내부의 제어방법으로 한하지 않고, 의료기기 자체에 구비되어 있는 기능적, 시스템적인 작동, 예를 들어, 조작신호에 따른 절개수술의 이동과 폐쇄작동 및 방사선, 전자파, 음파 등의 발신 및 수신이 포함되어 특허의 대상이 될 수 있다. 하지만, 의사가 증상에 의하여 처치하기 위하여 기기를 조작하는 행위 등과 같은 의사의 행위 및 기기에 의하여 환자의 특정부위를 절개, 제거하는 것과 같이, 기기의 인체에의 작용을 포함하는 방법은 산업상이용 가능성이 없다.[136]

혈액, 요(尿), 피부, 두발, 세포, 조직 등과 같이 인간으로부터 채취한 것을 처리하는 방법 또는 이것을 분석하여 각종 데이터를 수집하는 방법은 인간의 수술, 치료, 진단방법에 해당하지 않는다. 다만, 채취한 것을 치료를 목적으로 채취한 사람에게 되돌려 주는 것을 전제로 하여 채취한 것을 처리하는 방법, 예를 들어 혈액투석방법과 같은 것은 '인간의 수술, 진단, 치료방법'에 해당한다.[137]

---

133) 竹田和彦 著 김관식외 4인 譯, 特許의 知識, 명현문화사, 2002, 152면.
134) 일본 特許庁, 『特許·実用新案審査基準』, 2005.4,
第II部 第1章 2° 1「産業上利用することができる発明」に該当しないものの類型.
135) 특허청, 특허 · 실용신안 심사지침서, 2004, 2204면.
136) 일본 特許庁, 『特許·実用新案審査基準』, 2005.4,
第II部 第1章 2° 1「産業上利用することができる発明」に該当しないものの類型.
137) 위 문헌.

인간으로부터 채취한 것을 원재료로 한 의약품, 예를 들어, 혈액제제, 백신, 유전자변환제제 또는 인공뼈, 인공피부 등과 같이 인공대용품 혹은 인공대체물 등의 의료재료를 제조하기 위한 방법은 '인간의 수술, 진단, 치료방법'에 해당하지 않으므로 특허의 대상이 된다.

한편, 수술, 치료, 진단 방법 등의 대상이 동물을 포함하고 있더라도, 인간이 제외된다는 점이 명확하지 않으면,[138] '인간의 수술, 치료, 진단방법'에 해당한다.[139] 특히, 충치 예방방법,[140] 감기 예방방법 등과 같이 병의 예방방법도 '인간의 치료방법'에 포함되는 것으로 되어 있다.[141]

Ⅲ. 미국

미국 특허법에서 우리나라 등에서의 산업상 이용 가능성에 해당하는 개념으로는 유용성 요건을 들 수 있다. 이 유용성 요건에서는 '산업상'을 요하지 않는다. 유용성이 없는 예로는 자연법칙을 위배한 영구기관,[142] 실현 불가능한 결과를 요구하는 발명,[143] 지나치게 위험한 발명[144] 등을 예로 들고 있다. 따라서, 의료행위에 관한 발명이라고 하더라도, 다른 발명과 달리 취급되지는

---

138) 의료행위에 해당하는 발명이더라도, 동물용으로만 축소한 경우 산업상 이용 가능성이 인정된다. 대법원 1997.9.26. 선고, 96후825판결.

139) 일본 特許庁, 『特許·実用新案審査基準』, 2005.4,
第II部 第1章 2° 1「産業上利用することができる発明」に該当しないものの類型.

140) 이와 유사한 것으로, 불소이온을 도포한 칫솔과 인체에 전류를 통하여 충치를 예방하는 '이온칫솔 사용방법'에 관한 특허출원이 인체의 존재를 필수요건으로 하고 있다는 것을 이유로 거절한 심결을 인용한 판결도 있다. 中山信弘 · 相澤英孝 · 大渕哲也, 『特許判例百選 第三版』, 有斐閣, 2004, 20頁, 東京高判 昭45.12.22 『審決取消集』 70年 601頁, 『判タ』 260号 334頁.

141) 일본 特許庁, 『特許·実用新案審査基準』, 2005.4,
第II部 第1章 2° 1「産業上利用することができる発明」に該当しないものの類型
② 人間を治療する方法
人間を治療する方法には′ 以下のものが含まれる°
(ⅰ) 病気の軽減及び抑制のために′ 患者に投薬′ 注射′ 又は物理療法などの手段を施す方法
(ⅱ) 人工臓器′ 義手などの代替器官を取り付ける方法
(ⅲ) 病気の予防方法 (例：虫歯の予防方法′ 風邪の予防方法) なお′ 健康状態を維持するために処置する方法 (例：マッサージ方法′ 指圧方法) も′ 病気の予防方法として取り扱う°
(ⅳ) 治療のための予備的処置方法 (例：注射部位の消毒方法)′ 治療の効果を上げるための補助的処置方法 (例：機能回復訓練方法)′ 又は看護のための処置方法 (例：床ずれ防止方法).

142) 우리나라에서는 자연법칙을 위배하고 있어, 자연법칙을 이용하고 있지 아니하므로 특허법상의 발명에 해당하지 않는 것으로 취급된다.

143) 우리나라에서는 미완성발명으로 취급될 것이다.

144) 명시적 규정은 없으나, 공서양속위반으로 취급될 것이다.

않아서 의료행위 자체의 특허성은 인정하므로 특허가 부여될 수 있다.[145] 그러나 의료진에 의한 의료행위에 대해서는 특허침해에 대한 민사소송을 통한 구제, 침해금지, 손해배상의 대상이 되지 아니하는 것으로 특례를 두어 의료진의 자유로운 진료행위를 보장하고 있다.[146] 상기와 같은 특례의 적용을 받는 의료행위의 의미로는, 미국특허법 제287조(c)(2)A에 "의료행위란 신체에 대한 의료 혹은 외과적 절차행위를 의미하나, 다음 사항은 포함하지 아니한다. 1. 특허된 기계, 제조품, 조성물을 그 특허에 위반하여 사용하는 것 2. 조성물을 특허에 위반하여 특허된 용도로 실시하는 것 3. 생명공학 특허를 위반하는 형태로의 제조방법의 실시"로 규정되어 있다.[147] 결국, 예외 사항에 해당하는 것은 의료행위로 인정되지 아니하므로, 비록 그 행위가 의료진에 의하여 수행되더라도 특허침해에 따르는 책임을 지게 된다.

이와 같이, 미국에서는 한국, 일본 등에서는 특허될 수 없는 의료행위에 대해서 특허가 가능하며, 특허된 의료행위의 예로는, 문제가 있는 유전자를 정상적인 유전자로 치료하는 유전자 치료법(gene therapy),[148] 인간의 배아 세포를 이용한 줄기세포(human embryonic stem cells)를 이용하는 것[149] 등을 들 수 있다. 이러한 발명이 우리나라에 출원된다면, 특허될 수 없을 것이다.

---

145) Donald S. Chisum, ELEMENTS OF UNITED STATES PATENT LAW, 2nd. Ed., Yushodo Press Co., Ltd., 2000, p. 26.

146) 35 U.S.C. 287 (c)(1) With respect to a medical practitioner' s performance of a medical activity that constitutes an infringement under section 271(a) or (b) of this title, the provisions of sections 281, 283, 284, and 285 of this title shall not apply against the medical practitioner or against a related health care entity with respect to such medical activity. 참고로, 이 조문에서 인용되는 미국 특허법 조문은 다음에 관한 것이다.
35 U.S.C. 281 Remedy for infringement of patent. ; 35 U.S.C. 283 Injunction. ; 35 U.S.C. 284 Damages.; 35 U.S.C. 285 Attorney fees.

147) 35 U.S.C. 287 (c) (2) For the purposes of this subsection:
(A) the term "medical activity" means the performance of a medical or surgical procedure on a body, but shall not include (i) the use of a patented machine, manufacture, or composition of matter in violation of such patent, (ii) the practice of a patented use of a composition of matter in violation of such patent, or (iii) the practice of a process in violation of a biotechnology patent.

148) US Patent 5,399,346 (1995).

149) US Patent 5,843,780 (1998), US Patent 6,090,622 (2000).

Ⅳ. 기타 외국

WTO의 UR/TRIPs에는 회원국이 인간 또는 동물의 처치를 위한 진단, 치료 및 수술방법을 특허에서 제외할 수 있다는 임의 규정으로 되어있어, 의사의 진료행위에 대한 특허 가능성을 열어두고 있다.[150)]

유럽에서는 인간이나 동물에 대하여 시행되는 수술, 치료, 진단 방법은 산업상 이용 가능성이 없는 발명으로 취급하고 있어,[151)] 의료행위를, 산업상 이용 가능성이 결여되어 있다는 점을 근거로 특허의 대상에서 제외하는 점에서는 한국, 일본과 유사하다. 그러나 인간 이외의 동물과 인간을 구별하여 그 특허여부를 판단하고 있는 한국, 일본과는 달리, 의료행위에 대해서는 동물, 인간을 구별하지 않고, 일률적으로 산업상 이용 가능성이 없는 발명으로 하여 일률적으로 특허의 대상에서 제외하고 있는 점에서 차이가 있다.

중국에서도 인체 또는 동물체를 실시대상으로 하는 경우, 산업상 이용 가능성이 결여되어 특허법상 발명창조에 속하지 않으므로 특허권을 수여할 수 없다고 하여 일률적으로 특허대상에서 제외하고 있는 점에서는 유럽에서의 경우와 유사하나,[152)] 산업상 이용 가능성이 없다고 하는 유럽의 경우와 달리, 특허법상의 특허대상에 해당하지 않는다고 하는 점에서 차이가 있다.

---

150) TRIPs Article 27 Patentable Subject Matter

1-2. 생략.

3. Members may also exclude from patentability:

(a) diagnostic, therapeutic and surgical methods for the treatment of humans or animals;

151) EPC Article 52

Patentable inventions

(1) European patents shall be granted for any inventions which are susceptible of industrial application, which are new and which involve an inventive step.

(2)-(3) 생략.

(4) Methods for treatment of the human or animal body by surgery or therapy and diagnostic methods practised on the human or animal body shall not be regarded as inventions which are susceptible of industrial application within the meaning of paragraph 1. This provision shall not apply to products, in particular substances or compositions, for use in any of these methods.

152) 徐芝英 · 金仁權 저, 중국 특허법, 한국특허아카데미, 2006, 59면.

Ⅴ. 의약용도발명

기존에 알려진 물질에 대하여 특정한 질병의 치료용도를 새롭게 발견한 경우에는 이러한 용도를 한정하는 의약물질로서 특허받을 수 있고, 이를 강학상 '의약용도발명'이라고 한다.[153] 또한 기존의 의약용도발명에 대하여 기존에 알려져 있지 아니한 치료효과를 발견한 경우 즉, 새로운 용도를 발견한 경우에도 이러한 새로운 용도를 한정하는 의약물질로서 특허받을 수 있고, 이를 위의 의약용도발명과 구분하여 '제2의약용도발명'이라고 부르기도 한다.

구체적인 청구항의 기재 형식으로는, '의약용도발명'이라는 명칭에도 불구하고 "통증의 치료를 위한 의약의 제조에 있어서 '특정물질'의 용도(사용)"의 형식을 갖는 청구항[154]은 인정되지 않는다. 현재 우리나라의 경우에는, "이매티닙의 물질을 포함하는 급성골수성백혈병 치료를 위한 의약조성물" 등과 같이, " '특정 물질'을 포함하는 '특정 질병' 치료용 조성물"의 형태로 청구하는 것이 일반적이다.

Ⅵ. 각국에서의 생명공학 관련기술 특허여부 비교

아래 표는 생명공학 기술과 관련된 각종 물건(물질) 및 방법에 관하여 각국의 특허 허여 여부를 보여준다.[155]

구분	대상	한국	일본	유럽	미국
물건	DNA 서열	· 특정 질병의 진단 등, 구체적인 유용성이 입증되면 특허가능 · 단순한 염기서열은 특허불가			
	단백질	특허가능			
	미생물	특허가능하나, 미생물 기탁의무 발생(한국 특허법 시행령 제2조 등)			
	동물	특허가능	특허가능	· 특허가능 · 품종은 불가	특허가능
	식물	특허가능[156]	특허가능	· 특허가능 · 품종은 불가	특허가능
	인간, 신체의 일부	특허불가			
	인간 배아줄기세포	특허불가	특허불가	특허불가	가능
방법	진단방법(유전자) 치료방법, 수술방법	· 사람불가 · 기타 동물가능	· 사람불가 · 기타 동물가능	특허불가	특허가능

【표 4】 생명공학 관련기술의 특허여부 비교

153) 물질 자체를 새롭게 발명한 경우에는, 이러한 물질 자체에 대하여 특허받을 수 있음은 물론이다.
154) 이를 'Swiss type 청구항'이라고 하는데 종전 유럽 특허청, 중국 등에서 허용된 청구항의 형식이다.
155) 특허청 http://www.kipo.go.kr. 자료 일부 수정.
156) 무성번식 식물이 특허대상이 됨을 규정한 특허법 제31조가 2006.03.03 삭제되어 2006.10.01부터 시행.

제5절 인터넷 도메인 이름

Ⅰ. 개요

도메인 이름은 인터넷에 접속되어 있는 컴퓨터의 고유한 주소인 Internet Protocol Address를 기억하기 용이하게 영문자와 숫자의 조합으로 만든 주소이다.[157] 끝자리가 ".kr"[158]로 끝나는 도메인 주소는 우리나라에서 관리하며[159] 현재 한국인터넷진흥원(NIDA, www.nida.or.kr)[160]에서 관리하고 있다. 도메인 이름의 등록은 선출원주의가 적용되고, 출원된 도메인 이름이 기존의 명칭과 **완전히 일치하지 않으면** 등록된다. 이와 같이 도메인 이름은 특허청에서 관리하는 상표와는 관리주체를 서로 달리하여 상호 독립적으로 등록 · 관리되고 있다. 이와 같은 문제로 인하여 주지 · 저명상표를 상표권자에 앞서 도메인 이름으로 먼저 등록하고 이를 이용한 웹 서버를 운용하여 상표권자와 분쟁이 야기되기도 한다. 도메인 이름 관련한 분쟁은 도메인 이름의 소유자의 권리를 침해하는 경우보다, 도메인 이름의 사용으로 상표권자의 권리를 침해하는 양상으로 나타나는 경우가 많고 이와 같은 사용을 어떻게 규제하는 지가 주된 주제가 된다.

Ⅱ. 상표법에 의한 규제

도메인 이름의 사용을 상표법으로 규제하기 위해서는 우선 해당 상표가 등록되어 있어야 한다. 상표권은 등록상표에 한하여 발생하기 때문이다. 등록되지 않은 주지 · 저명한 상표를 도메인 이름으로 사용한 경우에는 상표권의 침해는 문제가 되지 아니하고, 후술하는 부정경쟁방지및영업비밀에 관한 법률의

157) 예를 들어, 특허청 웹 서버의 IP 주소인 152.99.202.101을 kipo.go.kr로 하여 기억하기 쉽게 한 것이다.

158) 이를 국가도메인(ccTLD, country code Top Level Domain)이라고 한다. 이와 함께 미국에서 관리하는 .com, .gov , .org , .mil 등은 일반최상위 도메인 (gTLD, generic Top Level Domain)이라고 한다.

159) 인터넷 주소는 전 세계에서 유일하게 존재하여야 하므로 이를 국제적으로 관리하고 있다. 예를 들어, 우리나라의 한국인터넷진흥원의 KRNIC는 전세계 인테넷주소 자원을 총괄 관리하는 IANA(Internet Assigned Numbers Authority) 산하의 아시아태평양 지역을 담당하는 APNIC(Asia Pacific Network Information Center) 산하의 NIR(National Internet Registry) 중 하나이다.

160) 예전의 KRNIC.

문제가 될 수 있다.

"상표권자는 **지정상품**에 관하여 그 등록상표를 사용할 권리를 독점"한다(상표법 § 50). 여기서, 상표의 사용은 다음의 3가지를 의미한다(상표법 § 2-①-11).

① 상품 또는 상품의 포장에 상표를 표시하는 행위(상표의 표시)
② 상품 또는 상품의 포장에 상표를 표시한 것을 양도 또는 인도하거나 양도 또는 인도할 목적으로 전시 · 수출 또는 수입하는 행위(상품의 유통)
③ 상품에 관한 광고 · 정가표(定價表) · 거래서류, 그 밖의 수단에 상표를 표시하고 전시하거나 널리 알리는 행위(상품의 광고)

한편 여기에는 아래와 같은 유형의 행위가 포함된다(상표법 § 2-②).

1. 표장의 형상이나 소리 또는 냄새로 상표를 표시하는 행위
2. 전기통신회선을 통하여 제공되는 정보에 전자적 방법으로 표시하는 행위

상표권자 이외의 자가 법률상 정당한 권원 없이 등록된 상표와 동일한 상표를 동일한 상품에 사용하는 것은 상표권을 침해한 것이다. 또한, 등록된 상표와 동일한 상표를 지정상품과 유사한 상품에 사용하거나, 등록된 상표와 동일 · 유사한 상표를 지정상품과 동일 또는 유사한 상품에 사용하는 것은 침해로 보는 것으로 규정하고 있다(상표법 § 108).

따라서, 도메인 이름의 사용이 상표권의 침해가 되는 지의 여부를 판단하는 데 있어서는 도메인 이름의 사용행위가 단순히 인터넷 상에 접속된 컴퓨터의 주소에 불과한 도메인 이름으로 사용하고 있는지, 아니면 도메인 이름의 사용해위가 위에서 기술한 3가지의 상표의 사용행위에 해당하는가의 판단의 문제로 귀결된다.

1. 침해를 구성하는 경우

따라서, 등록상표와 동일 · 유사한 도메인 이름을 이용하여 웹페이지를 운영하고, 그 웹페이지 상에서 등록상표의 지정상품과 동일 · 유사한 상품을 판매하는 경우에는, 상품의 출처에 오인 · 혼동을 유발하게 되므로 도메인 이름의

사용이 등록상표와 동일 · 유사한 상표의 사용행위에 해당하게 되고, 따라서, 상표권 침해를 구성하게 된다.

2. 침해를 구성하지 않는 경우

반면에, 등록상표와 동일 · 유사한 도메인 이름을 등록하여 단순히 보유하고 있거나, 도메인 이름을 이용한 웹 페이지를 운영하고 있더라도 웹페이지 상에서 등록상표와 동일 · 유사한 상품을 판매 등의 행위를 하고 있지 않은 경우에는 상품출처의 오인 · 혼동의문제가 발생하지 않을 것이므로 도메인 이름의 사용이 등록상표와 동일 · 유사한 사용행위로 볼 수 없으므로 상표권 침해를 구성하지 않게 된다.

다만, 이 경우 소위 식별력의 손상행위가 문제가 될 수 있으나 식별력이나 명성의 손상행위에 의해서는 상표권 침해가 인정되지 않으므로 문제가 되지 않고, 후술하는 부정경쟁행위에 해당하게 된다.

Ⅲ. 부정경쟁방지법에 의한 규제

상표법에서 보호의 대상은 등록상표이므로, 도메인 이름과 유사한 상표가 등록이 되지 않은 상태에서는 상표법의 보호를 받지 못한다. 반면에 부정경쟁방지법상의 부정경쟁행위에서 보호의 대상으로 하는 표지는 국내에서 주지 · 저명할 것을 요구할 뿐, 등록을 요하지 않으므로, 등록되지 아니한 상표는 부정경쟁방지법의 보호의 대상이 될 수 있다. 즉, 타인의 주지 · 저명 상표(상표가 등록된 것임을 요하지 않는다)와 동일 · 유사한 도메인 이름의 사용은 부정경쟁방지법 상의 부정경쟁행위를[161] 구성할 수 있다.

---

161) 제2조(정의) 이 법에서 사용하는 용어의 뜻은 다음과 같다. 〈개정 2011. 12. 2., 2013. 7. 30., 2015. 1. 28. 2018. 4. 17, 2019. 1. 8.〉

1. "부정경쟁행위"란 다음 각 목의 어느 하나에 해당하는 행위를 말한다.

가. 국내에 널리 인식된 타인의 성명, 상호, 상표, 상품의 용기 · 포장, 그 밖에 타인의 상품임을 표시한 표지(標識)와 동일하거나 유사한 것을 사용하거나 이러한 것을 사용한 상품을 판매 · 반포(頒布) 또는 수입 · 수출하여 타인의 상품과 혼동하게 하는 행위

나. 국내에 널리 인식된 타인의 성명, 상호, 표장(標章), 그 밖에 타인의 영업임을 표시하는 표지와 동일하거나 유사한 것을 사용하여 타인의 영업상의 시설 또는 활동과 혼동하게 하는 행위

다. 가목 또는 나목의 혼동하게 하는 행위 외에 비상업적 사용 등 대통령령으로 정하는 정당한 사유 없

타인의 상표와 관련된 부정경쟁행위에는 ① 타인의 상표와 동일 · 유사한 표지(즉, 도메인 이름)를 사용하거나 이러한 것을 사용한 상품을 판매 등의 행위를 하여 타인의 상품과 **혼동**을 하게 하는 행위(가목), ② 타인의 영업표지와 동일 · 유사한 표지(즉, 도메인 이름)를 사용하여 타인의 영업표지와 **혼동**을 하게 하는 행위(나목), ③ 타인의 상표 혹은 영업표지와 동일 · 유사한 표지(즉, 도메인 이름)를 사용하여 타인의 상표의 **식별력이나 명성을 손상하게 하는 행위**(다목)는 부정경쟁행위를 구성한다.

이 국내에 널리 인식된 타인의 성명, 상호, 상표, 상품의 용기 · 포장, 그 밖에 타인의 상품 또는 영업임을 표시한 표지와 동일하거나 유사한 것을 사용하거나 이러한 것을 사용한 상품을 판매 · 반포 또는 수입 · 수출하여 타인의 표지의 식별력이나 명성을 손상하는 행위

라. 상품이나 그 광고에 의하여 또는 공중이 알 수 있는 방법으로 거래상의 서류 또는 통신에 거짓의 원산지의 표지를 하거나 이러한 표지를 한 상품을 판매 · 반포 또는 수입 · 수출하여 원산지를 오인(誤認)하게 하는 행위

마. 상품이나 그 광고에 의하여 또는 공중이 알 수 있는 방법으로 거래상의 서류 또는 통신에 그 상품이 생산 · 제조 또는 가공된 지역 외의 곳에서 생산 또는 가공된 듯이 오인하게 하는 표지를 하거나 이러한 표지를 한 상품을 판매 · 반포 또는 수입 · 수출하는 행위

바. 타인의 상품을 사칭(詐稱)하거나 상품 또는 그 광고에 상품의 품질, 내용, 제조방법, 용도 또는 수량을 오인하게 하는 선전 또는 표지를 하거나 이러한 방법이나 표지로써 상품을 판매 · 반포 또는 수입 · 수출하는 행위

사. 다음의 어느 하나의 나라에 등록된 상표 또는 이와 유사한 상표에 관한 권리를 가진 자의 대리인이나 대표자 또는 그 행위일 전 1년 이내에 대리인이나 대표자이었던 자가 정당한 사유 없이 해당 상표를 그 상표의 지정상품과 동일하거나 유사한 상품에 사용하거나 그 상표를 사용한 상품을 판매 · 반포 또는 수입 · 수출하는 행위
  (1) 「공업소유권의 보호를 위한 파리협약」(이하 "파리협약"이라 한다) 당사국
  (2) 세계무역기구 회원국
  (3) 「상표법 조약」의 체약국(締約國)

아. 정당한 권원이 없는 자가 다음의 어느 하나의 목적으로 국내에 널리 인식된 타인의 성명, 상호, 상표, 그 밖의 표지와 동일하거나 유사한 도메인이름을 등록 · 보유 · 이전 또는 사용하는 행위
  (1) 상표 등 표지에 대하여 정당한 권원이 있는 자 또는 제3자에게 판매하거나 대여할 목적
  (2) 정당한 권원이 있는 자의 도메인이름의 등록 및 사용을 방해할 목적
  (3) 그 밖에 상업적 이익을 얻을 목적

자. 타인이 제작한 상품의 형태(형상 · 모양 · 색채 · 광택 또는 이들을 결합한 것을 말하며, 시제품 또는 상품소개서상의 형태를 포함한다. 이하 같다)를 모방한 상품을 양도 · 대여 또는 이를 위한 전시를 하거나 수입 · 수출하는 행위. 다만, 다음의 어느 하나에 해당하는 행위는 제외한다.
  (1) 상품의 시제품 제작 등 상품의 형태가 갖추어진 날부터 3년이 지난 상품의 형태를 모방한 상품을 양도 · 대여 또는 이를 위한 전시를 하거나 수입 · 수출하는 행위
  (2) 타인이 제작한 상품과 동종의 상품(동종의 상품이 없는 경우에는 그 상품과 기능 및 효용이 동일하거나 유사한 상품을 말한다)이 통상적으로 가지는 형태를 모방한 상품을 양도 · 대여 또는 이를 위한 전시를 하거나 수입 · 수출하는 행위

차. 사업제안, 입찰, 공모 등 거래교섭 또는 거래과정에서 경제적 가치를 가지는 타인의 기술적 또는 영업상의 아이디어가 포함된 정보를 그 제공목적에 위반하여 자신 또는 제3자의 영업상 이익을 위하여 부정하게 사용하거나 타인에게 제공하여 사용하게 하는 행위. 다만, 아이디어를 제공받은 자가 제공받을 당시 이미 그 아이디어를 알고 있었거나 그 아이디어가 동종 업계에서 널리 알려진 경우에는 그러하지 아니하다. 〈2018. 4. 17. 개정〉

카. 그 밖에 타인의 상당한 투자나 노력으로 만들어진 성과 등을 공정한 상거래 관행이나 경쟁질서에 반하는 방법으로 자신의 영업을 위하여 무단으로 사용함으로써 타인의 경제적 이익을 침해하는 행위

1. 혼동의 야기

타인의 주지 · 저명한 상표와 동일 · 유사한 도메인 이름을 사용하여, 이를 이용한 웹 페이지 내에서 타인의 상품과 유사한 상품을 판매 등의 행위를 하는 경우에는 타인의 상품과 출처의 혼동을 야기하게 되므로 부정경쟁행위가 된다.

2. 식별력 · 명성의 손상

타인의 주지 · 저명한 상표와 동일 · 유사한 도메인 이름을 사용하고 이를 이용한 웹 페이지를 운영하고 있으나, 타인의 상품과 관계없는 상품을 판매하는 경우에는, 출처의 오인 · 혼동을 야기하지는 않으나, 타인의 주지 · 저명한 상표의 식별력이나 명성의 손상을 가져오게 되므로, 다목의 부정경쟁행위에 해당하게 된다.

3. 사이버 공간에서의 무단선점 행위

타인의 주지 · 저명 상표와 동일 · 유사한 도메인 이름을 미리 등록하여 보유하는 행위(cybersquatting)는 부정경쟁행위로 규정이 되지 않았으나, 2004.1.20의 개정에 의하여 '부정경쟁방지 및 영업비밀보호에 관한 법률'상에 규정된 부정경쟁행위의 하나로 추가되어[162] 도메인 이름의 사용이 보다 광범위하게 규제할 수 있게 되었다. 즉, 앞의 Rolls-Royce 사건에서 도메인 이름의 보유행위는 부정경쟁행위가 구성하지 않는다고 판단하였으나, 부정경쟁방지 및 영업비밀보호에 관한 법률 § 2-①-아목의 추가로 인하여 이와 같은 행위도 부정경쟁행위를 구성하는 것으로 판단이 용이하게 되었다.

162) 2004.1.20 개정, 부정경쟁방지 및 영업비밀보호에 관한 법률 § 2-①-아.

제6절 데이터베이스

Ⅰ. 개요

데이터베이스는 "저작물이나 부호 · 문자 · 음성 · 음향 · 영상 그 밖의 형태의 자료인 소재를 체계적으로 배열 또는 구성한 편집물로서 그 소재를 개별적으로 접근 또는 검색할 수 있도록 한 것"이다.[163] 일반적으로 데이터베이스의 구축에는 장시간의 시간과 많은 자본이 투입되지만, 창작성이 결여되는 경우가 있어 저작권의 대상인 저작물로는 인정되지 않는 경우가 있다.

따라서, 창작성이 결여되어 있는 편집물로서의 데이터베이스에 대하여 저작권법에서는 데이터베이스제작자에 대하여 일정한 권리를 부여하고 있다.[164]

Ⅱ. 데이터베이스 제작자의 권리

1. 편집물 · 편집저작물과 데이터베이스의 상호관계

"편집물"은 소재(저작물이나 부호 · 문자 · 음성 · 음향 · 영상 그 밖의 자료)의 집합물이다. 여기에는 데이터베이스도 포함된다. 편집물 중에서 창작성이 있는 것을 "편집저작물"이라고 하며 저작권의 대상이 된다. 편집물 중에서 창작성이 없는 것은 저작권의 대상에서 제외된다.

"편집저작물"은 편집물 중에서 그 소재의 선택 · 배열 또는 구성에 창작성이 있는 것이다. 편집저작물은 창작성이 있으므로, 저작권의 대상이 된다.

"데이터베이스"는 편집물 중에서 "소재를 체계적으로 배열 또는 구성한 것으로, 그 소재를 개별적으로 접근 또는 검색할 수 있도록 한 것"이다. 데이터베이스 제작자권리의 대상이 된다.

---

163) 제2조 (정의) 이 법에서 사용하는 용어의 정의는 다음과 같다.〈2016. 3. 22.〉
   17. "편집물"은 저작물이나 부호 · 문자 · 음 · 영상 그 밖의 형태의 자료(이하 "소재"라 한다)의 집합물을 말하며, 데이터베이스를 포함한다.
   18. "편집저작물"은 편집물로서 그 소재의 선택 · 배열 또는 구성에 창작성이 있는 것을 말한다.
   19. "데이터베이스"는 소재를 체계적으로 배열 또는 구성한 편집물로서 그 소재를 개별적으로 접근 또는 검색할 수 있도록 한 것을 말한다.

164) 저작권법 제4장의2 데이터베이스제작자의 보호 〈신설 2003.5.27.〉, 현행 제4장 데이터베이스제작자의 보호.

2. 권리의 대상에서 제외되는 데이터베이스

데이터베이스 제작 · 갱신 및 운용에 이용되는 컴퓨터프로그램 즉 DBMS[165]는 데이터베이스제작자의 권리의 보호대상에 해당하지 않는다.

유 · 무선 통신기술을 기술적으로 가능하게 하기 위하여 제작 · 갱신 등이 되는 데이터베이스도 제외된다.

3. 데이터베이스 제작자의 권리

데이터베이스 제작자는 당해 데이터베이스의 "전부 혹은 상당부분"을 **복제 · 배포 · 방송** 또는 **전송**할 권리를 가진다(제93조). 이러한 권리는 데이터베이스의 개별 소재에 존재하는 권리에는 영향을 미치지 않는다(동조 3항).

권리의 발생시점은 데이터베이스 제작완료시이고, 권리의 종료시점은, 데이터베이스 제작완료 다음 해부터 기산하여 **5년**이 되는 해에 종료한다(제95조 제1항). 예를 들어, 데이터베이스 제작이 2018년 6월 15일에 완료되었다면, 권리는 2018년 6월 15일부터 (2019.1.1 기산하여 5년이 되는) 2023년 12월 31일까지 존속한다.

상당한 인적 물적 투자를 통하여 기존의 데이터베이스을 갱신한 경우에는, 이 갱신된 데이터베이스에 대하여도 독립된 권리가 **5년간** 발생한다(동조 제2항).

Ⅲ. 데이터베이스 제작자의 권리제한

저작재산권의 경우과 마찬가지로, 데이터베이스 제작자의 권리도 일정하게 제한된다. 저작권법 제23조(재판절차에서의 복제), 제28조(공표된 저작물의 인용), 제29조(영리를 목적으로 하지 아니하는 공연 · 방송), 제30조(사적이용을 위한 복제), 제31조(도서관등에서의 복제 등), 제32조(시험문제로서의 복제), 제33조(시각장애인을 위한 복제 등), 제34조(방송사업자의 일시적 녹음 · 녹화), 제35조의 2(저작물 이용과정에서의 일시적 복제), 제35조의 3(저작물

165) Data Base Management System. Oracle 이나 IBM사의 DB2 등을 들 수 있다.

의 공정한 이용), 제36조(번역 등에 의한 이용), 제37조(출처의 명시)를 준용하고 있다(제94조).

준용되고 있지 않은 제25조(학교교육목적 등에의 이용) 및 제26조(시사보도를 위한 이용)는 제94조의 제2항 제1호(교육 · 학술 또는 연구를 위하여 비영리적으로 이용하는 경우) 및 제2호(시사보도를 위하여 이용하는 경우)에 동일한 취지로 별도로 규정하고 있다.

Ⅳ. 권리의 등록

데이터베이스를 제작한 자는 그 데이터베이스를 등록할 수 있다. 데이터베이스를 등록하는 경우에는, 그 등록일을 데이터베이스의 제작이 완료 혹은 데이터베이스를 갱신한 경우에는 그 데이터베이스의 갱신일로 추정한다.

제7절 영업비밀

Ⅰ. 정의

영업비밀이라 함은,

① 공공연히 알려져 있지 아니하고,
② 독립된 경제적 가치를 가지는 것으로서,
③ 비밀로 관리된,[166)]

생산방법 · 판매방법 기타 영업활동에 유용한 **'기술상 또는 경영상의 정보'**를 의미한다.

---

166) 종전에는 '상당한 노력으로 비밀로서 관리된'으로 되어 있었다. 여기서의 '상당(相當)한 노력'은 '합당한 노력', '합리적인 노력'의 의미이나, 일부에서는 '상당히 많은 노력'으로 오해하는 경우도 없지 않았다.

1. 기술상 정보

제조기술, 설계방법, 설계도면, 실험데이터, 연구보고서 등을 들 수 있다.

2. 경영상 정보

경영계획, 투자계획, 인사 · 노무 · 복지 개선계획, 고객명부, 거래처명부, 판매계획, 시장정보 등을 들 수 있다.

3. 비밀관리성

여기서 '상당한 노력에 의하여 비밀로 유지된다'는 것은 그 정보 비밀이라고 인실될 수 있는 표시를 하거나 고지를 하고, 그 정보에 접근할 수 있는 대상자나 접근 방법을 제한하거나 그 정보에 접근한 자에게 비밀준수의무를 부과하는 등 객관적으로 그 정보가 비밀로 유지 · 관리되고 있다는 사실이 인식 가능한 상태인 것을 말한다.[167]

Ⅱ. 영업비밀침해행위

영업비밀침해행위에는 크게, '부정취득행위와 관련된 침해행위'와 '부정공개행위와 관련된 침해행위'로 구분할 수 있다.

1. 부정취득행위와 관련된 침해행위

① 영업비밀의 부정취득 · 사용 · 공개
절취(竊取) · 기망(欺罔) · 협박 기타 부정한 수단으로 영업비밀을 취득하거나, 그 취득한 영업비밀을 사용하거나, 공개하는 행위이다.

167) 대법원 2008. 7. 10. 선고 2008도3435 판결.

② 부정취득된 영업비밀의 악의 · 중과실의 취득 · 사용·공개

악의의 전득자(轉得者)에 관한 것으로, 영업비밀에 대하여 부정취득행위가 개입된 사실을 알거나 중대한 과실로 알지 못하고 그 영업비밀을 취득, 사용, 공개하는 행위이다.

③ 선의취득후 악의 · 중과실의 사용 · 공개

사후적 악의의 전득자에 관한 것으로, 영업비밀을 취득한 후에, 그 영업비밀에 부정취득행위가 개입된 사실을 알거나 중대한 과실로 알지 못하고 그 영업비밀을 사용, 공개하는 행위이다.

2. 부정공개행위와 관련된 침해행위

① 비밀유지의무자에 의한 부정한 사용 · 공개

계약관계 등에 의하여 영업비밀을 비밀로서 유지하여야 할 의무가 있는 자가 부정한 이익을 얻거나 그 영업비밀의 보유자에게 손해를 가할 목적으로 그 영업비밀을 사용하거나 공개하는 행위이다.

② 부정공개된 영업비밀의 취득 · 사용 · 공개

악의의 전득자에 관한 것으로, 영업비밀이 비밀유지의무자에 의해 부정하게 공개된 사실 또는 그러한 공개행위가 개입된 사실을 알거나 중대한 과실로 알지 못하고 그 영업비밀을 취득하는 행위 또는 그 취득한 영업비밀을 사용하거나 공개하는 행위이다.

③ 선의취득후 악의 · 중과실의 사용 · 공개

사후적 악의의 전득자에 관한 것으로, 영업비밀을 취득한 후 그 영업비밀이 비밀유지의무자에 의하여 부정하게 공개된 사실을 알거나 중대한 과실로 알지 못하고, 그 영업비밀을 사용하거나 공개하는 행위이다.

3. 특징

영업비밀의 요건을 충족하게 되면 상기와 같은 "영업비밀 침해행위"로부터 보호되어, 금지청구권, 손해배상청구권, 신용회복청구권 등을 갖게 된다.

어떤 내용이 영업비밀로 보호받기 위해서는 널리 알려지지 않을 것을 요건으로 하고 있으므로, 그 내용이 널리 공개되는 순간에 영업비밀로서 보호받을 수 없게 된다.

제8절 반도체집적회로의 배치설계

Ⅰ. 개요

반도체집적회로 즉 IC(Integrated Circuit)는 트랜지스터, 다이오드, 저항 및 커패시터를 실리콘 웨이퍼 상에 다수[168] 배치하여 집적한 것이다. 수천만 개에 이르는 소자를 배치하기 위한 설계 작업에는 장기간의 개발기간과 막대한 자본이 필요하지만, 일단 제조된 칩을 구매하여 칩을 둘러싸고 있는 플라스틱 몰딩 부분을 제거하고 현미경등으로 확대하여 기존의 배치설계를 복제하여 칩을 제조하는 것은 비교적 용이한 기술이다. 따라서, 반도체집적회로를 제조하기 위하여 각종의 회로소자 및 이들을 연결하는 도선을 평면적 · 입체적으로 배치한 설계 즉 배치설계를 보호할 필요가 있다.

반도체 배치설계는 국가별로 다음과 같이 상이한 용어를 사용하고 있다.

한국	미국	일본	유럽
배치설계 (Layout Design)	마스크워크 (Mask Work)	회로배치 (Circuit Layout)	토포그래피 (Topography)

【표 5】 국가별 용어의 비교

168) 한 예로, PC의 CPU로 사용되는 인텔 펜티엄4 칩에는 트랜지스터가 약 5,000만개 가량 집적되어 있다.

회로배치는 문학 및 예술적 창작물과 같은 일반 저작물 및 컴퓨터 프로그램 저작물에 비해서는 상이한 성질을 보유하고 있어, 구미 선진국에서는 별도의 입법을 통하여 이를 보호하고 있다. 예를 들어, 미국에서는 **반도체칩보호법**(Semiconductor Chip Protection Act), 일본에서는 **반도체집적회로 회로배치 보호에 관한 법률**, 우리나라에서는 **반도체집적회로 배치설계 보호에 관한 법률**(이하, 반도체집적회로 배치설계 보호법이라 한다.)을 제정하여 시행하고 있다.

Ⅱ.배치설계권

1. 배치설계권의 특징

배치설계권은 창작성이 배치설계에 대하여 배치설계권 설정등록함으로써 발생한다. 배치설계권은 특허권등의 다른 무체재산권과 같이, 추상적 권리로서 그 존재를 객관적으로 인식할 수 없고, 물권의 대상인 물건을 점유하는 형식을 갖추기도 용이하지 않다. 따라서, 권리의 대상 및 권리의 발생·소멸을 설정등록의 형식으로 명확하게 하기 위하여 배치설계권 설정등록을 한다.

우리나라의 반도체집적회로 배치설계 보호법에서 보호대상인 배치설계가 갖추어야 할 요건으로는 다음과 같이 3가지가 있다.

① 반도체집적회로의 제품을 전제로 할 것
② 반도체집적회로를 제조하기 위한 공간적 배치설계일 것
③ 창작성이 있을 것
④ 소정의 절차를 밟아 설정등록이 될 것

반도체집적회로배치설계권의 특징으로는 출원서가 배치설계회로 도면이 되고, 특허에서와 같은 신규성 혹은 진보성의 심사를 하지 않고, 형식적 요건의 충족여부만을 심사하는 방식심사만을 거친후 등록을 하며 다음과 같이 전체적으로 특허권적인 성격과 저작권적인 성격을 공유하고 있다.

특허권적인 성격으로는 산업발전을 보호의 목적으로 한다는 점과 독점적인

권리가 창작에 의하여 자동으로 발생하는 것이 아니라 특허과 같이 일정한 절차를 거친 후 권리의 설정등록에 의하여 비로소 발생한다는 점과 독점배타적 기간이 10년으로 비교적 유한하며 단기간에 그친다는 점을 들 수 있다.

저작권적인 성격으로는 반도체집적회로 배치설계권의 보호대상이 반도체배치설계도로서 일종의 설계도면의 일종으로 저작물과 유사하고, 출원이 된 경우 창작성 여부를 심사하지 아니한다는 점을 들 수 있다.

반도체배치설계이용권과 특허권, 저작권을 상호비교하면 다음과 같다.169)

구분	특허법	저작권법	반도체배치설계 보호법	배치설계권의 특징
목적	산업발전	문화의 향상 발전	반도체관련 산업과 기술의 진흥	산업발전과 관련 (특허권적 성격)
보호의 대상	발명(자연법칙을 이용한 기술적사상의 창작으로서 고도한 것)	· 저작물(문학, 학술 또는 예술적 창작물) · 저작인접물(실연, 음반, 방송)	배치설계(IC를 제조하기 위한 각종 회로소자 및 연결도선의 배치)	설계도면의 일종 (저작권적인 성격)
권리의 내용	실시권	· 저작권(저작인격권, 저작재산권) · 저작인접권	이용권(배치설계, 배치설계에 의해 제조된 IC, IC를 내장한 제품)	보호범위의 확장 (특허권적인 성격)
권리의 발생 시점	특허권설정등록시	창작시	이용권설정등록시	설정등록에 의하여 발생 (특허권적인 성격)
등록의 특징	· 실체심사후 등록(신규성, 진보성, 산업상이용 가능성, 선원성 등) · 권리의 발생요건	등록은 제3자에 대한 대항요건	· 방식심사후 등록(창작성은 무심사) · 권리의 발생요건	· 창작성 여부 무심사(저작권적인 성격) · 등록이 권리발생요건(특허권적인 성격)
권리의 존속 기간	From: 특허권설정등록일 To: 출원일로부터 20년	· 저작인격권은 일신전속, 무한정 · 저작재산권은 생존시 및 사후 50년	설정등록일로부터 10년	독점배타적 기간의 단기적 제한(특허권적 성격)

【표 6】 반도체 배치설계권과 특허권 저작권과의 비교

169) 특허청 http://www.kipo.go.kr. 자료 일부 수정.

2. 배치설계권의 효력

배치설계권자는 설정등록된 배치설계에 대하여 영리 목적으로 배치설계를 이용할 권리를 독점한다. 여기서 배치설계의 이용은 다음의 3가지를 의미한다.

① 배치설계를 **복제**하는 행위
② 배치설계에 의하여 반도체집적회로를 **제조**하는 행위
③ (배치설계 or 이 배치설계에 의하여 제조된 반도체집적회로 or 이 반도체집적회로를 사용하여 제조된 물품 = **반도체집적회로 등**)을 **양도 · 대여 · 전시**(양도 · 대여를 위한 것에 한정) **· 수입**하는 행위

3. 배치설계권 효력의 예외

특허권이 연구, 시험등을 위한 발명의 실시 등과 같이 일정한 경우에 그 권리가 미치지 않는 것과 같이, 배치설계권의 경우에도 다음과 같은 일정한 경우에는 그 권리가 미치지 않는다.

① **교육 · 연구 · 분석** 또는 **평가** 등의 목적이나, **개인**이 **비영리**적으로 사용하기 위한 배치설계의 복제 또는 그 복제의 대행
② **리버스엔지니어링**(타인의 배치설계를 연구 분석하여 창작성이 있는 배치설계를 제작하는 경우)의 결과에 의하여 제작된 창작성이 있는 배치설계
③ **적법한 반도체집적회로 등**을 인도받은 자가 영리를 목적으로 양도 · 대여를 하거나 양도 · 대여를 위한 전시 · 수입
④ 불법으로 복제하여 제조된 반도체집적회로 등에 대하여, **선의 · 무과실**로 인도 받은 자가 영리를 목적으로 양도 · 대여 · 전시(양도 · 대여를 위한) · 수입하는 경우

4. 배치설계권의 존속기간

설정등록일로부터 **10년**이다(제7조 제1항). 다만, 최초의 영리적 목적의 이용일로부터 10년을 초과하지 못하고, 배치설계의 창작일로부터 15년을 초과할 수 없다(제7조 제2항).

5. 설정등록의 취소

다음과 같은 사유가 있는 경우에는 설정등록이 된 후에 설정등록을 취소할 수 있다.

- 조약의 규정에 위반된 경우
- 사위(詐僞) 기타 부정한 방법에 의해 설정등록이 된 경우
- 창작성이 있는 배치설계가 아닌 경우
- 법 또는 법에 의한 명령이나 처분에 위반한 경우

제9절 지리적표시

Ⅰ. 지리적표시

지리적표시(geographical indications, 지명표시)는 상품의 특정한 품질, 명성 또는 그 밖의 특성이 본질적으로 특정 지역에서 비롯되는 경우에, 그 지역에서 생산, 제조 또는 가공된 상품임을 나타내는 표시이다.

우리나라의 대표적인 예로는 보성(녹차),[170] 영광(굴비), 경주(황남빵), 병천(순대), 의성(마늘), 영양(고춧가루), 괴산(고추), 순창(전통고추장), 성주(참외), 이천(쌀), 안동(포), 한산(모시), 청양(구기자) 등을 들 수 있다.

Ⅱ. 보호배경

우리나라 특허법의 지리적표시의 정의는 TRIPS 협정 제22조 제1항의 지리적표시 정의와 동일하다. 한편, 프랑스, 영국 등에서는 이러한 지리적표시의 보호에 적극적이다.

반면에 미국이나, 호주처럼 신대륙국가는 짧은 역사로 인하여 세계시장에 내놓을 만한 지역특산품의 부재로 인하여 지리적표시의 보호에 소극적이어서, 이러한 나라에서는 상표권이 지리적표시에 우선한다. 예를 들어, 미국에서는 맥주에 대하여 코냑이라는 상표를 등록하여 사용할 수 있지만, 프랑스에서는 코냑이라는 상표를 맥주는 물론이고 포도주에도 사용할 수 없다.

프랑스 등에서 적극적으로 보호하는 지리적표시에는 다음을 들 수 있다.

예) Cognac, Champagne, Bordeaux

원래 코냑은 프랑스 코냑지방에서 나는 증류포도주를 의미하고, 샴페인은 프랑스 샹파뉴지역에서는 나는 발포성 백포도주를 의미하였으나, 현재는 지역과 관계없이 동일한 특성의 포도주를 의미하는 용어로 사용되고 있다.

이외에도 영국에서는 위스키의 산지에 해당하는 Scotch, 스위스에는 치즈의 유명한 산지인 Pamersan 등이 지리적표시에 해당한다.

---

170) 녹차에 사용하는 보성을 의미한다. 이하 같다.

Ⅲ. 지리적표시와 상표

지리적표시는 아래와 같이 '식별력이 없는 상표'가 되거나, 식별력을 갖추더라도 '등록받을 수 없는 상표'로 되기 때문에 통상의 상표로서는 보호받을 수 없다.

1. 식별력이 없는 상표

(1) 기술적(記述的) 표장

상표법 § 33-①-3. 그 상품의 산지(産地) · 품질 · 원재료 · 효능 · 용도 · 수량 · 형상 · 가격 · 생산방법 · 가공방법 · 사용방법 또는 시기를 보통으로 사용하는 방법으로 표시한 표장만으로 된 상표

예) 대구사과(사과), 한산모시(모시), 맛있는라면(라면)

【그림 16】 식별력 없는 상표의 예

(2) 현저한 지리적 명칭

상표법 § 33-①-4. 현저한 지리적 명칭 · 그 약어 또는 지도만으로 된 상표

예) 금강산, 뉴욕

(3) 사후식별력의 취득에 의한 예외

상표법 § 33-②(기술적상표 등의 식별력의 획득) 다만, 상표등록출원 전에 상표를 사용한 결과 수요자 간에 특정인의 상품에 관한 출처를 표시하는 것으로 식별할 수 있게 된 경우에는 그 상표를 사용한 상품에 한정하여 상표등록 받을 수 있다.

위에서 예로 든, '맛있는라면'의 경우, '맛있는라면'이 일반 수요자 등에게 '삼양라면 회사의 맛있는라면'을 의미하는 것으로 인식이 된다면 식별력이 인정될 수 있으나, 현재까지는 이 정도에 이르지 못한 것으로 보인다.

2. 부등록사유

상표가 식별력을 갖추고 있더라도 일정한 경우에는 상표등록을 받을 수 없다(상표법 제34조). 이러한 사유로는 다양한 것이 있으나(상표법 § 34조 1항), 지리적 표시의 경우에 특별히 문제가 될 수 있는 것으로는 아래에서 설명하듯이, 상표법 § 34-①-12호의 "상품의 품질을 오인하게 하거나 수요자를 기만할 염려가 있는 상표"를 들 수 있다.

3. 지리적표시의 상표에 의한 보호여부

(1) 원산지와 지리적표시가 일치하는 경우

물건의 생산지 즉, 원산지를 지리적표시로 사용하여 원산지와 지리적표시가 일치하는 경우를 생각해 본다. 예를 들어, 영광에서 생산된 굴비에 "영광굴비"라는 지리적 표시를 상표로서 사용하고자 하는 경우를 들 수 있다.

이 경우에는 상표법 § 33-①-3(종전 § 6-①-3)의 기술적 표장에 해당하고, 또한, 영광이 일반수요자 사이에 현저하게 인식되었다고 판단할 수 있는 경우에는 상표법 § 33-①-4(종전 § 6-①-4) 소정의 현저한 지리적 명칭에 해당하여 상표등록을 받을 수 없게 된다.

(2) 원산지와 지리적표시가 일치하지 않는 경우

반면에, 원산지가 지리적표시와 일치하지 않는 경우, 예를 들어, 중국에서 생산되어 원산지가 중국인 굴비에, 영광굴비라는 지리적표시를 상표로서 사용하고자 하는 경우를 생각해보자. 이 때, 실제 생산지는 중국인 굴비라고 하더라도 일반 소비자는 굴비에 부착되어 있는 "영광굴비"라는 상표에 의하여 우리나라의 "영광"에서 생산된 것이라고 잘못 인식할 가능성이 매우 높다. 따라서, 중국산 굴비를 지정상품으로 하는 영광굴비라는 상표는, 상표법 § 34-①-12 소정의 품질오인 혹은 수요자기만에 해당하여 상표로서 등록될 수 없게 된다.

(3) 소결

결국, 지리적표시에 해당하는 영광굴비를 통상의 상표로서 등록하는 것은 불가능하다.

다만, 상표가 산지표시에 해당하여 식별력이 인정되지 않는 경우에는 상표의 사용에 의하여 식별력의 취득되면 상표등록이 가능해 질 수 있다. 예를 들어, 영광에서 생산된 굴비에 영광굴비를 사용하는 것과 같은 경우, 영광굴비 상표의 지속적인 사용에 의하여 수요자 간에 누구의 상품을 나타내는 상표인지 인식이 되면, 상표등록이 가능해진다

Ⅳ. 지리적표시 단체표장에 의한 보호

앞서 살펴본 바와 같이, 지리적표시를 종래의 상표로서 보호하기에는 일정한 제약이 있고, 특히 원산지와 지리적표시가 일치하는 경우에는 기술적(記述的) 표장에 해당한다는 이유로 등록이 되지 않는다.

이를 해소하기 위하여, 지리적표시를 단체표장으로 출원하는 경우에는 기술적 표장에 관한 상표법 제33조(종전 제6조) 제1항 제3호(산지에 한하여)와 현저한 지리적 명칭에 관한 제4호의 적용을 배제하여 등록이 가능하도록 하였다.[171]

171) 2004. 12. 31. 개정 상표법에 의하여 2005. 7. 1.부터 시행.
第6條 (商標登錄의 요건)

단체표장도 상표의 일종이므로 예전에는 지리적표시에 해당하는 단체표장은 그 상품의 산지표시에 해당하거나(상표법 § 33-①-3), 현저한 지리적 명칭(상표법 § 33-①-4)에 해당하여, 식별력이 없는 것으로 인정되어 상표법하에서 보호가 불가능하였지만, 지리적표시 단체표장 제도의 도입에 의하여 보호가 가능해졌다.[172)]

이에 따라, 고창복분자주, 경산대추, 순창고추장, 보성녹차, 이천한우 등의 지리적표시가 지리적표시 단체표장으로 출원되어 있다. 아래는 지리적표시 단체표장으로 출원된 순창고추장에 관한 단체표장이다.

순창고추장

SunChang
Kochujang

【그림 17】 지리적표시 단체표장으로 출원된 순창고추장

지리적표시 단체표장과 통상의 단체표장을 비교하면 다음과 같다.

	단체표장	지리적표시 단체표장
사용대상	상품, 서비스	상품
소속단체원의 지역적 범위	제한 없음	지리적표시에 "해당하는 지역"
소속단체원의 업무적 범위	동일 · 유사종의 상품 서비스 관련업	해당 지리적표시를 사용하는 상품 관련업

【표 7】 단체표장과 지리적표시 단체표장의 비교

③ 제1항 제3호 (산지에 한한다) 또는 제4호의 규정에 해당하는 표장이라도 그 표장이 특정 상품에 대한 지리적표시인 경우에는 그 지리적표시를 사용한 상품을 지정상품으로 하여 지리적표시 단체표장등록을 받을 수 있다. 〈신설 2004.12.31〉

172) 第6條 (商標登錄의 요건)

③ 제1항제3호(산지에 한한다) 또는 제4호의 규정에 해당하는 표장이라도 그 표장이 특정 상품에 대한 지리적 표시인 경우에는 그 지리적 표시를 사용한 상품을 지정상품으로 하여 지리적 표시 단체표장등록을 받을 수 있다. 〈신설 2004.12.31〉

지리적표시단체표장의 출원을 하는 경우에는 단체표장등록출원서에 그 취지를 기재하고, 단체표장출원에 필요한 서류에 추가하여 출원표장이 지리적표시에 해당한다는 것을 증명할 수 있는 서류를 제출하여야 한다.

한편 2012. 3. 15 이후에는 증명표장 제도의 도입에 의하여 지리적표시를 증명표장의 일종인 '지리적표시 증명표장'으로서도 보호받을 수 있다. 지리적표시 증명표장은 지리적표시 단체표장에 관한 규정이 적용된다.[173]

V. 농수산물품질관리법상 지리적표시의 보호

1. 개요

지리적 표시는 단체표장의 일종으로 보호받을 수 있을 뿐만 아니라, 농수산물품질관리법에서도 지리적표시가 일정하게 보호가 된다.

농수산물품질관리법상 지리적표시보호의 목적으로는, ① 우수한 지리적 특성을 가진 농산물 및 가공품의 지리적표시를 등록, 보호하여 지리적 특산품의 품질을 향상하고, 지역특화사업으로 육성을 도모하고, ② 지리적 특산품 생산자를 보호하여 우리 농산물 및 가공품의 경쟁력을 강화하고, ③ 소비자에게 충분한 제품 구매정보를 제공하여 소비자의 알권리를 충족하기 위함을 들고 있다.

이 법에 의한 지리적 표시의 보호는 단체표장과는 달리, 타 지역에서 생산된 원료의 사용도 허용된다. 사용자 범위는 단체표장에서와 유사하여, 생산자 단체 및 가공업자 단체가 가능하며, 개인은 원칙적으로 불가하다.[174]

2. 절차

신청대상 품목은 지리적 특성을 가진 농수산물과 그 가공품이다.[175]

해당 단체가 농산물품질관리원에 등록신청하면, '지리적표시 등록심의회'에서 심사 후 등록한다.

173) 상표법 제2조 제4항.

174) 단, 생산자 혹은 가공업자가 지역 내에 1인일 경우 예외적으로 허용.

175) 시행령 제16조.

심사기준은 지리적 표시의 명칭, 품질의 특성과 지리적 요인과의 관계, 자체품질기준의 적절성, 지리적 표시대상지역의 범위, 기타 필요한 등록요건 등을 심사하여,[176] 당해 품목의 우수성이 국내 또는 국외에서 널리 알려진 품목, 품질등급이 표준규격의 최상등급 또는 관행적 최상등급일 것, 당해 품목의 명성, 품질 기타 특성이 본질적으로 특정지역의 자연환경적 요인 또는 인적 요인에 의하여 이루어진 품목일 것, 당해 품목이 지리적표시의 대상 지역 안에서 생산 또는 가공된 품목일 것, 기타 농림부장관이 필요하다고 인정하여 정하는 기준에 적합한 경우 지리적표시로 등록한다.[177]

지리적표시로 등록이 되면, 생산자나 가공자는 다음과 같은 표지를 생산품에 사용할 수 있다.

<table>
<tr><td>K P G I</td><td>지리적특산품 : (등록명칭)
KPGI : (영문등록명칭)
(지리적표시관리기관 명칭) 지리적표시등록 제000호)
생산자: 0 0 0
주 소: (전화)</td></tr>
<tr><td colspan="2">이 상품은 농수산물품질관리법에 의하여 지리적 명칭을 보호받는 특산품입니다.</td></tr>
</table>

【표 8】 농수산물품질관리법에 의한 지리적표시

한편, 지리적 특산품이 아닌 농산물 및 그 가공품에 지리적표시 또는 이와 유사한 표시를 하는 행위(허위표시)와, 지리적 특산물에 지리적 특산물이 아닌 농수산물 및 그 가공품을 혼합하여 판매하거나 판매목적으로 보관 또는 진열하는 행위가 금지된다.

이와 같이 지리적표시를 허위표시하는 경우에는 3년 이하 징역 혹은 3,000만원 이하 벌금에 처해진다(§ 119-3호).

이 법에 의한 지리적표시의 특징으로는 동일한 지역에서 동일한 품질의 품목을 생산하는 자는 동일한 지리적표시를 사용할 수 있으므로, 타 지적재산권과는 달리 독점배타적 속성이 비교적 미약하다

176) 시행규칙 제17조.
177) 시행령 제15조.

한편 농수산물품질관리법상 지리적 표시로 등록된 지리적 표시와 동일 · 유사한 상표에 대해서는 상표출원하더라도 등록되지 않는다(상표법 § 34-①-18).

3. 사례

(1) 보성녹차

보성녹차는 2002년 1월 25일 등록된 지리적표시 제1호로서, 전남 보성군 일원을 그 대상지역으로 하여, 영농조합법인보성제다, 보성녹차영농조합법인2공장 등 총 15개 업체가 참여하고 있다.

(2) 하동녹차

하동녹차는 지리적표시등록 제2호로서, 경남하동군 일원에 주소를 둔, 화개농협가옥사업부 등 27개 업체가 참역하고 있다.

(3) 고창복분자주

고창복분자주는 지리적표시 등록 제3호로서, 전북 고창군 일원에 주소를 둔 선운산특산주, 고창명산품복분자주, 고차공인돌복분자주 등 3개 업체가 참여하고 있다.

(4) 그 외

이외에도 서산마늘, 영양고춧가루, 의성마늘, 괴산고추, 순창전통고추장, 성주참외 등이 있는 등 2002년 1건, 2003년 2건, 2004년 3건, 2005년 13건, 2006년 25건, 2007년 41건, 2008년 52건, 2009년 60건 등으로 점차 증가하여, 2019. 12. 31.현재 108건이 등록되어 있다.[178)]

수산물에 관한 지리적표시의 출원등록은 2009. 2. 25.에 보성벌교꼬막, 완도전복, 완도미역, 완도다시마, 기장미역, 기장다시마, 장흥키조개의 7개가 최

178) 국립농산물품질관리원 웹페이지 http://www.haqs.go.kr의 "지리적표시제도" 항목 참고.

초로 등록되었고, 그 후 완도김, 완도넙치(2010. 8. 20.), 장흥김(2011. 1. 18.), 장흥매생이(2011. 5. 13.) 등이 차례로 등록되어 2019. 12. 31.현재 신안전복(2018.10.26.) 등 26건이 등록되어 있다.[179)]

제10절 글자체

Ⅰ. 글자체

글자체(type face)는 기록이나 표시 또는 인쇄 등에 사용하기 위하여 공통적인 특징을 가진 형태로 만들어진 한 벌의 글자꼴(숫자, 문장부호 및 기호 등의 형태를 포함) (디자인 보호법 제2조 제1의 2호)이다.

글자체의 예로는, 명조체, 굴림체, 궁서체, 한양크리스탈체 등이 있고, 영문자 글자체로는 Times New Roman, Arial, Courier New 등이 있다.

아래 표는 글자체의 예를 보여준다.

글자체 명칭	예
명조체	명조체
돋움체	돋움체
궁서체	궁서체
한양크리스탈	한양크리스탈
안상수체	안상수체
Times New Roman	Times New Roman
Arial	Arial
Courier New	Courier New

【표 9】 대표적인 글자체의 예

179) 수산물안전부 웹페이지 http://www.nfis.go.kr의 지리적표시> 지리적표시 등록현황.

Ⅱ. 기존체제에 의한 보호 여부

1. 디자인법

디자인은 물품의 형상, 모양, 색채 또는 이들의 결합으로 시각을 통하여 미감을 일으키게 하는 것을 의미한다. 타이프페이스의 물품성이 부정되어 글자체는 디자인법에 의하여 보호가 곤란하다.

2. 저작권법

저작권법에 의한 보호도 논의가 되었으나, 대체로 글자체의 저작물성이 부정되고 있다.

Ⅲ. 국제적인 보호 추세

글자체의 보호를 규정하고 있는 빈 협정(1973.6.12)[180]에 의하면 글자체를 의장법 또는 저작권법 혹은 특별법에 의한 보호를 규정하고 있으며, 권리자는 창작자 또는 승계인, 보호의 요건으로는 신규성 및 독창성, 보호의 내용으로는 글자체의 무단 복제의 금지를 두고 있으며, 최소 15년간 보호하도록 규정하고 있다.

이에 따라, 독일에서는 타이프페이스보호법을 제정하여 글자체를 보호하고 있으며, 영국, 프랑스에서는 저작권법을 개정하여 보호하고, 미국에서는 특허법상에서 보호하고 있다. 현재 일본은 미보호상태이다. 한국은, 2005.7.1 디자인 보호법을 개정하여 글자체를 지적재산권으로 보호할 수 있게 되었다.

---

180) 체약국이 될 수 있는 국가로는 WIPO 회원국, 세계저작권협약 당사국을 들고 있으며, 현재 프랑스, 독일 등 가입되어 있어 발효를 위한 5개국 가입요건을 충족하지 못하여 미발효 상태이다.

Ⅳ. 디자인법에 의한 보호

보호대상이 되는 글자체는, 기록, 표시, 인쇄에 사용하기 위한 것으로 공통적인 특징을 갖는 한벌의 글자꼴(숫자, 문장부호, 기호의 형태 포함)을 의미한다. 디자인법에는 보호대상이 되는 디자인의 분류체계가 존재하는데, 글자체는 디자인의 대분류 중 N1에 해당한다.

대분류: N1 글자체

중분류:

N1-10: 한글글자체
N1-20: 영문자
N1-30: 기타외국문자 글자체
N1-40: 숫자
N1-50: 특수기호
N1-60: 한자

예를 들어, 한글글자체인 경우, 중분류 N1-10에 해당한다

제11절 화상디자인

Ⅰ. 개요

스마트폰이나 컴퓨터와 같은 정보화기기의 화면에서는 일정한 동작을 수행하는 프로그램을 '아이콘'의 형태로 표시하는 경우가 많고, 이러한 아이콘을 창작한 경우에 이를 지적재산권으로 적절하게 보호받고자 하는 경우가 많다.

그런데 디자인권으로 보호받고자 하는 경우에는 아이콘 자체는 '물품'으로 인정하기 어려울 것이므로, '아이콘 자체'를 물품으로하는 디자인권으로 보호받기는 곤란하다.

다만 아이콘과 같은 화상디자인이 표시되는 휴대폰이나 스마트폰을 물품으로 하여, '**화상디자인**이 표시된 물품'의 형식으로서 보호가 가능하다.

Ⅱ. 화상디자인

화상디자인은 '물품의 액정화면 등 표시부에 일시적인 발광현상에 의해 시각을 통해 인식되는 모양, 색채 또는 이들의 결합'을 의미하는데, 이러한 예로는 아래와 같은 것을 들 수 있다.[181]

① 그래픽 사용자 인터페이스(GUI)

② 아이콘

③ 그래픽 이미지

④ 동적화상(3D 애니메이션 등과 같이 컴퓨터의 구동에 의하여 구현되는)

Ⅲ. 화상디자인의 물품성

화상디자인도 디자인의 일종이므로, 디자인으로서 성리되기 위해서는 '물품성'이 인정되어야 한다. 화상디자인의 경우에는, 물품의 표시부에 일시적으로 구현되는 것이라도 화상을 표시한 상태로서 물품성을 갖춘 것으로 본다.[182]

181) 특허청, 디자인심사기준, 2019. 214면.
182) 위의 책.

다만, 빛의 투사에 의하여 가상으로 구현되는 키보드의 형상, 회전하는 LED의 점멸에 의하여 잔상을 이용하여 구현되는 형상과 같이 전원이 없는 상태에서 물품의 표시부를 특정할 수 없는 경우에는 화상디자인의 물품성이 인정되지 않는다.

화상디자인 자체를 물품으로 인정하고자 하는 논의도 일부 있으나, 현재까지는 물품으로 인정되지 아니하므로,[183] 디자인 출원시에 기재가 요구되는 물품의 명칭을 '화상디자인'으로 기재할 수는 없고, 아래와 같이 '화상디자인이 표시된 물품'의 형식으로 기재하여야 한다.

예) 화상디자인이 표시된 휴대용단말기, 화상디자인이 표시된 디스플레이패널

화상디자인에 관한 디자인의 물품류는 '화상이 표시되는 물품'이 속하는 물품류 구분에 따라 정해진다.

---

183) 2019년 12월 현재. 이 부분은 향후 변경의 가능성이 있다.

제4장 사례해설

사례1의 경우, 휴대폰에서 한글을 입력하는 방법은 발명의 종류 중에서 방법의 발명에 해당하여 특허대상이 된다. 다만, 한글을 입력하는 방법과 관련된 새로운 '프로그램' 자체는 특허청 실무에서 물건의 발명인지 방법의 발명인지 그 범주가 불명확하다는 이유로 아직 특허되지 않고 있다. 하지만, 이 경우에도 프로그램 자체를 청구하지 않고, 한글을 입력하는 각 기술의 단계를 서술하여 한글을 입력하는 방법으로 특허청구범위를 작성한 경우에는 특허 받을 수 있다.

사례2의 경우, 다단계영업방법 그 자체는 인간의 행위로서 '자연법칙을 이용한 기술적 사상의 창작'에 해당하지 않으므로 특허의 대상인 발명으로 인정되지 않아 특허 받을 수 없다. 하지만, 영업방법을 인터넷이나 컴퓨터 등과 같은 기술적 구성요소와 결합시키면, 자연법칙을 이용한 기술적 사상으로 인정되어 특허대상이 된다. 이와 같은 것을 영업방법 특허 혹은 BM(Business Method) 특허라고 한다.

사례3의 경우, 컴퓨터언어로서 표현된 컴퓨터프로그램은 저작물로 인정되므로 저작권 특히 컴퓨터프로그램보호법에서 부여하는 프로그램저작권의 대상이 된다. 또한, 인터넷 상의 웹페이지를 그 중요도에 따라 순위를 매기는 알고리즘을 일련의 절차를 수행하는 방법으로서 표현하면 특허의 대상인 방법의 발명으로 인정될 수 있으므로 특허로서 보호받을 수도 있다.

제2편
지적재산권의 확보

1. 갑돌이는 컴퓨터, TV 등에 널리 사용되는 액정표시소자(LCD)를 생산하는 회사에서 연구원으로 근무하고 있다. 그는 액정표시소자를 생산하는 제조방법 중에서 액정표시소자의 화질을 획기적으로 높일 수 있는 매우 중요한 기술을 개발하였다. 갑돌이는 이 기술을 특허출원하려고 하였으나, 특허인 경우 일정기간이 지나면 공개가 되므로 영업비밀로 유지하는 것이 더 좋을 수도 있겠다고 생각되어 고민하고 있다. 어느 편이 더 유리한가? 만일 영업비밀로서 보호받고자 하는 경우에는 어떻게 하여야 하는가?
2. 을순이는 치아를 하얗게 표백하는 기능을 가진 치약을 개발하여 '미백치약'이라는 상표를 붙이고자 한다. 상표출원하여 등록받을 수 있겠는가?

제1장 영업비밀로서의 유지와 지적재산권의 확보

제1절 지적재산권의 특징

특허제도의 특징 중의 하나는 기술 공개의 '대가'로서 독점적인 권리인 특허권을 부여하는 것이다. 따라서, 특허권을 획득하기 위해서는 특허의 내용 즉, 발명에 대한 공개가 필수적이다. 하지만, 특허출원인은 자신의 기술내용을 가능한 한 숨기고자 하는 것이 일반적이므로, 특허출원에 대한 심사 단계에서 특허받고자 하는 발명이 특허출원 명세서에 적절하게 기재되어 있는지의 여부를 심사하여, 부적절하다고 판단되는 경우에는 특허출원을 거절하게 된다. 발명에 대한 기재가 적절한지의 여부는, 발명이 속하는 기술분야에서 통상의 지식을 가진 자(당업자, 통상의 기술자)가 발명의 상세한 설명의 기재로부터 쉽게 실시할 수 있는지의 여부로 판단한다.

특허출원의 공개는 원칙적으로 특허출원일로부터 1년 6개월이 경과하는 시점에 출원인의 의사에 관계없이 이루어진다.[184)]

184) 국방상의 발명 등과 같이 특수한 경우에는 비밀유지가 되어 공개되지 않는 경우도 있고, 공개에 필요한 시기도 조기공개 신청에 의하여 단축시킬 수도 있다.

제2절 영업비밀의 특징

생산방법 · 판매방법 기타 영업활동에 유용한 기술상 또는 경영상의 정보로서 ① 공연히 알려져 있지 아니하고, ② 독립된 경제적 가치를 가지는 것으로서, ③ 비밀로 관리하고 있는 경우에는 영업비밀로 인정되어, 이에 대한 **부정한 취득행위** 및 **부정한 공개행위**에 대하여 일정한 보호를 받게 된다. 다만, 어떤 내용이 영업비밀로 보호받기 위해서는 널리 알려지지 않을 것을 요건으로 하고 있으므로, 그 내용이 널리 공개되는 순간에 영업비밀로서 보호받을 수 없게 된다.

제3절 지적재산권에 의한 보호와 영업비밀유지의 선택

Ⅰ. 특허권으로 보호 받는 경우의 특징

이 경우의 장점으로는 타인이 동일한 기술에 대한 실시를 방지할 수 있는 독점배타적인 권리의 획득이 가능한 점을 들 수 있다. 하지만, 출원일로부터 20년이 지나는 시점에서 권리가 소멸되고, 그 후로는 누구나 그 기술을 실시할 수 있게 되므로 그 배타적인 권리는 한시적이라는 단점이 있다. 또한, 기술의 진보가 빠른 영역에 속하는 기술은 특허출원으로부터 특허권설정등록에 의한 권리발생일 까지 기간이 2년 이상의 장시간이 걸리므로, 특허권이 확보되는 시점에서는 이미 낡은 기술이 되어 특허권 획득의 실익이 없는 단점이 있다.

Ⅱ. 영업비밀로 보호 받는 경우의 특징

이 경우에는 별도의 출원절차가 없으므로, 간편하게 보호받을 수 있다고 볼 수 있으나, 특허와는 달리 독점배타적인 권리가 발생하는 것이 아니므로, 타인이 동일한 기술을 정당하게 개발하여 실시하는 경우에는 특허권과는 달리 상대방의 실시를 막을 방법이 없게 된다. 또한, 영업비밀로 보호되고 있는 권리에 대한 공시절차가 있는 것이 아니므로, 영업비밀의 내용이 불명확하므로 분쟁이 생긴 경우, 분쟁의 해결에 장시간이 소요될 수 있다.

반면에, 타인의 복제가 용이하지 않은 경우에는 영업비밀로 유지하면 일정한 기간이 경과한 후에 기술이 공개되는 특허의 경우와는 달리, 영업비밀로 유지되는 기간의 제한이 없으므로 보호기간이 특허에 비해서 장기간이 될 수 있다.

Ⅲ. 선택

어떠한 기술 정보를 특허로서 보호받을 것인가, 영업비밀로서 유지할 것인가의 문제 앞의 여러 가지 요소를 고려하여 결정한다. 특히, 기술의 복제가 용이한 경우, 타인과 기술개발에서 경쟁관계에 있는 경우, 라이프사이클이 특허획득기간에 비해 긴 경우에는 특허로서 보호받는 것이 유리하고, 그 반대의 경우에는 영업비밀로 유지하고 있는 편이 유리하다.

제2장 사전준비 절차

제1절 산업재산권

Ⅰ. 공통사항

특허권, 실용신안권, 디자인권 및 상표권과 같은 산업재산권을 확보하기 위한 출원과정 이전에 우선 출원인 및 대리인이 있은 경우에는 출원인 · 대리인 등록이 필요하다. 출원인 및 대리인 코드는 주민등록번호와 유사한 것으로, 특허청에 대하여 절차를 수행하고자 하는 모든 출원인, 대리인이 발급받아야 한다. 현재는 서면뿐만 아니라, 특허청 홈페이지(http://www.kipo.go.kr)에 접속한 후, 사용자 등록신청/서비스 신청 및 조회/출원인 코드부여 신청 메뉴에 접속하여 인터넷을 통하여도 신청이 가능하므로 편리하게 발급받을 수 있다.

출원인코드 신청시에, 만일 1999년 이전에 출원한 사실이 있으면 해당 출원 번호를 기입하면 특허청에서 직권으로 부여한 출원인 코드를 발급받게 된다. 신청서의 '인감도장 이미지 첨부'란에는 자신의 도장(인감일 필요 없음)을 날인한 이미지를 그림 파일(예) jpg 파일)로 첨부하여야 한다.

다음 그림은 출원인 코드부여 신청 화면의 예이다.

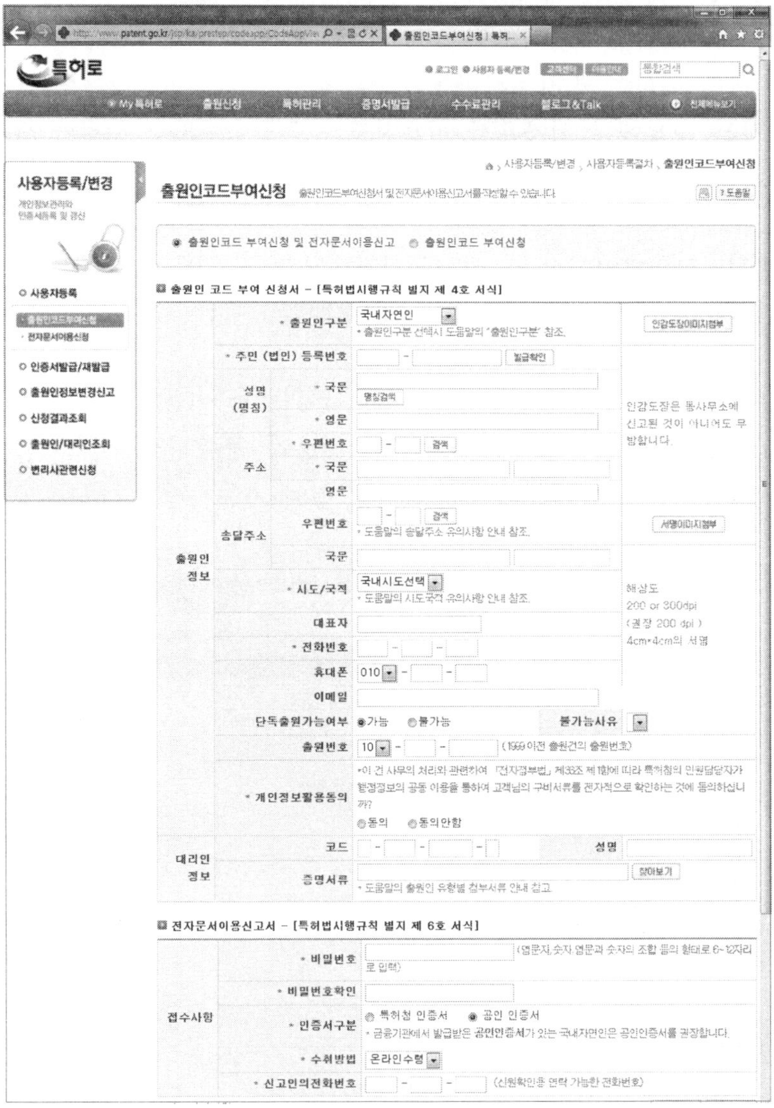

【그림 18】 출원인코드 부여 신청 화면

발급받는 고유번호 즉, **출원인코드** 및 **대리인코드**는 모든 출원서 및 중간서류의 출원인 란에 기재하여야 한다.

Ⅱ. 전자출원의 경우

특허권, 실용신안권, 디자인권 및 상표권과 같은 산업재산권의 출원은 서면뿐만 아니라, 온라인 혹은 전자 기록매체를 이용하는 전자문서로도 출원이 가능하다. 이를 위하여 전자문서이용신고를 해야 한다. 서면만으로 절차를 수행하고자 하는 경우에는 전자문서 이용신고가 필요 없다. 전체적인 절차는 다음과 같이 수행된다.

- 출원인코드부여신청 → 전자문서이용신고 → 인증서발급 → 전자출원 소프트웨어 다운로드 및 설치

전자문서 이용신고도 서면뿐만 아니라, 인터넷을 이용하여 특허청 홈페이지(http://www.kipo.go.kr)에 접속한 후, 사용자 등록신청/서비스 신청 및 조회/전자문서 이용신고 메뉴에 접속하여 신청이 가능하다.

【그림 19】 전자문서 이용신청 화면

전자문서이용신청서를 제출하여 등록이 되면, 미리 발급받은 출원인코드와 전자문서 이용신고시 작성한 비밀번호를 이용하여 특허청 웹페이지의 전자출원-인증센터 항목에서 인증서를 발급받는다. 인증서는 특수한 프로그램으로서, 컴퓨터의 하드디스크(c:₩program files₩EPS)에 저장이 되며, 전자출원 이용신고한 사람 이외의 사람이 전자출원하는 것을 방지하는 역할을 한다. 서면출원에서 본인 확인을 도장으로 하는 점에 해당하는 것으로 볼 수 있다.

【그림 20】 인증서 발급/재발급 화면

특허청 인증서 프로그램을 발급 받으면, 전자출원용 소프트웨어를 다운로드하여 설치한다. 전자출원용 소프트웨어는 **서식작성기**(KEAPS)와 **전자문서작성기**(K-Editor)로 구분된다.

전자출원의 전체적인 절차는 다음과 같다.[185)]

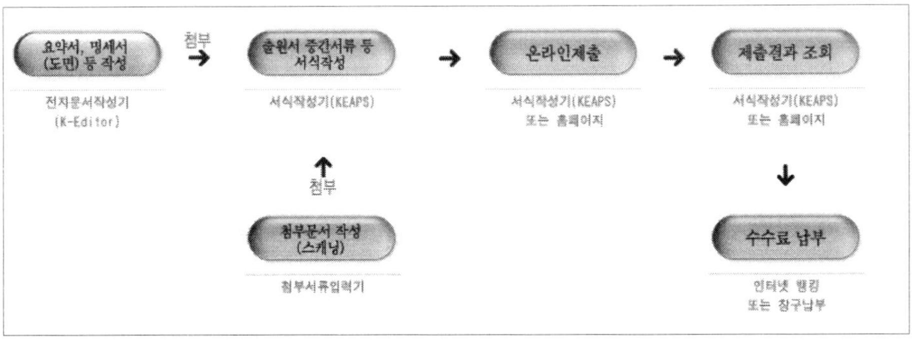

【그림 21】 전자출원의 절차

1. 서식작성기

서식작성기(KEAPS)는 출원서를 각각의 서식에 맞게 작성해주는 프로그램이다.

서식작성기를 구동하면 다음 그림에서와 같이 특허청에 제출할 수 있는 서류를 사전등록서류, 공통서류, 출원서류, 심판서류 등으로 구분하고, 각각의 항목을 구체적으로 분류하여 자신이 작성하고자 하는 서류를 신속하게 찾을 수 있게 메뉴가 구성되어 있다. 아래의 그림에서는 출원서류 항목에서, 출원서-특허-특허출원서를 차례로 선택한 상태를 보여준다.

하단의 "요약서, 명세서(도면) 또는 별지" 항목을 이용하여 별도의 전자문서작성기(K-Editor)를 이용하여 작성된 요약서, 명세서 또는 별지 파일(.hlz)을 특허출원서 등에 첨부서류로 첨부할 수 있다.

185) http://www.kipo.go.kr. 자료.

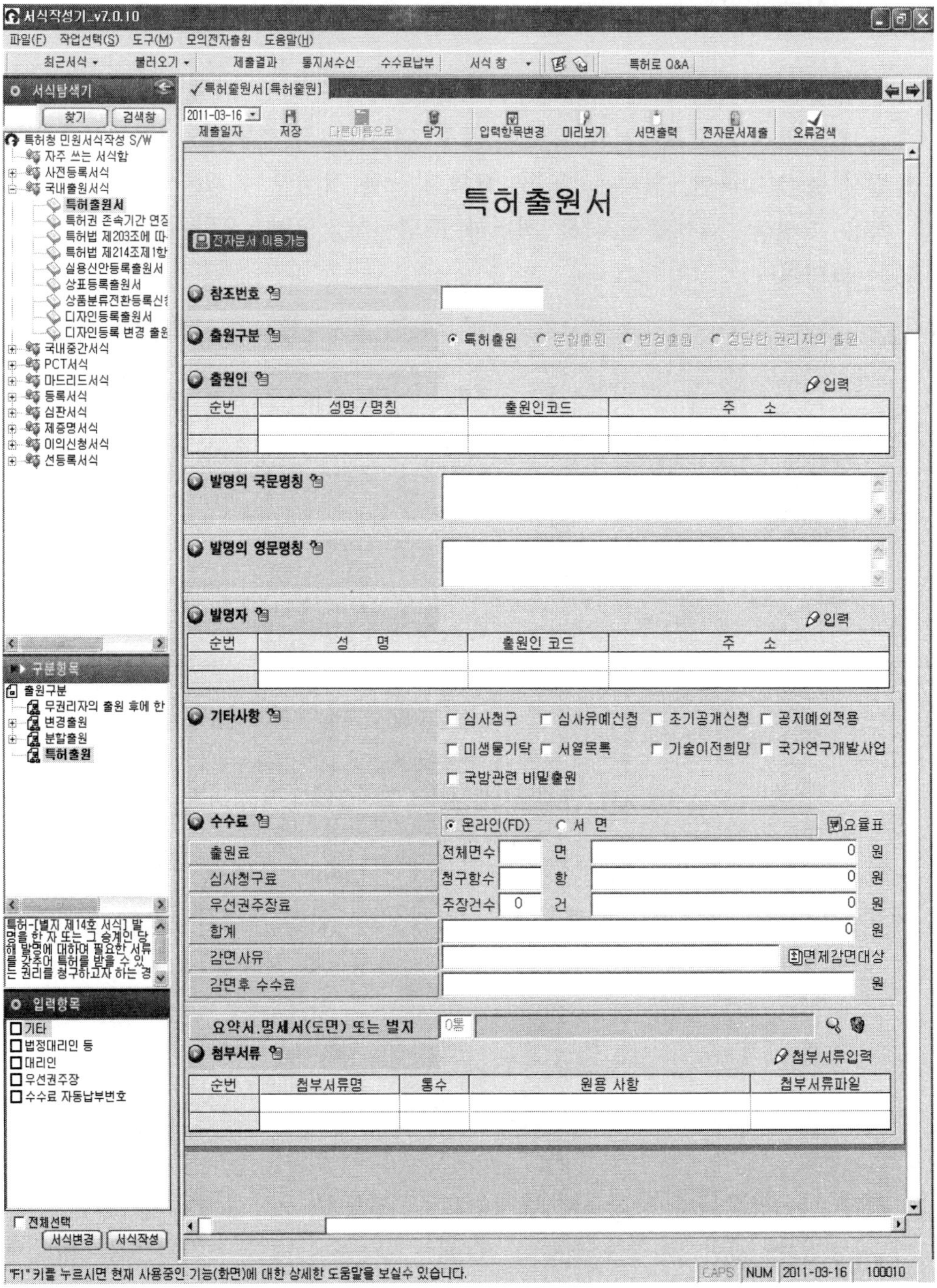

【그림 22】 서식작성기 화면

2. 전자문서작성기

전자문서작성기는 출원서에 첨부하여 제출하여야 하는 각종 서류를 작성해 주는 일종의 워드프로세서와 유사한 프로그램이다. 전자문서작성기에서 "특허출원서"를 선택하면, 명세서, 도면, 요약서 등을 작성할 수 있다.

다음 그림은 "특허출원서"를 선택하여 명세서, 도면, 요약서를 작성할 수 있는 화면이다.

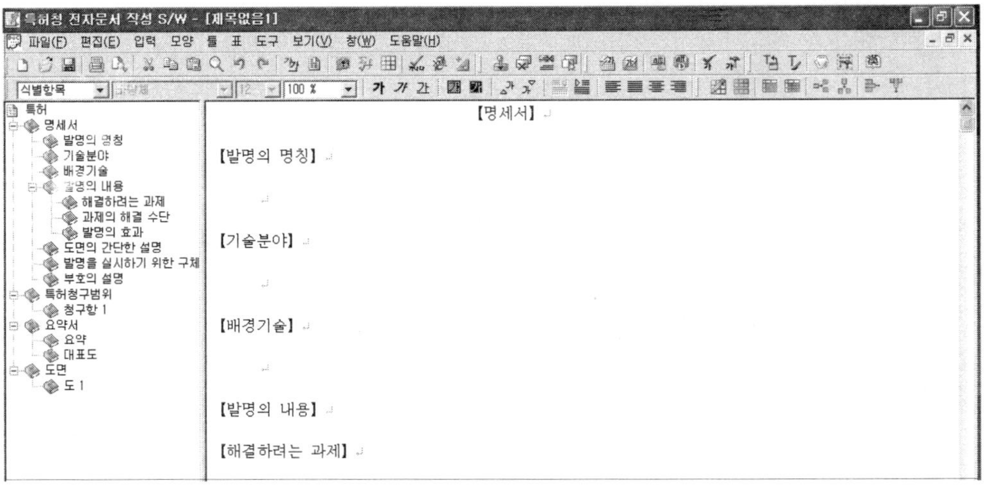

【그림 23】 전자문서작성기의 특허출원서 작성 화면

디자인권 등록출원의 경우에는, 출원서에 첨부하는 도면을 작성할 수 있다. 상표등록출원의 경우에는 전자문서작성기가 필요 없이 서식작성기의 작성만으로 출원서류의 작성이 완료되므로, 전자문서작성기를 사용할 필요가 없다.

제2절 저작권

저작권은 저작물의 창작시에 발생하므로, 별도의 저작권 확보를 위한 절차가 필요없다. 다만, 저작물의 등록 후에는 저작물에 대한 저작자(또는 저작재산권자) 및 창작시점을 추정적으로 확보하는 효과(추정적 효력)가 발생하고

(§ 53-③),[186] 저작재산권의 양도 등에 대해서는 그 등록이 제3자에 대한 대항요건이므로(§ 54), 저작물 등록의 실익이 있다.

저작권의 등록은, 저작권등록신청서와 저작물 명세서 등의 첨부서류를 작성하여 저작권심의조정위원회에 제출한다.

저작권의 등록은, http://www.cros.or.kr에 접속하여 온라인으로도 가능하다.

[별지 제3호서식]

저 작 권 등 록 신 청 서				처리기간 4일
신청인	①성 명	(한글) (한자) (영문)		
	②주민등록번호		③국 적	
	④주 소			
	⑤이메일주소		⑥전화번호	
	⑦저작자와의 관계			
저작물	⑧제 호			
	⑨종 류		⑩형태 및 수량	
⑪등록의 내용				
⑫등록의 원인 (발생일)				
⑬전등록번호 및 등록연월일				

저작권법 제51조의 규정에 의하여 위와 같이 등록을 신청합니다.

년 월 일

신청인 (서명 또는 인)

저작권심의조정위원회 위원장 귀하

첨부서류	수수료
1. 저작물 명세서 1부 2. 등록과 관련한 복제물이나 그 내용을 증명할 수 있는 도면·각본 및 사진 등의 서류 또는 전자적 기록 매체 1부 3. 등록세 영수증 4. 등록사유를 증명하는 서류 1부 5. 등록원인에 대하여 제3자의 동의 또는 허락을 요할 때에는 이를 증명하는 서류 1부 6. 대리인에 의하여 등록을 신청하는 경우에는 그 권한을 증명하는 서류 1부 ※ 고의로 허위 등록을 할 경우에는 저작권법 제98조제3호의 규정에 의하여 3년 이하의 징역 또는 3천만원 이하의 벌금에 처하여질 수 있습니다.	30,000원

210㎜×297㎜
(일반용지 60g/㎡(재활용품))

【그림 24】 저작권등록 신청서

186) 다만 창작일로부터 1년이 경과한 후에 창작연월일을 등록한 경우에는 등록된 연월일에 창작된 것으로 추정하지 않는다. 법 제53조 제3항 후반부 참조.

[별지 제5호서식]

<table>
<tr><th colspan="4">저 작 물 명 세 서</th></tr>
<tr><td rowspan="7">저
작
물</td><td colspan="2">① 제 호</td><td></td></tr>
<tr><td colspan="2">② 종 류</td><td></td></tr>
<tr><td colspan="2">③ 형태 및 수량</td><td></td></tr>
<tr><td colspan="2">④ 창작연월일</td><td></td></tr>
<tr><td rowspan="2">원저작물</td><td>⑤ 제 호</td><td></td></tr>
<tr><td>⑥ 저작자</td><td></td></tr>
<tr><td colspan="2">⑦ 권리 지분</td><td></td></tr>
<tr><td rowspan="4">공
표</td><td colspan="2">⑧ 맨 처음 공표된 국가</td><td></td></tr>
<tr><td colspan="2">⑨ 맨 처음 공표된 연월일</td><td></td></tr>
<tr><td colspan="2">⑩ 맨 처음 공표후 30일 이내에 공표된 국가</td><td></td></tr>
<tr><td colspan="2">⑪ 공표매체 정보</td><td></td></tr>
<tr><td rowspan="2">저
작
자</td><td colspan="2">⑫ 맨 처음 공표시 표시한 저작자 이름</td><td></td></tr>
<tr><td colspan="2">⑬ 국 적</td><td></td></tr>
<tr><td colspan="4">저작물의 내용(외국어 저작물의 경우에는 한글로 기재. 200자 원고지 2매 내외)</td></tr>
</table>

【그림 25】 저작물 명세서

제3장 특허의 출원

특허출원하기로 결정한 경우에는, 일정한 절차를 밟아 특허결정을 받은 후, 특허권설정등록에 의하여 독점배타적인 권리인 특허권을 획득하게 된다.

다음 그림[187]은 특허출원의 전체적인 절차를 보여준다.

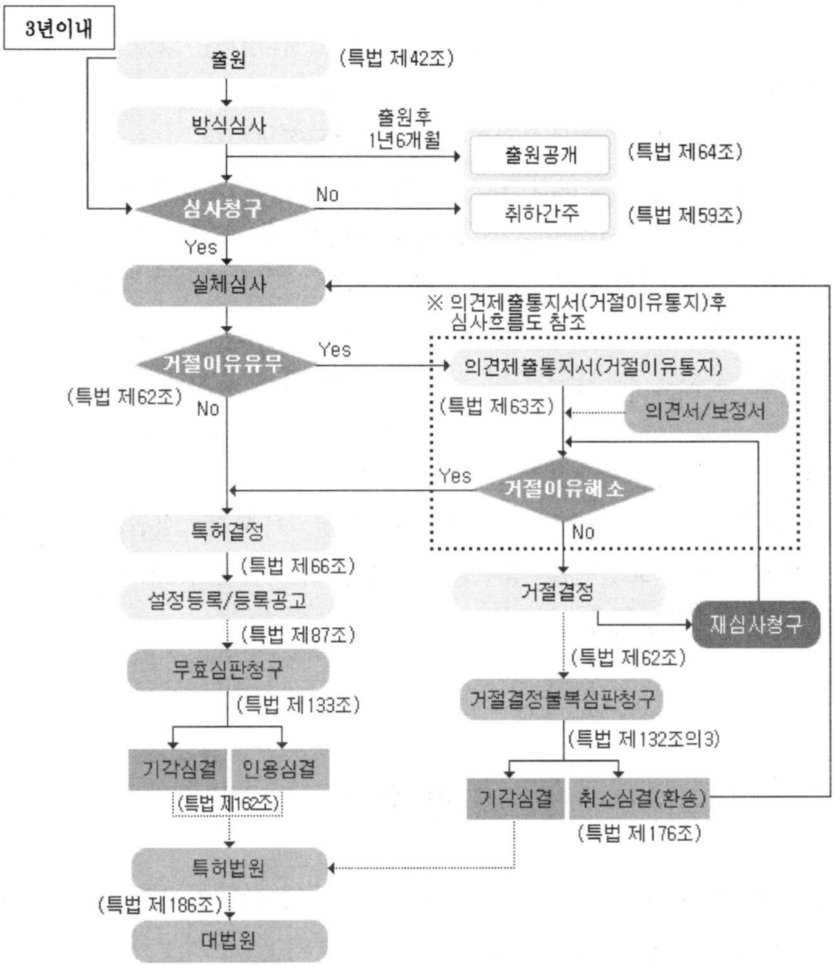

【그림 26】 특허출원 후 심사 흐름도

187) 특허청 홈페이지, www.kipo.go.kr 참조.

특허출원에 대한 심사를 위해서는 출원일로부터 '3년 이내'에 심사청구하여야 하고,[188] 심사청구가 없으면 특허출원은 취하(取下, withdraw)한 것으로 된다.

종전(2001.7.1-2009.6.30. 출원)에는 거절결정 후에 거절결정불복심판청구를 하면서 보정을 하면 심사관에게 다시 심사받는 절차가 있었으나(심사전치제도), 2009.7.1. 이후의 출원에 대해서는 거절결정 후 보정과 동시에 재심사를 청구하면 심사관에게 다시 심사받을 수 있다(재심사청구제도).

또한 종전에는 특허등록 이후의 공중심사제도로 이의신청제도(누구나 청구가능)와 특허무효심판청구제도(이해당사자)로 이원화되어 있었으나, 이의신청제도는 2006.3.3.의 특허법 개정에서 삭제되어 2007.7.1일 이후 특허권 설정등록이 된 출원부터는 특허무효심판 절차로 일원화되었다.

그 후, 2016.2.29.의 특허법 개정에 의하여 특허권 설정등록일부터 등록공고일 후 6개월이 되는 날까지는 누구든지 특허법 제29조 또는 제36조 위반을 이유로 특허취소를 신청할 수 있도록 하고 있다. 다만 특허취소신청시에는 그 사유로 제29조의 반포된 간행물을 근거로 하는 신규성, 진보성 부정을 허용할 뿐으로 공지 · 공용(§ 29-①-1) 및 이를 근거로 하는 진보성 부정은 취소사유에서 제외하고 있어(§ 132조의2 ①항), 반포된 간행물이라 하더라도 특허공보에 게재된 선행기술은 취소신청 사유에서 제외하고 있다(§ 132조의2 ②항).

따라서 현재는 등록공고일 후 6개월 이내라면, 특허취소심판(다만 취소사유는 제한)이나 특허무효심판을 청구할 수 있는데, 6개월이 경과하면 특허무효심판의 청구만이 허용된다.

제1절 출원

특허출원은 특허 받고자 하는 발명의 내용을 일정한 형식에 맞게 작성하여 특허청에 제출하는 절차이다.

188) 종전에는 출원일로부터 5년이었으나, 2016. 2. 29.의 개정에 의하여 3년으로 단축되었다.

Ⅰ. 특허출원인

특허출원은 기본적으로 '발명자'가 할 수 있으나, 발명자로부터 특허출원할 수 있는 권리를 이어받은 '승계인'도 할 수 있다.

Ⅱ. 출원전 준비사항

특허출원인은 특허청에 '출원인코드부여신청'을 하여 출원인 각각 고유한 번호를 부여받아야 한다.[189)]

특허출원서류는 서면뿐만 아니라 전자적인 방법으로 작성하여 플로피디스크나 인터넷을 통하여 온라인으로 제출할 수도 있다. 서면이 아닌 전자적인 방법으로 서류를 제출하고자 하는 경우에는 사전에 '전자문서이용신고'를 하여야 한다.

Ⅲ. 특허출원서류

특허출원 시에는 '특허출원서'에 '명세서', '도면' 및 '요약서'를 첨부하여 제출한다.

1. 특허출원서

(1) 개요

특허출원서에는 발명의 명칭을 국문 및 영문으로 작성하고, 출원하는 발명의 국제특허분류(IPC, International Patent Classification)분류를 상위 3단계 즉, 섹션, 클래스, 서브클래스까지 작성한다. 예를 들어, 반도체 소자에 관련된 경우에는 H01L 까지 기재한다.

---

189) 특허출원과 관련된 구체적인 사항은 특허청 웹페이지(http://www.kipo.go.kr)의 전자출원 항목에서 얻을 수 있다.

국제특허분류(International Patent Classification)는 특허출원에 관련된 기술분야를 Section, Class, Sub-class, Group, Sub-group의 5단계의 계층적 구조로 분류한 것이다. 가장 상위 분류인 Section은 A, B, C,… H의 8개로 나누어진다. A에는 생활필수품, B에는 처리조작, 운수, C에는 화학, 야금, D에는 섬유, 종이류, E에는 토목, 건축물 등의 고정구조물, F에는 기계공학, 조명, 가열, 무기, 폭파, G에는 물리학, 마지막 H에는 전기가 각각 할당되어 있다.

출원하는 발명에 해당하는 국제특허분류는 특허청(www.kipo.go.kr) 및 한국특허정보원(www.kipris.or.kr) 홈페이지에서도 확인할 수 있으며, 현실적으로는 출원기술과 유사한 기술에 대하여 이미 할당되어 있는 IPC 분류를 참조하여 작성하는 편이 신속하면서, 비교적 정확하게 작성할 수 있다.

명세서의 면수와 명세서의 특허청구범위에 기재된 청구항의 수, 온라인 혹은 서면 출원 여부 및 특허심사청구 여부를 선택하면 아래의 식에 의하여 출원료 및 심사청구료가 계산된다. 특허청에서 배포하는 서식작성기(KEAPS) 프로그램을 이용하여 특허출원서를 작성하는 경우에는 입력하는 면수, 청구항수 및 심사청구여부에 따라 자동으로 수수료를 계산하여 표시해 준다.

출원방식	출원료	심사청구료
온라인	38,000원	109,000+32,000×(청구항수-1)원
서면	38,000+(1,000×면수)원	109,000+32,000×(청구항수-1)원

【표 10】 출원방식에 따른 출원료와 심사청구료

특허출원료 및 심사청구료는 수수료 면제 및 감면 대상에 포함되어 조건에 따라, 면제, 85% 감면, 70% 감면 혹은 50% 감면이 된다.[190)]

i) 수수료 면제 대상자

- 생활보호대상자, 국가유공자 그 유족 및 가족, 장애인: 증명서류가 필요하다.
- 초·중등학생(대학생, 대학원생 불포함): 재학증명서
- 만6세 이상 만19세 미만인 자
- 국가기관(상표제외 전수수료)

190) 특허료 등의 징수규칙 제7조.

ii) 수수료 85% 감면 대상자

- 개인 중 만19세 이상 만30세 미만인 자
- 개인 중 만65세 이상인 자

iii) 수수료 70% 감면 대상자

- 개인: 발명(고안)자와 출원인 동일인 경우 한한다. 증명서류는 없다.
- 소기업: 소기업지원 특별조치법 요건 충족, 증명서류 필요하다. 출원인이 소기업의 명칭이고 발명자가 종업원인 경우의 직무발명에 한한다.

iv) 수수료 50% 감면대상자

- 중소기업: 중소기업법 제2조의 규정에 의한다. 직무발명에 한하고, 증명서류 필요하다.
- 정부출연 연구기관, 특정연구기관: 직무발명에 한하며, 증명서류 필요없다.
- 학교법인 및 대학이 소속된 지방자치단체: 공립, 사립학교, 직무발명에 한하고, 증명서류 필요없다.

(2) 서식작성기에 의한 특허출원서의 작성

특허청에서 배포하는 서식작성기(KEAPS)프로그램을 구동한 후, 출원서류/출원서/특허 메뉴를 차례대로 선택하면, 다음과 같은 화면이 출력된다.

【그림 27】 KEAPS의 특허출원서 메뉴 선택 화면

여기에서, 특허출원서 항목을 선택하면, 특허출원서 작성에 필요한 항목을 입력할 수 있는 화면이 아래와 같이 출력되고, 다음 화면은 상기의 절차를 거쳐서 작성된 특허출원서의 예이다.

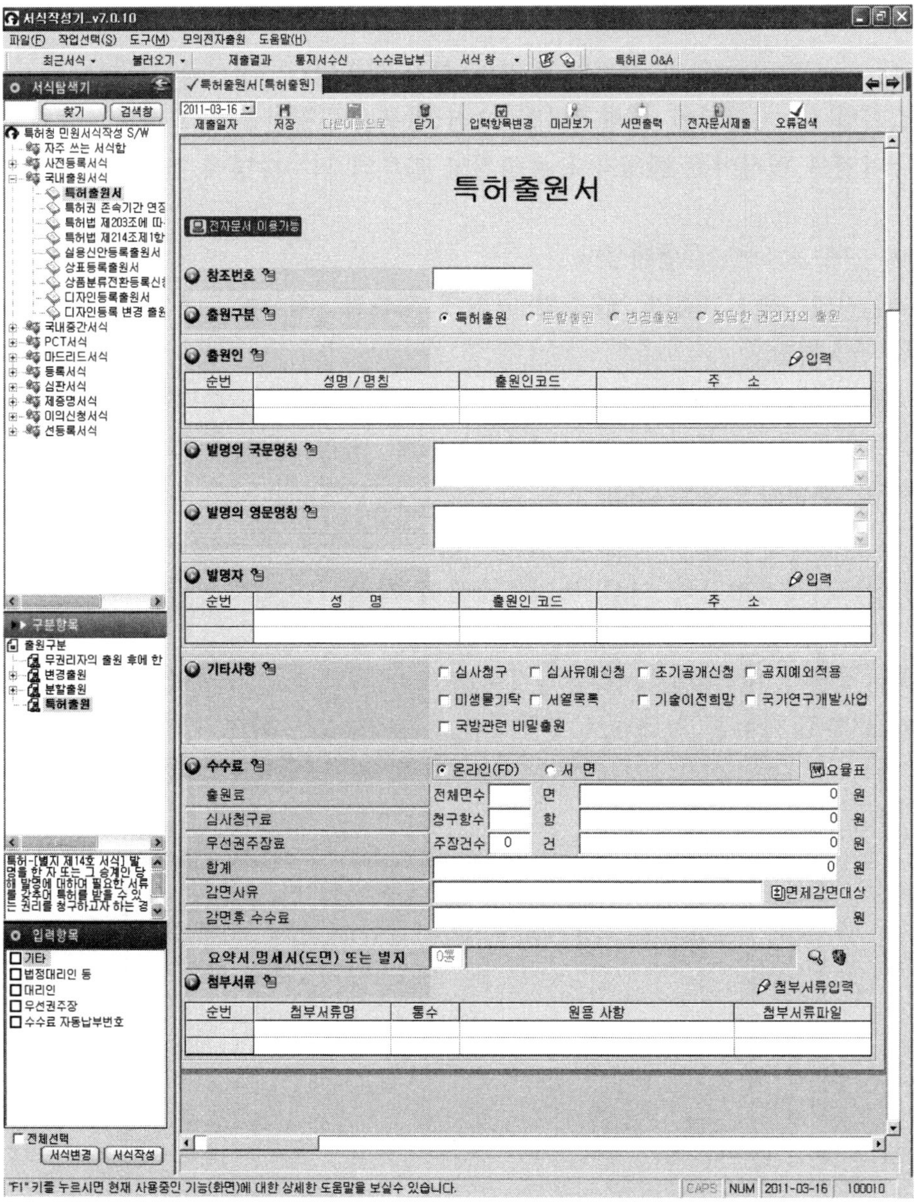

【그림 28】 KEAPS의 특허출원서 작성 화면

419986002994101110100000921000000

방식심사란	담 당	심 사 관

【서류명】 특허출원서

【권리구분】 특허

【수신처】 특허청장

【참조번호】 0001

【제출일자】 2005.04.27

【국제특허분류】 H01L

【발명의 국문명칭】 반도체장치

【발명의 영문명칭】 Semiconductor Device

【출원인】

  【성명】 ○ ○ ○

  【출원인코드】 ----------------

【발명자】

  【성명】 ○ ○ ○

  【출원인코드】 ----------------

【심사청구】 청구

【취지】 특허법 제42조의 규정에 의한 출원, 특허법 제60조의 규정에 의한 출원심사를 청구합니다.

출원인 ○ ○ ○ (인)

【수수료】

【기본출원료】	0	면	38,000	원
【가산출원료】	10	면	0	원
【우선권주장료】	0	건	0	원
【심사청구료】	5	항	269,000	원
【합계】			307,000	원
【감면사유】	개인(70%감면)			

2-1

【그림 29-1】 작성된 특허출원서의 1면

【감면후 수수료】 92,100 원

2-2

【그림 29-2】 작성된 특허출원서의 2면

2. 명세서 · 도면 · 요약서

명세서에는 발명의 설명(발명의 상세한 설명) 및 청구범위를 작성한다.

도면은 물건의 발명인 경우에는 반드시 작성하여야 하고, 방법의 발명인 경우에는 도면이 없어도 발명의 내용이 이해가 되는 경우에는 생략 가능하다.

요약서는 기술정보로서 활용하기 위한 목적으로 작성되고, 특허된 발명의 보호범위를 정하는 데는 사용되지 않는다.

명세서 · 도면 · 요약서는 특허청에서 배포하는 전자문서작성기(K-EDITOR)를 이용하여 일괄적으로 작성할 수 있다.

아래 화면은 K-EDITOR에서 "특허 출원서" 항목을 선택하고 "도면"을 추가로 선택한 화면이다.

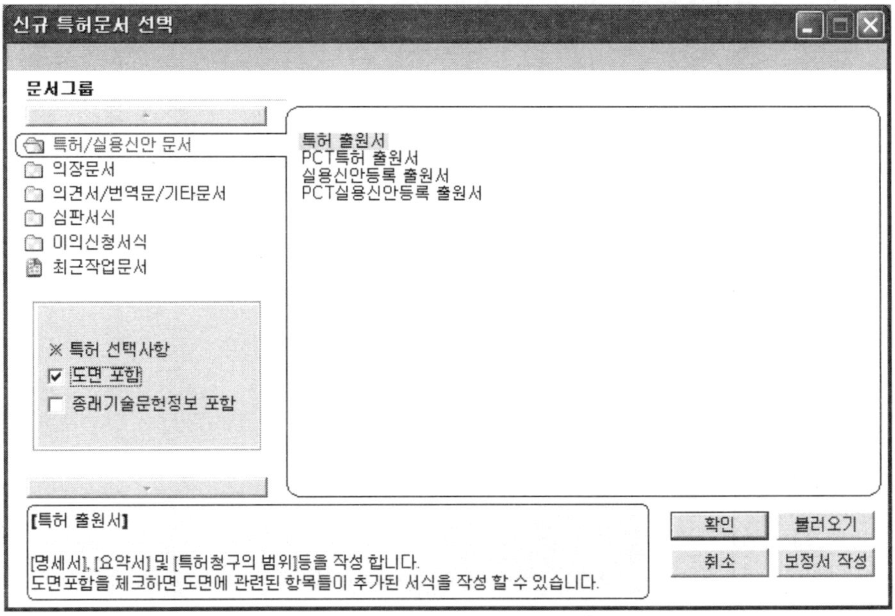

【그림 30】 특허출원서의 도면 추가 선택 화면

확인 버튼을 클릭하면 다음과 같이 특허출원서에 첨부하여 제출하는 명세서 · 도면 · 요약서를 작성하는 화면이 표시된다.

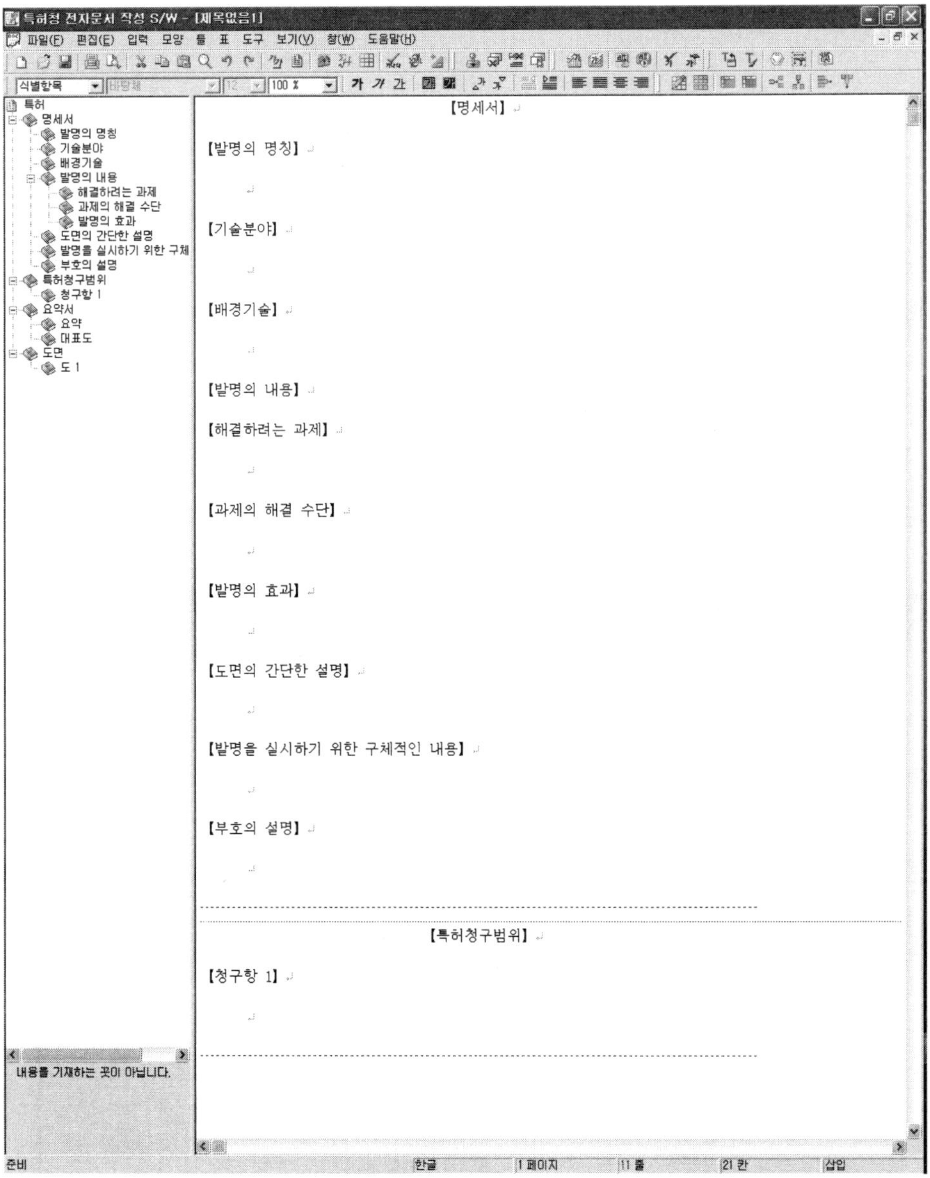

【그림 31】 명세서, 도면, 요약서 작성 화면

여기에 표시되는 각 항목의 분류 및 그 역할은 다음과 같다.[191)]

---

191) 산업통상자원부령 제245호, 2017. 2. 28. 일부개정 〈2017. 3. 1. 시행〉

<table>
<tr><th colspan="3">구성</th><th>해당 항목</th><th>주요 기능</th></tr>
<tr><td rowspan="7">명세서</td><td colspan="2">발명의 명칭</td><td>【발명의 명칭】 …</td><td rowspan="6">기술문헌</td></tr>
<tr><td rowspan="3">발명의 설명</td><td>기술분야</td><td>【기술분야】 …</td></tr>
<tr><td>배경기술</td><td>【발명의 배경이 되는 기술】 …
(【선행기술문헌】
【특허문헌】 …
【비특허문헌】 …)</td></tr>
<tr><td>발명의 내용</td><td>【발명의 내용】
【해결하고자하는 과제】 …
【과제의 해결 수단】 …
【발명의 효과】 …</td></tr>
<tr><td colspan="2">도면의 간단한 설명</td><td>【도면의 간단한 설명】 …
【부호의 설명】 …</td></tr>
<tr><td>발명의 설명</td><td>발명을 실시하기 위한 구체적인 내용</td><td>【발명을 실시하기 위한 구체적인 내용】 …
(【실시 예】 …)
(【산업상 이용 가능성】 …)

(【수탁번호】 …)
(【서열목록 자유텍스트】 …)</td></tr>
<tr><td colspan="2">특허청구범위</td><td>【특허청구범위】
【청구항 1】 …
【청구항 2】 …
【청구항 3】 …
⋮</td><td>권리서</td></tr>
<tr><td colspan="3">요약서</td><td>【요 약 서】 …</td><td>기술정보</td></tr>
<tr><td colspan="3">도면</td><td>【도 면】
【도 1】 …
【도 2】 …
【도 3】 …
⋮</td><td>기술문헌</td></tr>
</table>

【표 11】 명세서 · 도면 · 요약서의 기능

3. 명세서의 작성

명세서는 ① 발명의 명칭, ② 도면의 간단한 설명, ③ 발명의 설명(제42조 제3항의 규정), ④ 청구범위(제42조 제4항, 제5항의 규정)를 기재한다.[192)]

(1) 발명의 명칭

i) 개요

발명의 명칭은 발명의 표제로서 발명의 분류, 정리, 조사 등을 용이하게 하기 위하여 기재하는 것이므로 이 난에는 발명의 내용에 따라 간명하게 기재하여야 한다. 발명의 명칭은 가장 쉽고 빠르게 발명의 정체를 개략적으로 파악할 수 있도록 하는 역할을 하므로, 그 발명의 내용을 간단명료하게 표시해야 하며, 영문 명칭을 { }안에 입력한다.

ii) 유의사항

발명(고안)의 내용을 간명하게 표시할 수 있는 발명(고안)의 명칭을 다음 예 1 및 예 2를 참조하여 적으며, 필요한 경우에는 다음 예 3과 같이 영문 명칭을 { } 안에 병기한다.

[예 1] : 예를 들어 '내연기관의 점화전'을 간단히 '내연기관'이라고 쓰거나 '고주파가열장치의 전극'을 단순히 '고주파가열장치'로 쓰거나, '동식물의 지방에서 비누를 제조하는 방법'을 단순히 '비누를 제조하는 방법'이라고 쓰거나 '요소수지 성형품의 제조방법'을 단순히 '요소수지의 제조방법'으로 하는 것 등은 잘못된 것이다. 또한 발명의 내용과 직접 관련이 없는

192) 우리나라와 일본에서는 미국이나 유럽과 달리, 명세서가 특허청구범위를 포함하는 개념이다. 그런 의미에서, 구미에서 사용하는 specification 이 우리나라의 명세서에 해당하는 개념이기 보다는 발명의 상세한 설명에 가까운 개념으로 볼 수 있을 것이다. 아래 조문 참조.

第42條 (特許出願) ② 第1項의 規定에 의한 特許出願書에는 다음 各號의 사항을 기재한 明細書와 필요한 圖面 및 要約書를 첨부하여야 한다.
1. 發明의 名稱
2. 圖面의 簡單한 說明
3. 發明의 詳細한 說明
4. 特許請求範圍

문자(예를 들면 '최신식', '문명식' 등을 붙이거나 발명자나 출원인의 성명을 붙여서 'OOO식 OO', '아무개안 OO' 등으로 하거나, '발명특허 OOO')를 적어서는 안 된다.

[예 2] : 발명의 내용이 자동제어장치이고 이것을 다양한 산업분야에 응용할 수 있는 것일 경우에 발명의 명칭을 '자동제어장치'라고 하는 것은 무방하나, 예를 들어 그것이 특정한 분야에서 온도를 제어하기 위하여서만 쓰이는데 불과한 경우에는 단순히 '온도제어장치'라고 적어서는 안 된다.

[예 3] : 【발명(고안)의 명칭】 자동차용 범퍼{AUTOMOBILE BUMPER}

(2) 발명의 설명

i) 개요

발명(고안)의 상세한 설명은 원칙적으로 【기술분야】, 【발명(고안)의 배경이 되는 기술】, (【선행기술문헌】), 【발명(고안)의 내용】, 【발명(고안)의 실시를 위한 구체적인 내용】, (【산업상 이용 가능성】), (【수탁번호】) 및 (【서열목록 자유텍스트】)란으로 구분하여 적으며, 그 내용은 그 발명이 속하는 기술분야에서 통상의 지식을 가진 자가 그 발명을 쉽게 이해하고 또한 쉽게 실시할 수 있도록 「특허법」 제42조제3항 및 「특허법 시행규칙」 제21조제3항에 따라 명확하고 상세하게 기재한다.

다만, 【발명(고안)의 배경이 되는 기술】을 제외한 항목은 위 식별항목에 해당 사항이 없는 경우에는 작성하지 않을 수 있으며,[193] 식별항목 중 (【선행기술문헌】), (【산업상 이용 가능성】), (【수탁번호】) 및 (【서열목록 자유텍스트】)는 필수 기재사항이 아니므로 출원인의 선택에 따라 작성하지 않을 수 있으나, 해당 사항이 있으면 가급적 기재하는 편이 바람직하다.

ii) 유의사항[194]

(1) 【기술분야】란에는 특허(실용신안등록)를 받으려는 발명(고안)의 기술분야를 명확하고 간결하게 적습니다.

193) 배경기술은 2011.5.24. 특허법 제42조 제3항 제2호의 신설로 특허 및 실용신안 명세서에서 배경기술의 기재가 의무화되었다.

194) 특허법 시행규칙 [지식경제부령 제189호, 2011.6.23.] (시행 2011. 7.1) 별지 제15호 서식.

[예]【기술분야】

【0001】 본 발명은 · · · 하기 위한 · · · 에 관한 · · · · · · .

(2)【발명(고안)의 배경이 되는 기술】란에는 특허(실용신안등록)를 받으려는 자가 알고 있는 범위에서 발명(고안)의 이해, 조사 및 심사에 유용하다고 생각되는 그 발명의 발명(고안)의 배경이 되는 기술을 명확하고 간결하게 적습니다.

[예]【발명(고안)의 배경이 되는 기술】

【0002】 발명의 배경이 되는 기술로는 · · · · 도 1과 같이 · · · · · · · · · .

(3)【선행기술문헌】란에는 특허(실용신안등록)를 받으려는 자가 알고 있는 발명(고안)의 배경이 되는 기술의 문헌 정보를 가급적 적습니다. 발명(고안)의 배경이 되는 기술의 문헌 정보는 다음과 같이【특허문헌】과【비특허문헌】란으로 구분하여 적되 그 문헌의 명칭, 발간일, 발명(고안)의 배경이 되는 기술이 적혀 있는 페이지 등의 정보를 가급적 아래의 예(WIPO 표준 ST.14의 규정)와 같이 구체적으로 적습니다.

[예]【선행기술문헌】

【특허문헌】

【0003】 (특허문헌 1) US 5635683 A (MCDERMOTT, R. M.) 1997. 6. 3.

(특허문헌 2) JP 10-105775 A 1998. 4. 24, 5쪽, 3-15줄, 도면1

【비특허문헌】

【0004】 (비특허문헌 1) WALTON, Herrmann. 초고주파 양자이론. 런던 : Sweet 와 Maxwell, 1973, Vol.2, ISBN 5-1234-5678-9, 138-192쪽

(비특허문헌 2) 고성능 컴퓨터 아키텍처에 대한 제3차 국제심포지엄 [on-line], 1997. 2.(검색일 : 1998. 5. 20.)

(4) 【발명(고안)의 내용】란은 원칙적으로 【해결하고자 하는 과제】, 【과제의 해결 수단】 및 【효과】란으로 구분하여 다음과 같이 적습니다. 다만, 구분하여 적기 어려운 경우에는 별도로 나누어 적지 않아도 됩니다.

- 【해결하고자 하는 과제】란에는 특허(실용신안등록)를 받으려는 발명(고안)이 과제로 하고 있는 종래 기술의 문제점 등을 적습니다.
- 【과제의 해결 수단】란에는 특허(실용신안등록)를 받으려는 발명(고안)에 의하여 어떻게 해당 과제가 해결되었는지를 적습니다. 일반적으로는 청구항에 적혀 있는 발명(고안) 그 자체가 해결수단이 되므로 청구항에 적혀 있는 발명(고안)을 적으면 됩니다.
- 【발명(고안)의 효과】란에는 특허(실용신안등록)를 받으려는 발명(고안)이 종래의 기술과 비교하여 우수하다고 인정되는 사항을 적습니다.

(5) 【발명(고안)을 실시하기 위한 구체적인 내용】란에는 그 발명(고안)이 속하는 기술분야에서 통상의 지식을 가진 자가 그 발명(고안)이 어떻게 실시되는지를 쉽게 알 수 있도록 그 발명(고안)의 실시를 위한 구체적인 내용을 적어도 하나 이상, 가급적 여러 형태로 적습니다. 필요한 경우에는 다음과 같이 【실시예】란을 만들어 발명의 구체적인 실시예들을 적고, 도면이 있으면 그 도면을 인용하여 적습니다. 참고로, 명세서에 도면 부호를 적을 때에는 반드시 해당 도면의 부호를 도면에도 같이 적어야 하며, 그 도면 부호는 명세서(청구범위에 도면의 부호를 적을 경우에는 청구범위를 포함한다) 및 도면 전체에 걸쳐 통일되게 사용되어야 합니다.

[예] 【발명을 실시하기 위한 구체적인 내용】

【0010】 ○○○○○○○○○○○○○○○○○○○○○○○○○○○○○○

【실시예 1】

【0011】 ○○○○○○○○○○○○○○○○○○○○○○○○○○○○○○

【실시예 2】

【0012】 ○○○○○○○○○○○○○○○○○○○○○○○○○○○○○○

(6) 【산업상 이용 가능성】란은 특허(실용신안등록)를 받으려는 발명(고안)이 산업상 이용가능한 것인지 여부가 불분명할 때 그 발명(고안)의 산업상 이용방법, 생산방법 또는 사용방법 등을 적습니다. 대부분의 경우 산업상 이용 가능성은

명세서의 다른 기재 사항으로부터 충분히 유추가 가능하므로 별도의 기재는 필요하지 않습니다.

(7) 【수탁번호】란은 명세서에 적혀 있는 미생물들의 수탁번호들을 별도로 정리하려는 경우에 적습니다.

(8) 【서열목록 자유텍스트】란에는 명세서에 첨부된 서열목록에 적혀 있는 자유텍스트를 필요에 따라 반복하여 적습니다.

(3) 도면의 간단한 설명

도면을 첨부한 경우에는 【도면의 간단한 설명】난을 만들고 다음 예와 같이 각각의 도면에 대한 설명을 【도 1】, 【도 2】와 같이 구분하여 적되, 각 도면에 대한 설명은 줄을 바꾸어 기재한다.

[예] 【도면의 간단한 설명】
【0013】
【도 1】 제1도는 전체를 조립한 평면도
【도 2】 제2도는 · · · 부분의 정면도

【부호의 설명】란에는 도면의 주요 부분을 나타내는 부호들에 대한 설명을 기재한다. 해당 부호들은 발명의 상세한 설명 및 도면에 같이 적어야 하며, 특허(실용신안등록)청구범위를 적을 경우에도 가급적 해당 부호를 병기하는 것이 바람직하다.

(4) 청구범위

청구범위는 출원인이 특허권으로 보호를 요구하는 범위이다. 따라서, 발명의 상세한 설명에는 기재되었지만, 청구범위에 기재되지 아니한 사항에 대해서는 특허권으로 보호되지 아니한다.(보호범위적 기능)

청구범위에는 발명의 구성에 없어서는 아니되는 사항을 모두 기재하여야 한다. 구성의 일부가 누락되어 발명의 상세한 설명에 기재된 목적 및 효과를 달성할 수 없는 경우에는 그 청구항에 대해서는 거절이유가 발생하고, 무효사유를 포함하게 되므로 특허된 후에라도 무효심판을 통하여 무효로 될 수 있다. 따라서, 유효하게 성립된 청구범위는 특허된 발명의 구성을 표시하게 된다. (구성요건적 기능) 한편, 청구범위에 기재된 사항은 발명의 구성에 필수적인 사항으로 인정되므로, 구성의 일부가 발명의 목적 및 효과달성에 필요하지 않는 부분이라고 사후에 주장하는 것은 인정되지 않으므로, 불필요하게 많은 구성을 기재하면 특허권의 범위를 필요없이 과도하게 축소시키는 효과가 발생하므로 유의한다.

i) 청구범위 기재 관련 법규정

• 특허법 제97조(특허발명의 보호범위)

• 특허발명의 보호범위는 청구범위에 기재된 사항에 의하여 정하여 진다.

• 특허법 제42조 제4항(청구범위)

청구범위에는 보호를 받고자 하는 사항을 기재한 항 (이하 "청구항"이라 한다)이 1 또는 2이상 있어야 하며, 그 청구항은 다음 각 호에 해당하여야 한다.

① 발명의 설명에 의하여 뒷받침될 것

② 발명이 명확하고 간결하게 적혀 있을 것

• 특허법 제42조 제8항(특허청구범위의 기재사항)

제2항에 따른 특허청구범위의 기재방법에 관하여 필요한 사항은 대통령(특허법 시행령 제5조)으로 정한다.

• 특허법 시행령 제5조(특허청구범위의 기재방법)

① 법 제42조 제8항의 규정에 의한 특허청구범위의 청구항(이하 "청구항"이라 한다)의 기재에 있어서는 독립청구항(이하 "독립항"이라 한다)을 기재하고 그 독립항을 한정하거나 부가하여 구체화하는 종속청구항(이하 "종속항"이라 한다)으로 기재할 수 있다. 이 경우에 필요한 때에는 그 종속항을 한정하거나 부가하여 구체화하는 다른 종속항을 기재할 수 있다.

② 독립항은 성질에 따라 적정한 수로 기재하여야 한다.

③ 삭제(1999.6.30)

④ 종속항을 기재할 때에는 독립항 또는 다른 종속항 중에서 1 또는 2이상의 항을 인용하여야 하며, 인용되는 항의 번호를 기재하여야 한다.
⑤ 2이상의 항을 인용하는 청구항은 인용되는 항의 번호를 택일적으로 기재하여야 한다(2003.6.13. 개정).
⑥ 2이상의 항을 인용하는 청구항은 2이상의 항이 인용된 다른 청구항을 인용할 수 없다(2003.6.13. 개정).
⑦ 인용되는 청구항은 인용하는 청구항보다 먼저 기재하여야 한다(2003. 6.13 개정).
⑧ 각 청구항은 항마다 행을 바꾸어 기재하고 그 기재하는 순서에 따라 아라비아 숫자로 일련번호를 붙여야 한다.

ii) 청구항의 기재

청구항은 다른 청구항을 인용하는 형식으로 기재할 수도 있고, 다른 청구항을 인용하지 않는 형식으로 기재할 수도 있다. 인용하는 청구항은 인용이 되는 청구항보다 뒤에 위치하여야 한다.

다른 청구항을 인용하지 아니하거나, 다른 청구항을 인용하더라도 그 청구항의 내용을 부가한정하는 것으로 인정되지 아니하는 청구항은 **독립항**이라 한다. 독립항은 다음과 같이 일반적으로 구성된다.

형 식	작 성 내 용
전제부	• 발명의 요약 기재 • 발명의 기술분야 기재 • 종래 기술 기재 • 목적 기술기재 (…에 있어서)
본문부	• 발명의 상세한 설명에 의하여 뒷받침되는 구성요소 기재 • 발명의 핵심적 구성요소 기재 • 보호를 받고자하는 실질적 구성요소 기재 • 주요 필수 구성요소 나열
연결부	• 연결용어 …로 구성된 … …로 이루어진 것을 특징으로 하는… …하는 것을 특징으로 하는… …을 구비한…
종결부	• 발명의 카테고리 기재 …주로 발명(고안)의 명칭과 동일한 용어 사용 …장치(물품명) …방법, 장치 및 방법

【표 12】 독립항의 작성 내용

한편, 다른 청구항을 인용하더라도 그 청구항의 내용을 부가한정하는 것으로 인정되지 아니하는 청구항을 "인용형식의 독립항"으로 칭한다.

[인용형식 독립항의 예]

- 제x항의 방법으로 제조된 물건
- …하여 제x항의 물건을 제조하는 방법
- 제x항의 방법으로 제조된 물건을 이용하여 …하는 방법

종속항은 다른 항에 기술적인 사항을 '부가'하거나, 구성을 '한정'하는 형식으로 기재한 항을 말한다. 종속항은 다른 독립항이나 종속항을 '인용'하는 형식으로 기재하여야 한다.

[예]

【청구항1】 (독립항)

【청구항2】 제1항에 있어서, …

【청구항3】 제1항 또는 제2항에 있어서. …
《인용되는 항의 번호를 택일적으로 기재》

【청구항4】 제3항에 있어서. …

【청구항5】 제1항 또는 제3항에 있어서. …
《다중종속항(3)에 종속된 다중종속항이므로 부적절》

【청구항6】 제1항 또는 제4항에 있어서, …
《제4항은 다중종속항인 제3항에 종속되어, 제6항이 다중종속항에 종속되는 다중종속항이므로 부적절》

【청구항7】 제6항에 있어서, …
《부적절한 청구항(6)을 인용하고 있는 청구항이므로 부적절》

【청구항8】 제1항 내지 제7항 중 어느 한 항에 있어서, …
《다중종속항에 종속되는 다중종속항이므로 부적절》

【청구항9】 (독립항)

【청구항10】 제1항 또는 제9항에 있어서, …
《2개의 독립항을 인용한 청구항도 가능》

iii) 기재시 유의사항

우선 발명의 상세한 설명에 의하여 뒷받침되도록 기재한다.

발명의 상세한 설명에 기재되어 있지 아니하는 사항을 청구범위에 기재하는 것은 실질적으로 이루어진 발명 이상을 보호해 주는 결과가 되고, 발명을 일반에게 공개하는 대가로 독점적 권리를 부여하는 특허제도의 취지에 반하게 되므로 청구범위는 발명의 설명에 개시된 발명의 범위를 벗어나서는 안 된다.

또한, 명확하고 간결하게 기재한다.

① 청구범위의 기재는 발명의 상세한 설명의 기재와 모순되지 않아야 한다.

② 용어는 명세서에 사용된 용어와 일치되게 기재한다.

③ 청구범위의 기재는 필요이상으로 장황하여 발명의 구성을 불명료하게 하면 안 되고 각 구성요소의 상호관계를 명확히 표현하여야 한다.

④ 청구범위에는 발명의 구성을 불명료하게 표현하는 용어를 기재해서는 안 된다. 예를 들어「소망에 따라」,「필요에 따라」,「및/또는」,「임의로」,「일반적으로」,「… 등」,「~ 같은」,「특히」,「주로」,「주성분으로서」,「주공정으로서」,「적합한」,「적량의」,「많은」,「높은」,「대부분의」,「거의」,「대략」,「약」 등의 용어를 사용하는 경우, 청구범위에 기재된 발명의 권리범위가 불명료하게 될 우려가 있으므로 원칙적으로 기재하지 않는 것으로 하고, 이러한 표현을 하지 아니하고는 달리 표현할 방법이 없거나 발명의 내용이 간결하게 표현되는 경우에만 사용하기로 한다.

⑤ 청구범위에서 수치로 발명의 구성을 한정할 때는 예를 들면 120~200℃ 바람직하기로는 150~180℃와 같이 이중적 한정을 하여서는 안 된다.

⑥ 청구범위에 예를 들어 여러 가지 치차가 기재되어 있을 경우, 그중 어느 특정치차를 지시할 때는「상기 기어」,「전기 기어」 등과 같이 기재하지 않고「상기 평기어」,「상기 베벨기어」 등과 같이, 지시하는 대상을 명확히 기재한다.

⑦ 청구범위의 청구항은 하나의 카테고리에 대하여 하나의 발명을 한 문장으로 기재하여야 한다. 따라서「~ 하거나,」와 같은 형식으로 기재해서는 안된다.

⑧ 청구범위의 청구항 중 구성요소는 특정기능을 수행하기 위한 수단」 또는

「공정」(means or step)으로 기재할 수 있다. 이 경우 그에 대한 용어개념을 발명의 상세한 설명에 기재하여야 한다.

⑨ 각 구성요소는 분리된 절의 주제어로서 적극적으로 기재되어야 한다.

⑩ 다른 구성요소를 설명하는 절 내에 새로운 구성요소를 도입하거나 언급된 적이 없는 새로운 구성요소에 대한 상호작용을 기재하지 않도록 한다.

iv) 작성요령

청구범위를 작성할 때에는 발명의 구성을 파악한 후, 그 구성의 기능을 확인하고, 이들 사이의 상호관계 및 작용을 고려한다. 이때, 구성을 기재할 때는 동일한 목적으로 사용 가능한 여러 가지 요소를 대표하는 용어를 구상하여 기재한다.

예를 들어,

- 의자 → 앉는 수단, 앉는 장치
- 기어, 벨트 → 동력전달장치
- 트랜지스터 → 증폭수단

등으로 기재하여 권리의 광역화를 도모한다.

– Jepson 형식의 청구항 기재

청구항은 발명의 구성을 모두 기재하는 것을 원칙으로 한다. Jepson 형식의 청구항 기재에서는 종래기술부분을 기재하는 "전제부"와 본원 발명이 종래기술과 다른 특징을 기술하는 "특징부"로 구분하여 기술하는 특징이 있다. 이 경우, 특허청구된 발명의 구성은, "전제부 + 특징부"로 구성됨에 유의한다.

[예] 종래의 폴더형 휴대폰에 있어서, …을 …으로 하는 것을 특징으로 하는 휴대폰.

–Markush 형식의 청구항 기재

마쿠시 형식의 청구범위는 구성 요소의 일부를 유사한 성질 혹은 기능을 갖는 1군에서 다수 선택하는 형식으로 기재하는 것이다. 주로, 화학발명에서 널리 사용된다.

[예] 제1항에 있어서, 상기 … 물질은 메탄올, 에탄올, 프로판올 중에서 1개 혹은 복수개의 혼합물로 구성되는 것을 특징으로 하는 … 물건

- 도면부호 관련

발명(고안)의 기술적 특징을 이해하기 위하여 필요한 경우에는 발명의 상세한 설명 및 도면에 적혀 있는 부호를 특허(실용신안등록)청구범위에 병기할 수 있다.

또한 「특허법」 제42조제5항 본문(「실용신안법」 제8조제5항 본문)에 따라 특허(실용신안등록)청구범위를 적지 않는 경우에는 【특허(실용신안등록)청구범위】 및 【청구항】 식별항목을 삭제한다.

4. 도면의 작성

(1) 개요

방법이나 조성물에 대한 특허의 경우에는 도면을 생략할 수 있으나, 물건이나 장치에 대한 출원인 경우에는 도면을 첨부하지 않으면 불수리 처분된다. 도면 작성시에는 종래기술과 본 발명의 특징부가 명확히 나타날 수 있도록 작성하며, 발명의 특징부가 가장 잘 나타나는 도면을 제1도로 하는 것이 바람직하다. 제도법에 따라 평면도 또는 정면도 등을 그리고 필요한 경우에는 발명의 이해를 용이하게 하는 사시도, 단면도 등도 사용한다.

공정도는 제조, 가공 등의 공정을 표시하며, 배치도는 부품 또는 장치의 배열상태를 명확히 할 필요가 있을 때 사용하며, 블럭도는 주로 전자관련 발명에서 구성요소를 블록 단위로 하여 표시하는데 사용된다.

(2) 유의사항[195)]

i) 입력가능 문자 및 이미지

(1) 한국 산업 규격 KS X 1001에 포함된 문자 및 기호만을 사용하여 작성하며, 이에 포함되지 아니하는 특수문자 또는 도형 등은 이미지로 입력합니다.

(2) 이미지는 다음과 같은 요령에 따라 입력합니다.

(가) 도면 내용의 이미지 포맷은 해상도 300부터 400dpi까지(300dpi 권장)의 흑백 TIFF(Tagged Image File Format)로 합니다.

(나) 발명(고안)의 내용을 표현하기 위하여 반드시 필요한 경우에는 그레이스케일 또는 칼라 이미지의 입력(참고로, 해외출원 시 일부 국가에서 허용되지 않을 수 있음)이 허용되며, 이들의 이미지 포맷은 300부터 400dpi까지(300dpi 권장)의 JPEG(Joint Photographic Experts Group)로 합니다.

(다) '도면' 내용의 이미지는 '삽입그림' 형태로 완전히 삽입 · 저장하며, '객체 연결 및 삽입'(OLE) 또는 '동적 자료교환'(DDE)형태로 연결되어서는 아니 됩니다.

(3) 문자가 포함된 이미지를 입력하는 경우, 이미지 중의 문자크기는 가로 2mm × 2mm(6포인트) 이상이어야 합니다.

ii) 【표】 내용 작성방법

(1) '표'는 일반적인 괘선으로 작성할 수 없으며, 워드프로세서의 표만들기 기능으로 작성합니다.

(2) '표'의 크기가 용지크기를 초과하는 경우에는 용지크기에 맞게 축소 이미지로 입력하거나, 여러 장으로 나누어 입력합니다.

(3) 단위, 주석 등은 모두 '표' 내부에 적습니다.

---

195) 특허법 시행규칙 [지식경제부령 제189호, 2011.6.23.] (시행 2011. 7.1) 별지 제15호 서식.

(4) 문자크기로 가로 3mm × 세로 3mm(10포인트), 줄 간격은 1mm(줄 간격 130%)로 합니다.

다. 【수】 및 【화】 내용 작성방법

(1) '수'('수학식'의 약어) 및 '화'('화학식'의 약어)의 내용은 이미지로 입력합니다.

(2) 1줄을 초과하지 아니하는 간단한 '수' 및 '화'의 내용은 한국 산업규격 KS X 1001에 포함된 문자, 기호 및 첨자기능을 이용하여 적을 수 있습니다.

5. 요약서의 작성

기술정보 제공의 용도로서 사용되는 요약서는 발명의 보호범위를 정하는데 이용되는 것은 아니나, 요약서에는 발명의 개요를 간결하게 기재하여 기술정보로서 활용될 수 있도록 발명이 속하는 기술분야, 발명의 목적, 구성, 효과 등을 기재하며, 중요한 기술적 수단으로서 대표도에 기재되어 있는 것을 기재하는 경우에는 ( )안에 도면부호를 기재한다. 색인란에는 주요 색인어를 5-10개 기재한다.

6. 작성례

아래는 완성된 명세서 · 도면 · 요약서의 예이다.

【명세서】

【발명의 명칭】

냄새센서가 구비된 마이크로폰 소자와 이를 구비한 휴대전화 및 그 제조방법 {Microphone device with built-in odor sensor and portable phone with the same and manufacturing method thereof}

【기술분야】

본 발명은 휴대전화에 사용되는 센서에 관한 것으로, 음성신호를 전기적 신호로 바꾸는 마이크로폰과 호흡에 포함된 냄새를 감지하는 센서에 관한 것이다.

【발명의 배경이 되는 기술】

종래에는 음성을 감지하는 마이크로폰과 알코올 등과 같은 냄새를 감지하기 위한 냄새센서가 별도로 제작한 후 이를 별도로 구비하여 휴대전화를 제작하였다.

【발명의 내용】

【해결하고자 하는 과제】

이와 같은 예로는 일본국 공개특허 제2002-0039981호(공개일 2002.02.06) 및 국내공개특허 제1999-0064393호(공개일 1999.08.05.) 등을 들 수 있다. 그러나, 이와 같은 휴대전화에서는 마이크로폰과 냄새센서가 별도로 구비되어 있어, 휴대전화의 부피를 소형화하는데 걸림돌이 되고, 비용이 상승하는 문제점이 있다.

또한, 종래에는 마이크로폰과 냄새센서가 별도의 소자를 사용하고, 휴대전화의 서로 다른 부위에 상호 이격된 위치에 장착되어, 냄새를 측정하기 위해서는 별도의 도구를 사용하여 호흡을 입력하는 불편함이 있었다.

본 발명에서는 이와 같은 문제점을 해소하고자, 마이크로폰과 냄새 센서를 동일한 공정으로 하나의 기판에 동시에 제작하여 부피 및 그 제조 비용을 절감한다.

또한, 이를 휴대전화에 채용하여 휴대전화의 소형, 경량화 및 제조단가의 감소를 달성한다.

또한, 주류에 포함된 알코올 등과 같은 냄새를 휴대전화의 통화시의 호흡을 분석하여 통화와 동시에 용이하게 분석할 수 있는 휴대전화를 제공한다.

【과제의 해결 수단】

상기와 같은 과제는 다음과 같은 수단에 의하여 달성된다.

본 발명에서는 종래의 MEMS(Micro-Electrical-Mechanical System) 공정을 이용한 마이크로폰의 제작시, 냄새센서를 동일한 기판 위에 제작한다. 기판은 실리콘 웨이퍼를 사용할 수 있으며, 실리콘 웨이퍼 상에 ONO(Oxide Nitride Oxide) 절연막 또는 저응력 질화막(Low Stress Nitride)을 형성하여 사용한다. 절연막 또는 질화막 위에는 MEMS 공정에 의하여 제작된 압전 마이크로폰과 냄새센서를 위한 전극과 히터를 형성한다. 이때 MEMS 마이크로폰을 위해 형성된 압전 박막과 냄새의 감지를 위해 형성된 가스 감지 박막은 진공증착 방법에 의하여 형성된다. 상기의 실리콘 웨이퍼 상에 미세 구조물을 형성하는 마이크로머시닝(micromachining) 작업은 전체 공정의 초기 단계 혹은 가장 마지막 단계에서 수행할 수 있다.

MEMS 마이크로폰은 정전용량 형식의 마이크로폰으로 구현될 수도 있다. 이 경우에는 정전용량 형식의 마이크로폰과 냄새센서가 동일한 실리콘 웨이퍼 상에 형성한다. 기판은 실리콘 웨이퍼를 사용하며, 실리콘 웨이퍼 위에 ONO 절연막 또는 저응력 질화막을 형성하여 사용한다. 절연막 또는 질화막 위에는 MEMS 공정으로 제작된 정전용량 마이크로폰과 냄새센서를 위한 전극과 히터를 형성한다. 정전용량 형식의 MEMS 마이크로폰을 구현하기 위하여 표면 마이크로머시닝(surface micro-machining)작업이 수행된다. 냄새 감지를 위한 가지 감지 박막은 진공증착 방법에 의하여 형성한다.

【발명의 효과】

이와 같이 마이크로폰과 냄새센서를 하나의 공정으로 하나의 기판에 동시에 제작함으로써, 제조 비용과 소자 패키징 비용을 절감할 수 있다.

또한, 마이크로폰과 냄새센서가 동시에 구비된 소자를 휴대전화에 사용하여 휴대전화의 소형, 경량화를 구현할 수 있다.

또한, 냄새를 감지하는 센서를 마이크로폰과 동일한 기판에 장착함으로써, 통화중 입력되는 호흡을 통하여 호흡중 냄새를 신속하게 분석할 수 있다.

【도면의 간단한 설명】

도 1은 본 발명에 의하여 제작된 압전방식의 마이크로폰과 냄새센서로 구성된 복합 소자의 단면도, 도 2는 본 발명의 다른 실시 예로서 정전용량 방식의 마이크로폰과 냄새센서로 구성된 복합소자의 단면도이다.

【발명을 실시하기 위한 구체적인 내용】

이하 도면을 참조하여 상세히 설명한다.

도 1은 본 발명의 실시 예 중의 하나로서, 압전방식의 MEMS 마이크로폰과 냄새센서를 구현한 것이다. 실리콘 웨이퍼(1)의 양면에는 절연체로 실리콘산화막(2)과 실리콘질화막(3)이 차례로 형성된다. 바람직하게는 실리콘산화막은 이산화규소(SiO_2)가 사용될 수 있다. 바람직하게는 실리콘질화막으로는 Si_3N_4가 사용될 수 있다. 그 상부에는 음압을 감지하기 위한 압전물질(5)이 형성되어 음압에 의한 전위의 발생을 백금전극(4-1)을 통하여 감지하여 마이크로폰의 역할을 한다. 한편, 냄새센서 부위(B)에는 가스를 감지하는 물질(6)이 도포되어 측정하고자 하는 가스의 종류 및 그 농도에 따라, 변화하는 전위를 전극을 통하여 감지한다. 가스를 감지하는 물질로는 SnO_2, WO_3, In_2O_3, ITO, ZnO 등의 막에 촉매물질로서 Pt Au CuO, Pd 등을 첨가하여 사용한다. 이와 같은 공정은 통상의 CVD 공정 및 PVD을 통하여 구현할 수 있다. 마이크로폰 부위 및 냄새 센서 부위 하부의 오목부는 통상의 MEMS 공정을 통하여 구현할 수 있다.

이와 같은 압전방식의 MEMS 마이크로폰과 냄새센서의 제조공정에 관한 바람직한 1 실시예를 공정을 중심으로 상세히 설명하면 다음과 같다.

1. 마이크로폰 하부의 백금전극(4-2) 및 냄새센서용 히터(4-3) 및 감지전극(4-1, 4-4)을 형성한다. 전극의 형성방법으로는 통상의 CVD, PVD 및 진공증착방법 등을 이용할 수 있다.
2. 실리콘 산화막(2)을 증착하여 절연영역을 형성한다.
3. 압전형식의 마이크로폰의 음압감지 물질인 압전물질(5)을 증착하고 에칭하여 음압감지영역을 형성한다.
4. 마이크로폰 상부에 전극으로 사용하기 위한 백금전극(4-5)을 증착한다.
5. 냄새센서용 감지막(6)을 증착한다.
6. 마이크로폰 영역과 냄새센서 영역의 후방에 오목부를 형성하기 위하여 식각창(Etch Window)를 형성한다.
7. 습식 혹인 건식식각의 방법으로 오목부를 형성한다. 습식식각인 경우에는 KOH 용액이나, TMAH(Tetra Methyl Ammonium Hydroxide) 용액을 사용할 수 있다.

상기의 공정을 거쳐 압전방식의 마이크로폰과 냄새센서가 하나의 기판에 장착된 소자를 제조할 수 있다. 반도체 제조공정분야의 당업자라면 상기의 공정을 적절히 변경하여 수행할 수 있다.

도 2는 본 발명의 다른 실시 예로서, 정전용량 방식의 마이크로폰과 냄새센서를 구현한 것이다. 실리콘 웨이퍼(1)의 하면에는 절연체로 실리콘 산화막(2)

과 실리콘질화막(3)이 차례로 형성된다. 실리콘 웨이퍼의 공기간극(8)을 사이에 두고 그 상부에 실리콘질화막을 통상의 MEMS 공정을 이용하여 형성한다. 음압의 변화에 따른 막의 정전용량 변화를 감지하여 정전용량 형식의 마이크로폰(A)이 형성된다. 한편, 냄새센서 부위(B)에는 가스를 감지하는 물질(6)이 도포되어 측정하고자 하는 가스의 종류 및 농도에 따라, 변화하는 전위를 전극을 통하여 감지한다. 이와 같은 공정은 통상의 CVD 공정 및 진공증착 등의 공정을 통하여 구현할 수 있다. 마이크로폰 부위 및 냄새 센서 부위 하부의 오목부는 통상의 MEMS 공정을 통하여 구현할 수 있다.

이하 정전용량 방식의 마이크로폰과 냄새센서의 제조공정의 바람직한 1 실시예를 단계별로 설명한다.

1. 마이크로폰 영역 하부에 n + Si 층(7)을 형성한다.
2. 마이크로폰 영역 하부 슬롯(9)을 통상의 에칭방법을 사용하여 형성한다.
3. 공기간극 형성을 위하여 희생층을 증착한다. 희생층으로는 폴리머, PSG, BSG 를 이용할 수 있다.
4. 실리콘 질화막(3)을 형성한다.
5. 마이크로폰 상부에 전극(4-6)을 형성하고, 냄새센서용 히터(4-3) 및 감지전극(4-1, 4-4)을 형성한다. 전극의 재료로는 백금(Pt)을 사용할 수 있다.
6. 냄새센서의 절연용 실리콘 질화막을 증착한다.
7. 마이크로폰 상부 슬롯 및 냄새 센서히터 절연영역(11)을 형성한다.
8. 희생층을 에칭으로 제거하여 공기간극(8)을 형성한다.
9. 냄새센서용 감지막(6)을 형성한다.
10. 기판의 후면에 오목부를 형성하기 위한 식각창을 형성한다. 오목부는 건식식각이나 습식식각의 방법으로 형성될 수 있다. 습식식각방법을 이용할 때에는 KOH 또는 TMAH 용액을 이용하여 이방성 식각을 수행한다.

이와 같이 상기의 단계를 수행하여, 정전용량형 마이크로폰과 냄새센서를 하나의 기판에 형성할 수 있다. 반도체 제조공정분야의 당업자라면 상기의 공정을 적절히 변경하여 수행할 수 있다

【부호의 설명】

도면의 주요 부분은 다음과 같다.

A: 마이크로폰 부위

B: 냄새센서 부위

1: 실리콘 웨이퍼

2: 실리콘산화막(SiO_2)

3: 실리콘질화막(Si_3N_4)

4: Pt 전극

5: 압전 물질

6: 가스 감지 물질

7: n+Si

8: 공기 간극(Air Gap)

9: 슬롯

【청구범위】

【청구항 1】

냄새센서가 동일 기판에 장착된 냄새센서 내장형 마이크로폰 소자

【청구항 2】

제1항에 있어서 상기 마이크로폰은 MEMS 공정으로 제작되는 것을 특징으로 하는 마이크로폰 소자

【청구항 3】

제1항에 있어서 상기 마이크로폰은 압전형인 것을 특징으로 하는 마이크로폰 소자

【청구항 4】

제1항에 있어서 상기 마이크로폰은 정전용량형인 것을 특징으로 하는 마이크로폰 소자

【청구항 5】

냄새센서가 동일 기판에 구현된 냄새센서 내장형 마이크로폰 소자가 장착된 것을 특징으로 하는 휴대전화기

【청구항 6】

마이크로폰과 냄새감지 영역을 구비한 복합 반도체 장치 제조방법에 있어서 마이크로폰 하부의 백금전극 및 냄새센서용 히터 및 감지 전극을 형성하는 단계와 실리콘 산화막을 증착하여 절연영역을 형성하는 단계와 압전형식의 마이크로폰의 음압감지 물질인 압전물질을 증착하고 에칭하여 음압감지영역을 형성하는 단계와 마이크로폰 영역 상부에 전극으로 사용하기 위한 백금전극을 증착하는 단계와 냄새센서용 감지막을 증착하는 단계와 마이크로폰 영역과 냄새감지 영역의 후방에 오목부를 형성하기 위하여 식각창을 형성하는 단계와 식각의 방법으로 오목부를 형성하는 단계로 구성되는 것을 특징으로 하는 마이크로폰 및 냄새감지 영역을 구비한 복합반도체 장치 제조방법

【청구항 7】

마이크로폰과 냄새감지 영역을 구비한 복합 반도체 장치 제조방법에 있어서, 마이크로폰 영역 하부에 n+Si 층을 형성하는 단계와 마이크로폰 영역 하부 슬롯을 에칭방법으로 형성하는 단계와 공기간극 형성을 위하여 희생층을 증착하는 단계와 실리콘 질화막을 형성하는 단계와 마이크로폰 상부에 전극을 형성하고, 냄새센서용 히터 및 감지전극을 형성하는 단계와 냄새센서의 절연용 실리콘 질화막을 증착하는 단계와 마이크로폰 상부 슬롯 및 냄새 센서히터 절연영역을 형성하는 단계와 희생층을 에칭으로 제거하여 공기간극을 형성하는 단계와 냄새센서용 감지막을 형성하는 단계와 기판의 후면에 오목부를 형성하기 위한 식각창을 형성하는 단계와 식각공정을 수행하는 것을 특징으로 하는 마이크로폰 및 냄새감지 영역을 구비한 복합 반도체 장치 제조방법

【요약서】

【요약】

본 발명은 냄새 센서를 MEMS 마이크로폰 제작 시에 동일 기판에 동시에 제작하여 음성 또는 음향과 냄새를 동시에 전기신호로 변환하는 복합 소자에 관한 것이다. 이 소자에 음성이 입력되면 음성신호는 내장된 MEMS 마이크로

폰을 통해 전기신호로 변환되고 호흡에 포함된 각종 냄새는 내장된 냄새 센서를 통해 동시에 감지할 수 있고, 하나의 공정으로 소리와 냄새를 감지할 수 있는 센서를 동시에 제작할 수 있어 공간 및 비용이 절감된다.

【대표도】

【도면】

【도 1】

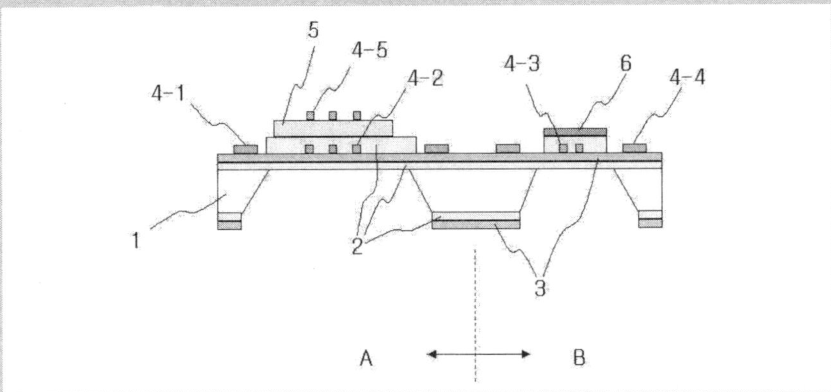

【도 2】

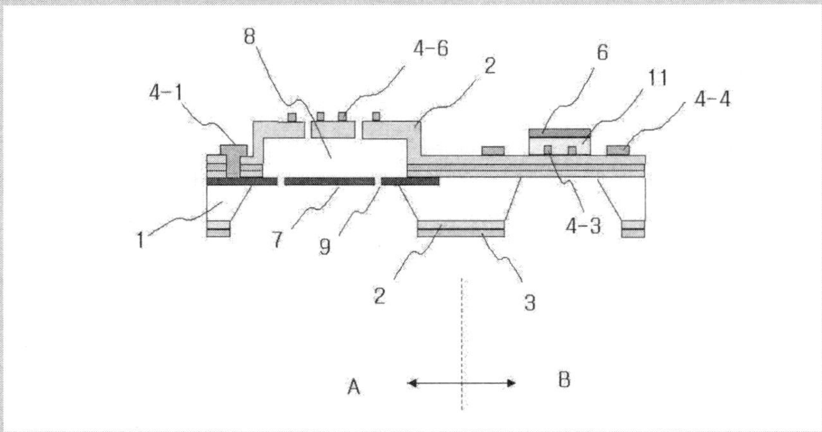

제2절 심사

특허출원이 있으면, 심사관에 의하여 특허법에 규정된 거절이유를 찾게 되어 거절이유를 찾으면 '거절이유통지'를 하여 거절이유를 극복할 기회를 주게 되며, 결국 이를 해소하지 못하게 되면 '특허거절결정'을 하게 된다. 거절이유를 찾지 못하거나, 원래의 거절이유를 출원인이 해소하게 되면 '특허등록결정'을 하게 된다.

이와 같은 특허의 심사에는 형식적인 요건의 충족여부를 심사하는 방식심사와 실체적 요건의 충족여부를 심사하는 실체심사로 구분된다.

Ⅰ. 방식심사

방식심사는 출원서류에서 출원의 주체 기타 법령이 정한 방식상의 요건과 같은 절차의 흠결 유무를 점검하는 절차이다. 절차의 하자가 있는 경우, 치유가능한 경우에는 보정명령을 보내고 이에 불응하는 경우에는 무효처분을 한다. 절차의 하자가 있더라도 치유가 불가능한 경우에는 서류를 반려하는 불수리처분을 한다. 치유가 불가능한 사유로는 다음과 같은 것이 있다.(특허법 시행규칙 제11조)

① 1건마다 서면을 작성하지 아니한 경우
② 출원 또는 서류의 종류가 불명확한 경우
③ 성명 또는 출원인 코드 미기재
④ 국어 미사용
⑤ 명세서 또는 도면을 첨부하지 아니한 경우
⑥ 국내에 주소 또는 영업소가 없는 자가 특허관리인에 의하지 아니하고 출원한 경우
⑦ 자진보정기간을 경과하여 제출된 보정서류
⑧ 기간경과된 분할출원서
⑨ 기간경과된 이중출원서

⑩ 기간경과된 특허권의 존속기간 연장등록 신청서
⑪ 국내서면제출기간(우선일로부터 30개월) 경과 후 PCT 번역문 제출
⑫ 포괄위임등록서류 등이 불명확한 경우
⑬ 전자문서가 해독 불가능한 경우

특허청에서 행한 불수리처분에 불복하고자 하는 경우에는 행정심판이나 행정소송을 제기한다.

Ⅱ. 실체심사

특허출원이 있으면, 심사관에 의하여 특허법에 규정된 거절이유를 찾게 되어 거절이유를 찾으면 출원인이 특허받지 못하는 이유를 요약하여 기재하고, 이에 대한 출원인의 의견을 구하는 “의견제출통지서”를 발송일로부터 2개월(지정기간)을 경과한 시점을 제출기한으로 하여 발송한다.

심사청구일부터 심사착수 시점까지의 기간을 실무에서 “심사처리기간”으로 부르고 있는데 대체로 1년 내지 1년 6개월 내외의 기간이 소요된다.

특허받지 못하게 되는 거절이유의 종류로는 여러 가지가 있으나, 그 중 대표적인 것은 다음과 같다.

1. 산업상 이용 가능한 발명

출원된 발명이 특허받기 위해서는 우선 “산업상 이용 가능한 발명”이어야 한다. 따라서, 산업상 이용가능한 발명이 되기 위해서는 우선 ‘산업상 이용 가능하여야’하고, 또한 ‘발명’이어야 한다.

산업상 이용 가능하다는 것은, “반복적인 대량생산의 가능성”을 의미한다. 따라서, 예를 들어, 지구 주위에 자외선 차단필름을 포장하여 지표에 도달하는 자외선을 저감시키는 방법과 같이 추상적, 이론적으로는 가능하지만, 현실적으로 불가능한 방법도 산업상 이용 가능성이 없는 방법이다. 또한, 단순히 학술적, 실험적으로만 사용이 가능한 것도 산업상 이용 가능성이 없는 발명이 된다. 산업상 이용 가능한 시기와 관련해서는 그 발명이 실제로 또는 즉시 산

업상 이용 가능할 것을 포함할 뿐만 아니라, 장래에 산업적 실시화가 있어도 된다. 다만, 현재는 산업상 이용 가능성이 없으나, 그 기술적 보완에 의하여 장래에 비로소 산업상 이용 가능성이 생기는 것을 포함하는 것은 아니다.[196)]

한편, 우리나라와 일본에서는 의사의 진단·치료 행위와 같이 의료업에 관련된 발명은 "산업상 이용 가능한" 발명이 아니라는 이유로 거절하고 있다. 반면에, 미국에는 의료업 종사자의 진단 · 치료 행위에 대하여 특허를 부여하고 있으며, 다만, 의료업 종사자의 진단 · 치료 행위는 특허의 침해를 구성하지 않는 것으로 예외 규정을 두고 있다.[197)]

발명이 아닌 것으로는, 발명이 "자연법칙을 이용한 기술적 사상의 창작으로서 고도한 것"이므로, 사람과 사람 사이의 임의의 약속에 불과한 암호를 이용한 통신방법, 암기방법, 자연법칙에 반하는 영구기관의 발명 등을 들 수 있다.

2. 신규성

신규성은 특허출원된 발명이 이전 기술에 비하여 새로울 것을 요구하는 것이다. 이미 알려져 있는 발명에 대해서는 새로운 발명의 공개가 없으므로, 공개의 대가로 부여되는 특허권과 같은 독점권을 부여할 이유가 없기 때문이다. 다만, 신규성이 상실되는 이유는 선발명의 단순한 "존재"에 의한 것은 아니고, 선발명의 "존재" 및 "공개성"에 의하여 상실된다. 여기서의 "공개성"은 널리 알려져 있을 것을 요하는 것은 아니고, "비밀로서 유지 되지 않았을 것"의 의미이다. 따라서, 특허출원 전에 국내 또는 국외에서 그 내용이 비밀로서 유지되지 않고 불특정인에게 알려져 있거나, 알려질 수 있는 상태에 있는 발명은 신규성이 상실된다.

신규성이 결여되어 특허받을 수 없는 경우는 다음과 같다.

① 특허출원 전에 '국내' 또는 '국외'에서 공지되거나 공연히[198)] 실시된 발명

② 특허출원 전에 '국내' 또는 '국외'에서 반포된 간행물에 게재되거나 전기통신회선을 통하여 공중에 이용가능하게 된 발명

196) 대법원, 2003.3.14. 선고, 2001후2801 판결.

197) 이에 대한 상세한 논의는 본서의 '의료행위 관련발명' 부분을 참조.

198) 공공연히 즉, 비밀로 유지되지 않은 상태에서 공중이 널리 알 수 있는 상태에서라는 의미.

새로운 것의 판단 시점은 "출원시"이다. 신규성의 판단 시점을 "출원시"로 한 것은, 동일한 발명에 대하여 먼저 출원한 자에게 특허를 부여하는 "선출원주의"에 대응하여 결정된 것이다. 다만, 선출원은 "날"을 기준으로 신규성의 판단은 "때"를 기준으로 서로 달리 판단하는 점에 유의하여야 한다. 현재는 출원절차의 전산화에 의하여 출원일뿐만 아니라, 출원시점의 선후 판단이 용이하므로, 신규성 및 선출원 판단의 기준을 굳이 달리 규정할 필요가 없을 것으로 생각된다.[199)]

3. 진보성

신규성이 인정된다고 특허될 수 있는 것은 아니고, 신규성이 인정되더라도 종래기술과의 차이가 어느 한도 이상이 되지 않으면 특허될 수 없고, 그 차이가 일정 한도 이상이어야 한다. 즉, '특허출원 된 발명이 속하는 기술 분야에서 통상의 지식을 가진 자(당업자, 통상의 기술자)'가 특허출원 전에 알려진 발명을 이용하여 특허출원된 발명을 용이하게 발명할 수 있는 경우에는 진보성 결여로 특허 받을 수 없게 된다.

이와 같이 진보성을 가질 것을 요구하는 것은 특정 기술분야의 기술자들은 이미 공개된 기술을 자신들이 활용하여 이용할 것이므로 통상의 지식을 가진 자들이 용이하게 발명할 수 있는 기술에까지 특허를 부여한다면 오히려 기술의 활용을 저해하고 발명가들에 의한 발명 동기를 감소시킬 것이기 때문이다.

진보성 판단은 특허출원된 발명과 인용발명을 전체적으로 비교하여 판단한다. 발명의 동일성이 있는 경우에는 신규성이 상실되며, 그 차이가 존재하는 경우에는 진보성 상실 여부가 문제되므로 이에 대한 판단을 한다.

진보성 상실여부 판단시에, 인용발명에 청구된 특허발명에 대한 시사(示唆)가 있는 경우, 인용발명과 청구항에 기재된 발명의 과제가 공통되는 경우, 인용발명과 출원발명의 기능 및 작용이 공통되는 경우, 인용발명과 출원발명에 기술분야의 관련성이 있는 경우 등은 당업자가 인용발명에 의하여 특허출원된 발명을 용이하게 발명할 수 있다는 유력한 근거가 될 수 있다.[200)]

---

199) 종전 선발명주의를 채택하고 있는 미국에서는 신규성 및 선후발명의 판단 기준시점이 "발명시"로 동일하였다. 종전 미국특허법 제102조 (a) 및 (g) 참조.

200) 특허청, 특허 · 실용신안 심사지침서, 2006, 2407면.

인용발명과 출원발명의 차이가 있더라도 그것이 당업자가 통상의 창작 능력을 발휘한 정도로 인정되는 경우에는 진보성을 인정받기 곤란하다. 이와 같은 예로는, 공지의 재료 중에서 가장 적합한 재료를 선택하는 경우, 수치 범위를 최적화 또는 호적화 하는 경우, 일부 구성을 균등물로 치환하는 경우, 기술의 구체적인 적용에 따라 일부 설계를 변경하는 경우 등을 들 수 있다.[201)]

한편, 종래 발명의 효과에 비하여 '더 나은 효과'를 인정할 수 있는 경우에는 진보성을 주장할 수 있는 근거가 될 수 있다.

4. 공지예외 (Grace Period, 특허법 제30조)

특허출원의 신규성 · 진보성 거절의 근거가 되는 선행기술 문헌은 타인에 의한 것 뿐만 아니라, 특허출원인 자신에 의하여 공개된 문헌도 선행기술문헌으로 사용될 수 있다.[202)] 따라서, 발명자가 자신의 발명을 공개하고, 이를 차후에 특허출원하는 경우에는 자신의 공개 행위에 의하여 신규성이 상실되게 되어 특허받지 못하게 된다. 이러한 점을 보완하기 위하여 공개 행위가 자신의 행위에 의하여 비롯된 경우 자신의 공개행위에 의하여 특허출원 발명이 공지가 되지 않은 것으로 취급하여 이를 자신의 출원 발명에 대한 신규성 · 진보성 부정의 근거가 되는 자료인 선행기술로 사용하지 못하게 하는 것을 말한다.

(1) 기간

우리나라 특허법 제30조에는 특허를 받을 수 있는 권리를 가진 자에 의하여 그 발명이 특허법 제29조 제1항 소정의 신규성 상실 사유에 해당하는 경우 및 자신의 의사에 반하여 신규성이 상실되는 경우에는 그 사유가 발생한 날로

---

201) 특허청, 특허 · 실용신안 심사지침서, 2006, 2410면.

202) 이는 미국에서 신규성 상실은 타인의 공개행위에 의하여 상실되는 점과는 상이한 점이다.
미국 35 U.S.C. 102 Conditions for patentability; novelty and loss of right to patent.
A person shall be entitled to a patent unless –
(a) the invention was known or used by others in this country, or patented or described in a printed publication in this or a foreign country, before the invention thereof by the applicant for patent, or
참조.

부터 12개월 이내에 특허출원을 하면 특허법 제29조 제1항 또는 제2항의 적용함에 있어서는 그 발명은 제29조 제1항의 각호에 해당하지 않는 것으로 본다라는 취지로 규정되어 있다. 이러한 규정은 종전의 특허법에서 신규성 의제가 해당하는 사유를 발명의 시험, 간행물에의 발표, 전기통신회선을 통한 발표, 학술단체에서 서면발표, 박람회에 출품한 경우 및 의사에 반한 공지로 제한적으로 열거한 것을 2006.3.3.의 개정에서 신규성 상실의 모든 사유로 확장한 것이다. 다만, 조약 또는 법률에 의하여 국내 또는 국외에서 출원공개 되거나 등록공고 된 경우는 제외되어 있는데, 이는 신규성 상실의 예외 규정에서의 간행물 반포에는 특허공보 등이 포함되지 않는다는 통설[203] 및 판례[204]를 반영한 것이다.

이와 같이 발명이 공개된 이후에 특허출원할 수 있는 시기까지의 기간에는 일정한 제한이 있고 그 유예기간으로는 종전에는 6개월로 되어 있었으나, 미국의 예[205]와 국제적인 추세에 맞추어서 1년으로 연장하고자 하는 논의가 있어 오다가[206] 2011.12.2. 공포된 특허법에서 공지예외기간이 12개월로 개정되었다.

(2) 특징

한국에서는 자신의 공개행위로 인해 신규성 상실의 예외로 인정되는 경우, 단지 자신의 공개행위로 인하여 자신의 발명의 신규성 및 진보성이 부인되는 것을 방지할 수 있을 뿐이고,[207] 출원일이 공개일로 소급되는 것은 결코 아니다. 따라서 신규성 상실의 예외로 인정된다 하더라도, 자신의 공개일 이후 출원일 사이에 타인에 의하여 동일한 발명이 공개된다면 발명자는 이러한 공개

---

203) 吉藤辛朔 著 YOU ME 特許法律事務所 譯, 特許法概說 第13版, 대광서림, 2000, 114면.

204) 東京高判 昭57.6.22 無体集 14巻2号 467頁.

205) 35 U.S.C. 102 Conditions for patentability; novelty and loss of right to patent.
A person shall be entitled to a patent unless —
(b) the invention was patented or described in a printed publication in this or a foreign country or in public use or on sale in this country, more than one year prior to the date of the application for patent in the United States, or
참조.

206) 한 · 미 FTA 협정문, 2007, § 18.8:7(b).

207) 자신의 공개발명이 자신의 출원발명에 대한 선행기술문헌에서 제외된다고 이해할 수 있다.

행위로 인하여 신규성이 상실되므로 특허 받을 수 없게 된다.[208]

미국의 경우, 종전(2013.3.16. 출원 이전)에는 자신이 공개한 발명은 자신의 발명에 대한 선행기술이 되지 아니하므로[209] 자신의 발명을 공개하더라도 특허받는 데에는 지장이 없고, 다만, 자신의 발명이 공개된 후 1년을 초과하여 출원하면 제102조 (b)항의 규정에 의하여 특허받지 못하게 될 뿐이다. 따라서, 발명자의 발명이 공개된 후, 동일한 발명이 타인에 의하여 출원 혹은 발명되더라도, 발명자가 자신의 발명이 공개된 후 1년의 기간 이내에 특허출원하면 미국 특허법 제102조 (a) 및 (g)의 규정에 의하여 결국 특허받을 수 있게 된다. 이는 선출원 요건을 충족하지 못하여 특허받지 못하게 되는 한국과는 그 결과가 상이하게 되는 중요한 차이점이 된다.

현재(2013.3.16. 출원 부터)는 발명자 자신의 공개 중에서, 출원 전 1년 이내에 개시한 것은 선행기술이 되지 아니하나, 출원전 1년을 초과하여 개시된 것은 자신의 발명에 대해서도 선행기술이 되므로 특허받지 못하게 된다는 점에서 종전 미국 특허법과 차이가 있다.[210] 또한 전술한 우리나라의 사례에서 발명자의 개시 이후에 제3자에 의하여 동일한 발명이 공개되면, 우리나라에서는 발명자가 신규성 상실의 예외 주장을 하여 인정받게 되더라도, 제3자의 발명 공개에 의하여 출원발명의 신규성이 상실되어 특허받을 수 없게 되나, 미국에서는 제3자의 개시가 발명자에 의한 개시와 동일한 발명인 경우에는 제3

---

208) 다만, 후원 발명자의 공개에 의하여 선원의 신규성이 상실된다는 점을 이유로 선원의 거절이 확정되면, 선원의 지위가 소멸하게 되므로(2006.3.3. 개정된 특허법 제36조 제4항), 선원이 존재한다는 점은 더 이상 거절이유가 되지 않는다.

209) 35 U.S.C. 102 Conditions for patentability; novelty and loss of right to patent.
A person shall be entitled to a patent unless –
(a) the invention was known or used by others in this country, or patented or described in a printed publication in this or a foreign country, before the invention thereof by the applicant for patent, or

210) 미국 특허법(AIA) 제102조 (b)(1). 청구된 발명의 유효출원일 1년전부터 유효출원일사이의 개시-출원발명의 유효출원일 1년전부터 유효출원일까지의 개시(開示)가 아래의 어느 하나에 해당하는 때에는 102조 (a)(1) 하의 선행기술로 되지 않는다.
(A) 개시가 '발명자 또는 공동발명자 혹은 그 발명자 또는 공동발명자로부터 직접적 또는 간접적으로 입수한 자'에 의하여 이루어지거나, 또는 (※ 발명자 등이 출원일 1년 이전 개시 → 발명자 개시)
(B) 개시된 내용이 그 개시 이전에 '발명자 또는 공동발명자 혹은 그 발명자 또는 공동발명자로부터 직접 또는 간접적으로 입수한 자'에 의하여 공중에게 개시된 때(※ 제3자가 발명자가 개시한 발명과 동일한 발명을 출원일 1년 이전에 개시 → 제3자 개시) 발명자 개시 이후의 제3자 개시는 3자에 의한 독자적인 개시이라 하더라도 발명자 개시와 동일한 발명이라면 선행기술로 되지 않음(한국과 차이점!) → **First to disclose(발명자의 개시에 의하여, 제3자의 개시도 선행기술에서 배제 가능)**의 요소

자의 개시가 '선행기술에서 제외'되므로[211] 결국 출원발명의 신규성이 제3자의 개시에 의하여 상실되지 않아 특허받을 수 있게된다는 점에서 중요한 차이가 있다.

5. 확대된 선원

특허출원된 발명이 당해 특허출원일 이전에 출원되고 그 후에 공개된 특허출원 문헌에 기록되어 있는 경우에는 특허 받을 수 없다(특허법 제29조 제3항).

확대된 선원의 규정은, 본건의 특허출원 이전에 본건과 동일한 발명의 내용이 다른 특허출원의 발명의 상세한 설명이나 도면에 기재되어 있는 경우에 적용된다. 즉, 본건의 특허출원시에는 다른 출원이 아직 공개가 되어 있지 않는 경우에는 본건의 신규성 내지 진보성 상실이 되지 않아 특허될 수 있을 것이나, 상기의 확대된 선원의 규정에 의하면 특허 받을 수 없게 된다.

예를 들어, 선출원의 발명의 상세한 설명에 A, B, C가 개시되어 있으나, 특허청구범위에는 A, B만 청구한 경우, 후출원인이 상세한 설명에 C를 기술하고, 특허청구범위에 C를 청구한 경우, 아래에서 설명하는 선출원주의에 의하면 후원의 청구범위 C는 선출원의 청구범위에 그 기재가 없으므로 특허될 수 있을 것이나, 확대된 선출원주의가 적용되면 후출원의 청구범위 C는 선출원의 발명의 상세한 설명에 이미 기재되어 있으므로, 후출원은 특허될 수 없게 된다.[212]

이 규정은 선출원 특허의 명세서 또는 도면에는 기재되어 있으나 특허청구는 되어 있지 아니한 내용에 대해서 후출원 자가 특허 취득하는 것을 방지하기 위한 취지의 규정으로 후원의 특허를 배제하는 선원의 지위를 통상의 청구범위 뿐만 아니라, 명세서 또는 도면까지 확장하였다는 의미에서 '확대된 선원' 규정이라고 불리기도 한다.

---

211) 위의 미국 특허법 제102조 (b)(1)(B) 참조.

212) 이때, 선출원이 후출원 시점 이후에 공개되어야만 확대된 선원 규정이 적용된다. 만일 선출원이 공개가 되지 않으면 확대된 선원 규정은 적용 되지 않는다.

6. 선출원

동일한 발명에 대하여 다른 날에 둘 이상의 특허출원이 있는 경우에는, 가장 먼저 출원한 자가 특허를 받는다. 발명의 동일성 판단의 기준은 특허청구범위의 기재를 기준으로 판단한다. 따라서, 청구범위에 기재된 내용이 동일한 복수의 특허출원이 있는 경우에 최선 출원인이 특허받게 된다.

만일 동일한 발명에 대하여 둘 이상의 특허출원이 동일한 날짜에 있는 경우에는 협의에 의하여 정해진 하나의 출원인이 특허받을 수 있다. 만일 협의가 성립하지 않으면, 모두 특허받지 못한다. 이는 협의를 강제하기 위한 것이다.[213]

7. 발명의 상세한 설명의 기재불비

발명의 상세한 설명이 당업자(특허출원된 발명이 속하는 기술분야에서 통상의 지식을 가진 자)가 쉽게 실시할 수 있을 정도로, 발명의 목적 · 구성 · 효과가 기재되어 있지 않은 경우에는 특허 받을 수 없다.

8. 청구범위의 기재불비

청구범위의 기재가 불비한 경우에 해당하여 특허 받을 수 없는 경우는 다음과 같다.[214]

① 청구범위가 발명의 상세한 설명에 의하여 뒷받침되지 않는 경우

발명의 설명은 기술공개서의 역할을 하므로, 발명의 설명에 기재되어 있지

---

213) 상표의 경우에는 동일한 상표에 대하여 복수의 출원이 동일한 날짜에 있는 때에는 추첨에 의하여 상표권자를 결정한다.

214) 특허청구범위의 기재가 불비한 이유로는 본문에서의 2가지 사유 이외에 아래의 사유도 있었으나, 2007.1.3의 개정에 의하여 삭제되었다.
삭제의 이유로는 첫째로 특허청구범위에 기재되어야 하는 발명의 필수구성요소를 심사관이 판단할 것이 아니고 청구범위의 기재할 사항은 출원인이 자유롭게 작성할 수 있다는 점 둘째로 이와 같은 요건을 요구하는 외국의 사례가 거의 없어 국제적인 조화를 이루기 위한 점을 들 수 있다. 바람직한 삭제이다.
③ 발명의 구성에 없어서는 아니 되는 사항만으로 기재되어 있지 아니한 경우
특허청구범위에는 발명의 "구성"에 없어서는 아니 되는 사항으로 기재하여야 한다. 또한 "· · · · 만"으로 한정한 이유는, 특허권이 부여된 후에, 특허청구범위에 기재된 사항의 일부는 보호를 받고자 하는 발명의 구성에 없어서는 아니되는 사항이 아니라고 주장하는 것을 방지하기 위한 것이다.
예) 청구항에 발명의 목적, 작용, 효과만이 기재되어 있으나, 구성이 기재되어 있지 않은 경우

아니한 기술내용에 대해 특허권이 부여되면 공개하지 않은 발명에 대하여 특허권이 부여되는 결과가 되므로, 이와 같은 문제를 방지하기 위한 규정이다.

예1) 청구항에 기재된 사항과 대응되는 사항이 발명의 설명에 직접적으로 기재되어 있지 않고, 암시도 되어 있지 아니한 경우

예2) 발명의 설명과 청구항에 기재된 발명 상호간에 용어가 통일되어 있지 않아서 양자의 대응관계가 불명확한 경우

② 청구범위에 보호받고자 하는 발명의 내용이 불명확하게 기재된 경우

불명확한 청구항에 대하여 특허권이 부여되면, 보호범위가 불명확하여 권리서로의 역할을 다할 수 없고, 특허요건 등의 판단이 불가능하게 되므로 이를 방지하기 위한 규정이다.

예1) 특허청구항에, '필요에 따라', '예를 들어', '및/또는' 등의 용어와 함께 임의 부가적 사항 또는 선택적 사항이 기재된 경우

예2) '약', '대체로', '주로', '대부분' 등과 같이 비교의 기준이 불명확한 용어가 사용된 경우

Ⅲ. 발명의 동일성 판단

발명의 신규성, 진보성 및 선출원성을 판단하기 위해서는 발명과 발명의 동일성 판단이 전제가 된다. 이때 특히 신규성 판단시 인정되는 발명의 실질적 동일성 개념과, 종 · 속 관계에 있는 발명의 동일성 판단이 문제가 된다.[215)]

215) 이하의 논의는, 김관식, "발명의 동일성 – 실질적 동일성과 종 · 속관계 발명의 동일성을 중심으로 –", 産業財産權, 韓國産業財産權法學會 第24號, 2007.8을 참조한 것이다.

1. 발명의 동일성

복수의 발명에 대한 동일성의 판단은 특허법상 특허요건인 신규성의 충족여부 및 선원성 판단을 위한 가장 기본적인 문제 중의 하나이다. 또한, 발명의 진보성 판단은 신규성 판단을 전제로 하고 있으므로, 발명의 동일성 판단의 문제는 간접적으로 발명의 진보성 판단에도 중요한 문제가 되며, 이와 더불어, 확대된 선원의 문제, 특허청구범위의 기재 및 분할출원의 적법성 및 특허발명의 기술적 범위의 판단시에도 이와 같은 판단이 중요한 문제가 된다. 이와 같이 발명의 동일성 문제는 특허법 전반에 걸쳐서 그 해석 및 운용이 중요시 되는 기본적인 문제의 하나이다.[216)]

발명의 대비는 출원발명과 이와 대비되는 발명 즉, 인용발명[217)]의 대비의 형식으로 그 절차가 진행된다. 신규성 및 선원성의 판단시 판단의 대상이 되는 발명은, 청구항에 관한 발명이다.[218)] 청구항에 관한 발명의 인정은, 청구항의 기재에 바탕을 두고 하며, 이때, 특허청구범위 이외의 명세서 및 도면의 기재를 참작하여 청구항에 기재된 발명을 특정한다. 이를 공지, 공용된 발명 및 반포된 간행물에 기재된 발명 즉, 선행기술과 비교하여 발명의 동일성 여부를 판단한다. 이때, 청구항에 기재된 발명과 인용발명의 구성을 대비하여, 구성의 차이점의 유무를 판단한다. 신규성을 부정하기 위해서는 청구된 발명의 모든 구성이 하나의 선행기술에 존재하여야 한다.[219)] 구성의 차이점이 없는 경우에는 비교대상 발명은 동일하므로 비교대상 발명의 신규성, 선원성이 부정되고, 구성의 차이점이 있는 경우에는 청구항의 발명은 신규성, 선원성이 인정된다. 다만, 구성의 차이점이 있는 경우에도, 그 차이가 균등물인 경우에 이를 신규성이 부정되는 것으로 해석한 사건[220)]도 있으나, 점차 문언적 동일

---

216) 吉藤幸朔 著 YOUME 特許法律事務所 譯, 特許法概說 第13版, 대광서림, 2000, 121면.

217) 본고에서 사용하는 인용발명은, 선행기술(prior art) 중에서 당해 특허출원발명의 신규성, 선원성 등을 부정하는 근거로서 사용될 수 있는 특정한 선행기술을 의미한다. 구미권에서 사용하는 pertinent prior art에 대응하는 용어이다. 한편, 국내의 판결문에서도 출원발명과 대비되는 기술문헌은 그 내용 및 형식을 불문하고 인용발명으로 통일하여 칭하고 있다. 이는 일본에서도 마찬가지이다.

218) 吉藤幸朔 著 YOUME 特許法律事務所 譯, 特許法概說 第13版, 대광서림, 2000, 122면.

219) 하나의 인용발명에 청구된 발명에 기재된 모든 구성요소가 기재되어 있어야 한다는 요건은 국제적으로 동일한 기준이다.
In re Robertson, 169 F.3d 743, 49 U.S.P.Q.2d 1949 (Fed. Cir. 1999).
竹田和彦 저 김관식외 4인 역, 特許의知識 第6版, 도서출판 명현, 2002, 171면.

220) RCA Corp. v. Applied Digital Data Sys., Inc., 730 F.2d 1440, 221 U.S.P.Q. 385(Fed. Cir. 1984).

의 요건을 엄격하게 해석하여 청구된 발명과 선행기술 사이의 차이가, 사소하거나 비본질적이더라도 신규성 부정의 근거가 될 수 없다.[221)]

선행기술과 관련하여, 당업자에 의해서 파악되는 선행기술의 내용을 확정하기 위해서 선행기술문헌에 개시되어 있는 증거 이외의 외적 증거를 활용할 수도 있다.[222)] 다만, 이 경우에도, 외적 증거는 선행기술의 내용을 설명하기 위하여 사용되는 것으로 한정되고, 선행기술의 내용을 확장하기위하여 사용될 수 없다.[223)] 선행기술이 특허출원된 발명의 신규성을 부정하는 근거인 인용발명으로 되기 위해서, 우리나라에서는 그 개시의 정도에 특별한 제한을 가하고 있지는 않아 선행기술 문헌에 출원발명과 동일한 결과물만이 개시되어 있더라도 인용발명이 될 수 있다.[224)] 따라서, 특정한 금속 화합물의 구성비가 선행기술문헌에 기재되어 있으나, 당업자가 그 구성을 제조할 수 있는 방법에 대해서는 기재가 되어 있지 않는 경우, 동일한 금속화합물에 대하여 특허가 출원된 경우에는 한국에서는 선행기술문헌을 인용발명으로 활용할 수 있다. 반면에, 미국에서는 인용발명에 출원발명과 동일한 구성이 개시되어 있더라도, 그 발명을 당업자가 용이하게 실시할 수 없는 경우에는 인용발명이 될 수 없는 것으로 하고 있다.[225)] 즉, 인용발명이 되기 위해서는 단순히 발명의 결과

---

221) PPG Inds., Inc. v. Gurdian Indus. Corp., 75 F.3d 1558, 1566, 37 U.S.P.Q.2d 1618, 1634(Fed. Cir. 1996). 이 경우 다만 진보성이 인정되기는 곤란할 것이다. 한편, 한국에서는 이 경우에 실질적 동일로 판단할 수 있다.

222) Scripps Clinic & Research Foundation v. Genentech, Inc., 927 F.2d 1565(Fed. Cir. 1991).

223) *In re* Baxter Travenol Labs., 952 F.2d 388, 390(Fed. Cir. 1991).

224) 우리나라와 일본에서 주로 사용되는 개념인 미완성발명의 경우에는, 출원발명의 신규성을 부정하는 인용발명이 될 수 없다는 점에서, 실시가능요건을 충족하지 못하여 인용발명으로 사용될 수 없는 발명과 일견 일맥상통하는 점도 있으나, 미완성발명은 발명이 추구하는 목적 및 효과를 달성할 가능성이 실질적으로 거의 없는 경우를 일컫는 경우로 매우 제한적으로 해석하고 있으므로 실시가능요건을 충족하지 못한 발명에 비해서는 그 인정이 매우 제한적이라는 점에서 차이가 있다. 미완성 발명이 신규성의 근거로는 인용될 수 없으나, 진보성의 근거로는 인용될 수 있다는 점은 유사한 점이다. 한편, 일본에서는 미완성 발명의 개념을 현행 심사기준에서는 삭제하고, 그 대부분을 실시가능요건에 관한 설명으로 대체하였다. 後藤麻由子, 「特許審査における発明の同一性について」, 『特技懇』 241号, 特許庁技術懇話会, 2005, 95頁, 각주 7.

225) 소위 실시가능요건(Enablement Requirement)이다. 이는 Seymour v. Osborne, 78 U.S.(11 Wall.) 516, 20 L.Ed. 33 (1870) 사건에서 미국 대법원이 … anticipation cannot occur unless a prior art reference is enabling – that is, it contains a substantial representation of the patented improvement in such full, clear, and exact terms as to enable any person skilled in the art or science to which it appertains to make, construct, and practice the invention to the same practical extent as they would be enabled to do so if the information was derived form a prior patent. 이라고 판시한 이래도 오랫동안 인정되어 온 원칙이다.
In re Paulsen, 30 F.3d 1475(Fed. Cir. 1994)은 현재의 모든 휴대용 컴퓨터가 채용하고 있는 화면과 키보드를 접어서 휴대할 수 있는 휴대용 컴퓨터에 대하여 접이식 전자식 계산기가 선행기술로 사용될

만을 기술해서는 충분하지 않고, 그 발명을 어떻게 생산하는지에 대한 정보를 제공하여야 한다는 의미이다. 따라서, 앞의 가상 사례에서 미국에서는 선행기술문헌에 특정 금속 화합물의 구성이 기재되어 있는 경우에, 이러한 특정화합물의 구성을 당업자가 실시할 수 없다고 인정되는 경우에는, 동일한 구성이 선행기술문헌에 기재되어 있는 경우라 하더라도 인용발명으로 사용될 수 없게 된다.[226] 이러한 조건이 요구되는 것은, 선행기술에 의하여 당해 기술분야에 기술적으로 진정한 기여가 없는 경우에 후출원의 특허를 방해한다면, 기술적으로 진정한 기여가 없이 당해 발명에 대한 독점권을 향유하여, 결과적으로 후출원에 의한 기술적 기여를 방해하는 결과가 야기되기 때문이다.[227]

한편, 미국에서는 선행기술문헌에 의하여 신규성이 부정되는지의 여부를 침해의 경우와 동일하게 판단한다.[228] 즉, 인용발명에 개시된 발명이 만일 출원발명의 특허 후에 존재하는 경우 침해를 구성하게 된다면, 인용발명의 발명이 특허발명일 이전에 존재하는 경우에는 출원발명의 신규성을 부정하게 된다.[229] 이를 '후침해 · 선신규성 부정의 원칙'[230]이라 한다. 이 원칙의 유효성

수 있는지의 여부가 쟁점이 된 사건인데, 특허출원인은 인용발명으로 사용된 전자식 계산기는 단순히 계산기 박스만 공개되어 있고, 계산기를 만드는 방법과 사용하는 방법이 개시되어 있지 않으므로, 접이식 컴퓨터의 인용발명이 될 수 없다고 주장하였으나, 재판부는 본원 특허출원 당시의 당업자 기술수준을 감안할 때 접이식 계산기의 박스만으로도 본원 출원의 컴퓨터에 필요한 회로 등을 구성할 수 있으므로 인용발명으로 인정된다고 판시하였다.

인용발명이 갖추어야할 실시가능요건과 특허출원발명이 갖추어야 할 실시가능요건에 특별한 차이는 없는 것으로 해석된다. *In re* Donohue, 766 F.2d 531, 533(Fed. Cir. 1985). 이 사건에서는 인용발명이 갖추어야 할 실시가능요건으로, 명세서가 갖추어야 할 실시가능요건을 차용하여 당업자가 과도한 실험 없이 생산 및 사용이 가능하여야 한다고 판시한 바 있다.

226) 이와 유사한 사례로서, 선행기술이 실시가능하게 기재되어 있는지의 여부가 쟁점으로 된 사건으로는 Titanium Metals Corp. of America v. Banner, 778 F.2d 775, 782(Fed. Cir. 1985).

227) Roger Shechter, John Thomas, *Principles of Patent Law 2nd ed.*, Thomson West, 2004, p. 82.

228) Donald S. Chisum, *Elements of United States Patent Law 2nd. ed.*, Yushodo Press Co. Ltd., 2000, p. 36.
신규성 판단을 이와 같이 판단하는 것을, 영국에서는 reverse-infringement test라고도 한다. Roger Shechter, John Thomas, *Principles of Patent Law, 2nd ed.*, Thomson West, 2004, p. 420.

229) *Ibid.*

230) "That which infringes, if later, would anticipate, if earlier."를 필자가 번역한 것이다. 이 원칙은 Peters v. Active Mfg. Co., 129 U.S. 530(1889)사건 및 Knapp v. Morss, 150 U.S. 221(1893)에서 천명된 이래로 현재까지 널리 적용되고 있다.
또한, Donald S. Chisum, *Elements of United States Patent Law*, 2000, Sec. 1322의
The infringement Test – Claim Interpretation to Avoid Anticipation
…If an item disclosed in a reference would have infringed had it occurred *after* the patent issued, then that item will anticipate when it comes *before* the inventor's date of invention. 참조.

에 대해서는 일부 비판적 견해도 있으나,[231] 그 자체로[232] 혹은 일부 수정에 의하여[233] 신규성 판단의 기준으로서의 역할을 계속할 수 있다고 인정되고 있다. 미국 특허법에서 신규성 부정은 인용발명이 타인에 의한 경우에만 해당하므로,[234] 복수 발명의 출원인이 동일인인 경우에는 신규성을 부정할 수 없고, 이중특허금지의 원칙이 적용된다.[235] 이 경우, 금지되는 이중특허의 유형은 복수의 발명이 동일한 발명에 관한 경우인 동일발명 유형[236] 및 하나의 발명이 타 발명의 자명한 변형에 지나지 않는 자명형[237]이 있다. 동일발명 유

231) Lionel Bently, Brad Sherman, *Intellectual Property Law*, Oxford University Press, 2001, p. 421의 각주 51에서 저자는 reverse-infringement test가 신규성의 법리를 정확하게 표현한 것이 전혀 아니라고 한다.

232) Roger Shechter, John Thomas, *Principles of Patent Law, 2nd ed.*, Thomson West, 2004, p. 78.

233) 침해의 경우, 문언적 침해 뿐만 아니라, 균등침해가 있으므로, 상기 문구를 "That which would literally infringe if later in time anticipates if earlier than the date of invention."으로 수정할 것을 Lewmar Marine, Inc. v. Barient, Inc., 827 F.2d 744, 747(Fed. Cir. 1987)에서 제안한 바 있다. Donald S. Chisum, Craig Allen Nard, Herbert F. Schwartz, Pauline Newman, F. Scott Kieff, *PRINCIPLES OF PATENT LAW Cases and Materials 3rd ed.*, FOUNDATION PRESS, 2004, p. 419.
이 경우 균등침해에 해당하는 부분은 진보성과 관련이 있다고 볼 수도 있을 것이다. 同旨, Donald S. Chisum, *Elements of United States Patent Law 2nd. ed.*, Yushodo Press Co. Ltd., 2000, p. 36의 각주 13 후반부.

234) 일반적으로 미국특허법 102조를 신규성에 관련된 조문으로 이해하고 있으며, 이중, 법정장해요인을 규정한 102조 (b)와 102조 (d)항은 자신의 행위에 대해서도 적용이 가능하나, 우리나라 특허법 제29조제1항의 공지, 공용, 반포된 간행물에 의한 공지에 대응하는 내용을 규정한 미국특허법 102조 (a) 등 기타 102조에서는 공지 행위가 "타인"에 의하여 이루어진 경우로 한정하고 있다.

235) double patent.
미국에서의 이중특허 금지의 원칙은 우리나라와 일본 등에서 동일한 복수의 발명이 있는 경우, 하나의 특허를 최선출원자에게 부여하는 선출원주의와 유사한 점이 있으나, 우리나라에서 선출원주의를 규정한 특허법 제36조의 적용은 출원인이 동일한 경우에도 적용이 가능하나, 미국의 이중특허금지의 원칙은 동일출원인에 한정하여 적용되는 점에서 상이하다. 출원인이 상이한 경우에 하나의 특허를 최선 발명자에게 부여하는 원칙은 미국특허법에서는 신규성의 문제로 이해하고 있다. 미국특허법 제102조 (g) 참조.

236) same-invention double patenting.
미국에서 동일형 이중특허가 금지되는 근거 조문은 우리나라와는 달리, 특허 대상에 관한 제101조의 문언 즉, "신규하고 유용한 방법 …을 발명 또는 발견한 자는 하나의 특허를 받을 수 있다."에 그 근거를 두고 있다. 따라서, 실무에서 이중특허를 거절이유를 드는 경우, 101조를 거절의 법적근거로 제시하게 되어 있으며, 선원이 특허된 경우에는 다음과 같이 거절이유를 문두에 작성하게 되어 있다. 참고, U.S.P.T.O., *MANUAL OF PATENT EXAMINING PROCEDURE*, 2000, sec. 804 II. A. Statutory Double Patenting - 35 USC 101
Claim [1] rejected under 35 USC 101 as claiming the same invention as that of claim [2] of prior U.S. Patent [3]. This is a double patenting rejection.
한편, 선원이 특허출원 중인 경우에는,
Claim [1] provisionally rejected under 35 USC 101 as claiming the same invention as that of claim [2] of copending Application No.[3]. This is a provisional double patenting rejection since the conflicting claims have not in fact been patented.
로 기재한다.

237) obviousness-type double patenting. 자명성 유형의 이중특허가 금지되는 것은 특허법상 그 근거를 찾을 수 없고, 판례로서 확립된 것이다. 따라서, 미국에서는 이러한 유형의 이중특허를 비법정이중특허

형의 이중특허여부 판단시에는, 선특허를 침해하지 아니하고는 후특허가 침해되는 경우가 없는 지의 여부로 동일성 여부를 판단한다. 즉, 후특허의 침해가 필연적으로 선특허의 침해를 야기한다면, 후특허는 선특허에 의하여 이중특허로 거절된다.238) 자명형의 이중특허 판단시에 적용하는 자명성의 기준은 진보성의 판단에서와 동일한 기준을 사용한다.239) 동일 출원인이 서로 상이한 발명이나 그 차이가 진보성의 인정에는 미치지 못하는 복수의 발명을 출원한 경우, 우리나라에서는 선후원 판단시 진보성의 판단을 하지 않으므로 복수의 발명에 대해서 모두 특허받을 수 있으나, 미국에서는 진보성 판단을 하므로, 진보성 요건이 충족되지 않는 발명에 대해서는 특허받을 수 없게 되는 차이가 있다. 이와 같은 사정은 일본에서도 마찬가지이다.

한편, 우리나라에서는 구성의 차이가 있는 경우에도, 일정한 경우에는 아래와 같이 발명의 동일성을 긍정하는 경우가 있다.

2. 발명의 실질적 동일성

발명의 동일은 앞에서 본 바와 같은 전면적인 동일성의 개념 뿐만 아니라, 구성이 전면적으로 일치하지 않는 경우에도, 일정한 경우에는 동일한 것으로 인정하는 경우가 있다. 이와 같은 실질적 동일성의 개념에 대해서 선후원판단시, 소위 확대된 선원의 적용시 및 신규성 판단시의 경우를 나누어서 살펴본다.

(non-statutory double patenting)로 칭하기도 한다.
자명형 유형의 이중특허가 금지되는 것은, 우리나라에서 진보성이 결여된 발명이 특허될 수 없는 점과 유사하다.

238) Donald S. Chisum, *Elements of United States Patent Law 2nd. ed.*, Yushodo Press Co. Ltd., 2000, sec. 3432의
Identical Inventions(2000)
… The test of identity is whether the claims of one can be literally infringed without infringing the other.
Roger Shechter, John Thomas, *Principles of Patent Law 2nd ed.*, Thomson West, 2004, p. 265.
In re Avery, 518 F.2d 1228, 1232, 186 U.S.P.Q. 161, 164 (C.C.P.A. 1975) 등 참조.
이 원리는 특허와 특허를 비교하여 비록 용어는 신규성 판단시의 후침해 · 선신규성 부정의 원리와 상이하나, 내용적으로는 동일한 내용으로 평가할 수 있겠다.

239) Donald S. Chisum, *Elements of United States Patent Law 2nd. ed.*, Yushodo Press Co. Ltd., 2000, Sec. 3433.

(1) 특허법 제36조

우리나라에서 실질적 동일의 개념은 동일한 발명에 대하여는 최선출원자에게 특허를 부여할 것을 규정한 선출원주의의 적용시 최초로 적용된 것으로 보이는데, 여기에서는 "기술구성이 전면적으로 일치하는 경우 뿐만 아니라, 그 기술구성의 일부에 차이점이 있더라도 기술적 사상이 동일한 범주에 속하고, 당업자가 보통으로 채용하는 정도의 변경에 지나지 아니하며 발명의 목적과 작용효과에 격별한 차이를 일으키지 아니하는 경우도 포함한다"고 판시하였다.[240]

이 경우 발명의 범주[241]의 동일 여부는 문제가 되지 않는다. 즉, 발명의 범주가 상이하더라도 발명이 동일할 수 있다. 선후원 관계에 있는 발명의 동일성 판단시에 두 발명이 서로 동일한 발명인지의 여부를 판단함에 있어서는 대비되는 두 발명의 실체를 파악하여 따져 보아야 할 것이지 그 발명이 속한 범주 등의 표현양식에 따른 차이가 있는지 여부에 따라 판단할 것이 아니므로, 대비되는 두 발명의 범주가 다르다는 사정만으로 곧바로 동일한 발명이 아니라고 단정할 수는 없다고 판시하여,[242] 선후원 발명의 범주가 상이하더라도 발명이 동일한 경우가 있다는 점을 명확하게 하였다. 일본에서도 마찬가지이다.[243] 우리나라 실무에서는 단순한 카테고리의 차이는 단순한 표현의 차이로 이해하여 양 발명이 실질적으로 동일한 것으로 취급한다.[244]

---

240) 대법원 1985.8.20. 선고 84후30판결. 단, 본 사안은 1980.12.31 법률 제3325호로 개정되기 전의 구 특허법이 적용되어, 현 특허법 제36조에 대응하는 구 특허법 제11조가 적용되었다. 한편, 본 사안은 선출원주의 판단시의 동일성에 관한 것이나, 특허청, 특허 · 실용신안 심사지침서, 2006, 2513면 및 千孝南, 特許法 제11판, 법경사, 2005, 301면 등에서는 이를 확대된 선원에서의 동일성 판단에 관한 것으로 잘못 이해하고 있다.

241) 물건의 발명과, 방법의 발명의 구분을 일컫는 용어이다. 발명의 카테고리라고도 한다. 물건의 발명과 방법의 발명의 구분에 대해서는 金琯植, "物件의 發明·方法의 發明: 分類基準과 適用", 産業財産權 第17號, 韓國産業財産權法學會, 2005, 1-30면 참조.

242) 대법원 1990.2.27. 선고, 89후148판결.
대법원 2007.1.12. 선고, 2005후3017판결, 본 사안에서는 같은 날에 출원되어 각각 등록된 실용신안(물건의 발명)과 방법의 발명의 동일성 여부가 쟁점이 되었는데, 물건과 방법으로 범주가 상이한 두 발명에 대해서, 그 기술사상의 실체를 파악하여 이를 기초로 비교하면, 동일한 기술사상에 대하여 단지 표현양식에 차이가 있는 것에 불과하다고 하여 동일하다고 파악한 후, 동일한 발명임에도 하나의 발명에 대하여 무효, 취하되지 아니하고 모두 등록이 되었으므로, 사후에 하나의 발명에 대하여 포기가 되었더라도, 사후에 그 무효 사유가 치유될 수는 없다는 점을 이유로, 양발명의 등록에 대하여 모두 무효로 한 원심을 확인하였다.

243) 東京高判 昭45.5.20 昭44(行ケ)93号.
東京高判 昭46.10.29 昭37(行ナ)103号.
東京高判 昭53.5.31 昭48(行ケ)27号.

244) 특허청, 특허 · 실용신안 심사지침서, 2006, 2514면.

실무에서 발명이 실질적으로 동일한 경우로, 단순한 표현의 차이, 단순한 효과의 인식의 차이, 단순한 목적의 차이, 단순한 구성의 변경, 단순한 용도의 차이, 및 단순한 용도한정의 유무 등 발명의 사상으로서의 실질적으로 아무런 영향이 미치는 것이 없는 비본질적 사항에 차이가 있는 것에 불과한 경우를 들고 있다.[245] 일본에서도 대체로 유사하다.[246]

(2) 특허법 제29조 제3항

특허법 제29조 제3항 소정의 소위 확대된 선원 판단시의 발명의 동일성 판단시에는 기본적으로 발명의 기술적 구성을 중심으로 판단하지만, 효과도 참작하여야 하며, 그 기술적 구성에 차이가 있어도, 그 차이가 과제해결을 위한 구체적 수단에 있어서 주지 · 관용 기술의 부가 삭제 · 변경, 단순한 재료의 변경, 단순한 형상의 변경, 단순한 수치의 한정 등 그 기술분야에서 통상의 지식을 가진 자가 보통으로 채용하는 정도의 변경에 지나지 아니하여 새로운 효과의 발생이 없는 정도의 미세한 차이에 불과하다고 인정되는 경우에는 양 발명은 동일하다고 인정한다.[247]

이러한 판시사항을 반영하여, 실무에서는 발명이 실질적으로 동일한 것으로, 발명의 차이가 단순히 표현, 효과인식, 목적의 차이에 해당하거나, 단순한 구성의 변경, 단순한 용도의 차이 및 단순한 용도한정의 유무에 해당하여 발명의 사상으로서의 실질적으로 아무런 영향이 미치는 것이 없는 비본질적 사항 즉, 부수적 사항에 차이가 있는 것에 불과한 경우에는 실질적으로 동일한 발명으로 취급하고 있다.[248] 실무에서는 특허법 제36조에서의 동일성 판단과

---

245) 특허청, 특허 · 실용신안 심사지침서, 2006, 2514-2517면.

246) 東京高判 平7.12.21 平6(行ケ)263号.
일본에서 우리의 제36조에 대응하는 일본특허법 제39조의 적용시에 1. 주지 · 관용기술의 부가, 전환, 삭제 등에 해당하여 새로운 효과를 나타내지 않는 경우, 2. 하위개념의 상위개념화, 3. 단지 카테고리 표현상의 차이에 해당하는 경우에는 실질적 동일로 하고 있다. 일본 特許庁,『特許 · 実用新案 審査基準』, 2006, 第Ⅱ部 第4章 3.3(2).
한편, 인용발명이 하위개념인 경우, 상위개념의 출원발명은 신규성이 없는 경우에도 해당한다. 일본 特許庁,『特許·実用新案 審査基準』, 2006, 第Ⅱ部 第2章 1.5.3(4).
우리나라에서는 하위개념의 상위개념화는 발명이 동일하여 신규성이 없는 것으로 취급한다. 특허청, 특허·실용신안 심사지침서, 2006, 2321-2322면.

247) 특허법원 2002. 5.24. 선고, 2001허3477판결(확정).

248) 특허청, 특허·실용신안 심사지침서, 2006, 2512면, 제2부 제5장 제2절 2.동일성 판단 절차 및 방법.

특허법 제29조 제3항에 의한 동일성 판단에 차이가 없다.[249)]

일본에서는 두 발명사이에 차이점이 있더라도 그 차이가 주지 · 관용기술의 부가, 삭제, 전환(轉換) 등에 해당하여, 새로운 효과를 나타내는 것에 해당하지 않는 경우에는 실질적으로 동일한 것으로 취급하여,[250)] 우리와 유사하다. 다만, 제29조의2(우리나라 특허법 제29조 제3항에 대응)의 적용시의 실질적 동일 사유에는, 제39조 적용 사유에는 포함되어 있는 단순한 카테고리의 표현에 차이가 있는 경우가 제외되어 있는 점이 우리와 상이하다.[251)]

(3) 특허법 제29조 제1항

특허법 제29조 제1항의 규정에 의한 신규성 판단시의 동일성에 대해서는 기술적 사상의 표현 및 기재형식이 완전히 동일할 것은 요구하는 완전한 동일성으로 보는 견해도 있으나,[252)] 대체로 기술적 사상의 표현 및 기재 형식이 상이하여 기술적 사상이 전면적으로 일치하는 경우가 아니더라도, 특허청구범위에 내재하는 기술적 사상의 실체에 착안하여 실질적으로 상호 동일한 범위에 속하는지의 여부를 판단하는 실질적 동일성으로 이해하고 있다.[253)] 이러한 견해에서는, 발명의 동일 여부 판단시 기재상의 표현 또는 기재형식의 이동(異同)만을 기준으로 해서는 아니되며, 특허청구범위에 내재하는 기술적 사상의 실체에 착안하여 판단하여야 한다고 한다.[254)] 재판례에서도 "양발명의 기술적 사상이 전면적으로 일치하지 않더라도, 그 범위에 차이가 있을 뿐 부분적으로 일치하는 경우라도 그 일치하는 부분을 제외한 나머지 부분만이 별개의 발명을 이루지 않는 한 양발명은 동일한 발명이라고 하며, 그 기술적 사상이 같고, 이

---

249) 특허청, 특허 · 실용신안 심사지침서, 2006, 3213면, 제3부 제2장 제3절 2.동일성 판단방법. 여기에서 동일성 판단방법은 제29조 제3항의 동일성 판단 방법을 참조하고 있어, 동일성 판단이 결국 동일하게 된다.

250) 東京高判 平9.6.18 平7(行ケ)156号.
東京高判 平15.2.13 平13(行ケ)230号.
東京高判 平16.2.19 平13(行ケ)533号.
일본 特許庁, 『特許 · 実用新案 審査基準』, 2006, 第II部 第3章 3.4(1).

251) 일본 特許庁, 『特許 · 実用新案 審査基準』, 2006, 第II部 第3章 3.2. 및 3.4(1).
後藤麻由子, 「特許審査における発明の同一性について」, 『特技懇』 241号, 特許庁技術懇話会, 2005, 95頁.

252) 이수완, "특허성판단과 특허침해판단과의 관계", 창작과 권리 제2권, 세창출판사, 1996, 83면.

253) 손경한 편저, 新특허법론, 法英社, 2005, 111면.

254) 宋永植 외 2인, 知的所有權法(上) 第6全訂版, 育法社, 2000, 232-233면.

를 달성하는 수단인 구성에 중복되는 부분이 있고, 이를 제외한 나머지 부분만으로 별개의 발명을 이루고 있다고 보이지 아니하는 이상 그 특허청구범위 기재의 표현상의 차이에도 불구하고 실질적으로 동일한 발명이라고 하여야 한다." 고 판시하여 신규성 판단에서의 실질적 동일성의 개념을 인정한 바 있다.[255]

이와 같이, 구성이 동일하지 않는 경우라 하더라도 발명이 동일한 것으로 인정되는 실질적 동일의 개념은 판례 및 실무에서[256] 인정되고 있다.

이와 같이, 실질적 동일성의 개념은 확대된 선원의 충족여부 판단시와 선후원 판단시 뿐만 아니라, 신규성의 판단시에도 동일하게 적용을 하고 있다. 그러나, 발명이 실질적으로 동일하다는 개념을 선원성 판단시에 도입하는 점은 별론으로 하고, 신규성의 판단시에 도입하는 점은 문제가 있다는 주장도 있는데, 일본에서도 신규성 판단시의 발명의 동일성 판단 시에, 실질적 동일성의 개념을 인정한 바 있으나, 현재는 진보성과의 심사기준의 명확화, 권리의 법적안정성, 국제조화 등의 관점으로부터 실질적 동일성의 개념을 삭제하였다.[257] 바람직한 개정이다.

Ⅳ. 의견서의 작성

거절이유가 기재된 의견제출통지서가 발송이 되면, 출원인은 심사관의 거절이유에 대하여 자신의 주장 또는 의견을 담은 "의견서"를 제출하고, 통상 거절이유를 해소하기 위하여 원 출원서에 첨부된 명세서를 보정한 "보정서"를 제출하게 된다. 이 경우에 보정서에는 원래 명세서에 존재하지 아니한 소위 "신규사항"을 추가하여서는 안된다. 만일 신규사항이 추가되었다고 심사관이 판단하면, 이는 거절이유에 해당하게 되어 의견제출통지가 발송될 수 있으므로 명세서 등을 보정하여 보정서를 작성할 때에는 원래 명세서에 없던 신규한 내용이 추가되지 않도록 유의하여야 한다.

---

255) 대법원 1995.6.9. 선고 93후1940판결.

256) 특허청, 특허 · 실용신안 심사지침서, 2006, 2320-2321면, 제2부 제3장 제2절 4.신규성 판단방법. 여기서 신규성의 판단을 위한 발명의 동일성 방법의 구체적 기준을 확대된 선원 판단시의 발명의 동일성 판단방법을 참조하고 있어, 결국 동일한 기준을 채용하고 있다.

257) 後藤麻由子, 「特許審査における発明の同一性について」, 『特技懇』 241号, 特許庁技術懇話会, 2005, 97頁 및 100頁.

만일, 심사관이 지정한 기한(통상적으로 2개월) 내에 의견서 · 보정서를 제출할 수 없는 경우에는 "지정기간연장신청서"를 제출하여 지정기간을 연장할 수 있다.

아래는 진보성이 결여되었다는 취지의 의견제출통지서에 대하여 작성된 의견서의 예이다.

【의견내용】

1. 기거절이유

특허출원 10-2005-0060976호(냄새센서가 구비된 마이크로폰 소자와 이를 구비한 휴대전화기 및 마이크로폰 및 냄새감지 영역을 구비한 복합반도체장치 제조방법)(이하 본원발명이라 함)에 대하여, 본원의 청구범위 제1-5항은, 일본공개특허공보 평17-86405호(이하 인용발명 1이라 함)에 개시된 마이크로폰과 냄새센서가 소정의 기반위에 실장되어 있는 휴대전화기기의 구성과, 국내공개특허공보 2005-63097호(이하 인용발명 2라 함)에 개시된 하나의 실리콘 웨이퍼 상에 압력센서, 온도센서, 가속도 센서를 구비하는 하나의 칩을 포함하는 MEMS센서의 발명으로부터, 이 발명이 속하는 기술분야에서 통상의 지식을 가진 자(이하 당업자)가 용이하게 발명할 수 있는 것이라는 취지의 의견제출통지서를 수령하였습니다.

이에 따라, 본원과 인용발명들과의 차이가 명확해지도록 청구항 제1항 및 제5항을 아래와 같이 보정 하였습니다.

2. 보정내용

[청구항 1](정정)

하나의 기판상에 절연막이 형성되고, 상기한 절연막 상에 마이크로폰과 전

6-1

【그림 32-1】 의견서 작성 예

극, 히터, 가스감지물질을 포함하여 구성된 냄새센서가 동일 기판상에 형성된 것을 특징으로 하는 냄새센서가 구비된 마이크로폰 소자.

[청구항 5](정정)

하나의 기판상에 절연막이 형성되고, 상기한 절연막 상에 마이크로폰과 전극, 히터, 가스감지물질을 포함하여 구성된 냄새센서가 동일 기판상에 형성된 냄새센서 내장형 마이크로폰 소자가 장착된 것을 특징으로 하는 휴대전화기.

이하, 보정된 본원과 인용발명의 차이점을 비교 설명하겠습니다.

3. 본원과 인용발명의 비교

(1) 목적의 비교

i) 인용발명1과 본원발명의 대비

종래 개시된 기술은, **본원 명세서에서 이미 명기한 바와 같이**, 물리적 속성을 지닌 음성을 감지하는 마이크로폰과, 화학적 속성을 지닌 냄새를 감지하는 냄새센서가 **별도로 제작되어, 별도로 구비된 것**입니다. 인용발명 1의 기술분야도 이에 해당하는 기술로서, 구취체크 장치를 구비한 휴대전화기에 있어 마이크로폰과 냄새센서가 동일 기판 위에 실장되어 있는 구성이기는 하나, 냄새센서가 별도로 제작되어 마이크로폰 근방에 배치하는 것입니다. 또한, 인용발명 1의 목적은 호기 중의

6-2

【그림 32-2】 의견서 작성 예

냄새를 검출하고 이를 서버로 무선 송수신하여 결과를 산출하도록 함으로써 휴대전화기의 연산부하를 감소시키는 데 있습니다.

반면에, 본원발명은 종래에 별도로 형성되던 화학적 냄새센서와 물리적 마이크로폰소자를 **동일한 공정으로 하나의 기판에 동시에 제작하는 기술**에 관한 것입니다. 이를 통해 본원발명은 장비의 소형,경량화 및 제조단가 감소가 가능하도록 하는데 그 목적이 있습니다.

따라서, 인용발명 1과 본원발명은 발명의 동기 및 기술분야가 다르고, 그 구체적인 목적에서 차이가 있습니다.

ii)인용발명2와 본원발명의 대비

인용발명 2의 목적은 압력센서,온도센서 및 가속도센서를 하나의 칩으로 일체로 형성하여 별도의 패키징 작업 없이 압력 ,온도 및 가속도를 동시에 측정할 수 있는 MENS센서 및 그 제조방법에 관한 것이므로, 하나의 실리콘 웨이퍼 상에 복수개의 센서가 구비된다는 점에서 본원과 일부 공통점이 있습니다.

그러나, **인용발명에 개시된 측정대상인 압력,온도,가속도는 모두 물리적 속성을 지닌 것으로**, 물리적 센서를 하나의 기판에 제조하여 압력, 온도, 가속도를 측정하도록 하며, 온도와 가속도로 인한 측정압력 오차를 보정하기 위하여 압력,온도, 및 가속도를 동시에 측정할 수 있도록 하나의 칩으로 형성한 것으로서, 그 결과를 통해서 회전운동에 의한 타이어 압력 측정 오차가 최소화되도록 하는 데 그 목적이 있으며, 이는 **본원발명이 물리적 센서인 마이크로폰과 화학적 센서인 냄새**

6-3

【그림 32-3】 의견서 작성 예

<u>센서를 동시에 하나의 기판에 구비</u>하는 것과는 그 기술분야 및 해결하고자 하는 목적이 상이합니다.

따라서, 본원발명과 인용발명1 및 인용발명2는 그 기술분야 및 목적이 서로 상이합니다.

(2) 구성의 비교

<u>1) 본원발명과 인용발명 1 비교</u>

본원발명은 하나의 기판상에 동일 공정으로 냄새센서와 마이크로폰을 구비하는 것으로 인용발명 1과는 기술분야부터 상이하며, 인용발명 1은 각각 형성된 냄새센서 및 마이크로폰 소자가 근접하게 배치되는 것으로, 인용발명 1에는 본원발명의 핵심 기술 사상인 동일기판에 마이크로폰과 냄새센서를 구비하는 기술에 대응되는 구성이 없어서 본원발명과 인용발명 1은 비교의 대상이 되지 않습니다.

<u>2) 본원발명과 인용발명 2 비교</u>

i)센서의 종류

본원발명은 화학적 센서인 냄새센서와 물리적 센서인 마이크로폰을 하나의 기판에 실장하는 기술에 관한 것이고, 인용발명은 물리적 센서인 온도, 압력, 가속도 센서를 하나의 기판에 실장하는 기술에 관한 것으로,

본원발명과 인용발명은 측정하고자 하는 대상이 완전히 상이합니다. 즉, 본원에서는 음성에 따른 음압의 변화를 MEMS 공정으로 형성된 박막의 진동 등으로 감

6-4

【그림 32-4】 의견서 작성 예

지하여 물리적 특성을 측정하는 마이크로폰 센서와, 냄새와 같은 화학적 특성을 감지하는 냄새센서를 동시에 실장하여, 음성과 냄새를 동시에 감지하므로, 인용발명에서 측정하는 양이 모두 물리적 특성을 가지는 양인 것에 반해, 본원은 물리적 특성에 해당하는 양과 화학적 특성에 해당하는 양을 동시에 측정할 수 있습니다. 이와 같이, **본원발명은 작동원리가 완전히 상이한 센서 두 개를 동일 기판에 실장**하는 기술로서, 냄새를 감지하는 소자의 작동을 위하여 히터전극이나 특정한 가스를 감지하기 위하여 감지하고자 하는 물질에 대응하는 특정 물질을 도포하는 등의 구성을 필수적으로 구비하여야 하므로, 당업자가 인용발명에 개시된 통상의 물리 센서 제조기술로부터 본원 발명에서와 같은 화학 센서를 동일 기판상에 실장하는 사상을 용이하게 도출할 수는 없으며, **이에 대한 하등의 언급이나 암시도 인용발명에서 찾아볼 수 없습니다**.

따라서, 물리 센서들을 하나의 기판상에 실장하는 인용발명 2의 기술과는 완전히 상이한 진보적인 기술로서 인용발명 2로부터 당업자가 용이하게 발명할 수 없습니다.

ii) 층구조 비교

본원발명의 구성은 기판과, 기판상에 형성된 산화막 또는 질화막, 산화막 또는 질화막상에 형성된 마이크로폰과, 히터, 가스감지물질을 포함하여 구성된 냄새센서로 구성되나,

인용발명 2는 웨이퍼, 웨이퍼상에 산화막, 질화막, 그리고 전극과 저항체를

6-5

【그림 32-5】 의견서 작성 예

포함하는 압력, 온도, 가속도 센서로 구성되므로,

<u>본원발명</u>은 냄새감지소자를 위하여 **<u>인용발명 2에서는 찾아볼 수 없는 히터 및 특정 가스에 대응하는 가스감지물질 등을 구비</u>**하고 있어서, 본원과 인용발명 2는 층 구조가 상이합니다.

4. 결론

본원발명은 발명의 상세한 설명에 이미 기재되어 있는 바와 같이, 인용발명 1 등과 같은 종래기술에서 발생되는 문제점을 해결하기 위하여 개발된 기술로서,

인용발명 1과는 그 목적과 구성이 상이하고,

인용발명 2와는 센서의 종류와 그로 인한 층 구조 및 제조과정이 명백하게 상이한 기술일 뿐만 아니라, 인용발명1과 인용발명2의 결합에 관한 하등의 암시나 기재를 인용발명에서는 찾아볼 수가 없으며, 소자의 종류 및 제조방법이 본원과 인용발명에서 완전히 상이합니다.

따라서, 당업자가 인용발명1 및 인용발명2로부터 본원 발명을 용이하게 발명할 수 있다는 취지의 거절이유는 해소되었으므로, 본원발명을 재심사하시어 다른 거절이유가 없다면 등록결정하여 주시기 바랍니다.

6-6

【그림 32-6】 의견서 작성 예

제3절 등록

심사관은 제출된 의견서를 참고하여, 보정서에 의하여 보정된 명세서를 기준으로 재심사를 하여 최초의 거절이유가 해소되었다고 판단되는 경우에는 "특허등록결정"을 하고, 최초의 거절이유가 여전히 해소되지 아니하였다고 판단되는 경우에는 "특허거절결정"을 한다.

만일 최초의 거절이유는 해소되었으나, 보정에 의하여 다른 거절이유가 발생한 경우에는 **최후거절이유통지**를 발송한다.

최후거절이유통지에 대한 보정은 일반거절이유통지에 대한 보정의 범위가 신규사항 추가 금지의 원칙에 따라 작성되는 것에 반해서 매우 제한되어 원래의 청구범위의 감축, 오기의 정정 및 불명확한 기재의 석명의 범위로 한정된다. 이와 같은 요건에 위반된 보정은 허용되지 않아 각하되므로(보정각하) 보정되기 전의 명세서를 대상으로 심사가 이루어진다.

출원인은 특허결정서 등본의 송달일로부터 3개월 내에(만일 이 기간이 경과하면 추가 6개월 내에) 최초 3년에 해당하는 특허료를 납부하면, "특허권설정등록"이 이루어지게 된다. 독점배타적인 특허권은 특허권설정등록일로부터 발생하게 되고, **출원일로부터 20년**이 경과하는 날에 소멸하게 된다.

Ⅰ. 등록료

등록료는 다음 표와 같다. 예를 들어 1항의 특허를 18년간 등록할 때의 등록료를 계산하면 정상납부기한이 2006년 4월 30일 이전인 경우에는 8만1천원 + 3 × (6 + 12 + 24 + 48 + 96)만원 = 566만1천원이 소요된다. 청구항이 10항인 경우에는, 위에 추가하여 9항 × (1.8 + 2.5 + 4.3 + 5.5 + 6.8 + 8.0)만원 × 3 = 780만3천원이 추가로 들어, 총 1,346만4천원이 든다.

정상납부기한이 2006년 5월 1일 이후인 경우에는 8만1천원 + 3 × (6 + 12 + 24 + 36 + 36)만원 = 350만1천원이 소요되고, 청구항이 10항인 경우에는 위에 추가하여 9항 × (1.8 + 2.5 + 4.0 + 5.5 + 5.5 + 5.5)만원 × 3 = 669만6천원이 추가로 들어 총 1,019만7천원이 든다.

권리 \ 요금	설정등록료 (1~3년분)	연차등록료						
		4~6년	7~9년	10~12년	13~15년	16~18년	19~21년	22~25년
기본료	매년 2만7천원씩 = 8만1천원	매년 6만원	매년 12만원	매년 24만원	매년 36만원			
가산료 (청구항 1항 초과시 항당)	매년 1만8천원씩 = 5만4천원	매년 2만5천원	매년 4만원	매년 5만5천원				

【표 13】 연차별 기본료와 가산료의 비교

아래 그림은 특허등록료 납부서의 예이다.

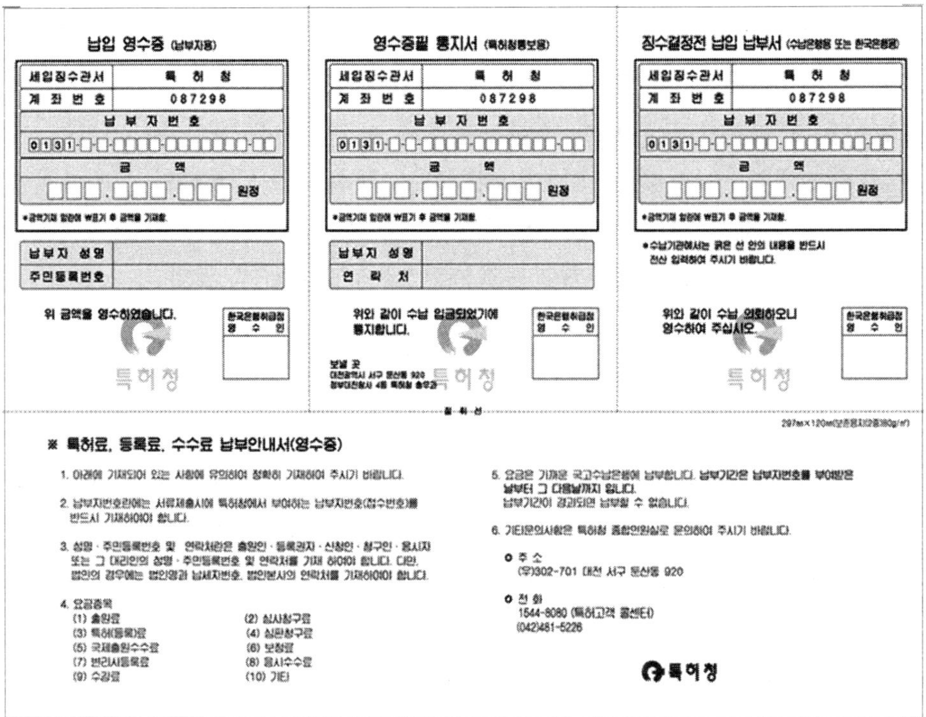
납입 영수증 (납부자용)

세입징수관서	특 허 청
계 좌 번 호	087298
납 부 자 번 호	
0131-□-□-□□□□-□□□□□□□-□□	
금 액	
□□□.□□□.□□□ 원정	

납부자 성명

주민등록번호

위 금액을 영수하였습니다.

한국은행취급점 영 수 인

특허청

영수증필 통지서 (특허청통보용)

세입징수관서	특 허 청
계 좌 번 호	087298
납 부 자 번 호	
0131-□-□-□□□□-□□□□□□□-□□	
금 액	
□□□.□□□.□□□ 원정	

납부자 성명

연 락 처

위와 같이 수납 입금되었기에 통지합니다.

한국은행취급점 영 수 인

특허청

징수결정전 납입 납부서 (수납은행용 또는 한국은행용)

세입징수관서	특 허 청
계 좌 번 호	087298
납 부 자 번 호	
0131-□-□-□□□□-□□□□□□□-□□	
금 액	
□□□.□□□.□□□ 원정	

위와 같이 수납 의뢰하오니 영수하여 주십시오.

한국은행취급점 영 수 인

특허청

※ 특허료, 등록료, 수수료 납부안내서(영수증)

1. 아래에 기재되어 있는 사항에 유의하여 정확히 기재하여 주시기 바랍니다.
2. 납부자번호란에는 서류제출시에 특허청에서 부여하는 납부자번호(접수번호)를 반드시 기재하여야 합니다.
3. 성명 · 주민등록번호 및 연락처란은 출원인 · 등록권자 · 신청인 · 청구인 · 응시자 또는 그 대리인의 성명 · 주민등록번호 및 연락처를 기재 하여야 합니다. 다만, 법인의 경우에는 법인명과 납세자번호, 법인본사의 연락처를 기재하여야 합니다.
4. 요금종목
   (1) 출원료 (2) 심사청구료
   (3) 특허(등록)료 (4) 심판청구료
   (5) 국제출원수수료 (6) 보정료
   (7) 변리사등록료 (8) 응시수수료
   (9) 수강료 (10) 기타
5. 요금은 가까운 국고수납은행에 납부합니다. 납부기간은 납부자번호를 부여받은 날부터 그 다음날까지 입니다. 납부기간이 경과되면 납부할 수 없습니다.
6. 기타문의사항은 특허청 종합민원실로 문의하여 주시기 바랍니다.

o 주 소 (우)302-701 대전 서구 둔산동 920

o 전 화 1544-8080 (특허고객 콜센터) (042)481-5226

특허청

【그림 33】 특허등록료 납부서의 예

이곳에 납부자 번호와 납부금액을 기입하여 제출한다. 이 서식을 이용하여 특허등록료 이외에도 특허출원료, 심사청구료, 심판청구료, 국제출원수수료, 보정료 등을 납부할 수 있다.

Ⅱ. 수수료의 면제 감면

수수료 중에서 연차등록료를 제외한 **출원료, 심사청구료, 최초 3년간 등록료**는 일정한 경우에 면제(100% 감면)되거나 감면(85% 감면 ~ 50% 감면)된다.

Ⅲ. 연차 등록료

특허의 등록시에는 최초 3년치의 등록료를 납부하며, 그 후의 연차에 대한 연차등록료는 새로운 연차가 시작되기 전에 납부하여야 하며, 연차가 시작된 후 6개월까지는 추가 납부할 수 있다.

다음 그림은 연차 등록료 납부 통지서의 예이다.

이곳을 천천히 개봉하여 주십시오.

대전광역시 서구 둔산동 920 정부대전청사 4동
특 허 청 장 (등록서비스팀)
302-701

봉 함 엽 서

청사우체국
요금후납

특허청 KOREAN INTELLECTUAL PROPERTY OFFICE

대구광역시 달서구

DYNAMIC KOREA

704-917

(발명의명칭)개선된전기적특성을갖는이중접합바이폴라트랜지스터

연차특허(등록)료 납입 영수증 (납부자용)

세입징수관서	특 허 청
계 좌 번 호	127996-6
납 부 자 번 호	0131-2-5-2007-0189405-25
등록번호	10-0152639-00-00
특허(등록)료	460,000 원
납부기일	2007.06.29
납부자 성명	김수영

위 금액을 영수하였습니다.

특허청

한국은행취급점 영 수 인

소멸예고안내

권 리 표 시 : 특허(10-0152639-00-00)
10년차(청구항수 4항)

납부마감일자 : 2007.06.29

발명의 명칭 : 개선된전기적특성을갖는이중접합바이폴라트랜지스터

※ 본 용지를 이용하여 가까운 금융기관에 납부하여 주시기 바랍니다.
※ **추가납부 등록료**는 정상납부 등록료의 **"2배"**
※ 추가납부일 이후에는 **"권리소멸"**
※ 공동권리의 경우는 **"권리자중 한분만"** 납부하시면 됩니다.
※ 기타 내용은 특허고객콜센터에 문의하시기 바랍니다. (1544-8080)

징수결정전 납입납부서 (수납은행용 또는 한국은행용)

세입징수관서	특 허 청
계 좌 번 호	127996-6
납 부 자 번 호	0131-2-5-2007-0189405-25
등록번호	10-0152639-00-00
특허(등록)료	460,000 원
납부기일	2007.06.29

013125200701894O525

위와 같이 수납 의뢰하오니 영수하여 주시기 바랍니다

* 수납기관에서는 굵은 선 안의 내용을 반드시 전산 입력하여 주시기 바랍니다.

특허청

한국은행취급점 영 수 인

【그림 34-1】 연차 특허료 납부통지서의 예

● 등록료

권리/구분		설정등록료 (1~3년분)	연차등록료 4~6년	7~9년	10~12년	13~15년	16~18년	19~21년	22~25년
특허	기본료	매년 27,000원씩 81,000원	매년 60,000원	매년 120,000원	매년 240,000원	매년 480,000원	매년 960,000원	매년 1,920,000원	매년 3,840,000원
						매년 360,000원♣			
	가산료(청구범위의 1항마다)	매년 18,000원씩 54,000원	매년 25,000원	매년 43,000원 40,000원♣	매년 55,000원	매년 68,000원	매년 80,000원	매년 95,000원	매년 120,000원
						매년 55,000원♣			
실용신안	기본료	매년 20,000원씩 60,000원	매년 40,000원	매년 80,000원	매년 160,000원	매년 320,000원 240,000원♣			
	가산료(청구범위의 1항마다)	매년 5,000원씩 15,000원	매년 10,000원	매년 15,000원	매년 20,000원	매년 25,000원 20,000원♣			
디자인	심사	매년 25,000원씩 75,000원	매년 35,000원	매년 70,000원	매년 140,000원	매년 280,000원 210,000원♣			
	무심사	매년 1디자인마다 25,000원씩 75,000원	매년 35,000원	매년 70,000원	매년 140,000원	매년 280,000원 210,000원♣			

1. 등록료 = 기본료 + (가산료 x 청구항수)
2. 등록료 (♣표시는 개정규정에 의하여 "정상납부기한이 2006. 5. 1. 이후인 경우" 적용되는 금액입니다.)

※ **「연차특허(등록)료 납부서」 양식이 필요한 경우** 특허청 홈페이지(http://kipo.go.kr) → 전자민원창구 → 민원사무 및 서식 → 자주찾는 민원서식(등록) 중 "연차특허(등록)료 납부서(별지 제 20호의 2서식)" 출력

※ 이메일, 핸드폰으로 소멸예고안내를 받고자 하는 권리자는 특허청홈페이지에서 신청하시면 서비스를 받으실 수 있습니다.

본 소멸예고안내는 권리자의 부주의나 착오로 등록료를 미납하는 것을 방지하기 위한 행정서비스입니다. 따라서 법적 책임소재에 대한 증빙자료로 사용될 수 없습니다.

※ 면제 또는 감면대상자, 청구항 축소 등으로 인하여 정상 연차 특허(등록)료에 변동이 있는 고객께서는 「특허청」 에 필히 확인후 연차 특허(등록)료를 납입토록 하십시오

- **면제 또는 감면**은 특허, 실용신안, 디자인의 연차 **특허(등록)료 1-3년분에만 해당**됩니다.

- 면제 또는 감면에 해당되시더라도 연차 특허(등록)료납부서 와 감면증명서류를 제출하여 감면해당여부를 확인받으셔야 합니다.

※ 본 소멸예고안내문을 훼손하거나 분실시에는 특허청 홈페이지에서 출력하실 수 있습니다.

납부서를 이용한 납부방법 안내

1. 방문납부 : 접수창구에 **"연차 특허(등록)료 납부서"**를 제출하고, 다음날까지 영수증에 납부자번호를 기재하여 **"등록료"**를 금융기관에 **납부**

2. 우편납부 : **"연차특허(등록)료 납부서"**와 우체국 발행의 **"통상환**(해당금액)"을 동봉하여 **등기우편**으로 특허청에 **송부**

3. 온라인납부 : 특허청 전자출원 프로그램을 이용하여 **"연차특허(등록)료 납부서"**를 온라인으로 제출하고 **"등록료"**는 다음날까지 인터넷 지로 사이트에서 **납부 (납부서 온라인 제출후 다음날까지 고지서를 출력하여 금융기관 납부 가능)**

특허서비스헌장

1. 항상 민원인의 편에서 생각하고 일하겠습니다.
1. 신속하고 공명정대하게 처리하겠습니다.
1. 국내·외의 모든 특허정보를 제공하겠습니다.
1. 민원인들을 우리의 가족으로 생각하겠습니다.

이곳을 천천히 개봉하여 주십시오. ☞

【그림 34-2】 연차 특허료 납부통지서의 예

제4장 실용신안등록 출원

실용신안등록제도는 1999.6.30 이전 출원 분까지는 특허제도와 유사한 제도를 유지하였으나, 1999.7.1 이후 출원분에 대해서는 실용신안등록출원에 대하여 간단한 심사를 거쳐 등록을 하는 소위 실용신안선등록제도를 시행하였다.

실용신안선등록제도 하에서 등록된 실용신안권의 권리범위는 자기실시에 한정되고, 제3자에 대하여 권리행사는 기술평가 청구에 의해 등록유지결정을 받은 후에라야 가능하도록 규정하고 있었다.[258)]

그 후 실용신안선등록제의 문제점이 부각되어 2006.3.3의 개정에 의하여 2006.10.1부터 실용신안선등록제를 폐지하고 종전의 심사제도로 회귀하여 현재는 특허제도와 거의 유사한 제도로 운용하고 있다.

제1절 출원

출원의 전체적인 절차는 다음 그림과 같다.[259)]

---

258) 2006.3.3.개정 전 실용신안법 제44조: 실용신안권자 또는 전용실시권자는 … 유지결정의 등본을 제시하여 경고한 후가 아니면 자기의 실용신안권 또는 전용실시권의 침해자 등에 대하여 그 권리를 행사할 수 없다.
2006.3.3. 개정 전 실용신안법 제45조: 권리행사나 경고 후 취소결정, 무효심결이 확정되면, 그 권리의 행사나 경고에 의해 상대방에 입힌 손해를 배상할 책임을 진다. 다만, 유지결정에 근거하거나 기타 상당한 주의를 하여 그 권리를 행사하거나 경고를 한 때에는 그러하지 아니하다.

259) 특허청 웹페이지 http://www.kipo.go.kr〉 특허마당〉 권리별정보안내〉 실용신안의이해.

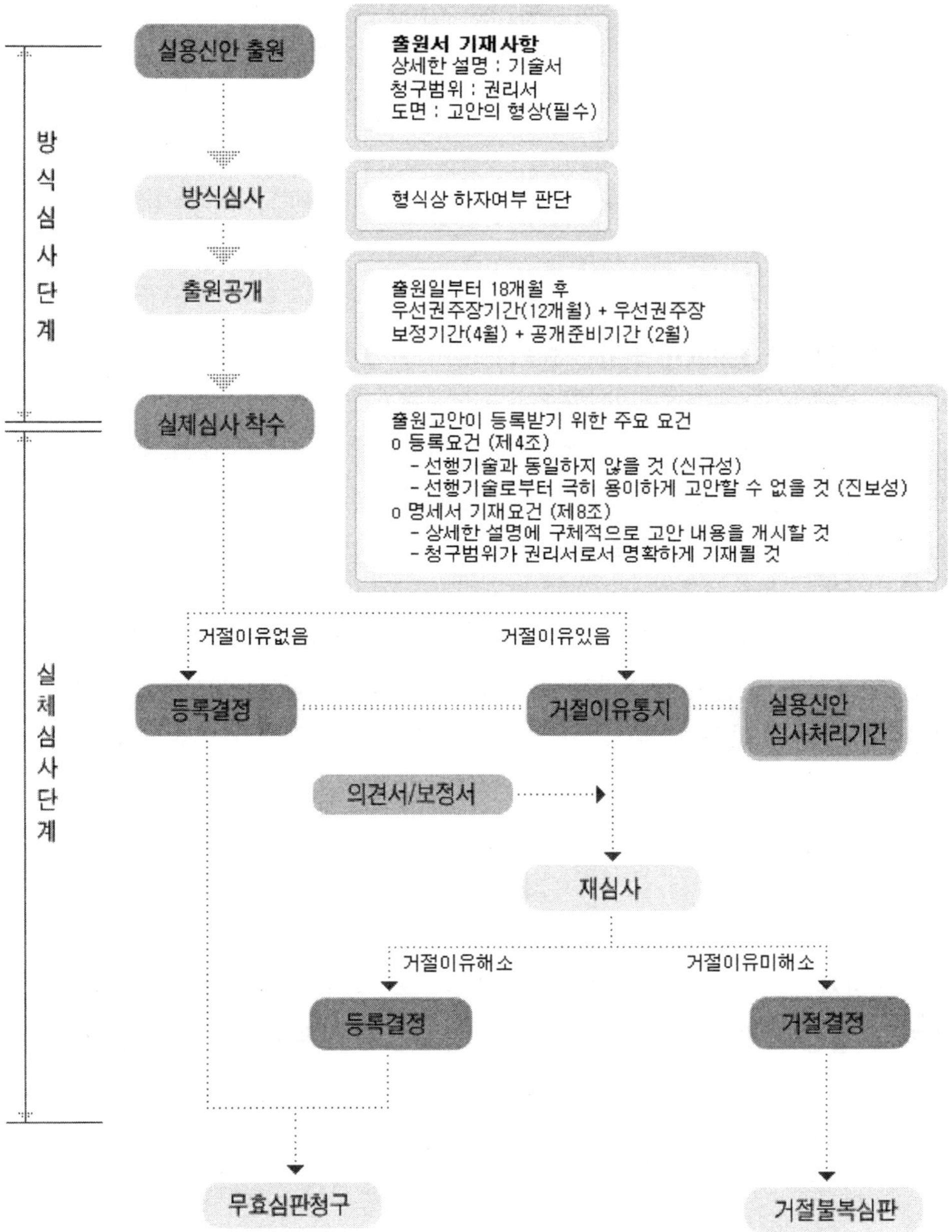

【그림 35】 실용신안 심차 절차 흐름도

제2절 심사

Ⅰ. 방식심사

행위능력, 대리인의 특별수권사항, 법령에 의한 방식, 수수료 등의 적부를 심사한다.

Ⅱ. 실체심사 (2006.10.1 부터)

2006.10.1 이후 출원분에 대해서는 출원일로부터 3년 이내에 심사청구를 하여야 하고(실용신안법 § 12-②), 심사청구가 있으면 심사청구 순서에 따라 특허출원에서와 유사한 요건을 심사한다.

즉, 실용신안의 보호대상인지의 여부뿐만 아니라 신규성, 진보성, 선원성 등 특허출원에서와 유사한 요건을 심사한다. 다만, 특허에서와는 달리 실용신안에서는 진보성의 판단시 당업자가 종래 기술로부터 '극히' 용이하게 고안할 수 있는 지의 여부가 문제가 되나, 실무에서 그 차이를 구분하기는 용이하지 않다.

제3절 등록

실체심사 후 거절이유가 없으면 심사관은 "등록결정서"를 발송하고, 이에 따라 출원인이 실용신안권 설정등록을 함으로써 실용신안권이 발생한다.

실용신안권 설정등록료 및 연차등록료는 아래와 같다.

요금 / 권리	설정등록료 (1~3년분)	연차등록료			
		4~6년	7~9년	10~12년	13~15년
기본료	매년 20,000원씩 60,000원	매년 40,000원	매년 80,000원	매년 160,000원	매년 240,000원
가산료 (청구항 1항 초과시 항마다)	매년 5,000원씩 15,000원	매년 10,000원	매년 15,000원	매년 20,000원	매년 20,000원

【표 14】 실용신안권 등록료의 예

제4절 변경출원

특허출원서에 최초로 첨부된 명세서 또는 도면에 기재된 사항의 범위에서 그 특허출원을 실용신안으로 변경출원할 수 있다.

Ⅰ. 범위

특허출원인은 출원서에 최초로 첨부된 명세서, 도면에 기재된 사항의 범위 내에서 실용신안으로 변경하여 출원할 수 있다. 만일, 원출원에 기재되어 있지 아니한 발명에 대하여 변경출원한 경우에는 거절이유를 통지하고, 의견서·보정서에 의하여도 거절이유가 해소되지 아니하면 거절결정된다(실용신안법 § 13-⑦).

Ⅱ. 기간

특허출원으로부터 실용신안등록출원으로의 변경은 원칙적으로 특허출원이 특허청에 계속 중이어야 한다. 따라서 특허출원후 특허등록결정이 되면 변경출원할 수 없고, 특허출원 후 심사가 진행 중인 경우에는 실용신안등록출원으로 변경할 수 있다.

특허출원에 관한 거절결정이 있는 경우에는, 최초의 거절결정 등본의 송달받은 날부터 30일이 경과하기 전까지 실용신안출원으로의 변경이 가능하다.

Ⅲ. 효과

특허출원을 기초로 실용신안등록출원으로 변경출원이 있는 경우, 실용신안등록 변경출원은 원출원인 특허출원시로 출원일의 소급효과가 발생한다(실용신안법 § 10-②). 이때 원출원인 특허출원은 취하된 것으로 보게 된다(실용신안법 § 10-④).

Ⅳ. 특허와 실용신안의 비교

아래는 특허와 실용신안을 비교한 것이다.

	특허법	실용신안법
보호대상	물건 발명, 방법 발명	물품의 형상 · 구조 · 조합에 관한 고안
진보성 판단	쉽게 발명	극히 쉽게 고안
도면의 첨부	물건 필수, 방법 선택	필수
심사청구기간	출원일부터 3년	
존속기간	20년	10년
존속기간의 연장신청	가능	불가능

【표 15】 특허권과 실용신안권의 비교

제5장 PCT 국제특허출원

제1절 개요

특허는 기본적으로 특허를 획득한 국가 내에서만 효력을 발생하므로 외국에서 특허권을 행사하고자 하는 경우에는 그 국가에서 특허를 출원하여 특허를 획득하여야 한다. 또한 어느 한 국가의 특허권은 다른 국가의 특허권과 원칙적으로 관계가 없이 독립적으로 출원, 심사, 등록되므로(특허독립의 원칙) 특허권을 행사하고자 하는 국가 별로 별도로 출원하여 각 국가의 심사를 별도로 받은 후에 개별적으로 권리를 등록한 후 권리를 행사하여야 한다. 다만 어느 한 국가에서 특허출원을 한 후에 외국의 다른 국가에 특허출원을 하는 경우에는 파리조약에 의한 우선권을 주장하여 어느 한 국가의 출원일 이후 외국의 출원일 사이에 존재하는 선행기술에 의하여 신규성, 진보성 등이 부정되는 것은 저지할 수 있는 일정한 이익이 있다.

그럼에도 불구하고 복수의 외국 국가에서 특허를 취득하고자 하는 경우에 그 외국의 개별 국가별로 그 국가에서 인정하는 언어로 출원서를 별도로 준비하여 출원하여 특허를 획득하여야 한다. 이러한 절차상의 어려움을 해소하기 위하여 특허협력조약(Patent Cooperation Treaty)이 체결되었는데, PCT에 의한 특허출원을 일반적으로 "국제특허출원"이라고 부르기도 한다.

PCT에 의한 국제특허출원을 할 때에 출원인은 자신의 국적이나 거주지 국가의 특허청(수리관청, Receiving Office)에 '하나'의 PCT출원서를 제출하여 수리관청과 WIPO(국제지적재산권기구)에 의한 하나의 절차(선행기술조사, 예비심사)가 진행되다가 일정한 기간(30개월 혹은 31개월, 한국은 31개월)이 경과하기 전에 자신이 특허를 획득하고자 하는 국가(지정국가)에서 개별국가의 특허취득절차를 개별적으로 진행하여 특허를 취득하게 된다.

이와 같은 절차는 다음과 같다.[260)]

---

260) http://www.kipo.go.kr의 특허마당〉주요제도〉PCT국제출원제도 참조.

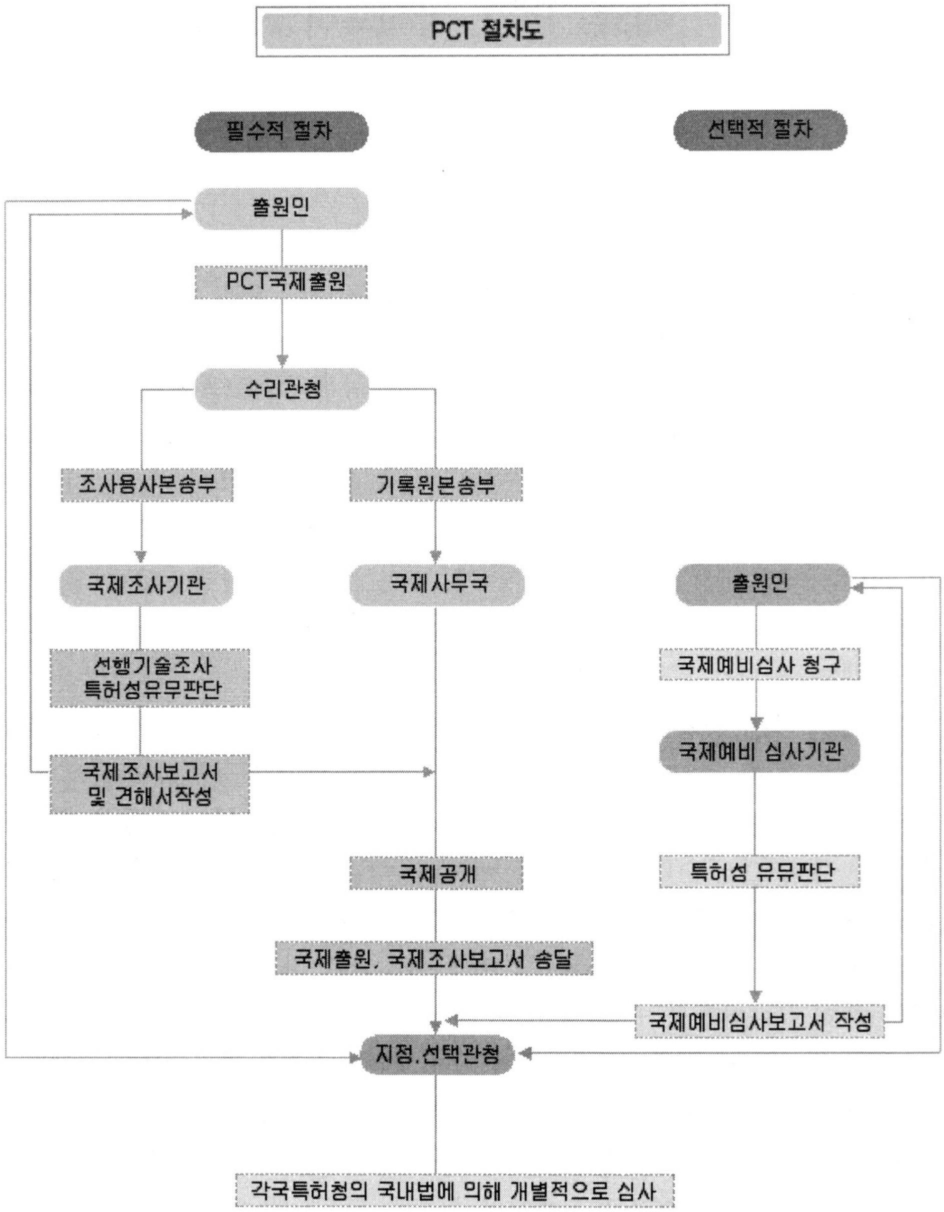

【그림 36】 PCT 국제특허출원 절차

제2절 PCT 국제출원과 통상의 외국출원의 비교

통상의 외국 출원에서는 특허를 받고자하는 외국의 국가 개별적으로 각국의 특허청에서 인정하는 언어(한국특허청을 수리관청으로 하는 경우, 한국어, 일본어, 영어) 및 방식으로 작성된 특허출원서류를 각국의 특허청에 개별적으로 제출하고, 각각의 특허청에서 개별적으로 특허심사 및 등록절차를 거쳐야 한다. 어느 한 국가에서 특허를 획득하였는지의 여부는 타 국가에서 특허획득여부와는 아무런 관계가 없이 개별적으로 심사 및 등록 절차가 진행된다.[261)]

이에 반하여 PCT 국제출원에서는 PCT 조약에서 정하는 언어 및 방식으로 기재된 특허출원서류를 수리관청이나 WIPO의 국제사무국에 제출하면, 국제조사기관(International Search Authority)[262)]에서 선행기술을 조사하고 특허성의 유무를 판단하고(국제조사), 국제출원서류 및 국제조사보고서를 전자적 형태로 공개하고(국제공개, 우선일로부터 18개월), 특허성 유무에 관한 예비적인 판단인 국제예비심사 단계를 국제예비심사기관(International Preliminary Examination Authority)[263)]에서 거친다. 여기까지의 단계는 WIPO의 주도하에 절차가 이루어지므로 일반적으로 국제단계(International Phase)로 부르기도 한다.

출원인은 국제조사와 국제예비심사의 결과를 참고하여 각 지정국(Designated States)에서의 특허출원 여부를 결정할 수 있는데 특허절차를 계속하고자 한다면, 우선일로부터 30개월 혹은 31개월(번역문제출기간) 이내에 각 지정국이 요구하는 언어로 작성된 번역문 및 수수료를 각 지정국에 제출 및 납부하여 개별국가에서 심사 및 등록 절차가 진행된다. 국제단계 이후에 개별국가에서 이루어지는 단계를 **국내단계**(National Phase)로 부르기도 한다.

---

261) 다만 실무에서는 외국의 심사사례 특히 외국 특허청에서 등록되었다는 점을 신규성, 진보성 등의 특허요건을 인정받기 위한 참고자료로 제출하는 경우가 많다.

262) 한국특허청을 수리관청으로 한 경우, 한국(한국어, 영어), 오스트리아(영어), 호주(영어), 일본(일본어) 특허청 중의 하나를 국제조사기관으로 선택할 수 있다. 한편 우리나라를 국제조사기관으로 지정할 수 있는 국가는, 미국, 호주, 뉴질랜드, 필리핀, 베트남, 인도네시아, 몽골, 싱가포르, 말레이시아, 스리랑카, 칠레, 태국이 있다.

263) 한국특허청을 수리관청으로 한 경우, 한국, 오스트리아, 호주, 일본(일본에서 국제조사 받은 경우에 한함) 특허청.

제3절 PCT 국제출원의 장단점

Ⅰ. 장점

PCT 국제출원의 장점으로는 우선 하나의 출원으로 다수의 국가에 출원한 것과 같은 효과를 얻을 수 있으므로 다수의 개별 국가에서 일일이 출원해야 하는 번거로움을 일부 감소할 수 있다는 점을 들 수 있다.

또한 특허를 받고자 하는 국가의 특허청(**지정관청**)에서의 심사절차가 이루어지기 이전에 국제조사기관에서 선행기술을 검색하는 국제조사(필수절차)와 특허성에 관한 견해서(Written Opinion) 및 출원인이 원하는 경우에는 국제예비심사기관에 의하여 특허성 유무에 대한 국제예비심사(International Preliminary Examination)를 받아 특허취득의 가능성에 대하여 미리 평가할 수 있고 이에 따라 특허 획득 가능성이 희박한 경우에는 조기에 특허취득 절차를 종료하여 비용을 절감할 수 있는 이점이 있다.

통상의 해외출원 절차를 따르는 경우 국내출원 후 1년 이내에 파리조약우선권을 주장하면서 출원하고 이에 따른 번역문 등의 서류를 국내출원 후 통상적으로 14개월 이내에 준비하여 제출하여야 하므로 통상적으로 국내출원시점에서 외국출원서류를 준비할 수 있는 기간으로 14개월 정도가 확보할 수 있다고 볼 수 있다.

반면에 PCT 국제특허출원을 하면 일반적으로 국내출원 후 30개월 혹은 **31개월**(한국 등)인 국내단계진입기간에 해당하는 기간을 명세서의 번역물 준비기간으로 확보할 수 있어 통상의 해외출원 절차에 비하여 상대적으로 장기간을 확보할 수 있는 장점이 있다.

Ⅱ. 단점

이에 반하여 단점으로는 국내단계에 진입하는 경우에는 각 국내단계별로 수수료가 발생하므로 PCT 국제출원에 따른 비용이 추가로 발생한다고 볼 수 있고, 국제조사와 국제예비심사단계 이후에 각 지정국가의 특허청에서 개별적으로 심사 및 등록 절차를 수행하여 독자적으로 특허를 부여한다는 점은 단점으로 볼 수 있다.

Ⅲ. 유의점

PCT 국제특허출원은 다수의 외국 국가에 출원하는 경우에는 국내단계에 진입하기 이전까지 일정한 기간 동안에는 하나의 절차가 진행되고 국내단계에 진입한 이후에는 복수의 단계가 병렬하여 독립적으로 진행되어 각 지정국가에서 개별적으로 특허를 부여하며 개별적으로 특허권이 행사될 뿐으로 하나의 출원에 의하여 전 세계에서 행사할 수 있는 하나의 특허가 부여되는 것은 아니라는 점과 PCT 국제특허출원은 특허 및 실용신안등록 출원에 한정된다는 점에 유의하여야 한다.

제6장 디자인등록 출원

디자인등록 출원에는 다른 제도에는 없는 독특한 제도가 있다. 즉, 디자인등록출원에 대한 심사여부가 디자인의 대상이 되는 **물품의 종류**에 따라서, 심사를 하는 경우(심사등록출원)와 심사를 하지 않는 경우(일부심사등록출원)[264]로 나누어져 있다는 점이다. 이와 같은 구분은 물품의 종류에 따라 법령에 따라서 정해진 것이므로, 출원인이 임의로 선택할 수 있는 것이 아니라는 점에 유의하여야 한다.

다음 그림은 디자인등록 출원의 전체적인 절차를 보여준다.[265]

264) 이를 종전에는, '무심사등록출원'으로 불렸다.

265) 특허청 http://www.kipo.go.kr〉 특허마당〉 권리별정보안내〉 디자인의 이해.

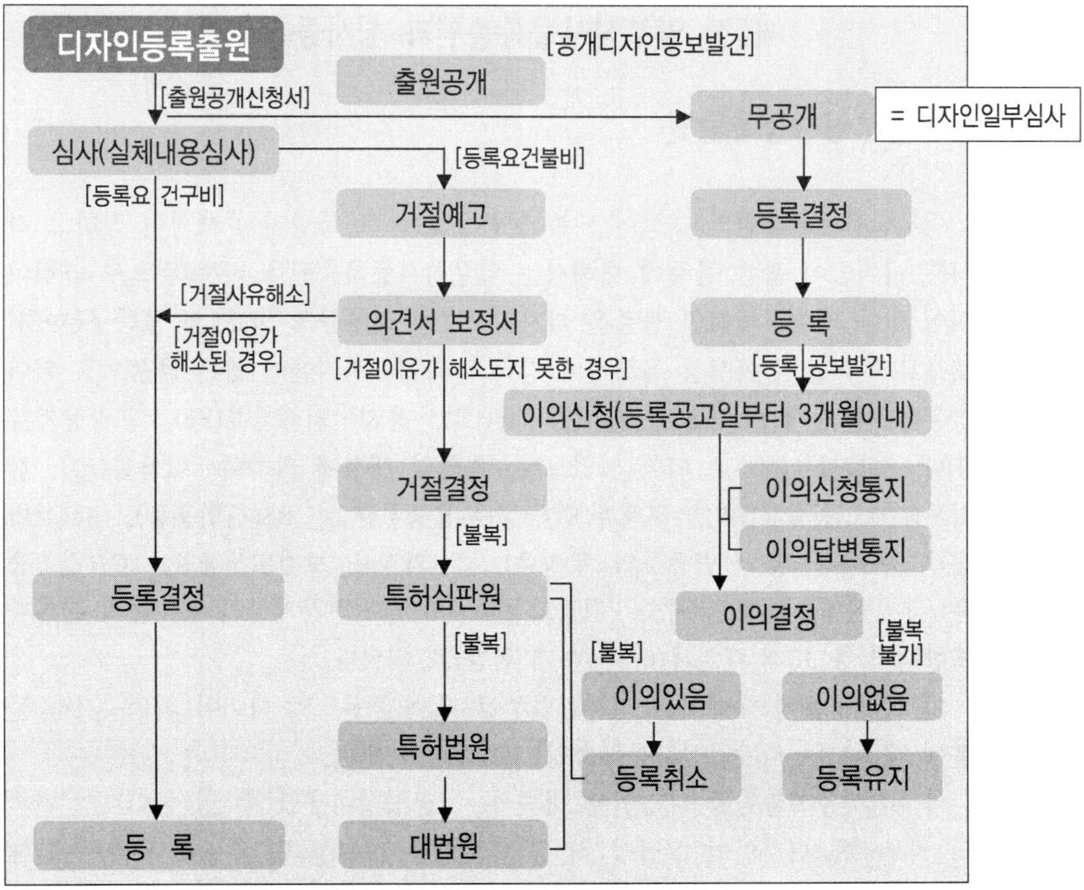

【그림 37】 디자인등록출원의 심사절차 흐름도

제1절 일부심사등록출원과 심사등록출원

Ⅰ. 일부심사등록출원

일부심사등록출원의 대상이 되는 물품으로는 그 특성이 유행성이 강하고 라이프 사이클이 짧은 물품에 대해서는 일부심사등록출원을 하는 것으로 규정이 되어 있다.[266] 구체적인 물품은 디자인보호법 시행규칙 별표4의 물품구분에서 대분류가 물품의 특성상 유행성이 강하고 라이프싸이클이 짧은 물품으로 되어 있는데, 종전에는 의복료(B1), 침구류(C1), 용지 · 인쇄물류(F3), 포장용기류(F4), 직물지류(M1)로 되어 있었으나, 최근의 개정에 의하여 식품류(A1), 잡화류(B2), 신발류(B5), 교재류(F1), 사무용품류(F2), B3(신변용품), B4(가방등), B9(의복 및 신변용품의 부속품), C4(가정용 보건위생용품), C7(경조용품), D1(실내소형정리용구), F5(광고용구 등), H5(전자계산기 등) 등의 분류가 포함되어 총 19개 대분류(6,200여개 물품)로 되었다.

이러한 물품에 대해서는 디자인일부심사등록출원으로 하여야 되며, 기타 물품에 대해서는 디자인심사등록출원으로 하여야 한다.

일부심사등록출원된 디자인에 대해서는 "공업상이용할 수 있는 디자인"인지의 여부 즉, 디자인의 성립성 및 공업상 이용 가능성 및 부등록사유[267]에 해당하는지에 관해서는 심사를 행하나 신규성, 창작성 및 선원성에 대한 심사는 행하지 않는다.[268]

---

266) 디자인보호법 제37조 ④ 디자인일부심사등록출원할 수 있는 물품류 구분 중 산업통상자원부령으로 정하는 물품으로 한정한다. 이 경우 해당 물품에 대하여는 디자인일부심사등록출원으로만 할 수 있다.

267) 제34조(디자인등록을 받을 수 없는 디자인) 다음 각호의 어느 하나에 해당하는 디자인에 대하여는 제33조의 규정에 불구하고 디자인등록을 받을 수 없다.

1. 국기 · 국장(國章) · 군기(軍旗) · 훈장 · 포장 · 기장(記章) 기타 공공기관등의 표장과 외국의 국기 · 국장 또는 국제기관등의 문자나 표지와 동일 또는 유사한 디자인
2. 디자인이 주는 의미나 내용 등이 통상적인 도덕관념이나 선량한 풍속에 어긋나거나 공공질서를 해칠 우려가 있는 디자인
3. 타인의 업무와 관련된 물품과 혼동을 가져올 우려가 있는 디자인
4. 물품의 기능을 확보하는데 불가결한 형상만으로 된 디자인

268) 디자인보호법 제62조 ②

Ⅱ. 심사등록출원

상기와 같은 '일부심사등록출원'의 대상이 되는 물품을 제외한 모든 물품에 대해서는 '디자인심사등록출원'을 하여야 한다.

제2절 출원서와 도면

디자인등록 출원을 위해서는 '출원서'에 '도면'을 첨부하여 제출한다.

Ⅰ. 출원서

출원서에는 '디자인심사등록출원서'와 '디자인일부심사등록출원서'가 있다.

Ⅱ. 도면

도면의 양식은 입체디자인과 평면디자인에 따라서, 요구되는 도면의 종류가 상이하다.

입체디자인의 경우에는 원칙적으로 **사시도** 및 **정면도**, **배면도**, **좌측면도**, **우측면도**, **평면도** 및 **저면도**, 총 7장의 도면이 필요하고, 평면디자인의 경우에는 **표면도**와 **이면도**, 총 2장이 필요하다.

다만 디자인의 전체적인 형상과 창작내용의 요점이 충분이 표현된다면 개수에 관계없이 출원인이 제출을 원하는 도면만을 제출할 수도 있다.

도면에는 아래의 사항을 기재한다.

1. 디자인의 대상이 되는 물품

디자인의 대상이 되는 물품은 출원서에 기재된 물품명을 기재한다.

2. 디자인의 설명

디자인의 설명부분에는 도면만으로는 이해할 수 없는 내용을 추가로 기재한다. 이와 같은 내용으로는 다음과 같은 것이 있다.[269)]

① 디자인등록출원서에 첨부된 도면만으로는 그 물품의 사용목적 · 사용방법 · 재질 또는 크기 등을 이해하기 어려울 경우에는 이에 관한 설명
② 물품이 가지는 기능에 의하여 변화하는 디자인에 있어서 그 변화의 전후에 걸친 물품의 형상 · 모양 · 색채 또는 이들의 결합에 관하여 등록을 받고자 하는 경우에 이에 관한 설명
③ 출원서에 첨부된 도면 또는 사진에 색채를 가하는 경우에 백색 · 회색 또는 흑색 중의 하나를 생략할 수 있는데, 이러한 경우에 이에 관한 설명
④ 도면에서 길이 방향으로 생략하여 도시한 경우에, 생략한 길이가 도면상 몇 cm가 생략되었는지 표시
⑤ 부분디자인을 디자인등록출원하는 경우, 디자인등록을 받고자 하는 부분을 도면 · 사진에서 특정하고 있는 방법에 대한 설명

'디자인의 설명'에 기재하는 내용은 등록디자인의 '보호범위'를 확정하는데 사용된다.

3. 디자인창작내용의 요점

디자인 창작내용의 요점은 디자인의 내용을 명확히 파악하는데 도움을 주고자 작성하는 것이다. '디자인창작 내용의 요점'에 작성되는 내용은 '심사시에 참고'가 되는 내용으로 등록디자인의 보호범위를 확정하는데 사용되지 않는다.[270)]

디자인창작내용의 요점란에는 다음과 같은 내용을 기재한다.[271)]

① 디자인등록출원하는 디자인의 창작 내용의 요점을 쉽고, 간결하고, 명확하게 기재

269) 디자인법시행규칙 별표2

270) 이러한 점은 '디자인의 설명'에 기재하는 내용은 등록디자인의 '보호범위'를 확정하는데 사용된다는 점에서 중요한 차이이다.

271) 디자인법시행규칙 별표3

② 가능한한 이전의 공지된 디자인과 비교하여 독창적으로 창작된 내용을 중점적으로 기재한다.

③ 국내에 널리 알려진 형상 · 모양, 자연물, 유명한 저작물 및 전조물 등을 모티브로 하여 창작한 경우에는 이들 형태로부터 독창적으로 창작한 내용을 중점적으로 기재

④ 문자수는 가능한 한 300자 이내로 작성

4. 도면그림

도면그림의 경우, 원칙적으로 입체디자인에는 사시도와 정투상도법에 의한 6장, 도합 7장의 도면이 필요하고, 평면디자인의 경우에는 표면도의 이면도의 2장이 필요하다. 다만, 좌우, 상하, 정후면의 도면이 동일하거나 대칭이 되는 경우에는 다음과 같이 생략이 가능하다.

도면의 생략이 가능한 경우	생략가능한 도면	그 뜻의 기재 방법
정면도 ↔ 배면도	【배면도】	"정면도와 동일" 혹은 "정면도와 대칭"
좌측면도 ↔ 우측면도	【좌측면도】 혹은 【우측면도】	"좌측면도와 동일", "좌측면도와 대칭", "우측면도와 동일", "우측면도와 대칭"
평면도 ↔ 저면도	【저면도】	"평면도와 동일" 혹은 "평면도와 대칭"
대형의 기계 등의 이유로, 항상 아랫면을 볼 수 없는 경우	【저면도】	해당 내용을 설명

【표 16】 입체 디자인권 도면의 생략

평면디자인인 경우에는 표면도와 이면도를 동일한 축적에 의하여 그려야 한다. 단, 이면도가 평면도와 동일 혹은 대칭이거나, 아무런 모양이 없는 경우에는 생략할 수 있다.

도면의 생략이 가능한 경우	생략가능한 도면	그 뜻의 기재 방법
표면도 ↔ 이면도	【이면도】	"표면도와 동일" 혹은 "표면도와 대칭" 혹은 "모양이 없음"

【표 17】 평면 디자인권 도면의 생략

Ⅲ. 출원서와 도면의 예

다음은 심사등록출원서와 도면의 예이다.[272)]

방식심사란	담 당	심 사 관

【서류명】 의장심사등록 출원서

【수신처】 특허청장

【참조번호】 0001

【제출일자】 2005.04.11

【출원인】

　【성명】 ○○○

　【출원인코드】 ----------

【의장의 대상이 되는 물품】 주전자

【단독의장, 유사의장 여부】 단독의장

【창작자】

　【성명】 ○○○

　【출원인코드】 ----------

【취지】 의장법 제9조의 규정에 의하여 위와 같이 출원합니다.

　출원인　　○○○　(인)

【수수료】

　【출원료】 60,000 원

　【의장등록출원 공개신청료】 0 원

　【의장비밀보장청구료】 0 원

　【우선권주장료】 0 원

　【합계】 60,000 원

　【감면사유】 개인(70%감면)

　【감면후 수수료】 18,000 원

1-1

【그림 38-1】 디자인 등록 출원서의 예

272) 도면은, 디자인등록번호 30-0258966호를 참조한 것이다.

【입체디자인 도면】

【디자인의 대상이 되는 물품】

주전자

【디자인의 설명】

1. 재질은 금속재 및 플라스틱재 임.

【디자인창작내용의 요점】

주전자 몸체의 토출구를 제외한 몸체 외주면에 동심원상의 삼각 돌조를 형성하여 입체감을 부각시킨 것을 창작 내용의 요점으로 함.

【사시도】

- 1 -

【그림 38-2】 디자인 등록 출원서의 예

【정면도】

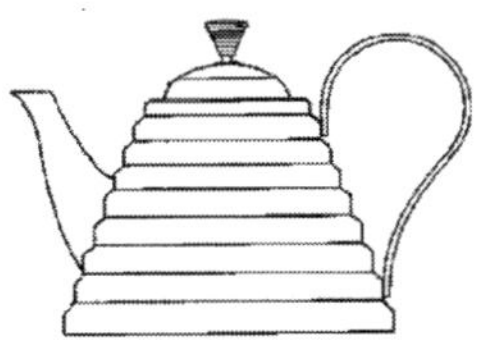

【배면도】

정면도와 대칭

【좌측면도】

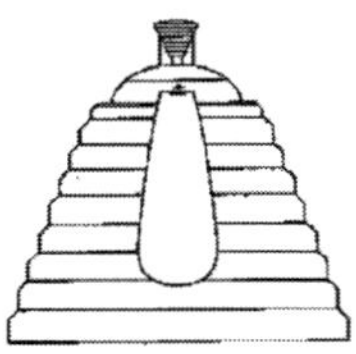

【우측면도】

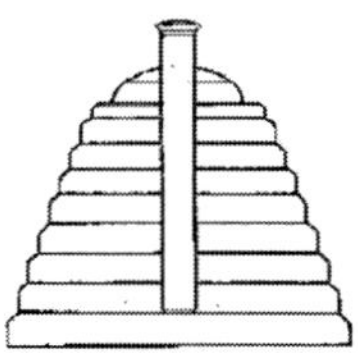

- 2 -

【그림 38-3】 디자인 등록 출원서의 예

【평면도】

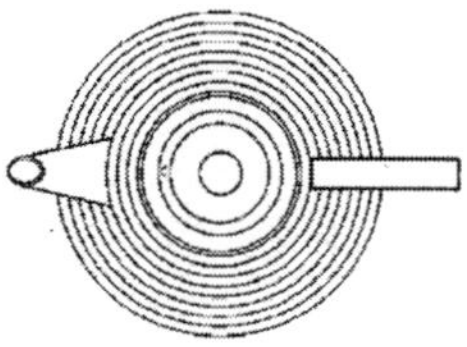

【저면도】

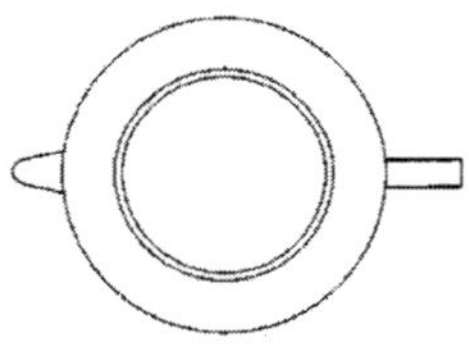

【참고도 1】

- 3 -

【그림 38-4】 디자인 등록 출원서의 예

제3절 심사

디자인이 등록받기 위해서는 우선, 디자인으로 **성립**하여야 하고, **공업상 이용 가능성**, **신규성**, **창작비 용이성**의 요건을 충족하여야 한다.

Ⅰ. 성립성

디자인은 "물품의 형상 · 모양 · 색채 또는 이들을 결합한 것으로서 시각을 통하여 미감을 일으키게 하는 것"을 말하는 것으로 정의되어 있다. 여기서의 물품은 물품의 부분 및 글자체도 포함한다.[273)]

1. 물품

물품은 독립적으로 거래가 가능한 구체적인 물건으로서 유체물을 의미한다. 따라서, 물품의 부분과 같이 독립적으로 거래가 불가능한 물건이나, 전기, 열, 빛, 기체 등의 무체물 및 토지, 가옥, 도로, 화단, 정원 등과 같은 부동산은 물품에 해당하지 아니하여 디자인보호법의 보호대상이 아니다.

2. 형상, 모양, 색채 (형태성)

(1) 형상

형상은 물품이 공간을 점유하고 있는 **윤곽**이다.

---

273) **第2條 (定義)** 이 法에서 사용하는 用語의 定義는 다음과 같다. 〈개정 1995.12.29, 1997.8.22, 2001.2.3, 2004.12.31〉

1. "디자인"이라 함은 물품[물품의 부분(제12조를 제외한다) 및 글자체를 포함한다. 이하 같다]의 形狀 · 模樣 · 色彩 또는 이들을 結合한 것으로서 視覺을 통하여 美感을 일으키게 하는 것을 말한다.

1의2. "글자체"라 함은 기록이나 표시 또는 인쇄 등에 사용하기 위하여 공통적인 특징을 가진 형태로 만들어진 한 벌의 글자꼴(숫자, 문장부호 및 기호 등의 형태를 포함한다)을 말한다.

(2) 모양

모양은 문양, 무늬, Pattern 혹은 Ornament에 해당하는 것으로, 형상의 표면에 나타나는 **선도**(선으로 그린 도형), **색구분**(선이 아닌 색채로서 구획되어 있는 것), **색흐림**(색과 색의 경계를 흐리게 하여 색이 자연스럽게 옮아가는 것, gradation) 등을 말한다.

(3) 색채

색채는 물체에 반사되는 빛의 파장 및 강도에 의하여 인간이 시각적으로 느끼는 것을 말한다. 스펙트럼상에서 파장에 따른 강도가 상이하여 시각적으로 색채를 느낄 수 있는 유채색과 달리, 파장에 따른 강도가 일정하여 색채를 느낄 수 없는 무채색(흑색, 백색, 회색 등 색상이 없이 빛의 강도만 존재하는 빛)은 색채학상의 색채는 아니지만, 디자인보호법상에서는 유채색, 무채색을 특별히 구별하지 않고 사용한다.

3. 시각

여기서의 시각은 인간의 육안을 의미하므로, 시각 이외의 감각으로 인식가능한 것, 육안으로 식별할 수 없는 것, 물품의 외부에서는 보이지 않는 내부의 디자인은 인간의 육안으로 느낄 수 없으므로, 디자인보호법의 대상이 아니다.

4. 미감(= 장식적 요소, ≠ 기능)

디자인보호법상의 미감은 순수한 아름다움이나, 작자의 개성을 반영한 순수미술품과 같은 고상한 아름다움을 의미하는 것이 아니라, 지역, 시대, 민족 및 개인을 초월하여 일반적으로 공통되는 정도의 범위에서 미감을 일으킬 수 있는 정도를 의미하고, 실제적으로는 미감 여부가 문제로 되는 경우는 거의 없다.

미국의 경우에는 이에 대응하는 개념으로 장식적 요소(ornamental element)의 용어를 사용하고, 디자인은 '**기능**(function)'이 아닌 '장식적 요소'를 보호대상으로 한다. 미국의 Apple v. Samsung 사건에서는 직사각형 형태의 스마트폰에서 그 형태가 디자인 보호의 대상이 되지 아니하는 **'기능'**에 해당하는 지 여부가 쟁점 중의 하나로 되었다.

Ⅱ. 공업상 이용 가능성

디자인의 공업상 이용 가능성은 공업적 생산방법에 의하여 동일한 물품의 양산이 가능함을 의미한다. 공업적 생산 방법에는 기계적인 방법뿐만 아니라, 수공업적 생산방법도 포함한다. 동일한 물품의 양산은 동일한 형태의 물품을 대량으로 생산하는 것을 의미하며, 물리적으로 완전히 동일하지 않더라도 일견 동일하게 보이는 정도의 동일성을 의미한다. 공업상 이용 가능성이 없는 경우의 예는 다음과 같다.

1. 자연물 자체

수석, 분재, 박재 등 천연상태의 자연물, 인공이 가미된 품종이 개량된 쌀, 품종 개량된 꽃, 품종개량된 물고기 등 자연물 자체의 디자인은 공업상 이용 가능성이 없다.

2. 순수미술 창작물

순수미술분야에 속하는 그림 등의 저작물은, 작가의 사상이나 감정을 표현한 것으로, 산업상의 이용을 목적으로 양산을 할 수도 없으므로 공업상 이용 가능성이 없다.

Ⅲ. 신규성

① 디자인 등록 출원 전에 국내 또는 **국외**에서 공지되었거나, 공연히 실시된 디자인(디자인보호법 제5조제1항제1호

② 디자인 등록 출원 전에 국내 또는 국외에서 반포된 간행물에 게재되었거나 전기통신회선을 통하여 공중이 이용가능하게 된 디자인(디자인보호법 제5조제1항제2호)

③ 위에 해당하는 디자인과 **유사**[274]한 디자인 (디자인보호법 제5조제1항제3호)

Ⅳ. 신규성상실의 예외

디자인등록을 받고자하는 자의 디자인이, 자신의 적극적인 의사에 의하여(대표적인 예가, 교수나 연구원이 논문이나, 학술대회에서 발표하는 것) 혹은 자신의 의사에 반하여[275](예를 들어, 사용자 또는 대리인이 고의 또는 과실로 누설하여 공지되거나, 누군가가 창작자의 디자인을 도용하여 발표하는 것) 신규성이 상실하게 되는 사유가 발생한 경우, 일정한 절차를 수행하면 **그 사유에 의한 신규성 상실은 되지 않는 것**으로 취급하는 경우를 말한다.

신규성상실의 예외 규정을 적용받기 위해서는

① 신규성을 상실한 날부터 1년 이내에,

② 디자인등록출원서에 신규성상실예외적용을 주장하면서 출원하고,

③ 출원일로부터 30일 이내에(자기의 의사에 반하여 신규성 상실된 경우 제외) 신규성 상실 일자와 사유를 증명할 수 있는 서류를 제출하여야 한다.

Ⅴ. 창작비용이성

신규성을 상실한 디자인의 결합에 의하거나, 국내에서 널리 알려진 형상, 모양, 색채 또는 이들의 결합에 의하여 용이하게 창작할 수 있는 디자인은 진보성이 없다(디자인보호법 § 33-②).

---

274) 공지된 디자인에 유사한 디자인이 진보성이 아니라, 신규성 상실이 되는 것은, 특허·실용신안과는 상이한 점이다.

275) 특허에 관한 사건이나, 자신의 발명이 외국의 특허공보에 실린 것을, 자신의 의사에 반한 공지라고 주장한 것은 인정되지 아니하였다.(대판 1985.12.24, 85후14)

Ⅵ. 디자인등록을 받을 수 없는 디자인

위와 같은 등록요건을 모두 충족하는 경우에도, 다음과 같은 경우에는 등록받을 수 없다.

① 국내의 국기 · 국장 · 군기 · 훈장 · 포장 · 기장 기타 공공기관 등의 표장과 외국의 국기 · 국장 또는 국제기관 등의 문자나 표지와 동일 또는 유사한 디자인

② 공공의 질서나 선량한 풍속을 문란하게 할 염려가 있는 디자인

③ 타인의 업무와 관계되는 물품과 혼동을 가져올 수 있는 디자인

④ 물품의 기능을 확보하는데 불가결한 형상만으로 된 디자인

제4절 등록

디자인 등록결정서가 송달된 후, 디자인등록료를 특허청에 납부하면 특허청에서 디자인권 등록원부에 디자인권 설정등록을 하고 디자인등록증을 교부하여 준다.

등록된 디자인을 독점 배타적으로 사용할 수 있는 기간은 디자인권 설정등록일로부터 출원일로부터 **20년이 되는 날**까지이다.(제91조 제1항)

다음은 디자인권 설정등록료 및 연차등록료이다.(※는 정상납부기한이 2006. 5.1. 이후인 경우에 적용)

<table>
<tr><th rowspan="2">요금
권리</th><th rowspan="2">설정등록료
(1~3년분)</th><th colspan="4">연 차 등 록 료</th></tr>
<tr><th>4~6년</th><th>7~9년</th><th>10~12년</th><th>13~15년</th></tr>
<tr><td rowspan="2">심 사</td><td rowspan="2">매년 25,000원씩
총 75,000원</td><td rowspan="2">매년
35,000원</td><td rowspan="2">매년
70,000원</td><td rowspan="2">매년
140,000원</td><td>매년
280,000원</td></tr>
<tr><td>210,000원 ※</td></tr>
<tr><td rowspan="2">일부심사</td><td rowspan="2">매년 1디자인마다
25,000원씩
총 75,000원/디자인</td><td rowspan="2">매년
35,000원</td><td rowspan="2">매년
70,000원</td><td rowspan="2">매년
140,000원</td><td>매년
280,000원</td></tr>
<tr><td>210,000원 ※</td></tr>
</table>

【표 18】 디자인권 등록료의 예

제7장 상표등록 출원

상표의 경우에도 특허권과 마찬가지로, 일정한 절차를 밟아 "상표등록결정"을 받고, "상표권설정등록"을 하여야 독점배타적인 권리가 발생한다. 전체적인 절차는 다음과 같다.[276)]

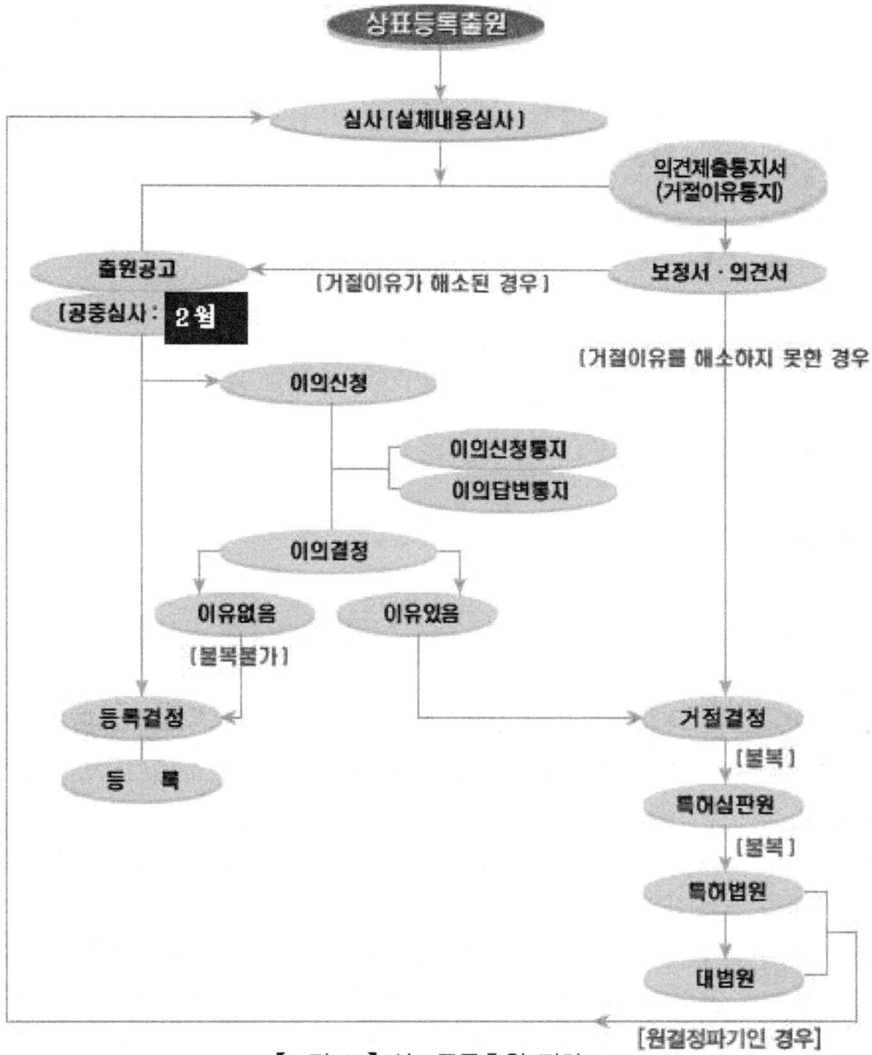

【그림 39】 상표등록출원 절차도

---

276) 특허청 홈페이지 http://www.kipo.go.kr〉특허마당〉권리별정보안내〉상표의 이해.

제1절 출원

Ⅰ. 출원인

국내에서 상표를 '사용하는 자' 또는 '사용하고자 하는 자'는 상표를 등록받을 수 있다. 변리사, 변호사 등의 자격증이 필요한 업무에 관한 상표를 이러한 자격증이 없는 자가 출원한 경우에 사용하고자 하는 자에 해당하는지 여부가 문제로 될 수 있으나, 이를 부정한 사례는 없다. 또한 항공업 등 고액의 자본과 면허등이 필요한 업무에 관한 상표를 고액의 자본과 면허가 없는 자가 출원한 경우에도 적법한 출원인으로 인정한 바 있다.

Ⅱ. 출원전 준비사항

특허에서와 마찬가지로, 특허청에 "출원인코드부여신청"을 하여 출원인 각각의 고유한 번호를 부여받아야 한다.

상표등록출원서류는 특허의 경우와 같이 서면 혹은 전자문서로 제출할 수 있다.

Ⅲ. 출원서류

상표등록 출원서에는 가로, 세로 8cm 이내로 작성된 상표견본을 첨부하여 제출한다.

상표출원시에는 출원상표를 사용하고자 하는 상품 즉, '지정상품'을 1개 이상 지정하여야 한다. 지정상품은 제1류로부터 제45류까지 구분되어 있으며, 제1류~제34류에는 상품이 구분되어 있고, 제35류~제45류까지에는 서비스업이 구분되어 있다. 예를 들어, 의료기계기구 등의 상품은 제10류에 속하고, 음식점, 제과점 등의 서비스업은 제43류에 속한다.[277]

지정상품은 제한 없이 자유롭게 지정할 수 있으나, 지정된 상품이 속한 상품류의 개수에 따라 수수료가 부과되고, 등록된 상표를 지정상품에 대하여 3년 이상 사용하지 않는 경우에는 불사용취소심판의 대상이 되어 상표가 취소될 수도 있으므로, 상품류를 과도하게 지정하는 것은 실익이 없다.

277) 각 '류'에 속하는 상품 및 서비스업 종류는 상표법시행규칙 별표1 및 2에서 찾아 볼 수 있다.

41998600299440111010000056000000000

방식심사란	담 당	심 사 관

【서류명】 출원서

【권리구분】 상표

【수신처】 특허청장

【참조번호】 0001

【제출일자】 2005.04.06

【출원인】

【성명】 ○○○

【출원인코드】 -------------

【지분】 100/100

【상품(서비스업)류 및 지정 상품(서비스업, 업무)】

【상품(서비스업)류】 제10류

【지정 상품(서비스업, 업무)】

치과용 거울, 치과용 버(Burs), 치과용 브로치, 치과용 유니트, 치과용 치료대, 치과용 클렌저, 치석제거기, 치아교정기계기구, 치열교정장치, 치은낭탐침기, 의치(義齒), 의치용 핀

【취지】 상표법 제9조의 규정에 의하여 위와 같이 출원합니다.

출원인 ○○○ (인)

【수수료】

【출원료】	1 개류	56,000 원
【우선권주장료】	0 건	0 원
【합계】		56,000 원

2-1

【그림 40-1】 상표등록출원서의 예

【상표견본】

예담

2-2

【그림 40-2】 상표등록출원서의 예

제2절 심사

상표가 등록받기 위해서는 "절차적 요건"으로서 출원의 형식을 충족하여야 하고, "실체적 요건"으로서 상표의 구성이 자타 상품의 '**식별력**'을 가지고, 상표법에 규정된 '**부등록사유**'에 해당하지 않아야 한다. 식별력은 영어의 Distinctiveness를 번역한 용어로 종전에는 '특별현저성'의 용어를 사용하기도 하였는데, 특정 상품과 다른 상품의 출처를 구별시키는 능력을 의미한다. 상표법에는 식별력이 없는 경우가 규정되어 있다(상표법 제33조, 종전 제6조).

Ⅰ. 식별력이 없는 상표

① 그 상품의 **보통명칭**을 보통으로 사용하는 방법으로 표시한 표장만으로 된 상표(보통명칭 상표)

상품의 보통명칭에 해당하는 상표는 식별력이 없는 것으로 인정되어 등록받을 수 없다.

예) 호두과자 (호두 과자),[278] Car (자동차), Corn Chip (스낵제품)

② 그 상품에 대하여 **관용(慣用)**하는 상표 (관용상표)

원래 상품의 보통 명칭은 아니지만, 널리 그 상품을 가리키기 위한 명칭으로 널리 사용되게 된 명칭에 해당하는 상표는 등록받을 수 없다.

예) 깡 (과자), 정종 (청주), Tex (직물), Aspirin (아세틸살리실산), 초코파이(빵)

③ 그 상품의 산지 · 품질 · 원재료 · 효능 · 용도 · 수량 · 형상(포장의 형상을 포함한다) · 가격 · 생산방법 · 가공방법 · 사용방법 또는 시기를 보통으로 사용하는 방법으로 표시한 표장만으로 된 상표

이와 같은 상표를 **기술적(記述的) 표장** 혹은 서술적 표장이라고 하며, 등록받을 수 없다.

예) 대구사과(사과), 한산모시(모시), 맛있는라면(라면)

278) "호두과자(호두 과자)"는 출원상표가 호두과자이고, 지정상품이 호두 과자임을 의미한다.

④ 현저한 **지리적 명칭** · 그 약어 또는 지도만으로 된 상표

현저한 지리적 명칭은 지정상품과 관계없이 식별력이 없는 것으로 인정된다.

예) 금강산, 뉴욕

⑤ 흔히 있는 성 또는 명칭을 보통으로 사용하는 방법으로 표시한 표장만으로 된 상표

예) 이, 김, 박

⑥ 간단하고 흔히 있는 표장만으로 된 상표

예) 123, ONE

⑦ 제1호 내지 제6호 외에 수요자가 누구의 업무에 관련된 상품을 표시하는 것인가를 **식별할 수 없는** 상표

예) 일반적인 구호, 표어, 인사말, 유행어, 사람 · 동물 · 자연물의 사진

Ⅱ. 사후 식별력의 취득

원래는 식별력이 없는 상표이더라도 상표등록출원 전에 상표를 사용한 결과 수요자 간에 그 상표가 누구의 업무에 관련된 상품을 표시하는 것인가 현저하게 인식되어 식별력을 취득한 것으로 인정되는 경우에는 그 상표를 사용한 상품을 지정상품으로 하여 상표등록을 받을 수 있다(§ 33-②).

예를 들어, 매운 라면에 사용되는 '매운라면'이라는 상표는 라면의 매운 맛을 나타내는 서술적 표장에 해당되어 식별력이 인정되지 아니하여 상표등록이 될 수 없다. 그러나 사용에 의하여 수요자 들이 '매운라면' 상표가 붙은 라면의 출처를 인식하게 된 경우에는 사후 식별력을 취득한 것으로 인정되어 상표등록될 수 있다.

Ⅲ. 부등록사유

식별력을 갖추었다고 해서 모두 상표등록을 받을 수 있는 것은 아니고, 다음에 해당하는 상표는 비록 식별력을 갖추고 있더라도, 상표등록을 받을 수 없다.(상표법 제34조 제1항 제1호 이하, 일부 생략)

(1) 국가, 인종 등의 비방·모욕 상표

상표법 § 34-①-2. 국가·인종·민족·공공단체·종교 또는 저명한 고인(故人)과의 관계를 거짓으로 표시하거나 이들을 비방 또는 모욕하거나 이들에 대한 평판을 나쁘게 할 우려가 있는 상표

'JAMES DEAN'이라는 상표에 대해서, 이는 단순히 고인의 성명 그 자체를 상표로 사용한 것에 지나지 아니할 뿐 그 사람과의 관련성에 관한 아무런 표시가 없으므로 본 조항에서의 고인과의 관계를 허위로 표시한 상표에는 해당하지 않는 것으로 판단한 바 있다.[279)]

(2) 공서양속 위반 상표

상표법 § 34-①-4. 상표 그 자체 또는 상표가 상품에 사용되는 경우, 수요자에게 주는 의미와 내용 등이 일반인의 통상적인 도덕관념인 선량한 풍속에 어긋나는 등 공공의 질서를 해칠 우려가 있는 상표

(3) 후출원 상표

상표법 § 34-①-7. 선출원에 의한 타인의 등록상표(등록된 지리적 표시 단체표장은 제외한다)와 동일·유사한 상표로서 그 지정상품과 동일·유사한 상품에 사용하는 상표

279) 대법원 1997.7.11. 선고, 96후2173판결(JAMES DEAN 사건).

우리나라에서는 기존의 상표라 하더라도 등록되어 있지 않으면, 동일한 지정상품에 관하여 동일한 상표를 출원하여 등록받을 수 있으나[280], 이미 타인의 상표라는 것이 현저하게 인식되어 있는 경우(주지상표)에는 등록될 수 없다. 이는 선사용자의 사용사실을 보호하고, 상품의 출처혼동을 방지하기 위함이다.

(4) 유명상표와 혼동 · 희석화 우려 상표

상표법 § 34-①-11. 수요자들에게 현저하게 인식되어 있는 타인의 상품이나 영업과 혼동을 일으키게 하거나, 그 식별력 또는 명성을 손상시킬 염려가 있는 상표

상표를 사용하고자 하는 지정상품이나 지정서비스업이 타인의 상품이나 영업과 상이하더라도 출처의 혼동이 발생하거나, 설사 출처의 혼동이 일어나지 않다 하더라도 그 '식별력이나 명성의 손상'(**식별력의 희석화**)이 발생할 우려가 있는 경우에는 상표의 등록을 방지하여 타인의 '저명상표'를 보호하기 위함이다.

스포츠 용품에 관한 'NIKE' 상표가 국내에 먼저 등록되어 일정기간 사용된 후 이에 대하여 이루어진 존속기간갱신등록[281]의 무효가 다투어진 사건에서, 존속기간갱신등록 시점에서는 NIKE 상표가 국내에서 저명한 상표로 인정되므로 이와 동일 유사한 상표는 비록 지정상품이 상이하더라도 출처나 영업의 오인, 혼동의 우려가 있으므로 존속기간갱신등록이 거절되어야 하며 이에 위반하여 한 갱신등록은 무효라고 판단한 바 있다.[282]

(5) 품질의 오인 · 수요자 기만

상표법 § 34-①-12. 상품의 품질을 오인하게 하거나 수요자를 기만할 염려가 있는 상표

280) 이는 상표의 사용주의에 반대되는 개념으로 등록주의라고 한다.
281) 최초의 상표권설정등록에 의하여 상표권이 10년간 확보되나 존속기간갱신등록에 의하여 10년씩 갱신할 수 있으므로 결국 반영구적으로 사용이 가능하다.
282) 대법원 1989.6.27. 선고, 88후219판결(NIKE 사건).

예를 들어, 중국에서 생산된 고추장에 '순창고추장'이라는 상표를 사용하거나 중국산 수입 굴비에 '영광굴비'라는 상표를 사용하는 경우가 이에 해당된다.

(6) 포도주, 증류주의 산지 표시

상표법 § 34-①-16. 세계무역기구 회원국내의 포도주 및 증류주의 산지에 관한 지리적 표시로서 구성되거나 동 표시를 포함하는 상표로서 포도주 · 증류주 또는 이와 유사한 상품에 사용하고자 하는 상표

(7) 국내외 상표의 부정한 목적 사용

상표법 § 34-①-13 및 14. 국내 또는 외국의 수요자들에게 특정인의 상품을 표시하는 것이라고 인식되어 있는 상표(13호) 또는 지리적 표시(14호)와 동일 · 유사한 상표로서 부당한 이익을 얻으려 하거나 그 특정인에게 손해를 입히려고 하는 등 부정한 목적으로 사용하는 상표

컴퓨터게임에서 유명한 'STARCRAFT'(인용상표)와 유사한 '오리온 스타크래프트' 및 'ORION STARCRAFT'(본원상표)가 건과자, 비스켓, 캔디 등을 지정상품으로 하여 등록된 사건에서, 인용상표가 본원상표 출원시에서의 프로그램 출시 개수 및 인기도 등의 여러 가지 상황으로 보아 일반 수요자 사이에 저명한 상표라고 인정한 후, 본원상표는 인용상표를 모방한 것으로 추정하고 본원상표는 인용상표의 고객흡입력에 부당 편승하여 부당한 이익을 얻거나 원고의 상표를 희석화하여 원고에게 손해를 가할 목적이 있다고 인정하여 본원상표의 등록을 무효로 한 바 있다.[283)]

(8) 상품의 기능 확보에 필수적인 형상 등

상표법 § 34-①-15. 상표등록을 받으려는 상품 또는 그 상품의 포장의 기능을 확보하는 데 꼭 필요한(서비스의 경우에는 그 이용과 목적에 꼭 필요한 경우를 말한다) 입체적 형상, 색채, 색채의 조합, 소리 또는 냄새만으로 된 상표

283) 대법원 2005.6.9. 선고, 2003후649판결.

상표권의 부여는 식별력을 갖는 상표를 보호하는 것에 그 취지가 있으므로, 상표의 독점으로 인하여 **'기능'**을 부수적으로 독점하는 것은 부당하고, 기능의 보호는 특허, 실용신안, 디자인 등의 기타 산업재산권으로 보호하는 것이 바람직하기 때문에 이와 같은 상표는 등록될 수 없도록 한 것이다.

Ⅳ. 선출원

동일 또는 유사한 상품에 사용할 동일 또는 유사한 상표에 관하여 다른 날에 둘 이상의 상표등록출원이 있는 때에는 먼저 출원한 자만이 그 상표에 관하여 상표등록을 받을 수 있다. 만일, 동일 또는 유사한 상품에 사용할 동일 또는 유사한 상표에 관하여 같은 날에 둘 이상의 상표등록출원이 있는 때에는 출원인의 협의에 의하여 정하여진 하나의 출원인만이 그 상표에 관하여 상표등록을 받을 수 있다. 협의가 성립하지 아니 하거나 협의를 할 수 없는 때에는 특허청장이 행하는 '추첨'에 의하여 결정된 하나의 출원인만이 상표등록을 받을 수 있다.

Ⅴ. 의견제출통지서

심사관은 거절이유를 발견하면 이 거절이유의 사항을 기재하여 출원인에게 의견진술기회를 부여하기 위하여 "의견제출통지서"를 발송한다.

다음은 의견제출통지서의 예이다.

출력 일자: 2004/10/2

발송번호 : 9-5-2004-039252382　　　수신 :
발송일자 : 2004.09.21
제출기일 : 2004.10.21

특허청

의견제출통지서

출원인	성명	
	주소	
대리인	성명	
	주소	

출원번호　41-2003-0026813

상품(서비스업)류　제 44 류

귀하의 상표등록출원에 대해 심사한 결과 아래와 같은 거절(등록불가)이유가 있어 상표법 제23조에 의하여 이를 통지하오니 이에 대한 의견이 있으면 상기기일까지 의견서를(보정이 필요한 경우 보정서와 함께) 제출하여 주시기 바랍니다. 의견서 제출기일은, 신청에 의해 매회 1월, 총 2회까지 연장할 수 있습니다. 다만, 제출기일연장 승인통지는 별도로 하지 않으니 참고하시기 바랍니다.

[이 유]

1. 본원서비스표는 지정서비스업과 관련하여 볼 때, 타인의 선등록 제41-85112호((도형)예담한의원)와 주요부(예당)의 칭호, 외관, 관념이 동일 또는 유사한 서비스표이므로 상표법 제7조 제1항 제7호에 해당하여 서비스표등록을 받을 수 없습니다.

2. 본원서비스표는 지정서비스업과 관련하여 볼 때, 타인의 선출원 제41-2003-24157호(예담피부과)와 주요부(예당)의, 칭호, 외관, 관념이 동일 또는 유사한 서비스표로서 상표법 제8조에 해당하여 서비스표등록을 받을 수 없습니다. 다만, 타인의 선출원 서비스표가 거절결정, 출원취하, 출원포기 또는 무효가 확정된 경우 다른 거절이유가 없는 한 본원서비스표는 등록받을 수 있습니다. 끝.

2004.09.21

특허청　　상표의장심사국
　　　　　상표4심사담당관실

<<안내>>

문의사항이 있으시면 ☎ 042)481-8314 로 문의하시기 바랍니다.
서식 또는 절차에 대하여는 특허고객 콜센터 ☎1544-8080으로 문의하시기 바랍니다.

특허청 직원 모두는 깨끗한 특허행정의 구현을 위하여 최선을 다하고 있습니다. 만일 업무처리과정에서 직원의 부조리행위가 있으면 신고하여 주시기 바랍니다.
▶ 홈페이지(www.kipo.go.kr)내 부조리신고센터

1-1

【그림 41】 상표 의견제출통지서의 예

본 사례에서는, 출원상표 지정상품이 치과의원, 치과보조업인 예담치과의원이라는 서비스표에 대하여, 타인의 선등록 상표인 예담한의원(종전 상표법 제7조1항제7호, 현재 제34조제1항제7호) 및 타인의 선출원인 예담피부과와 동일·유사한 서비스표(종전 상표법 제8조제1항, 현재 제35조제1항)라는 이유로 거절이유를 통지하고 있다.

Ⅵ. 의견서

이에 대하여 출원인은 거절이유를 검토하여, 심사관에게 거절이유가 타당하지 아니함을 주장하여 납득시키거나, 출원 상표의 보정을 통하여 거절이유를 해소할 수 있다.[284)]

본 사안에서는 출원서비스표의 지정서비스업과 인용상표의 지정서비스 업인 한의원 및 피부과 의원의 지정서비스업이 동일 · 유사하지 않다는 것을 주장하여 거절이유를 해소하는 편이 유리할 것이다.

아래는 지정서비스업이 유사하지 않다는 취지의 의견서이다.

284) 다만, 이 사안에서는 요부인 예담이 동일하므로 상표의 보정을 통하여 거절이유를 해소하는 것은 쉽지 않고, 상표의 보정은 지정상품의 감축, 오기의 정정, 불명료한 기재의 석명, 상표의 부기적 부분의 삭제 등과 같이 제한적으로 허용되므로, 이 사안에서 출원상표의 보정에 의하여 거절이유를 해소하기는 곤란할 것이다.

41998600299440132010000000000050301 4120030026813

방식심사란	담 당	심 사 관

【서류명】 의견서

【수신처】 특허청장

【제출일자】 2005.04.27

【제출인】

【성명】 ○○○

【출원인코드】 -------------

【사건과의 관계】 출원인

【사건의 표시】

【출원번호】 41-2003-0026813

【출원일자】 2003.12.05

【상품(서비스업)류】 제44류

【제출원인】

【발송번호】 9-5-2004-0392523-82

【발송일자】 2004.09.21

【의견내용】 별지와 같음

【취지】 상표법시행규칙 제14조의 규정에 의하여 위와 같이 제출합니다.

제출인 ○○○ (인)

1-1

【그림 42-1】 상표 의견서의 예

【의견내용】

서비스표등록출원 제41-2003-0026813호(출원일 2003.12.05)에 대하여 본원서비스표는 지정서비스업과 관련하여 볼 때, 타인의 선등록 제41-85112호((도형) 예담한의원)와 주요부(예담)의 칭호, 외관, 관념이 동일 또는 유사한 서비스표이므로 상표법 제7조제1항제7호에 해당하고, 타인의 선출원 제41-2003-24157호(예담피부과)와 주요부(예담)의 칭호, 외관, 관념이 동일 또는 유사한 서비스표로서 상표법 제8조에 해당하여 본원 서비스표가 등록받을 수 없다는 취지의 의견제출통지서를 받았습니다. 이에 대하여 다음과 같이 의견을 개진합니다.

본원 출원은 도형과 예담치과의원 문자를 결합한 서비스표에 관한 것으로, 지정서비스업으로 "치과업" 및 "치과보조업"을 지정하고 있습니다. 이에 비해서 타인의 선등록 제41-85112호(예담한의원, 인용서비스표1)는 그 지정서비스업을 "한의원업"으로 하고 있으며, 타인의 선출원인 제41-2003-24157호(예담피부과의원, 인용서비스표2)은 "마사지업,미용상담업,피부관리업,피부미용업,피부과병원업,피부미용상담업"으로 하고 있습니다. 본원과 인용서비스표1, 인용서비스표2는 지정서비스업이 상이함에도 거절이유의 근거로 사용하신 것으로 보아, 심사관께서는 본원과 인용서비스표1, 인용서비스표2의 지정서비스업이 유사하다고 판단한 것으로 인정됩니다.

그러나, 본 출원의 지정서비스업인 "치과업, 치과보조업"은 인용서비스표의 지정서비스업인 "한의원업" 및 "마사지업,미용상담업,피부관리업,피부미용업,피부

4-1

【그림 42-2】 상표 의견서의 예

과병원업,피부미용상담업"(이하, 피부과병원업 및 피부미용관련업이라 합니다)과는 각 서비스업의 특성으로 미루어 볼 때, 다음과 같은 특징이 있으므로 서로 유사하다고 볼 수 없습니다.

1. 그 제공의 수단 목적 또는 장소가 상이합니다.

치과업 및 치과보조업은 구강의 치료를 목적으로 치과의원 혹은 치과병원에서 이루어집니다. 반면에 한의원업은 한의학적인 치료를 위하여 한의원 혹은 한의과병원에서 제공됩니다. 한의원에서는 구강에 관한 외과적인 진료 및 치료를 하지 않습니다. 또한, 피부과병원업 및 피부미용관련업은 인체 피부의 진단, 치료 및 미용을 목적으로 피부과의원 혹은 피부과병원에서 제공됩니다. 피부과병원에서도 구강에 관하여 외과적인 치료를 하지 않습니다.

2. 제공하는 물품 또는 서비스가 상이합니다.

치과업 및 치과보조업에서는 치과치료를 위한 약제 및 치과용보철물이 환자에게 제공되며 구강에 대한 외과적인 수술이 행해집니다. 이에 반해서, 한의원업에서는 주로 한약이 환자에게 제공되고, 침술이 수행됩니다. 구강에 대한 외과적인 치료는 행해지지 않습니다. 피부과병원업 및 피부미용관련업에서는 피부치료를 위한 약제가 제공되며, 피부에 관한 성형수술등의 처치가 행해집니다. 피부과병원업 및 피부미용관련업에서는 구강에 관한 외과적인 치료는 행해지지 않습니다.

4-2

【그림 42-3】 상표 의견서의 예

3. 수요자의 범위가 상이합니다.

치과업 및 치과보조업의 수요자는 구강내의 질환, 특히 턱관절 및 치아에 관한 질환이 있는 환자를 대상으로 합니다. 한의원은 신체 전반에 관한 질환을 담당하지만, 구강에 관한 특히 치아와 관한 환자는 대상이 아닙니다. 피부과병원은 피부질환자를 그 수요 대상으로 하며, 구강질환자는 그 대상으로 하지 않습니다.

4. 업종이 동일하지 않습니다.

치과업 및 치과보조업에 해당하는 치과의원, 치과병원과 한의원업에 해당하는 한의원, 한방병원 및 피부과병원업 및 피부미용관련업에 해당하는 피부과의원, 피부과병원 등과는 상호 간의 업종이 상이합니다.

5. 동일한 사업자가 제공할 수 없습니다.

치과업 및 치과보조업은 치과대학을 졸업하고, 치과의사자격시험을 치른 후, 치과의사 면허를 소지한 자가 운영할 수 있습니다. 한의원업은 한의과대학을 졸업하고, 한의사자격시험을 치른 후, 한의사 면허를 취득한 자가 운영할 수 있습니다. 피부과의원 및 피부과병원은 의과대학을 졸업하고, 의사자격시험을 합격한 후, 의사면허를 소지한 자만이 개업할 수 있습니다. 특히, 피부과라는 전문과목을 표방하는 것은 피부과전문의 자격을 소지한 의사만이 가능합니다.

상기와 같은 여러 가지 점을 종합적으로 고려하면, 본 출원이 지정하고 있는

4-3

【그림 42-4】 상표 의견서의 예

"치과업" 및 "치과보조업"은 선등록 출원의 지정서비스업인 "한의원업"과 유사하지 아니하며, 선출원서비스표의 지정서비스업인 "마사지업,미용상담업,피부관리업,피부미용업,피부과병원업,피부미용상담업"과도 각각 유사하지 아니합니다.

따라서, 본원과 인용출원의 지정서비스업이 유사한 것을 전제로 한 기거절이유는 해소될 수 있을것으로 생각합니다. 이와 같은 점을 참작하시어, 등록결정하여 주시기를 바랍니다.

4-4

【그림 42-5】 상표 의견서의 예

Ⅶ. 출원공고와 이의신청

심사하여 심사관이 거절이유를 발견하지 못하거나, 거절이유가 있더라도 의견서 · 보정서에 의하여 해소되면, "출원공고결정서"가 출원인에게 송부되고, 출원되어 등록될 예정인 상표에 관한 내용이 "상표공보"에 "상표출원공고"로 공개하여 일반 공중심사에 붙인다.

출원공고 내용을 보고, 상표등록이 되어서는 아니된다는 주장을 출원공고일로부터 2개월(종전 30일) 이내에 누구든지 할 수 있으며, 이를 "이의신청"이라 한다(§ 60).

다음 그림은 출원공고결정서의 예이다.

출력 일자: 2005/1/15

발송번호 : 9-5-2005-000758999
발송일자 : 2005.01.07

수신

특허청

출원공고결정서

출원인	성명	
	주소	
대리인	성명	
	주소	
출원번호		40-2003-0053928
상품(서비스업)류		제 10 류

이 출원은 출원공고할 것으로 결정합니다. 끝.

2005.01.07

특허청　　상표의장심사국
상표2심사당당관실

<<출원공고결정후 심사처리안내>>

1. 이 출원공고결정은 출원인이 출원한 상표를 심사관이 심사한 결과 상표법에 규정한 등록요건에 적합하여 일반공중심사를 받기 위하여 상표공보에 게재하기 위한 중간심사결과입니다.
2. 출원공고결정후에 출원인의 상표가 특허청에서 발행하는 상표공보에 게재되어 출원공고일(상표공보발행일)로부터 30일내(이의신청기간)에 일반인(외국인 포함)으로부터 이의신청이 있거나 심사관에 의하여 새로운 거절이유를 발견하였을 경우에는 재심사를 하여 등록가부를 결정하게 되며,이의신청기간내에 이의신청이 없을 때에는 등록결정서(등록절차안내포함)를 발송하게 됩니다. 문의사항이 있으시면 ☎ 042)481-5316 로 문의하시기 바랍니다.

서식 또는 절차에 대하여는 특허고객 콜센터 ☎1544-8080으로 문의하시기 바랍니다.

1-1

【그림 43】 상표 출원공고결정서의 예

상표출원공고 40-2005-0002990

(19)대한민국특허청(KR)
(12) 상표공보

(511) 분류 제10(8판)류

(260) 공고번호 40-2005-0002990
(442) 공고일자 2005년01월17일

(210) 출원번호 40-2003-0053928
(220) 출원일자 2003년12월05일

(731) 출원인

담당심사관 이형표

(500) 지정상품/서비스업/업무

제 10 류

보철기구, 청소용 기구, 충전용 기구, 충치탐지기, 치과용 거울, 치과용 버(Burs), 치과용 브로치, 치과용 유니트, 치과용 치료대, 치과용 클렌저, 치석제거기, 치아교정기계기구, 치열교정장치, 치은낭탐침기, 의료용 레이저, 의료용 X-선관, 의료용 X-선발생장치 및 설비, 의료용 X-선방호장치, 의료용 방사선투사스크린,

상표견본

- 1 -

【그림 44】 상표 출원공고의 예

Ⅷ. 등록결정 및 등록

출원공고 후 이의신청이 없으면, 심사관은 등록결정을 하여 "등록결정서"를 송부한다.

아래 그림은 등록결정서의 예이다.

발송번호: 9-5-2005-012704027
발송일자: 2005.03.22

수신

특 허 청
등록결정서

출원인 성명
주소
대리인 성명
주소

출원번호 41-2003-0026813
상품(서비스업)류 제 44 류

이 출원은 상표법 제30조에 의하여 등록결정합니다. 끝.

공고번호 : 41-2005-0003825 공고일자 : 2005.01.19

2005.03.22

특허청 상표디자인심사국
상표4심사담당관실

<< 안내 >>

1. 등록료 : 211,000 원(상품류구분 1개류마다 211,000원임)2. 납부기간 : 등록결정서를 받은 날부터 2개월 이내이며, 이 기간 내에 등록료를 납부하지 아니한 때에는 이 출원은 포기한 것으로 간주합니다. 다만 위 납부기간 경과 전에 등록료납부기간 연장신청서를 제출하는 경우에는 1회에 한하여 30일간 연장이 가능함.(기간연장신청료 20,000원)3. 제출서류 : ① 상표등록료납부서 1부. ② 등록세영수필통지서 및 영수필확인서 1부.(단, 지정상품추가등록은 등록세 없음)▶ 직접 제출하는 경우 : 특허청 또는 특허청서울사무소 민원실에 제출① 상표등록료납부서 및 등록세고지서 : 민원실 창구에 비치.② 등록료 : 창구에서 교부하는 등록료납부용지에 납부자번호(접수번호) 등을 기재하여 상표등록료납부서 접수일 다음 날까지 은행, 우체국 등 국고수납기관에 반드시 납부하여야 함.▶ 우편(등기)으로 제출하는 경우 : 아래 3가지를 특허청 등록과로 우송① 상표등록료납부서 : 특허청홈페이지(www.kipo.go.kr) 온라인민원신청(서식 제14호)에서 출력하여 작성함.② 등록세영수필통지서 및 영수필확인서 : 출원인 주소지 관할 시(군, 구)청 세무과에서 등록세고지서(4,560원)를 발부받아 은행, 우체국 등 국고수납기관에 납부한 후 상표등록료납부서에 첨부함.③ 등록료 : 우체국에서 통상환 증서로 바꾸어 상표등록료납부서에 첨부함.* 보내실 곳 : 우302-701 대전광역시 서구 둔산동 920 정부대전청사 특허청 등록과* 문의처 : 특허청 콜센터(1544-8080), 등록과(042-481-5246, 5248), 특허청서울사무소(02-568-8155), 등록결정에 관한 문의사항이 있으시면 ☎042)481-8314로 문의하시기 바랍니다.; 서식 또는 절차에 대하여는 특허고객 콜센터(☎1544-8080)로 문의하시기 바랍니다.

- 1 -

【그림 45】 상표 등록결정서의 예

출원인은 등록결정서의 송달일로부터 **2개월** 이내에, 아래 표에 기재된 액수에 해당하는 "상표등록료"를 납부하면, 특허청에서 직권으로 "상표권설정등록"을 해준다. 이 날로부터 상표권의 효력이 발생한다. 상표권의 존속기간은 상표권설정등록일로부터 10년간이나, 존속기간갱신등록신청에 의하여 10년씩 그 기간을 갱신할 수 있으므로, 반영구적으로 효력을 가질 수 있다.

다음은 상표 등록료이다

권리 \ 요금	설정등록료 (1~10년분)
상표(서비스표)	211,000원/류
지정상품추가	211,000원/류
존속기간갱신	256,000원/류

【표 19】 상표권 설정등록료의 예

등록료 납부시에는 우선 무체재산권의 설정등기에 따르는 "등록세"를 납부하여 그 영수증을 "상표등록료납부서"에 첨부하여 제출한다. 등록세는 지방세이며 정액제이다.[285] 등록세 서식은 다음과 같다.

285) 2005년4월 4,560원이었으나, 2017년3월 현재 9,120원이다.

등록세 납부서

(①수납은행용)

년 월	책			번호					
납 세 자	성명			주민등록번호					
	주소								
전소유자	성명			주민등록번호					
	주소								
등기·등록 관서명				과세기관 번 호					
세 목	억	천	백	십	만	천	백	십	원
계									
등 록 세									
지방교육세									
세 액 합 계	금								
납 부 명 세									
등기 또는 등 록	등기·등록재산의 표시								
종류	목적	소재지 (차량번호)	재산 종류	지목 또는 구조	수량				
과세특례		과세표준액							
세액산출	세율	건수	세액						
신청인 또는 신청대리인	위와 같이 등록세를 납부합니다.								
	작성자	서명 또는 인							
위의 금액을 영수합니다.									
수납일부인	200 . . .	취급자인							

※세액 합계란에는 반드시 한자 또는 한글로기재
※납부자가 법인인 경우 법인명 기입

등록세 납부 영수필통지서

(②세입관서통보용)

년 월	책			번호					
납 세 자	성명			주민등록번호					
	주소								
전소유자	성명			주민등록번호					
	주소								
등기·등록 관서명				과세기관 번 호					
세 목	억	천	백	십	만	천	백	십	원
계									
등 록 세									
지방교육세									
세 액 합 계	금								
납 부 명 세									
등기 또는 등 록	등기·등록재산의 표시								
종류	목적	소재지 (차량번호)	재산 종류	지목 또는 구조	수량				
과세특례		과세표준액							
세액산출	세율	건수	세액						
신청인 또는 신청대리인	위와 같이 등록세를 납부합니다.								
	작성자	서명 또는 인							
위의 금액을 영수합니다.									
수납일부인	200 . . .	취급자인							

※ 이 납부서 용지는 정액 등록세에 한하여 사용할 수 있음

영수필확인서

(③등기소 소인용)

년 월	책			번호					
납 세 자	성명			주민등록번호					
	주소								
전소유자	성명			주민등록번호					
	주소								
등기·등록 관서명				과세기관 번 호					
세 목	억	천	백	십	만	천	백	십	원
계									
등 록 세									
지방교육세									
세 액 합 계	금								
납 부 명 세									
등기 또는 등 록	등기·등록재산의 표시								
종류	목적	소재지 (차량번호)	재산 종류	지목 또는 구조	수량				
과세특례		과세표준액							
세액산출	세율	건수	세액						
신청인 또는 신청대리인	위와 같이 등록세를 납부합니다.								
	작성자	서명 또는 인							
위의 금액을 영수합니다.									
수납일부인	200 . . .	취급자인							

등록세 납부 영수필통지서

(④ 등기소에서 세입관서 통보용)

년 월	책			번호					
납 세 자	성명			주민등록번호					
	주소								
전소유자	성명			주민등록번호					
	주소								
등기·등록 관서명				과세기관 번 호					
세 목	억	천	백	십	만	천	백	십	원
계									
등 록 세									
지방교육세									
세 액 합 계	금								
납 부 명 세									
등기 또는 등 록	등기·등록재산의 표시								
종류	목적	소재지 (차량번호)	재산 종류	지목 또는 구조	수량				
과세특례		과세표준액							
세액산출	세율	건수	세액						
신청인 또는 신청대리인	위와 같이 등록세를 납부합니다.								
	작성자	서명 또는 인							
위의 금액을 영수합니다.									
수납일부인	200 . . .	취급자인							

등록세 납부 영수증

(⑤ 납세자 보관용)

년 월	책			번호					
납 세 자	성명			주민등록번호					
	주소								
전소유자	성명			주민등록번호					
	주소								
등기·등록 관서명				과세기관 번 호					
세 목	억	천	백	십	만	천	백	십	원
계									
등 록 세									
지방교육세									
세 액 합 계	금								
납 부 명 세									
등기 또는 등 록	등기·등록재산의 표시								
종류	목적	소재지 (차량번호)	재산 종류	지목 또는 구조	수량				
과세특례		과세표준액							
세액산출	세율	건수	세액						
신청인 또는 신청대리인	위와 같이 등록세를 납부합니다.								
	작성자	서명 또는 인							
위의 금액을 영수합니다.									
수납일부인	200 . . .	취급자인							

※ 수납일부인 및 취급자인이 없으면 무효임

【그림 46】 등록세 납부통지서의 예

위 등록세 서식 중, "등기·등록 관서명"란에는 "특허청"을 기재하고, "등기 또는 등록의 종류"에는 "출원번호"를, "목적"란에는 "등록"을 "소재지"란에는 권리자의 주소지 시, 구 혹은 도, 군 명칭을 각각 기재한다.

등록료 납부시에는 등록세 납부서 중, "영수필확인서(등기소 소인용)"과 "등록세 납부 영수필통지서(등기소에서 세입관서 통보용)"의 2부분을 "상표등록료납부서"에 첨부하여 제출한다. 만일 전자문서를 이용하는 경우에는 상기 2부분을 스캔하여 첨부하여 제출한 후, 원본을 별도로 특허청에 제출한다.

41998600299400301030000021100050301 4020030053928

결재	담 당	사 무 관	과 장

【서류명】 상표(서비스표,상표서비스표,단체표장,업무표장)등록료납부서

【권리구분】 상표

【수신처】 특허청장

【제출일자】 2005.04.20

【등록권리자】

【성명】ㅇㅇㅇ

【출원인코드】 -------------

【납부자】

【성명】ㅇㅇㅇ

【출원인코드】 -------------

【등록대상의 표시】

【출원번호】 40-2003-0053928

【상품(서비스업)류】 제10류

【등록료】

【기본료】 211,000 원

【가산료】 0 원

【합계】 211,000 원

【등록세】 4,560 원

【등록증수령방법】 우편

【취지】 상표법 제34조의 규정에 의하여 위와 같이 납부서를 제출합니다.

납부자 ㅇㅇㅇ (인)

【첨부서류】 1.등록세영수증_1통

1-1

【그림 47-1】 상표 등록료납부서의 예

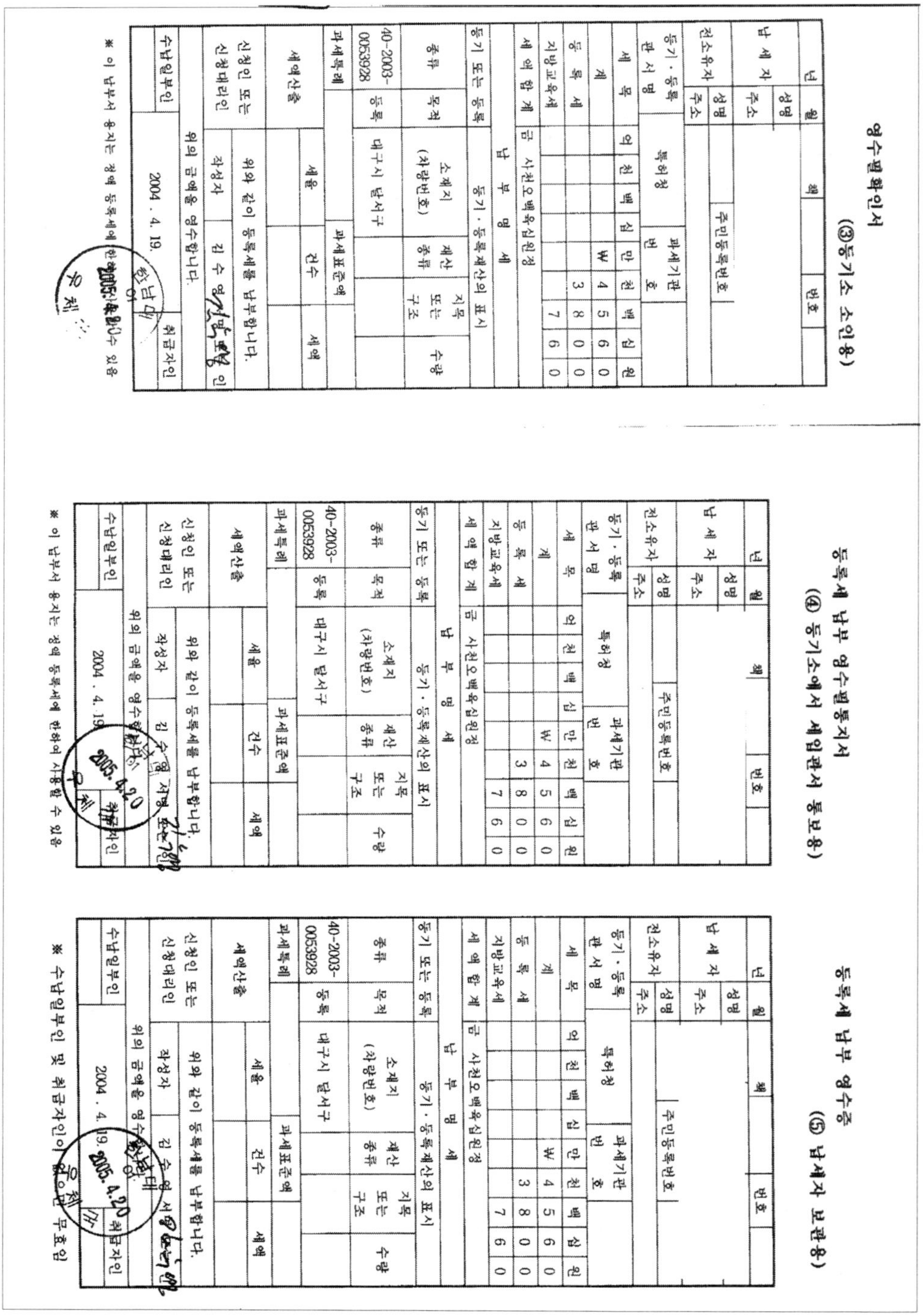

영수필확인서

(③등기소 소인용)

년	월	책		번호	
납 세 자	성명				
	주소				
전소유자	성명		주민등록번호		
	주소				
등기·등록 관서명	특허청	과세기관 번호			

세 목	억	천	백	십	만	천	백	십	원
계					₩	4	5	6	0
등 록 세						3	8	0	0
지방교육세							7	6	0
세 액 합 계	금 사천오백육십원정								

납 부 명 세

등기 또는 등록		등기·등록재산의 표시			
종류	목적	소재지 (차량번호)	재산 종류	지목 또는 구조	수량
40-2003-0053928	등록	대구시 달서구			
과세특례		과세표준액			
세액산출	세율	건수	세액		
신청인 또는 신청대리인	위와 같이 등록세를 납부합니다. 작성자 김 수 영 인				
위의 금액을 영수합니다.					
수납일부인	2004. 4. 19.	취급자인			

※ 이 납부서 용지는 정액 등록세에 한하여 사용할 수 있음

등록세 납부 영수필통지서

(④ 등기소에서 세입관서 통보용)

년	월	책		번호	
납 세 자	성명				
	주소				
전소유자	성명		주민등록번호		
	주소				
등기·등록 관서명	특허청	과세기관 번호			

세 목	억	천	백	십	만	천	백	십	원
계					₩	4	5	6	0
등 록 세						3	8	0	0
지방교육세							7	6	0
세 액 합 계	금 사천오백육십원정								

납 부 명 세

등기 또는 등록		등기·등록재산의 표시			
종류	목적	소재지 (차량번호)	재산 종류	지목 또는 구조	수량
40-2003-0053928	등록	대구시 달서구			
과세특례		과세표준액			
세액산출	세율	건수	세액		
신청인 또는 신청대리인	위와 같이 등록세를 납부합니다. 작성자 김 수 영 서명 또는 인				
위의 금액을 영수합니다.					
수납일부인	2004. 4. 19.	취급자인			

※ 이 납부서 용지는 정액 등록세에 한하여 사용할 수 있음

등록세 납부 영수증

(⑤ 납세자 보관용)

년	월	책		번호	
납 세 자	성명				
	주소				
전소유자	성명		주민등록번호		
	주소				
등기·등록 관서명	특허청	과세기관 번호			

세 목	억	천	백	십	만	천	백	십	원
계					₩	4	5	6	0
등 록 세						3	8	0	0
지방교육세							7	6	0
세 액 합 계	금 사천오백육십원정								

납 부 명 세

등기 또는 등록		등기·등록재산의 표시			
종류	목적	소재지 (차량번호)	재산 종류	지목 또는 구조	수량
40-2003-0053928	등록	대구시 달서구			
과세특례		과세표준액			
세액산출	세율	건수	세액		
신청인 또는 신청대리인	위와 같이 등록세를 납부합니다. 작성자 김 수 영 서명 또는 인				
위의 금액을 영수합니다.					
수납일부인	2004. 4. 19.	취급자인			

※ 수납일부인 및 취급자인이 없으면 무효임

【그림 47-2】 등록세 납부서

위의 절차를 거쳐서 등록료를 납부하면, 등록료 납부일자로 소급하여 상표권설정등록이 이루어지며, 이 날로부터 10년간의 상표권이 발생하게 된다.

아래 그림은 “상표등록원부”를 온라인으로 신청하여 수신한 결과를 보여준다.

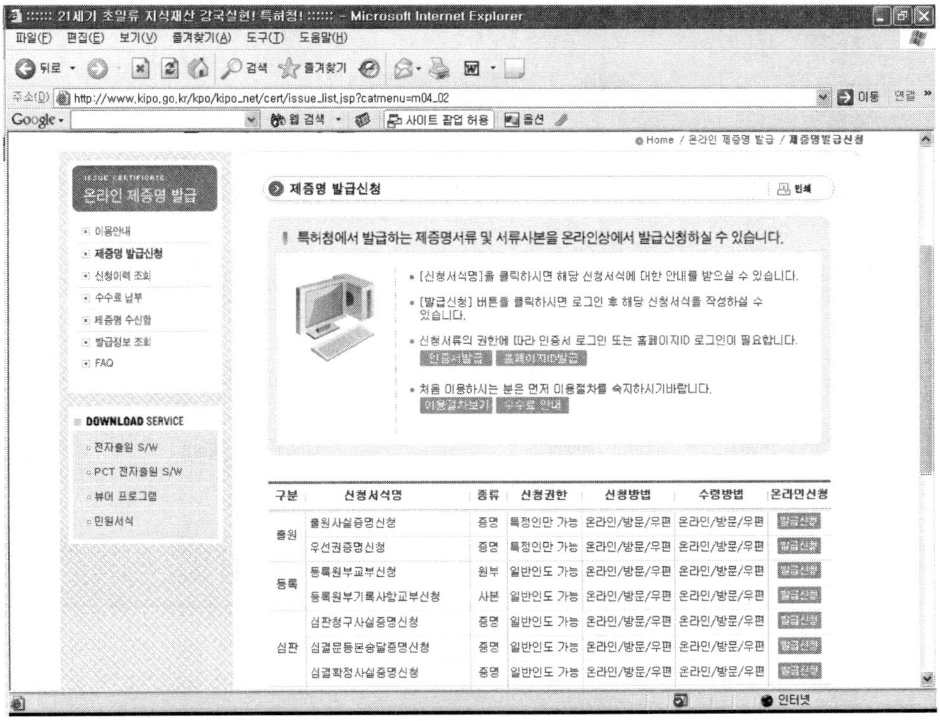

【그림 48-1】 온라인 제증명 발급신청 화면

【그림 48-2】 온라인 제증명 수신한 화면

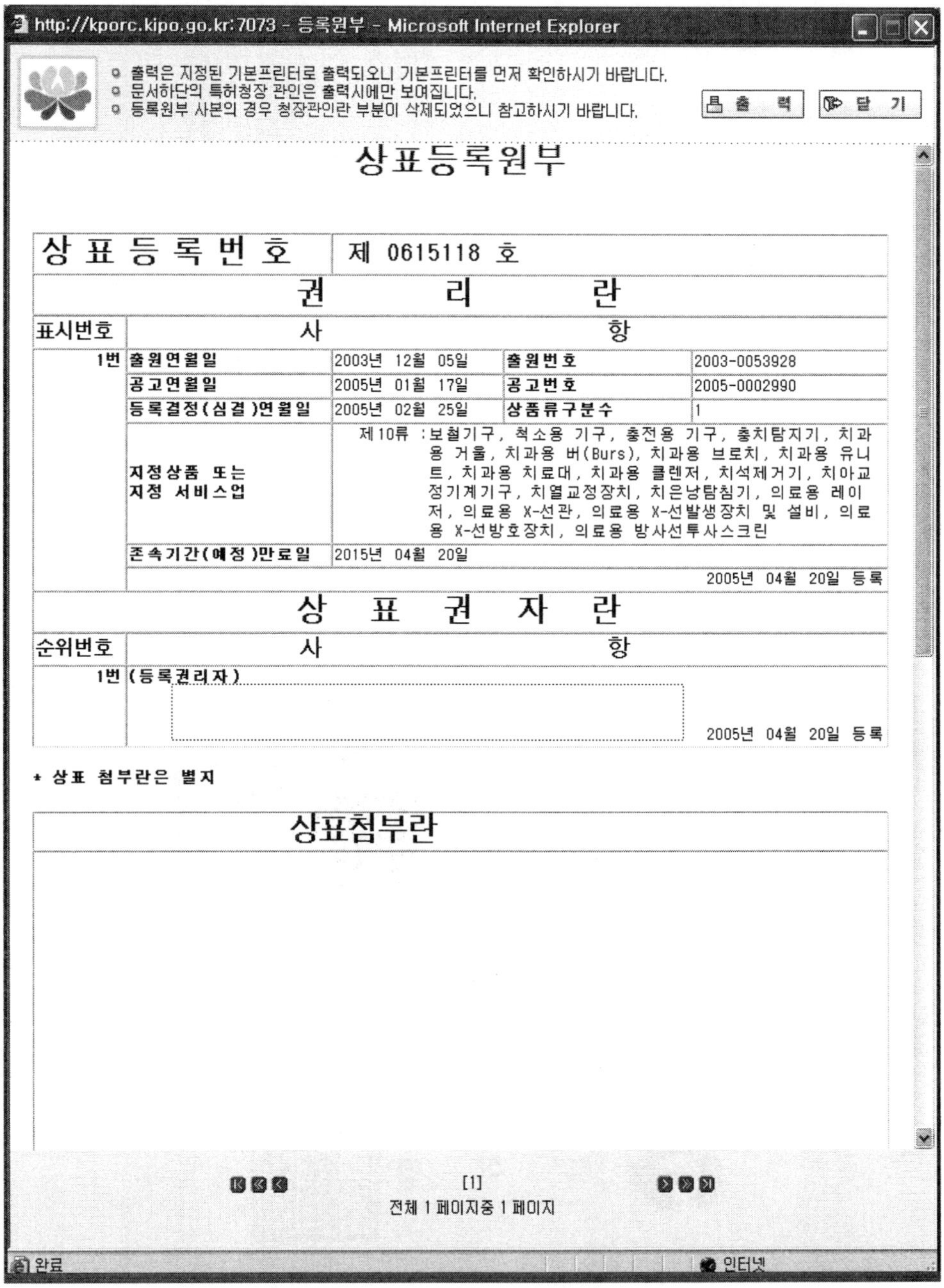

http://kporc.kipo.go.kr:7073 - 등록원부 - Microsoft Internet Explorer

- 출력은 지정된 기본프린터로 출력되오니 기본프린터를 먼저 확인하시기 바랍니다.
- 문서하단의 특허청장 관인은 출력시에만 보여집니다.
- 등록원부 사본의 경우 청장관인란 부분이 삭제되었으니 참고하시기 바랍니다.

출 력 | 닫 기

상표등록원부

상 표 등 록 번 호	제 0615118 호		
권 리 란			
표시번호	사 항		
1번	출원연월일	2003년 12월 05일	출원번호 2003-0053928
	공고연월일	2005년 01월 17일	공고번호 2005-0002990
	등록결정(심결)연월일	2005년 02월 25일	상품류구분수 1
	지정상품 또는 지정 서비스업	제10류 :보철기구, 척소용 기구, 충전용 기구, 충치탐지기, 치과용 거울, 치과용 버(Burs), 치과용 브로치, 치과용 유니트, 치과용 치료대, 치과용 클렌저, 치석제거기, 치아교정기계기구, 치열교정장치, 치은낭탐침기, 의료용 레이저, 의료용 X-선관, 의료용 X-선발생장치 및 설비, 의료용 X-선방호장치, 의료용 방사선투사스크린	
	존속기간(예정)만료일	2015년 04월 20일	
			2005년 04월 20일 등록
상 표 권 자 란			
순위번호	사 항		
1번	(등록권리자)		2005년 04월 20일 등록

* 상표 첨부란은 별지

상표첨부란

[1]

전체 1 페이지중 1 페이지

완료 | 인터넷

【그림 49】 상표 등록원부의 예

아래는 상표 등록증의 예이다.

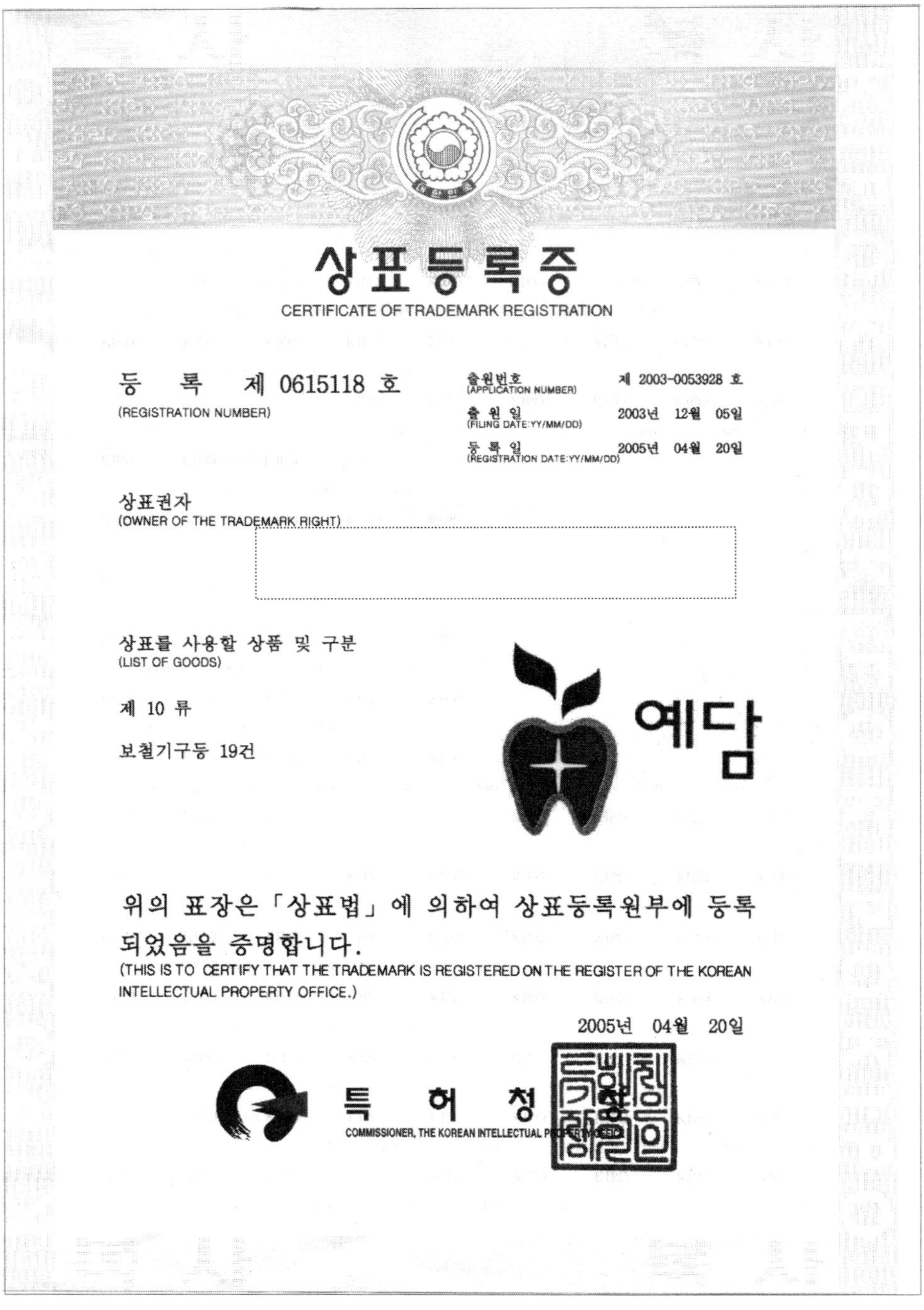

상표등록증

CERTIFICATE OF TRADEMARK REGISTRATION

등 록 제 0615118 호
(REGISTRATION NUMBER)

출원번호 (APPLICATION NUMBER) 제 2003-0053928 호

출 원 일 (FILING DATE:YY/MM/DD) 2003년 12월 05일

등 록 일 (REGISTRATION DATE:YY/MM/DD) 2005년 04월 20일

상표권자
(OWNER OF THE TRADEMARK RIGHT)

상표를 사용할 상품 및 구분
(LIST OF GOODS)

제 10 류

보철기구등 19건

위의 표장은 「상표법」에 의하여 상표등록원부에 등록되었음을 증명합니다.
(THIS IS TO CERTIFY THAT THE TRADEMARK IS REGISTERED ON THE REGISTER OF THE KOREAN INTELLECTUAL PROPERTY OFFICE.)

2005년 04월 20일

특 허 청
COMMISSIONER, THE KOREAN INTELLECTUAL PROPERTY OFFICE

【그림 50】 상표 등록증의 예

다음의 예는 지정상품으로 '치과업' 및 '치과보조업'을 선택하여 상표등록 출원한 예이다.

419986002994411110100000570000000

방식심사란	담 당	심 사 관

【서류명】 출원서

【권리구분】 서비스표

【수신처】 특허청장

【참조번호】 0001

【제출일자】 2004.12.02

【출원인】

【성명】 ○○○

【출원인코드】 -------------

【상품(서비스업)류 및 지정 상품(서비스업, 업무)】

【상품(서비스업)류】 제44류

【지정 상품(서비스업, 업무)】

치과업, 치과보조업

【취지】 상표법 제9조의 규정에 의하여 위와 같이 출원합니다.

출원인 ○○○ (인)

【수수료】

【출원료】	1 개류	57,000 원
【우선권주장료】	0 건	0 원
【합계】		57,000 원

2-1

【그림 51-1】 상표(서비스표) 출원서의 예

【상표견본】

2-2

【그림 51-2】 상표(서비스표) 출원서 중 견본 부분

제8장 마드리드 국제상표등록

제1절 개요

특허와 마찬가지로 상표의 경우에도 외국의 국가에서 상표권을 행사하고자 하는 경우에는 상표권을 행사하고자 하는 국가별로 상표를 출원하여 심사를 거쳐 등록을 하여야 한다. 따라서 복수의 국가에서 상표권을 행사하고자 하는 경우에는 국가별로 별도의 상표등록출원을 하는 것이 원칙이다. 마드리드 국제상표출원제도를 통하면 이러한 절차를 간소하게 수행할 수 있다.

마드리드 국제상표출원제도 하에서는 출원인의 국적 혹은 주소(영업소)를 둔 국가의 특허청인 본국관청(Office of Origin)에서 상표출원을 한 후, 상표등록출원이나 상표등록에 기초를 하여 해당 표장을 보호받고자 하는 국가를 지정한 국제출원서를 '영어'로 작성하여[286] 본국 관청을 경유하여 WIPO의 국제사무국에 제출한다. 국제사무국에서는 국제출원에 대하여 방식심사를 거쳐 국제등록부에 '등록'하고 국제공보에 '공고'하고(영어, 프랑스어, 스페인어) 이를 지정국관청에 통보한다.

국제등록이 되면 지정국에서는 국제출원이 본국에 '접수'된 일자에 자국에 상표가 등록된 것과 동일한 효과가 발생한다. 국제출원은 국제등록일로부터 10년간 유효하고 10년씩 갱신이 가능하다. 국제등록일은 원칙적으로 본국관청이 국제출원서를 '접수'한 날이지만, 국제사무국에서 본국관청이 국제출원서를 접수한 일자로부터 2개월을 초과하여 출원서를 접수한 경우에는 국제사무국이 실제로 접수한 일자가 국제등록일이 된다.

지정국관청에서는 통지에 따라 심사를 수행하고 거절이유가 있다면 통지일로부터 1년(혹은 18개월) 이내에 가거절통지서(Provisional Refusal)를 발송되면, 가거절통지의 일자와 통지사실이 국제등록부에 등록된다. 출원인은 국제상표출원에 의하여 각 지정국관청에 출원한 것과 동일한 권리를 가지므로, 가거절통지서에 대응하여 거절이유를 극복하기 위한 절차를 수행한다. 지정국관

---

286) 조약에 의하면 본국관청은 출원서 작성 언어로, 영어, 프랑스어, 스페인어 중에서 선택할 수 있는데 한국은 영어를 선택한 것이다.

청에서 최종적으로 거절결정이나, 등록결정을 하면 이를 기술한 기술서를 국제사무국에 송부하고, 국제사무국은 이를 국제등록부에 등록하고 공고한다.

제2절 국제등록의 종속성(출원일부터 5년 이내)

국제등록일로부터 5년이 경과하기 전에 기초출원이나 이에 따른 등록 중 하나가 지정상품 및 서비스와 관련하여 취하, 소멸, 포기, 거절, 철회, 취소 또는 무효로 결정이 되어 소멸하게 되면 국제등록도 '소멸'한다(국제등록의 종속성). 따라서 국제출원의 이해관계인은 국제출원일로부터 5년이 경과하기 전에 집중적으로 본국관청에서의 기초등록을 무효, 취소시키려는 노력을 하게 된다(집중공격, central attack).

다만 국제등록이 소멸된 이후 3개월 이내에 국제등록의 명의인이 각 지정국에 동일 표장을 출원하면, 원래의 국제출원일에 출원된 것으로 출원일이 소급하여 인정되도록 하여 집중공격에 의한 출원인의 피해를 일부 회복할 수 있도록 하고 있다.

제3절 특징

마드리드 국제상표출원은 PCT 국제특허출원과는 달리 각 지정국에서 거절하지 않는 한 국제출원 및 등록에 의하여 각 지정국에서 '등록'이 된 것과 동일한 효과를 발생하므로 하나의 국제상표출원으로 거절이유를 통지하지 아니한 모든 지정국에서 권리를 행사할 수 있게 된다는 점에서, 특허권을 획득하기 위하여 심사절차를 모든 지정국에서 항상 거쳐야 하는 PCT 국제출원에 비하여 간편한 절차에 의하여 다수의 지정국에서 상표권을 누릴 수 있다는 점에서 특장점이 있다고 볼 수 있다.

제9장 반도체배치설계의 등록

제1절 출원

Ⅰ. 신청인

반도체배치설계의 등록 신청인은 창작자 혹은 그 승계인이 된다.

① 당해 배치설계를 창작한 자(업무상 창작은 법인)
② 창작자의 승계인(승계사실 증명서류 필요)

특허와 마찬가지로 공동창작의 경우는 공유자 전원이 공동 신청하여야 한다. 재외자는 대리인(배치설계관리인)을 선임·등록하여 절차를 수행하여야 한다.

Ⅱ. 신청서류

신청서류는 설정등록신청서와 첨부서류를 제출한다.

1. 설정등록신청서

① 신청인·창작자(대리인)의 서지적사항
② 반도체칩의 명칭
③ 창작 및 상업적 이용 연월일
④ 반도체칩의 구조·기술·기능 및 간단한 설명

2. 첨부서류

① 각 층이 구별되는 배치설계의 도면 또는 사진

도면 또는 사진은 반도체집적회로를 20배이상 확대한 것으로, 배치설계의 각층이 명확하게 구분될 수 있는 것으로서 다음과 같은 3가지 중의 하나를 제출할 수 있다.

- 인쇄장치를 사용하여 배치설계의 각층을 나타내는 도면(분리된 도면 혹은 복합도면)
- 배치설계의 각 층별 형상을 나타내는 사진 또는 도면(예: Acetate Overlay Sheet)
- 제조된 반도체 집적회로 표면 및 내부에 형성된 배치설계의 각 층을 나타내는 사진

도면 또는 사진 작성시에는 Plotter에 의한 Composite 도면에 있어서 배치설계의 각층을 색깔로 구분한 경우 색의 중첩으로 인하여 도면이 검게 보이거나 각층을 구분할 수 없는 정도의 것은 아니된다. 다만, 색이 중첩되어도 고도의 배율 확대 등으로 각층을 구분할 수 있으면 가능하다. 또한, 색의 중첩을 방지하기 위하여 2~3층씩 분할한 Composite 도면도 가능한다. 예를 들어 전체 21층을 3층씩 분할한 7장의 Composite 도면으로 제출할 수 있다.

도면 혹은 사진의 여백에는 다음 사항을 기재한다.

- 배치설계 각층의 명칭 (예 : N-WELL, P-WELL, POLY 등)
- 각 층의 순서를 나타내는 일련번호 (예 : 1/10층, 10-2층 등)
- 반도체집적회로의 크기 및 도면 또는 사진의 배율 (예 : 10mm × 15mm의 30배)

② 신청인이 창작자임을 증명하는 자료

③ 대리권을 증명하는 서류

④ 외국국적증명서 또는 외국법인증명서

⑤ 반도체집적회로 샘플 4개

⑥ 승계시에는 창작자 승계사실을 증명하는 서류

⑦ 승계시에는 제3자의 허가 · 인가 · 동의 또는 승낙 서류

3. 절차도

상기와 같은 출원 서류를 제출하면 다음과 같은 절차를 수행한다.

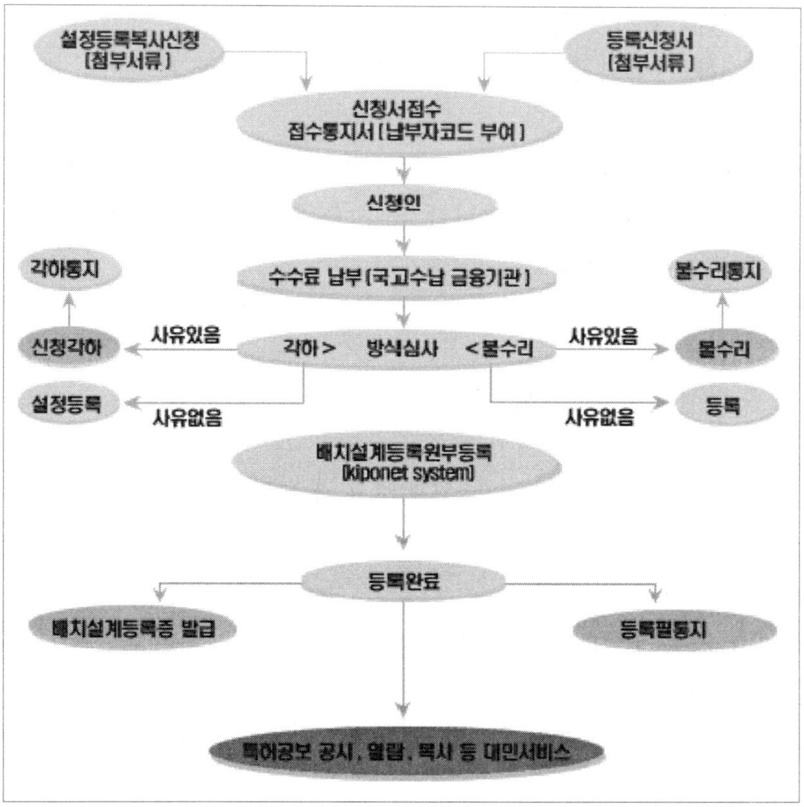

【그림 52】 반도체 배치 설계권 출원 · 등록 절차

여기서, 출원서류의 불수리 사유로는 다음과 같은 것이 있다.

- 등록을 신청한 사항이 등록할 사항이 아닌 경우
- 신청서가 방식에 적합하지 아니한 경우(※ 관련법규 등에 의한 서식 등의 기재사항이 누락된 경우)
- 신청서에 기재한 등록번호, 반도체집적회로의 명칭 또는 등록의 목적인 권리의 표시등이 등록원부와 불일치

- 신청서에 기재한 등록의무자의 표시가 등록원부와 불일치(단, 상속인 기타 일반승계인 경우는 제외)
- 신청인이 등록명의인인 경우에 그 표시가 등록원부와 불일치(다만, 등록명의인 표시변경 · 갱정의 경우는 제외)
- 배치설계관리인의 표시가 등록원부와 불일치
- 신청서에 기재한 사항이 등록의 원인을 증명하는 서류와 부합하지 아니한 경우
- 신청서에 필요한 서류를 첨부하지 아니한 경우
- 등록세 및 등록료를 납부하지 아니한 경우(※ 등록료등의 부족납부는 납부하지 않은 경우에 해당)

제2절 심사

다음과 같은 배치설계 설정등록의 각하사유가 존재하는 지의 여부를 심사한다.

- 신청인이 창작자가 아닌 경우
- 배치설계권이 공유인 경우에 공유자 전원이 공동으로 배치설계권 설정등록의 신청을 하지 않은 경우
- 배치설계를 영리를 목적으로 최초로 이용한 날(상업적이용일)로부터 2년의 기간이 경과한 경우
- 설정등록신청서의 기재사항을 누락한 경우
- 설정등록신청서의 기재사항이 도면 기타자료와 부합하지 아니한 경우
- 설정등록신청서에 첨부하여야 할 도면 기타의 자료를 첨부하지 아니하거나, 이들이 서로 부합하지 아니하는 경우
- 법령에서 정하는 소정의 수수료를 납부하지 아니한 경우

참고로 수수료는 다음과 같다.

항 목	수수료
1. 배치설계권의 설정등록	300,000원
2. 배치설계권의 이전등록	50,000원
3. 이용권의 설정 또는 그 보전등록 가. 전용이용권 나. 통상이용권	 50,000원 30,000원
4. 배치설계권 또는 배치설계에 관한 권리를 목적으로 하는 질권의 설정등 또는 처분의 제한등록	채권금액의 1000분의5
5. 제3호 또는 제4호의 권리의 이전등록	30,000원
6. 등록사항의 경정 또는 변경등록(행정구역 또는 지번의 변경으로 인한 경우를 제외한다.)	5,000원
7. 가등록	10,000원
8. 재외자의 배치설계관리인의 선임 또는 그 변경등록	10,000원
9. 신탁등록 또는 그 변경등록	15,000원
10. 배치설계권의 설정등록신청	50,000원
11. 통상이용권 설정의 재정신청	150,000원
12. 통상이용권 설정의 재정취소신청	150,000원
13. 배치설계권의 설정등록취소에 대한 불복신청	150,000원
14. 배치설계등록증의 재교부	10,000원
15. 배치설계등록원부의 등본 ·초본 또는 증명의 신청	10,000원
16. 배치설계등록원부 또는 각종신청서 및 첨부자료에 대한 열람 또는 복사신청	10,000원

【표 20】 배치설계권 관련 수수료의 예

제3절 등록

상기와 같은 각하사유가 존재하지 않으면, 설정등록을 하게 된다.

제10장 사례해설

사례1의 경우, 액정표시소자에 관한 기술인 경우, 국내외 다수의 업체가 경쟁적으로 기술개발을 하고 있고, 액정표시소자에 관한 기술은 자연법칙을 이용한 기술적 사상에 해당되어 특허의 대상이 되므로 특허로서 보호 받는 편이 대체로 유리할 것이다. 하지만 액정표시소자에 관한 제조공정에 관한 특수한 기술로서, 경쟁업체가 완성품으로부터 용이하게 그 기술을 추출하기 곤란하고 경쟁업체가 조만간 동일한 기술을 개발할 것으로 예상되지 아니 한 경우에는 실제 일본의 S업체의 경우에서와 같이 영업비밀로서 유지하는 것도 좋은 방안이 될 것이다. 영업비밀로서 보호 받고자 하는 경우에는 특허에서와는 달리 특별히 규정된 출원, 심사, 등록 등의 절차는 없으나, 지속적으로 비밀을 유지할 필요가 있다.

사례2의 경우, 미백은 아름답고 하얗다는 의미로 일반 수요자들이 인식할 것으로, 치아를 표백하는 기능을 가진 치약에 사용되는 경우에는 미백치약이라는 상표가 치아를 하얗고 아름답게 만드는 치약으로 인식하여 그 치약의 품질, 효능의 표시를 나타내는 서술적 용어에 해당하므로 식별력이 없는 상표로 인정되어 상표등록 받을 수 없다. 물론, 등록이 되지 않더라도, 상표로서 사용하는 데에는 제한이 없다.

제3편
지적재산권 분쟁

1. 갑돌이는 휴대폰을 제조하는 방법에 대한 특허권을 보유하고 있다. 갑돌이의 특허방법을 이용하여 제3자가 휴대폰을 제조하는 행위는 특허침해가 될 것이다. 그런데, 상기방법으로 제조된 휴대폰을 사용하는 행위는 상기 제조방법의 특허를 침해하는가?

2. 갑돌이는 레이저프린터에 관한 특허를 보유하고 있다. 그런데 을순이는 레이저프린터의 중요 부품에 해당하는 토너카트리지를 생산하여 판매하고 있다. 을순이의 행위는 레이저프린터에 관한 갑돌이의 특허를 침해하는가?

3. 만일 갑돌이가 휴대폰에 대한 특허권을 보유하고 있고, 자신이 특허 받은 휴대폰을 갑돌이가 제조하더라도 타인의 특허권을 침해하는 경우가 있을 수 있는가?

4. 갑돌이가 휴대폰을 제조하는 중에 누군가에 의하여 자신의 특허권을 침해하고 있으니 실시를 중지하라는 경고장을 받았다. 갑돌이는 어떻게 하여야 하는가?

5. 갑돌이는 가방에 대하여 '언제나'라는 상표에 대한 권리자이다. 을순이가 시계에 대하여 '언제나'라는 상표를 사용하고 있다. 을순이의 행위는 상표권 침해를 구성하는가?

6. 갑돌이는 음악 CD를 구입하여 이로부터 디지털 음원을 추출하여 이를 컴퓨터에 저장하고 다수의 접속자가 인터넷을 통하여 그 음악을 들을 수 있도록 하는 서비스를 제공하였다. 을순이는 인터넷을 통하여 그 음악을 청취하고, 나중에 다시 듣기 위하여 자신의 컴퓨터에 저장하였다. 갑돌이와 을순이의 행위와 저작권 침해여부는?

제1장 특허권의 침해

제1절 직접침해

Ⅰ. 의의

특허권자는 "업으로서" 그 특허발명을 "실시"할 권리를 "독점"하므로(특허법 제94조) 타인이 정당한 권원없이 특허발명을 "실시"하는 경우에는 특허권의

침해가 된다.[287)]

여기서 '업'은 사업을 의미한다. 따라서, 개인적 · 가정적 실시는 특허권의 침해가 되지 않는다.

Ⅱ. 실시

실시는 발명의 종류에 따라 다음과 같이 정의되어 있다(특허법 제2조).

1. 물건의 발명

발명이 물건에 해당하는 경우, 그 물건을 **생산 · 사용 · 양도**[288)] · **대여** 또는 **수입**하거나 그 물건의 양도 또는 대여의 **청약**(양도 또는 대여를 위한 전시 포함)을 하는 행위

2. 방법의 발명

발명이 방법에 해당하는 경우, 특허된 방법을 **사용**하는 행위

---

287) 우리나라에서는 특허권, 상표권 등의 산업재산권의 침해에 대하여 명시적으로 정의하고 있지 않고, 특허권, 상표권을 권리의 독점행위로 규정하고 있는 조문에 근거하여 침해행위를 유추하여 해석하고 있다. 반면에 미국에서는 특허권을 "배타권"으로 규정하고 있으며(제154조(a)(1)), 침해행위를 아래와 같이 명시적으로 규정하고 있다(제271조(a)). 특허권을 독점권으로 해석하느냐, 배타권으로 해석하느냐의 문제는 이용·저촉 발명을 취급하는 방식에 있어서 차이를 초래한다.

35 U.S.C. 154 Contents and term of patent; provisional rights.

(a) IN GENERAL.—

(1) CONTENTS.—Every patent shall contain a short title of the invention and a grant to the patentee, his heirs or assigns, of the right to exclude others from making, using, offering for sale, or selling the invention throughout the United States or importing the invention into the United States, and, if the invention is a process, of the right to exclude others from using, offering for sale or selling throughout the United States, or importing into the United States, products made by that process, referring to the specification for the particulars thereof.

35 U.S.C. 271 Infringement of patent.

(a) Except as otherwise provided in this title, whoever without authority makes, uses, offers to sell, or sells any patented invention, within the United States, or imports into the United States any patented invention during the term of the patent therefor, infringes the patent.

288) 양도는 의사에 의한 소유권의 이전으로, 대표적인 것으로 매매와 증여가 있다.

3. 물건을 생산하는 방법

발명이 물건을 생산하는 방법에 해당하는 경우에는 다음의 행위를 각각 의미한다.

① 특허된 **방법**을 **사용**하는 행위
② 특허된 방법에 의하여 생산한 **물건**을 **사용 · 양도 · 대여** 또는 **수입**하거나 그 물건의 양도 또는 대여의 **청약**을 하는 행위

Ⅲ. 실시권

특허된 발명을 실시하고자 하는 자는 특허권자와 계약에 의하여 통상실시권을 허여 받거나, 전용실시권을 허여 받아야 한다. 통상실시권이 허여된 경우에는 등록을 요하지 않으나, 전용실시권은 등록이 **효력발생요건**이므로[289] 전용실시권설정등록을 하여야 한다.

제2절 간접침해

특허권 침해의 다른 유형으로 엄격한 의미의 침해는 아니지만, 특허권 침해로 보는 경우가 있다. 이를 간접침해(침해간주)[290]라고 하며 다음과 같은 유형이 있다.

289) 특허법 제101조 제1항 제2호.
290) 참고로, 미국 특허법에는 침해의 유형으로, 직접침해(35 USC 271 (a)), 유도침해(간접침해, 35 USC 271 (b)), 기여침해(35 USC 271 (c))가 규정되어 있다.
미국 특허법상 유도침해(간접침해)는 제3자의 침해(직접침해)를 적극적으로 유도한 것을 의미하고, 직접침해의 존재를 전제하고 있다는 점에서 우리나라의 간접침해와는 상이하고, 오히려 우리나라 민법상 불법행위의 교사 · 방조에 대응한다.
미국 특허법상의 기여침해는 특허권 침해 이외에는 용도가 없는 물품을 판매, 판매의 청약, 수입하는 행위를 의미하여, 우리나라의 간접침해와 유사하다. 다만 미국의 기여침해는 한국의 간접침해가 제3자의 직접침해를 전제로 하고 있지 않는 점과는 달리, 제3자에 의한 특허권의 직접침해를 전제로 하고 있는 점에서 우리나라의 간접침해와는 중요한 차이가 있다.

Ⅰ. 물건의 발명

발명이 물건인 경우에는, "그 물건의 **생산에만** 사용하는 물건"을 업으로서 생산 · 양도[291] · 대여 또는 수입하거나 그 물건의 양도 또는 대여의 청약(양도 또는 대여를 위한 전시를 포함)을 하는 행위가 간접침해에 해당한다.

여기서, "-에만"의 요건 충족여부(專用性)가 간접침해의 판단시 주요한 쟁점이 된다.

Ⅱ. 방법의 발명

발명이 방법에 해당하는 경우에는, "그 방법의 실시(즉, 사용)에만 사용하는 물건"을 업으로서 생산 · 양도 · 대여 또는 수입하거나 그 물건의 양도 또는 대여의 청약(양도 또는 대여를 위한 전시를 포함)을 하는 행위[292]

Ⅲ. 간접침해에서 타용도의 판단기준

1. 간접침해 요건으로서의 타용도 결여

특허법 제127조에는 "특허가 물건의 발명인 경우에는 그 물건의 생산에만 사용하는 물건을 생산 · 양도 · 대여 또는 수입하거나 그 물건의 양도 또는 대여의 청약을 하는 행위"를(제 1 호), "특허가 방법의 발명인 경우에는 그 방법의 실시에만[293] 사용하는 물건을 생산 · 양도 · 대여 또는 수입하거나 그 물건의 양도 또는 대여의 청약을 하는 행위"를(제 2 호) 업으로서 하는 경우에는 특허권 또는 전용실시권을 침해한 것으로 본다고 규정하고 있으며, 이를 일반적으

---

291) 양도는 의사에 의한 소유권의 이전으로, 대표적인 것으로 유상인(대가 있는) 매매와 무상인(대가 없는) 증여가 있다.

292) 여기에서, 사용의 양태가 제외된 것은 그 방법발명의 실시(= 사용)에만 사용하는 물건을 사용하는 행위는 결국, 방법발명의 사용에 해당하게 되어 방법발명의 직접침해의 유형에 해당하기 때문이다.

293) 여기서 방법의 실시가 일반적인 방법발명의 실시인 사용만을 의미하는지, 혹은 물건을 생산하는 방법발명에 관한 실시까지 포함하는 것인지에 대해서 논란이 있을 수 있다. 일본에서는 '실시'를 '사용'으로 개정하여 이러한 논란은 불식되었다. 일본 특허법 제101조 참조.

로 간접침해 혹은 간주침해 또는 침해간주라고 한다.[294] 간접침해에서는 실시품이 특허물건의 생산에 사용되는지의 여부(공용성)와 그 생산 이외에 다른 용도가 없는지의 여부(전용성)가 주요한 쟁점이 된다.

2. CMP 사건: 타용도 유무의 판단기준

(1) 개요

본 사건[295]은 반도체 웨이퍼 연마용 패드를 생산하는 원고(상고인)가 반도체 웨이퍼 연마용 패드에 관한 특허권을 보유하고 있는 피고(피상고인)에 대하여, 원고가 생산하는 연마용 패드가 피고 특허권의 권리범위에 속하지 아니한다는 취지의 소극적 권리범위 확인심판을 청구한 사건으로, 이 사건 특허발명의 청구범위 제1항은 "입자를 함유하는 연마 슬러리를 연마 패드의 전체 표면에 걸쳐 함께 이동시키는 대형유동채널과 소형유동채널을 둘 다 포함하는 표면 텍스처(texture) 또는 패턴을 사용하는 동안 보유하는(여기서, 표면 텍스처는 외부 수단에 의해서만 균일한 고체 중합체 시트의 표면에 형성된다) 슬러리 입자를 흡착하거나 이동시키는 고유한 성능을 지니지 않는 균일한 고체 중합체 시트를 포함하는 개선된 연마패드"로 되어 있다. 이에 반해 확인대상발명에는 청구범위 제1항의 '소형유동채널'이 누락되어 있어 직접침해는 문제가 되지 않으나,

---

294) 법문상 침해간주 또는 간주침해가 바람직해 보인다. 간접침해라는 용어는 구미(歐美)에서 특허침해를 직접침해와 이에 대비되는 개념으로 간접침해로 대별하는 점에 영향을 받은 것으로 보인다. 미국에서는 특허법 제271조 (b)항의 유도침해(active inducement) 및 제271조 (c)항의 기여침해(contributory infringement)를 제271조 (a)항 규정의 (직접)침해에 대비되는 개념으로 indirect infringement로 칭하고 있으며(예 : Donald S. Chisum *et al., Principles of Patent Law Cases and Materials* (3rd ed., Foundation Press, 2004), p. 968 및 Roger Schechter and John Thomas, *Principles of Patent Law* (2nd ed., Thomson West, 2004), p. 291(다만, 저자에 따라서는 제271조 (b)항을 간접침해로 제271조 (c)항을 기여침해로 구분하기도 한다. 예: Arthur R. Miller and Michael H. Davis, *Intellectual Property* (3rd ed., West Group, 2000), p. 134)), 영국에서도 특허침해를 direct infringement와 indirect infringement로 대별하고 있다(예: Lionel Bently and Brad Sherman, *Intellectual Property Law* (Oxford University Press, 2001), p. 496).
구미에서의 indirect infringement에서는 direct infringement를 전제로 하고 있어 간접침해자가 특허권을 '간접적으로' 침해하고 있다는 해석이 가능할 것이므로 이와 같은 구분이 타당해 보이나, 우리나라와 일본에서는 간접침해를 직접침해의 전제로 하고 있지 아니하므로(독립설), 법문과 달리 간접침해의 용어를 사용하는 것은 부적절하다. 한편 일본에서 일본특허법 제101조를 '침해로 보는 행위'로 약칭하는 점은 우리와 동일하며, 간주침해의 용어를 간접침해에 우선하여 사용하는 저자의 예도 있다. 竹田和彦, 特許의知識(8版, 도서출판 에이제이디자인기획, 김관식 외 4인 역, 2011), 452면.

295) 대법원 2009. 9. 10. 선고 2007후3356 판결.

이 패드를 사용하여 연마작업을 수행하는 반도체 제조업체의 공정을 수행하는 과정 중에서 '소형유동채널'이 형성되어 간접침해가 문제가 되었는데, 특허심판원과 특허법원에서는 간접침해가 인정되었으나[296] 동일한 사안에 대하여 침해법원에서는 간접침해가 부정되었다.[297]

간접침해가 성립하기 위해서 물건의 발명인 경우에는 실시품이 특허발명의 '생산에만 사용되는 물건'인지의 여부가 문제가 되는데, 이는 특허발명의 생산에 해당하는가의 문제(공용성)와 이 경우 특허발명의 생산 이외에는 다른 용도가 없는지의 문제(전용성)로 구분할 수 있다.[298]

다른 용도의 유무와 관련하여 원고(상고인, 실시자)는 "확인대상발명 제품은 국내 다이아몬드 디스크 생산업체에 판매되어 CMP공정이 아닌 Pre Wear Test 공정 및 Pre Disk Break in 공정에 사용되고 있으므로, 이 사건 특허발명 물건의 생산 이외의 다른 경제적, 상업적 용도가 있다"는 점을 들어 다른 용도가 있음을 주장하였는데, 대법원에서는 "나아가 '특허물건의 생산에만 사용하는 물건'에 해당하기 위하여는 사회통념상 통용되고 승인될 수 있는 경제적, 상업적 내지 실용적인 다른 용도가 없어야 하고, 이와 달리 단순히 특허물건 이외의 물건에 사용될 이론적, 실험적 또는 일시적인 사용 가능성이 있는 정도에 불과한 경우에는 간접침해의 성립을 부정할 만한 다른 용도가 있다고 할 수 없다."고 하여 타용도를 부정하였다.

(2) 타용도 판단의 기준

타용도 유무의 판단시 타용도가 ① 단순히 다른 용도가 있으면 되는지, ② 단순히 다른 용도가 있다는 것만으로는 부족하고, 경제적, 상업적 내지는 실용적인 사용가능성이 있어야 하는지, ③ 이러한 가능성에 더하여, 실제로 경제적, 상업적 내지는 실용적인 사용사실이 있어야 하는지의 문제가 있다.[299]

296) 특허심판원 2006. 3. 28.자 2005당617 심결, 특허법원 2007. 7. 13. 선고 2006허3496 판결.
297) 수원지법 2005. 9. 21.자 2005카합13 결정, 서울고법 2006. 9. 11. 선고 2005라792 판결, 서울중앙지법 2008. 6. 27.자 2007카합2665 결정.
298) 본고에서는 확인대상발명의 사용이 특허된 물건발명의 생산에 해당하는지의 여부 즉, 공용성에 관한 문제는 논하지 않는다.
299) 吉藤幸朔, 特許法概說(第13版, 대광서림, YOU ME 特許法律事務所 譯, 2000), 521면.

간접침해에 관한 레이저프린터 토너카트리지 사건에서[300] 특허발명은 레이저프린터의 토너카트리지와 감광드럼유니트가 현상유니트에 장착되고 현상유니트가 레이저프린터 본체에 결합되어 각 부품의 결합에 특징이 있는 레이저프린터에 관한 것이었고, 실시자는 토너카트리지를 회수하여 토너를 충전하여 판매하였다. 이에 대하여 특허권자는 토너카트리지가 특허제품의 '생산에만' 사용되는 물건이라고 주장하였으나, 실시자는 이를 특허제품의 '사용에' 필요한 물건이라고 주장하였다. 이에 대하여 고등법원에서는 레이저프린터 본체의 수명이 긴 것에 반해 토너의 수명이 짧아 교체가 예정되어 있는 소모품에 불과하다는 점을 들어 특허제품의 '사용'에 쓰이는 물건이라고 판단하였다.[301]

이에 반해 대법원에서는 생산의 개념으로 "특허발명을 유형화하여 발명의 결과인 물(物)을 만들어 내는 모든 행위"라고 하고, 생산에 해당되는 유형으로 공업적 생산, 주요한 조립, 핵심적 부품의 기계본체에의 장착, 기타 주요한 수리를 들고, 다만, 범용품이나 일상적인 소모품을 만드는 행위는 생산에 해당하지 않는 유형으로 판단한 후, 본건 발명의 토너카트리지와 같은 소모품에 대해서는 ① 본질적 구성이고, ② 타용도가 없고, ③ 일반적으로 널리 쉽게 구할 수 없고, ④ 구입시에 교체가 예정되어 있고, ⑤ 특허권자가 이를 제조·판매하는 경우에는 '생산에만'의 요건을 충족하는 것으로 판단한 바 있다. 여기서 '생산'(공용성)의 요건과 '에만'(전용성)의 요건의 구별이 불명확하나 대체로, ②의 요건을 제외한 나머지는 '생산'의 요건에 해당하고, ②의 요건은 '에만'의 요건에 해당하는 것으로 볼 수 있다. 또한 본 판결에서는 문제가 되는 토너카트리지가 특허발명에만 사용되고 있으며 다른 용도가 없다고만 판시하고, 그 사용이 경제적 또는 실용적인 사용인지의 여부에 대한 별도의 판단은 하지 않았다.[302]

---

300) 대법원 1996. 11. 27.자 96마365 결정.

301) 이와 같이 부품이 특허제품의 '생산'이 아닌 '사용'에 쓰이는 것으로 판단되는 경우에는 그 물건의 생산, 양도 등의 행위는 한국에서 간접침해로 되지 않는다. 반면에 미국에서는 우리의 간접침해와 유사한 기여침해의 경우 그 전제로서 직접침해를 들고 있으므로 부품이 특허제품의 '사용'에 쓰이는 경우에도 특허제품을 정당한 권원 없이 '사용'하는 경우에는 직접침해를 구성하므로, 이때에는 부품의 공급행위에 대하여 일정한 경우 기여책임을 물을 수 있다는 점에서 차이가 있다. 이러한 사례 중의 하나로는 *Aro Mfg. Co. v. Convertible Top Replacement Co.*, 377 U.S. 476, 141 USPQ 681 (1964); 김관식, "특허제품의 변경에 따른 사용과 특허권 침해", 과학기술법연구 제14집 제2호(한남대학교 과학기술법연구원, 2009), 247면.

302) 이와 관련하여, 후술하는 일본의 올레핀 중합용 촉매 사건에서는 실시자가 다른 용도로 사용될 수 있다는 객관적 가능성이 있다는 주장을 하는 경우, 그 용도가 경제적·상업적으로 실용성이 없다는 부분에

일본의 경우, 벽면접착시공법 사건에서는[303] 벽면 등에 장식판을 접착제로 접착한 후 “고무 합성수지계 탄성재에 의한 기둥모양의 압착재를 중간에 구비한 못을 이용하여 고정하는 방법”에 관한 방법발명에 관한 것이었다. 여기서 기둥모양의 폴리엔화합성수지의 중간에 못을 구비한 피고 물건이[304] 특허된 방법발명의 실시에만 사용하는 물건인지가 쟁점이 되었고, 피고는 자신의 못이 실내장식용으로도 사용이 가능하고, 전기코드를 벽면에 고정시키는 용도로도 사용이 가능하므로 다른 용도가 있다고 주장하였으나 이러한 용도로 사용하는 것으로는 종래부터 각종 압핀과 스테플러가 각각 있고, 상기 물품을 이러한 용도로 사용하는 것은 그 기능면에서도 종래의 물품에 비해 성능이 우수하다고 볼 수 없으므로 이와 같은 용도로 산발적으로 사용되고 있는 점을 인정할 수 있더라도 이러한 용도는 일반적으로 통용되고 있는 용도가 아니라고 하고, 타용도로 인정받기 위해서는 실험적 또는 일시적인 사용 가능성이 있는 것만으로는 충분하지 않고, “상업적, 경제적으로도 실용성 있는 용도로서 사회통념상 통용되어 승인된 것이고, 또한 원칙적으로 그 용도가 현재 승인된 것으로 실용화되어 있을 필요가 있다”고 하여 타용도 유무의 판단기준을 제시하였다.[305] 이는 종전의 올레핀 중합용 촉매 사건에서[306] 타용도에 따른 사용은 “경제적, 상업적 내지 실용적인 사용이어야 하므로 단순히 사용 가능성이 있는 것만으로는 충분하지 않다”고 판시한 것을 재확인한 것이다.[307]

타용도의 유무 판단시, 판례에서는 발명의 중요한 구성요소가 사용되지 않고 사용되는 경우도 포함시키고 있으나[308] 이에 대해서는 특허발명의 중요한

대한 입증책임을 권리자에게 지우고 있으며, 이에 대한 입증이 없으므로 타용도를 인정하고 있다. 東京地判 昭50. 11. 10. 昭和 47(ワ)3375.

303) 大阪地判 昭54. 2. 16. 昭和 52(ワ)3654.

304) 아래는 피고 물품의 단면도인데 ①은 못, ③은 기둥 모양의 폴리엔화합성수지이다.

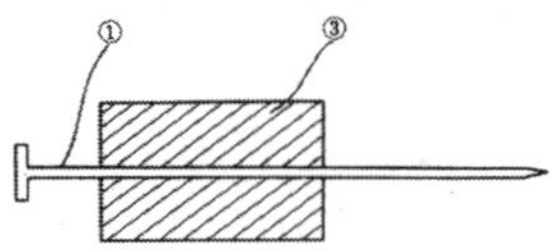

第2図

305) 竹田和彦, 特許의知識(8版, 도서출판 에이제이디자인기획, 김관식 외 4인 역, 2011), 455면; 大阪地判 昭54. 2. 16. 昭和 52(ワ)3654.

306) 東京地判 昭50. 11. 10. 昭和 47(ワ)3375. 올레핀(olefin)은 C_nH_{2n}의 구조식을 갖는 탄화수소를 총칭하는 용어로, 알켄이라고도 한다.

307) 東京地判 昭50. 11. 10. 昭和 47(ワ)3375; 竹田和彦, 위의 책, 455면.

308) 吉藤幸朔, 特許法概說(第13版, 대광서림, YOU ME 特許法律事務所 譯, 2000), 523면.

구성부분을 사용하지 않는 극히 변칙적인 사용은 포함되지 않아야 한다는 주장도 있다.[309] 다만, 이와 같은 극히 변칙적인 사용은 경제적 · 상업적으로 실용적인 사용으로 인정되기 힘들 경우가 많을 것이다.

일본에서의 타용도에 따른 사용은 원칙적으로는 실제로 사용실적이 있어 타용도가 현실화된 경우를 의미하며, 그 이유 중의 하나로 현실의 문제가 아닌 경우에는 추후 현실화되었을 때 타용도로 채택하면 될 것이라는 점을 들고 있다.[310] 다만, 이 경우에도 가까운 장래에 사용사실이 생길 것이 확실한 경우에는 타용도가 현실적으로 있는 것과 동일하게 취급하여도 될 것이므로[311] 그 차이는 크지 않고 결국 입증의 문제로 귀결될 것이다.[312] 한편, 일본에서는 특허법의 개정에 의하여, 발명의 실시에 적합한 것이지만 다른 용도가 있는 중성품과, 못, 나사, 트랜지스터 등 시장에서 널리 구할 수 있는 범용품에 대해서도 실시자가 악의인 경우에는 일정한 경우에 간접침해를 인정할 수 있게 되었다.[313]

미국 특허법 제271조(c)항에는 우리나라와 일본의 간접침해에 대응하는 기여침해(contributory infringement)가 규정되어 있으며,[314] 기여침해의 요건으로는 ① 부품이 특허발명의 주요한 부분으로 특허침해의 용도로 제작 혹은 변형되었고, ② 그 부품이 특허침해가 아닌 용도로 적합한 범용품(staple article) 혹은 상용품(commodity of commerce)이 아니고, ③ 실시자가 특허발명 및 부품이 특허침해에 사용된다는 사실을 알고 있을 것을 요하고 있다.[315] 여기에서 ②번째의 비특허침해의 용도가 있는 범용품 혹은 상용품인지의 여부가 타용도 유무

---

309) 위의 책, 522면.

310) 위의 책, 521면.

311) 위의 책, 522면.

312) 斗下弘記, 間接侵害, 新裁判実務大系 14 知的財産関係訴訟法(青林書院, 2001), 263면. 최정열, "간접침해의 성립 여부에 관한 판단기준 및 입증책임", 정보법판례백선(I)(박영사, 2006), 15면에서 재인용.

313) 일본 특허법 제101조 제 2 호, 동조 제 5 호.

314) 미국특허법상 유도침해(35 USC 271(b))는 제 3 자의 침해(직접침해)를 적극적으로 유도한 것을 의미하여 직접침해의 존재를 전제하고 있다는 점에서 우리나라의 간접침해와는 상이하고 오히려 우리나라 민법상 불법행위의 교사 · 방조와 유사하고, 미국특허법상의 기여침해(35 USC 271(c))는 특허권 침해 이외에는 용도가 없는 물품을 판매, 판매의 청약, 수입하는 행위를 의미하여 우리나라의 간접침해와 유사하다고 볼 수 있다. 다만 미국의 기여침해는 제 3 자에 의한 특허권의 직접침해를 전제로 하고 있고 기여침해자가 직접침해 사실을 알고 있어야 한다는 점에서 우리나라의 간접침해와 차이가 있다.

315) Roger Schechter and John Thomas, *Principles of Patent Law*(2nd ed., Thomson West, 2004), p. 293; Donald S. Chisum, *Elements of United States Patent Law*(2nd ed., Yushodo Press Co., Ltd., 2000), p. 402.

판단의 기준이 된다. 비특허침해 용도의 기준으로는 '실질적인 용도(substantial use)'의 유무를 기준으로 하고 있으며, 타용도가 실질적인지의 여부는 타용도로 사용될 가능성의 정도와, 타용도로 사용될 빈도를 기준으로 판단된다.[316] 실질적인 타용도로 인정되기 곤란한 것으로는 지나친 억지나(farfetched)[317] 가공의(illusory), 이론적(theoretical), 비현실적(impractical) 실험에 지나지 않는 용도를 들 수 있다.[318][319] 여기에서 실질적 용도는 이론적 용도(theoretical use)에 반대되는 개념으로 사용되고 있으므로,[320] 단순한 가능성에 더하여 경제적 · 상업적으로 실용적일 것을 요구하는 일본에 비하여 타용도가 인정될 수 있는 가능성이 미국의 경우에 더 높다고도 볼 수 있으나, 범용품 혹은 상용품의 경우에는 경제적 혹은 상업적으로 실용적일 것이고, 또한, 억지나 가공의 것이 아니고, 이론적이거나 비현실적이 아니며, 실험에 지나지 않는 용도가 아니면서 사용될 가능성이 상당히 높은 경우에는 결국 경제적 혹은 상업적으로도 실용적일 것이므로 그 차이는 크지 않을 것으로 생각된다.[321]

미국에서 실질적인 타용도의 유무가 쟁점이 된 사건의 하나로, *C. R. Bard, Inc. vs. Advanced Cardiovascular Systems* 사건을[322] 들 수 있다. 원고인 Bard사의 특허는 관상동맥 형성술에 관한 것으로 혈전 등으로 폐쇄된 관상동맥 내에 미세도관(catheter)을 삽입하고 이를 부풀려서 혈액을 소통하게 하는 외과 수술 방법에 관한 특허로,[323] 특허방법의 내용 중에는 관상동맥 내부의 지점을 유동체로 연결시키는 것을 요하고 있다.[324] 피고의 도관은 측면에 다수의 입구가 형성된 것으로 관상동맥술 중에 다수의 입구를 통하여 혈액이 순환되도록 되어 있어, 원고는 기여침해를 주장하였고, 지방법원에서는 약식재판(summary

316) 440 F.Supp.2d 1311(M.D. Fla., 2006)., 33 USPQ2d 1641, 1648 (N.D. Cal. 1994).
317) 본 사안의 경우에는 마우스 패드로 사용하는 것을 들 수 있을 것이다.
318) Roger Schechter and John Thomas, *Principles of Patent Law*(2nd ed., Thomson West, 2004), p. 293.
319) Donald S. Chisum, Craig Allen Nard, Herbert F. Schwartz, Pauline Newman, F. Scott Kieff, *Principles of Patent Law Cases and Materials*(3rd ed., Foundation Press, 2004), p. 979.
320) Donald S. Chisum, *Elements of United States Patent Law*(2nd ed., Yushodo Press Co., Ltd., 2000), p. 402, footnote 42.
321) 한편, 이러한 차이가 실제로 존재하는지의 여부를 명확하게 판단할 수 있는 사례는 아직 보이지 않는다.
322) 911 F.2d 670, 15 USPQ2d 1540(Fed. Cir. 1990).
323) 원래 도관에 관한 물건에 관한 발명도 출원하였으나, 선행기술에 의하여 거절되자 모두 삭제하여 결국 방법발명에 대해서만 특허되었다.
324) … fluidly connect locations within coronary artery.

judgment)을[325] 통하여 기여침해를 인정하였으나, 연방순회구항소법원에서는, 관상동맥 형성술을 요하는 혈관 협착의 40-60 퍼센트가 관상동맥의 입구로부터 3cm 이하에 위치하고 있으므로, 이 경우에는 도관의 입구가 모두 대동맥에 위치하게 될 것이라는 피고의 주장을 인정하여, 외과의사가 도관을 사용하여 수술하는 경우에 도관의 입구가 관상동맥이 아닌 대동맥에 모두 위치하도록 하는 방법으로도 사용될 수도 있을 것이므로 배심원단이 '실질적인 타용도'를 인정할 것이라고 판단하여 타용도가 없음을 전제로 한 원판결을 파기 환송하였다.[326] 여기서 피고는 미세도관의 타용도를 입증하기 위하여 실시품이 타용도로 사용되고 있다는 사실을 직접적으로 증명한 것은 아니고, 혈관 협착의 위치에 대한 증거를 들어 타용도로 사용될 수도 있다는 가능성에 대하여 간접적으로 증명하였다.

(3) 본 사건에서의 판단

본 사건에서 원고(상고인, 실시자)는 현재 확인대상발명을 사용하고 있는 S반도체 제조회사 이외의 회사에서 S사와 상이한 조건에서 확인대상발명 제품을 사용하는 경우에는 소형유동채널이 형성되지 않는 공정으로도 사용이 가능하다고 주장하였으나, 법원에서는 이러한 단순한 가능성만으로는 상업적 · 경제적으로 인정되는 용도로 인정할 수 없다는 취지의 판단을 하여, 타용도로 인정되기 위해서는 현실적으로 이러한 공정이 사용되어 상업적 · 경제적인 용도가 있을 것을 요하고 있다. 법원에서는 반도체 연마용 패드의 사용시 다이아몬드 컨디셔너 등을 사용하지 않아 결국 소형유동채널이 형성되지 않도록 하는 방법에 대한 가능성 자체를 부인하지는 않았으나, 현실적으로 반도체 연마용 패드를 사용하는 공정에서 다이아몬드 컨디셔너가 업계에서 널리 사용되고 있는 점과 그 우수한 효과 등을 감안하여 확인대상발명이 실제로 반도체 제조공정에서 사용되는 경우에는 다이아몬드 컨디셔너의 사용이 불가피하므로, 다

325) 미국에서 사실관계는 원칙적으로 변론을 통하여 배심원단(jury)에서 확정하나, 사건의 주요한 사실에 대하여 다툼이 없어 법률문제만이 쟁점이 되는 경우에 판사가 변론절차 없이 내리는 판결을 말한다. William Burnham, *INTRODUCTION TO THE LAW AND LEGAL SYSTEM OF THE UNITED STATES* (4th ed., Thomson West, 2006), p.237.

326) 911 F.2d 670, 15 USPQ2d 1540 (Fed. Cir. 1990).

이아몬드 컨디셔너의 사용 없이 확인대상발명을 사용하는 것은 상업적 · 경제적으로 실용성 있는 것으로 사회 통념상 통용되거나 승인될 수 없는 것으로 판단한 것이다.

3. 소결

결국 간접침해에서 타용도 유무의 판단시 단순한 가능성만으로는 부족하고, 상업적 또는 경제적으로 실용성 있는 것으로 사회 통념상 통용되거나 승인될 수 있는 사용에 한하여 이를 인정할 수 있다.

제3절 특허제품의 변경과 특허권 (직접, 간접)침해

특허제품을 사용하는 것은 특허제품의 실시에 해당하므로 문언적으로는 특허권의 침해를 구성하나, 특허권자로부터 특허제품을 정당하게 구입하여 사용하는 경우에는 판매에 의하여 특허권이 소진(exhaust)된 것으로 해석하여 구매자의 특허제품 **사용**이 특허권 침해를 구성하지 않게 된다. 이를 최초판매이론(first sale doctrine)이라 한다.

이때, 특허제품을 그대로 사용하는 것이 아니라, 특허제품에 변경이 가해진 경우에는 그 변경의 정도가 특허권 침해를 구성하지 않을 정도로 허용되는 범위내의 행위인지(수리, 특허법상의 **사용**), 아니면 허용되지 않아 특허침해를 구성하는지(재생, 특허법상의 **생산**)의 구분하여야 하는 문제가 있다.

Ⅰ. 한국: 레이저프린터 토너카트리지 사건

1. 개요

다음 사건은 레이저 프린터에서 감광드럼유니트, 토너박스, 현상유니트가 별도로 구성되고 감광드럼유니트와 토너박스가 가이드 홈을 통하여 현상유니트에 결합하는 것을 특징으로 하여 필요시에는 감광드럼유니트 혹은 토너박스를 별도로 교체하여 레이저 프린트 유지 비용을 절감할 수 있는 것을 특징으로 하는 화상기록장치에 대하여 특허가 되어 있다.[327)]

본건의 대표 청구항은 다음과 같다.

도면3

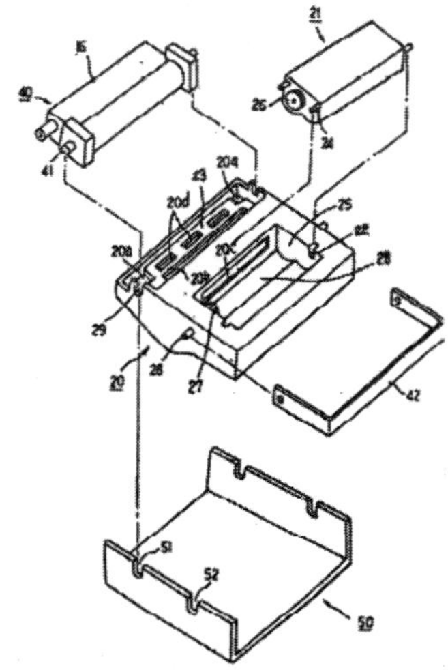

청구항 1 전자사진 방식의 화상기록 장치에 있어서 감광드럼(4), 트리닝부(16) 및 대전기(5)를 일체로 유니트화한 감광드럼유니트(40)과 상기 감광드럼유니트(40)을 수납하는 드럼섹션(23)과 토너박스(21)을 착탈 가능하도록 하는 토너섹션(28)을 가진 현상유니트(20)과, 상기 감광드럼유니트(40)의 위치결정 부재(41)과 상기 현상 유니트(20)의 위치결정부재(28)을 가이드하는 가이드홈(51, 52)를 가진 기기 본체 프레임(50)을 가지도록 구성하여 소모품인 감광드럼유니트, 토너박스, 현상유니트를 별도로 가져 경제적으로 함과 동시에 현상유니트의 위에 감광드럼유니트, 토너박스가 수납가능 하도록 하여 사용자의 취급을 편리하게 한 것을 특징으로 하는 화상기록 장치.

즉, 각 구성부품은 이미 공지의 기술에 해당하고, 각각의 공지부품의 결합에 그 특징이 있는 결합발명에 해당한다.

이 사건에서는 결합발명의 소모성 구성부품에 해당하는 토너카트리지를 생산하여 판매하는 행위의 침해여부가 쟁점이 되었다.

---

327) 특허공고번호 제1994-0003109호.
한편, 본 특허는 10년간 특허료를 납부한 후 특허료 불납으로 인하여 2004.4.14일 소멸되었다. 이는 현재 생산하는 레이저 프린터에서는 감광드럼과 토너 일체형으로 구성되어 감광드럼, 토너 및 현상유니트가 별도로 구성된 본 특허와는 그 구성이 상이하여 본 특허를 계속 유지할 실익이 소멸되었기 때문으로 보인다.

2. 판시[328)]

대법원 1996. 11. 27. 자 96마365 결정 【특허권등침해금지가처분】
[집44(2)민,320;공1997.1.1.(25),72]

【판시사항】

[1] 상품의 형태가 부정경쟁방지법 제2조 제1호 (가)목 소정의 '기타 타인의 상품임을 표시한 표지'에 해당되는 경우

[2] 특허발명의 대상인 물건에 사용되는 소모부품이 특허권의 간접침해에서 말하는 '특허 물건의 생산에만 사용하는 물건'에 해당하기 위한 요건

[3] 레이저 프린터에 사용되는 소모부품인 토너카트리지가 '특허 물건의 생산에만 사용하는 물건'에 해당한다고 본 사례

【결정요지】

[1] 일반적으로 상품의 형태는 상품의 출처를 표시하는 기능을 가진 것은 아니나 다만 어떤 상품의 형태가 장기간 계속적, 독점적, 배타적으로 사용되거나 지속적인 선전광고 등에 의하여 그 형태가 갖는 차별적 특징이 거래자 또는 수요자에게 특정한 품질을 가지는 특정 출처의 상품임을 연상시킬 정도로 개별화되기에 이른 경우에는, 부차적으로 자타 상품의 식별기능을 가지게 되고 이러한 경우에 비로소 부정경쟁방지법 제2조 제1호 (가)목에서 정하는 '기타 타인의 상품임을 표시한 표지'에 해당된다.

[2] 특허발명의 대상이거나 그와 관련된 물건을 사용함에 따라 마모되거나 소진되어 자주 교체해 주어야 하는 소모부품일지라도, 특허발명의 본질적인 구성요소에 해당하고 다른 용도로는 사용되지 아니하며 일반적으로 널리 쉽게 구할 수 없는 물품으로서 당해 발명에 관한 물건의 구입시에 이미 그러한 교체가 예정되어 있었고 특허권자측에 의하여 그러한 부품을 따로 제조 · 판매하고 있다면, 그러한 물건은 특허권의 간접침해에서 말하는 '특허 물건의 생산에만 사용하는 물건'에 해당한다.

---

328) 대법원 종합법률정보 사이트 http://glaw.scourt.go.kr 참조.

[3] 레이저 프린터에 사용되는 소모부품인 토너카트리지가 위 [2]항에서 설시된 이유에 기하여 '특허 물건의 생산에만 사용하는 물건'에 해당한다고 보아, 이를 간접침해에서 말하는 '생산'의 개념에 포함되지 않아 특허권을 침해한 것이 아니라고 본 원심판결을 파기한 사례.

【참조조문】

[1] 부정경쟁방지법 제2조 제1호 (가)목 / [2] 특허법 제127조 제1호 / [3] 특허법 제127조 제1호

【참조판례】

[1] 대법원 1994. 12. 2. 선고 94도1947 판결(공1995상, 526)

【전 문】

【신청인,재항고인】 삼성전자 주식회사 (소송대리인 법무법인 태평양 담당변호사 황의인 외 1인)

【피신청인,재항고상대방】 조성규 외 1인

【원심결정】 서울고법 1996. 2. 22.자 95라135 결정

【주문】

원심결정을 파기하고 사건을 서울고등법원에 환송한다.

【이유】

먼저 재항고이유 제3점을 판단한다.

일반적으로 상품의 형태는 상품의 출처를 표시하는 기능을 가진 것은 아니나 다만 어떤 상품의 형태가 장기간 계속적, 독점적, 배타적으로 사용되거나 지속적인 선전광고 등에 의하여 그 형태가 갖는 차별적 특징이 거래자 또는 수요자에게 특정한 품질을 가지는 특정 출처의 상품임을 연상시킬 정도로 개별화되기에 이른 경우에는, 부차적으로 자타 상품의 식별기능을 가지게 되고 이러한 경우에 비로소 부정경쟁방지법 제2조 제1호 (가)목에서 정하는 '기타 타인의 상품임을 표시한 표지'에 해당된다 할 것이다(당원 1994. 12. 2. 선고 94도1947 판결 참조).

원심결정 이유를 기록에 비추어 살펴보면, 신청인이 생산하는 이 사건 토너카트리지가 수요자들에게 상품의 출처 표시로서 개별화되어진 것으로 인식될 정도로 주지성을 획득하였음을 인정할 수는 없다고 한 원심의 조처는 정당하고, 그 과정에서 재항고이유로 지적하는 부정경쟁행위에 관한 법리오해나 심리미진의 위법은 없다. 논지는 이유가 없다.

나아가 재항고이유 제1, 2점을 함께 판단한다.

원심결정 이유에 의하면, 원심은 신청인의 본건 특허(특허청 1994. 7. 27. 등록 제75846호) 청구 범위 제1항은 그 특허공보에 나타난 바와 같이, 전자사진 방식의 화상기록 장치에 있어서, 감광드럼, 크리닝부 및 대전기를 일체로 유니트화한 감광드럼유니트와 그 감광드럼유니트를 수납하는 드럼섹션과 토너박스를 착탈 가능하도록 하는 토너섹션을 가진 현상유니트와 위 감광드럼유니트의 위치결정 부재와 위 현상유니트의 위치결정 부재를 가이드하는 가이드홈을 가진 기기 본체 프레임을 가지도록 구성하여, 소모품인 감광드럼유니트, 토너박스, 현상유니트를 별도로 가져 경제적으로 함과 동시에 현상유니트의 위에 감광드럼유니트, 토너박스가 수납 가능하도록 하여 사용자의 취급을 편리하게 한 것을 특징으로 하는 화상기록 장치임을 인정한 다음, 특허권의 간접침해는 특허의 대상인 물건의 '생산에만' 사용하는 물건을 업으로서 생산, 양도, 대여 또는 수입하거나 그 물건의 양도 또는 대여를 청약하는 경우에 성립하는바(특허법 제127조 제1호), 여기에서 말하는 '생산'이란 특허발명을 유형화하여 발명의 결과인 물(物)을 만들어 내는 모든 행위를 의미하고 공업적 생산물의 생산 이외에도 주요한 조립, 핵심적인 부품을 기계 본체에 장착하는 것, 기타 주요한 수리도 포함한다고 할 것이나, 범용품이나 일상적인 소모품을 만들어 내는 행위는 '생산'이라고 할 수는 없다고 하면서, 신청인의 본건 특허 레이저 프린터의 평균수명은 시간상으로 약 5년이며 인쇄횟수로 약 300,000회 정도이고, 본건 특허 레이저 프린터의 본체와 장착되어 판매되는 초기 토너카트리지는 약 1,500회를 인쇄할 수 있고 그 후에 낱개로 판매되는 토너카트리지는 약 3,000회 정도를 인쇄할 수 있어, 본건 특허 레이저 프린터가 수명이 다하기까지 보통 약 100개 정도의 토너카트리지가 소모되므로, 결국 이 사건 토너카트리지는 본건 특허 레이저 프린터를 유형화하여 이를 만들어 내는 것 즉, '생산'에 필요한 부품이라고 할 수는 없고, 다만 그 '사용'에 필요한(수명이 다할 때까지 약 100개가 소모될 것이 예정된) 소모품에 불과하다고 할 것이며, 피신청인들이 생산하는 이 사건 토너카트리지가 본건 특허 레이저 프린터 외에 다른 레이저 프린터에는 사용할 수가 없다고 하더라도 이를 달리 해석할 수는 없다고 하면서, 피신청인들이 이 사건 토너카트리지를 제조, 판매한 행위는 본건 특허에 대한 간접침해가 아니라고 하였다.

그러나 특허발명의 대상이거나 그와 관련된 물건을 사용함에 따라 마모되거나 소진되어 자주 교체해 주어야 하는 소모부품일지라도, 특허발명의 본질적인 구성요소에 해당하고 다른 용도로는 사용되지 아니하며 일반적으로 널리 쉽게 구할 수 없는 물품으로서, 당해 발명에 관한 물건의 구입 시에 이미 그러한 교체가 예정되어 있었고, 특허권자측에 의하여 그러한 부품을 따로 제조 · 판매하고 있다면, 그러한 물건은 특허권의 간접침해에서 말하는 특허 물건의 생산에만 사용하는 물건에 해당한다고 할 것이다.

그러므로 기록에 의하여 살펴보면, 레이저 프린터에 있어서 인쇄되는 종이를 기준으로 할 때 레이저 프린터 자체의 수명은 약 300,000장이나, 그 중 토너카트리지는 약 3,000장, 감광드럼은 약 15,000장, 현상기는 약 50,000장의 수명을 가지고 있어 그 이후에는 새로운 것으로 교체해 주어야 하는바, 본건 특허발명에서는 위 감광드럼유니트, 토너박스(토너카트리지), 현상유니트를 별도로 구성하여 각각의 물품이 수명을 다한 경우에 그 부분만을 교환하여 사용함으로써 레이저 프린터를 경제적으로 효율적으로 사용할 수 있도록 하면서도 사용자가 그 교환이나 취급을 용이하게 하도록 구성한 것이고, 피신청인이 제조 · 판매하는 이 사건 토너카트리지는 본건 발명에만 사용되는 물건으로서 다른 용도로는 사용되지 아니하는 사실을 알 수 있는바, 따라서 본건 특허발명의 목적에 비추어 보면 위 토너카트리지는 그 모양과 형태가 현상유니트와 감광드럼유니트와의 결합 방법 등에 있어서 중요한 요소가 되므로 본건 특허발명의 본질적인 구성요소라 할 것이고, 다른 용도로는 사용되지도 아니하며, 일반적으로 널리 쉽게 구입할 수도 없는 물품일 뿐만 아니라, 본건 레이저프린터의 구입시에 위 토너카트리지의 교체가 예정되어 있었고, 특허권자인 신청인측에서 그러한 토너카트리지를 따로 제조 · 판매하고 있으므로, 결국 위 토너카트리지는 본건 특허 물건의 생산에만 사용하는 물건에 해당한다고 할 것이다.

그럼에도 불구하고 원심이 위 토너카트리지는 본건 특허 레이저 프린터의 '사용'에 필요한 예정된 소모품에 불과하다는 이유로 위 간접침해에서 말하는 '생산'의 개념에 포함되지 아니하고, 따라서 피신청인의 이 사건 토너카트리지의 제조 · 판매는 신청인의 특허권을 침해한 것이 아니라고 판단한 것은 위 '생산'의 법리를 오해함으로써 이 사건 결정 결과에 영향을 미쳤다 할 것이니, 이 점을 지적하는 재항고이유는 이유 있다 할 것이다.

그러므로 원심결정을 파기하고 사건을 다시 심리 · 판단하게 하기 위하여 원심법원에 환송하기로 하여 관여 법관의 일치된 의견으로 주문과 같이 결정한다.

대법관 정귀호(재판장) 김석수 이돈희 이임수(주심)

3. 해설

원심에서는, 소모성 부품인 토너카트리지의 성격을 '특허제품의 생산에 쓰이는 물건'이 아니라 '특허제품의 사용에 쓰이는 물건'으로 판단하였으나, 항소심인 본 사건에서는 레이저 프린터의 토너카트리지와 같이 소모성 부품인 경우에도 이를 사용하는 것이 특허제품의 생산에 해당하는 경우가 있다고 본 것이다.

결국, 본 판결은 소모성 부품인 '토너카트리지를 레이저 프린터에 삽입하여 사용하는 행위'를 특허법상 특허제품인 '레이저 프린터의 **사용**이 아닌, 레이저 프린터의 **생산**으로' 판단한 것이다.

(1) 판단기준

본 판결에서는 소모성 부품이 특허제품의 **'생산에만 사용되는 물건'** 즉, **생산전용품(專用品)**인지의 판단기준으로 다음 5가지의 요소를 들고 있다.[329)]

① 특허발명의 본질적인 구성요소에 해당하고,
② 다른 용도가 없고,
③ 일반적으로 널리 쉽게 구할 수 없고,
④ 당해 발명에 관한 물건 구입시에 교체가 예정되어 있고,
⑤ 특허권자가 그 부품을 제조 · 판매하고 있을 것.

앞의 5가지 요소 중, '생산'에 해당하는 요소와, '~에만'에 해당하는 요소를 구분하지 않고 기술하고 있어 그 구분이 용이하지 않으나, 일반적으로 '~에만'의 요소를 '다른 용도가 없는' 것으로 해석하고 있으므로, 앞의 요소 중에서 2번째를 제외한 4가지의 요소가 소모성 부품의 생산이 특허제품의 사용이 아닌 '생산'에 해당한다고 판단하는 기준으로 볼 수 있다.

결국 레이저프린터를 구입한 자가 토너카트리지를 다 사용한 이후에 새로운 토너카트리지를 구입하여 레이저프린터에 장착하는 행위는 특허 제품인 레이저프린터의 '생산'에 해당한다. 다만 이러한 행위는 대체로 가정 내에서 이루어지므로 업으로서 하는 행위로 보기는 힘들 것이므로 토너카트리지를 교체하는 소비자의 행위는 특허권 침해로 되지는 않을 것이다.[330)]

이와 같은 판시에 대하여, 소모품의 교체를 간접침해로 인정하게 되어 호환성 부품의 생산을 저해하여 소비자의 권익을 해소한다는 비판이 있다. 그러나 본 사건 특허는 각 구성품의 결합관계에 특징이 있는 결합발명에 해당하며, 침해자는 다른 제품에도 널리 적용이 가능한 범용 토너카트리지를 생산한 것이 아니라, 특정 가이드 홈이 부착되어 본 특허제품에만 적용이 가능한 토너카트리지를 생산한 것이므로, 소모품의 교체에 대해서 간접침해를 인정할 수 없다는 비판은 타당하지 않다.

---

329) 다만, 이와 같은 요건을 든 근거가 명확하지 않고 확인이 되지 않는다.
330) 이러한 점이 권리자가 토너카트리지를 생산하는 자를 상대로 특허권 간접침해를 주장한 이유일 것이다.

(2) 토너를 생산한 경우

만일, 침해자가 토너카트리지를 생산하지 않고 토너카트리지에 충전하여 사용할 수 있는 범용의 '토너 자체'를 생산한 경우에는, 토너가 레이저 프린터의 본질적 구성요소에 해당하고(①), 당해 발명인 레이저 프린터 구입시에 교체가 예정되어 있고(④), 특허권자가 그 부품을 제조 · 판매하고 있을 수 있으므로(⑤), 위의 ①, ④, ⑤의 요건은 충족할 수 있다.

그러나 토너 자체는 일반적으로 널리 구할 수 있고(③), 토너 자체는 모든 레이저 프린터에 사용될 수 있는 범용성을 지니고 있어(②), 위의 ③과 ②의 요건을 충족하지 않는다. 결국 토너의 생산은 특허제품의 생산으로 보기 힘들고, 생산전용성 요건도 충족하지 않으므로, 토너의 생산은 직접침해는 물론이고 간접침해에도 해당하지 않을 것이다.

Ⅱ. 미국: 일회용 카메라 사건

본 사건은 일회용 카메라(LFFP, lens fitted film package)에 관한 사건이다. 일본의 후지필름사가 일회용 필름카메라에 관한 Design 특허를 보유하고 있는데, Jazz photo사 등이 외국 및 미국 내에서 판매되어 사용된 일회용 카메라를 회수한 후 필름을 재충전하고 포장을 다시 하는 등의 재생행위를 한 후 이를 미국내로 수입하여 판매하자, 이에 대하여 특허권자인 일본의 후지필름사가 ITC(International Trade Commission)에 특허침해를 근거로 수입금지 결정을 요청하여 기각된 것에 대한 항소 사건이다.[331)]

1. 개요

항소인은 자신들이 새로운 일회용 카메라를 생산한 것이 아니라, 단순히 필름을 교체했을 따름이고, 이렇게 변경된 카메라는 후지사의 원래 카메라에 비하여 유효기간이 길고 후지사의 특허권은 소멸된다고 주장하였다. 또한, 특허

331) 264 F.3d 1094, 59 U.S.P.Q.2d 1907.
ITC에 결정에 대한 항소심도 CAFC에서 전속관할한다.

권자는 자신들이 필름을 삽입하고 기계부품을 초기화(reset)하는 등의 절차를 거쳐서 카메라를 수리하는 권리를 제한할 수 없다고 주장하였다.

이에 대하여 후지필름사는, 일회용 카메라에 1회 사용이라는 주의 문구를 표시하였으므로 사용자는 이 카메라를 구입할 때 1회 밖에 사용할 수 없다는 주의사항을 보고 구입하였으므로 묵시적으로 실시허락에 제한을 둔 계약이 있다고 주장하였다.

2. 판시

항소법원의 Newman 판사는 다음과 같이 판결하였다.

① 카메라 개조회사인 Jazz Photo사가 **미국 내에서 적법하게 판매되어** 사용된 일회용 카메라를 회수하여 미국 외에서 일회용 카메라에 필름을 교체하여 장착하고 필름 카운터를 리셋하고 케이스를 재밀봉하여 수입한 행위에 대하여, 적법하게 판매된 특허품은 최초 판매에 의하여 **특허권이 소진**되고,[332] 일회용 카메라를 재사용할 수 있도록 한 제품은 원래의 카메라와 근본적으로 동일하므로 필름을 교체하는 등의 행위는 특허품을 사용할 수 있는 상태로 유지하는 즉, "유효기간을 유지하는 행위에 해당하여 허용 가능한 **수리**에 해당"하므로, 재활용된 일회용 카메라를 수입하는 것은 허용된다. 따라서, 이와 결론이 상이한 ITC의 결정은 파기된다.

② 판매자가 일회용 사용에 한정한다는 등의 의도는 유효한 계약에 의하여 명기된 것이 아니면 매입자가 특허품을 사용 · 판매 · 수리하는 행위를 제한할 수 없다고 판시하고, 후지필름사의 1회용 사용에 관한 주의문구는 구매자에 대한 권고 · 지시 내지는 위험에 대한 경고에 지나지 않을 뿐으로 판매 시점에서의 계약사항으로 인정하지 아니하여, 일회용 사용에 한정하는 계약이 묵시적으로 이루어진 것으로 인정하지 않았다.

③ 특허권자는 자신의 방법 특허를 일회용 카메라에 필름과 필름카트리지를 장착하는 방법에 대하여 적용할 수 없다.

④ 진보성을 이유로 방법특허를 무효로 할 수는 없다.

332) 특허권 침해가 되지 않는다는 의미.

3. 해설

본 판결에서 피고는 필름과 필름 용기를 제외한 나머지 모든 부분은 특허권이 소진되는 원래의 일회용 카메라에 해당한다고 특별히 강조하였다.[333] Newman 판사는 일회용 카메라에서 카메라 필름의 교체 행위를 통상의 카메라에서 필름을 교체하는 행위에 해당한다고 보아 카메라의 재활용행위를 허용되는 수리에 해당한다고 판시한 것으로 보인다.

특별히 본 판결에서는 소진의 범위와 관련하여, 최초판매에 의한 특허권의 소진을 **국내 소진**만 인정하고 국제적 소진은 인정하지 아니하여,[334] 외국에서 최초 판매가 이루어진 일회용 카메라를 수리하여 미국으로 수입하는 행위에 대해서는 여전히 이를 금지하여 ITC의 수입금지 결정을 지지하였다.

Ⅲ. 일본: 일회용 카메라 사건

일본에서의 이 사건도 미국에서의 일회용 카메라 사건과 유사한 사건으로 원고는 일본 후지필름사로 동일한 사건이다.[335]

1. 개요

원고는 일회용 카메라(렌즈부착 필름유닛)에 대한 특허권, 실용신안권 및 디자인권자이다. 피고는 일본 및 한국에서 판매하여 사용된 원고의 일회용 카메라에 필름을 창작하여 재활용할 수 있게 한 제품을 수입, 제조, 판매하였다. 이에 대하여 원고는 특허권 침해, 제조금지, 손해배상을 주장하고, 이에 대하여 피고는 특허권의 소진을 주장하였다.

---

333) 264 F.3d 1094의 1106면.

334) 그런데 이 사건 이후, 2017. 3. 21. 미국 대법원에서는 이른바 Lexmark 사건을 통하여 특허권의 국제적 소진을 인정한 바 있다.

335) 東京地裁 平成12年8月31日判決, 平成8年(ワ)第16782号 特許権侵害差止等請求事件.

2. 판시

특허권자 또는 특허권자로부터 허락을 받은 실시권자가 일본 내에서 당해 특허발명에 관련된 제품을 양도한 경우에는, 당해 특허제품에 관한 특허권은 그 목적을 달성한 것으로 소진되고, 더 이상 특허권의 효력은 당해 특허제품의 사용, 양도, 대여 등의 행위에 미치지 아니한다.(특허권의 소진)

특허권이 소진되지 않는 경우(특허권 침해)로는 다음과 같이 2가지의 경우를 들고 있다.

(1) 효용을 다한 경우

특허제품이 효용을 다한 후에는 특허권자는 당해 특허제품에 대하여 특허권의 행사가 가능하다

이렇게 해석하는 근거는 효용을 다한 후의 특허제품에 특허권의 효력이 미친다고 해석하여도, 시장에서 상품의 자유로운 유통을 저해하지 않고, 특허권자가 이중의 이득을 얻게 되지 않으며, 효용을 다한 특허제품을 가공하여 사용 혹은 재양도 되면 특허제품에 대한 신규한 수요를 박탈하여 특허권자에게 해가 되기 때문이다.

(2) 주요 부재가 교체된 경우

당해 특허제품에서 특허발명의 본질적 부분을 구성하는 주요 부재를 제거하고 새로운 부재로 교환한 경우에도, 특허권은 소진되지 않아 특허권을 행사할 수 있다.

이는 주요 부재를 교체한 경우에는 이 제품이 특허권자가 양도한 제품과는 상이한 제품이 되기 때문이다.

다만, 전기 기기 등에서 전지, 필터 등과 같은 소모품을 교체하는 것과 제품 전체에 비하여 내용기간이 짧은 일부 부재를 교체하여 제품의 수리를 하는 것에 의해서는 원래 제품과의 동일성이 상실되지 않으므로 여전히 특허권이 소진되어 행사할 수 없다.

3. 해설

이와 같이 일본에서는 원칙적으로 특허권의 소진 구체적으로는 국제적 소진을 인정하고 특허권이 소진되지 아니하는 경우로,

첫째, 특허제품의 효용을 다한 경우

둘째, 주요 부재가 교체하여 원래의 특허제품과 동일성을 상실하게 된 경우의 2가지를 들고 있다.

본 사안에 대해서는 일회용 카메라를 사용 완료시점에서 특허제품의 **효용이 다하는 것**으로 해석하여 특허권이 소진되지 않아 그 후의 재활용된 제품에 대하여 특허권을 적용할 수 있다고 해석하여 특허권 침해로 판단하였다.

소진된 특허권이 특허제품의 효용을 다하거나, 주요 부재가 교체된 경우에 부활하는 점에 대해서는 비판이 있으나,[336] 이러한 점은 특허권이 소진을 정지조건부 소진으로 해석하면 해결될 수 있을 것으로 생각된다.

효용을 다 했는지의 여부와 관련하여, 일회용 카메라를 사용한 시점에서 효용을 다한 것으로 판단한 일본의 사례는 동일한 사안에서 필름 교환행위를 아직 효용을 다하지 않은 일회용 카메라의 유효기간을 **유지**하는 행위로 판단하여 필름 교환행위를 허용되는 수리로 판단한 앞서의 미국의 사례와는 상이한 것이다.

Ⅳ. 일본: 잉크제트 프린터용 잉크카트리지 사건

본 사안은 잉크제트 프린터의 일회용 잉크 카트리지를 재활용하여 판매한 행위에 대한 침해여부가 쟁점이 된 사건이다.[337]

1. 개요

잉크제트 프린터용의 잉크 카트리지에 관한 특허권(일본 특허 제3,278,410호)를 가진 항소인이 상기 특허권의 실시품인 항소인 제품의 사용이 끝난 제

336) 中山信弘 外 2人 著, 比較特許判例硏究會 譯, 特許判例百選, 博英社, 2005, 386면.

337) 知財高裁H18.1.31判決, 平成17年(ネ)第10021号 特許権侵害差止請求控訴事件.

품을 재활용하여 제품화된 잉크 카트리지를 수입하는 피항소인에 대하여 상기 특허권에 기초하여 제품의 수입, 판매 등의 금지 및 폐기를 청구한 것에 대하여, 피항소인이 특허권의 소진을 주장하여 다툰 사건이다.

원심에서는 항소인의 청구를 기각하였다.

2. 판시

특허권이 소진되지 아니하는 유형으로 다음의 2가지를 들었다.

① 당해 특허제품이 제품으로서의 본래의 내용기간을 경과하여 그 효용을 다한 후에 재사용 또는 재생하여 이용한 경우

② 당해 특허제품에 대하여 제3자에 의하여 특허제품 중의 특허발명의 본질적 부분을 구성하는 부재의 전부 혹은 일부에 대하여 가공 혹은 교환이 된 경우

위 기준을 본 사안에 적용하여,

"잉크를 소비한 후의 항소인 제품의 본건 잉크탱크 본체에 잉크를 재충전하는 행위는, 특허제품을 기준으로써, 당해 제품이 제품으로서의 효용을 다했는가의 여부라는 관점으로 보는 경우에는 잉크탱크로써의 통상의 용법 하에서 **소모부재의 교환**에 해당하고, 또 잉크탱크 본체의 이용이 당초에 충전된 잉크의 사용에 한정되는 것이 법령 등에 규정된 것도[338] 사회적으로 확고한 공통인식으로서 형성된 것도 아니기 때문에, 당초에 충전된 잉크가 소비된 것을 특허제품이 제품으로서의 본래의 내용기간을 경과하여 그 효용를 다한 것이라고 할 수는 없다." 따라서, 잉크 카트리지가 효용을 다한 것으로 인정하지 않았다.[339]

그 다음, 본질적인 구성 부재의 가공 혹은 교환 여부에 대하여 판단하여, "잉크탱크의 단위 체적당의 잉크 수용량을 증가시켜 안정시킨 잉크 공급을 실현하는 종래의 잉크탱크와 동일한 작용효과를 실현하면서 더불어 종래의 기술

338) 본 사건 판결문 24면에서 예를 들어, 일회용 주사기 혹은 복용약 등을 들고 있다.
339) 본 사건 판결물 제47면.

에 보이는 개봉시의 잉크 누설문제를 해결하기 위하여 ① 부압(負壓)발생 부재 수납실에 2개의 부압발생 부재를 수납하고, 그 계면에 모세관력이 각 부압발생 부재의 모세관력에 비하여 더 크도록 이것 들을 상호 압접한 구성, ② 일정량의 잉크 즉, 액체 수납용기가 어떠한 자세에 있더라도 압정부의 계면 전체가 액체를 보유할 수 있도록 가능한 양의 액체가 충전되어 있는 구성(구성요건 K)을 채용하는 것에 의하여 부압발생부재의 계면에서 공기의 이동을 방지할 수 있는 장벽을 형성하는 것으로 한 점에, 종래의 잉크 탱크에서는 볼 수 없는 기술적 사상의 중심을 구성하는 특징적 부분이 있다고 인정된다."라고 본 특허의 본질적 부분을 인정한 다음, 잉크를 소비한 후에 본건 잉크 탱크 본체의 잉크 재충전행위에 대하여, "따라서, 본 건 잉크탱크 본체의 내부를 세정하여 고착된 잉크를 세척한 후 이것에 구성요건 K를 충족하는 일정량의 잉크를 재충전하는 행위는, (특허발명의 본질적 부분을) 특허발명을 기준으로 하여 특허발명특유의 해결수단의 기초를 이루는 기술적 사상의 중핵을 이루는 특징적 부분이라는 관점으로 보는 경우에는, 항소인 제품에서 본건 발명 1의 본질적 부분을 구성하는 부재의 일부인 압접부의 계면의 기능을 회복시킴과 동시에 상기 양의 잉크를 다시 채우는 것에 해당하며, 구성요건 H 및 K의 재충전에 의한 공기의 이동을 방지하는 장벽을 형성하는 본 건 발명1의 목적 달성의 수단에 불가결한 행위이므로, 특허제품 중의 특허발명의 본질적 부분을 구성하는 부재의 일부에 대하여 가공 혹은 교환에 해당한다고 말하지 아니 할 수 없다."[340]라고 하여, 특허권이 소진되지 않는 제2유형에 해당한다고 판단하였다.

이에 따라 침해가 되지 않는 다고 한 원판결을 파기하고 특허침해를 인정하여 금지청구를 인용하였다.

3. 해설

본 사건에서는, 잉크의 소비로 인하여 특허발명의 특허청구범위에 기재된 본질적 구성요건 중의 하나인 구성요건 K가 상실된 후에, 재활용과정에서 이 본질적 부분이 다시 형성되므로 특허발명의 본질적 부분에 해당하는 부분에

340) 본 사건 판결문 제54면. 괄호 부분은 필자가 추가.

대한 가공 또는 교환이 발생한다고 주장을 하여 항소인이 승소할 수 있었다.

본 사건에서는 미국에서와 같은 수리 · 재생이라는 용어를 명시적으로 사용하지는 않았으나, 결국 잉크 재충전 행위가 재생에 해당된다고 본 것이라고 볼 수 있다.

제4절 침해의 판단기준

특허발명의 보호범위는 특허청구범위에 기재된 사항에 의하여 정하여진다. 따라서, 침해의 여부는 다툼의 대상이 되는 물건 또는 방법 즉, "확인대상발명[341]"과 특허청구범위를 비교하여 확인대상발명에 특허청구범위에 기재된 청구항의 구성요소가 모두 존재하는지(**구성요소 완비의 원칙**, All elements rule) 여부를 판단하는 것으로 귀착된다. 이 경우 원칙적으로, 청구항에 기재된 모든 구성요소가 확인대상발명에 글자 그대로 포함되어 있어야 한다(**문언침해**, literal infringement).

다만, 청구범위에 기재된 기술사상과 확인대상발명의 구성이 완전히 일치하지는 않지만, 이러한 구성의 차이에도 불구하고 동일한 효과를 달성할 수 있을 정도의 일정한 범위에 속하는 경우 즉, 균등한 경우에까지 특허발명의 보호범위가 확대될 수 있다(**균등침해**, infringement under doctrine of equivalents).

균등침해가 성립하기 위해서는 일반적으로, ① 특허발명과 차이나는 구성이 특허발명의 비본질적 부분일 것(본질적 구성의 동일, 과제해결원리의 동일성), ② 차이나는 구성의 치환에 의하여 특허발명과 동일한 목적, 동일한 작용효과를 나타낼 것(치환 가능성), ③ 통상의 기술자가 용이하게 치환할 수 있을 것(치환의 자명성), 및 소극적 요건으로서, ④ 실시발명이 공지기술과 동일하거나 용이하게 발명할 수 있는 것이 아닐 것(자유실시기술의 항변), ⑤ 실시발명이 출원인이 특허출원 절차 중에서 의식적으로 제외한 것이 아닐 것(출원경과 금반언)을 일반적으로 들고 있다.

---

341) 특허분쟁시, 분쟁의 대상이 되는 물건 또는 방법 즉 계쟁물을 실무에서는 '확인대상발명' 혹은 (가)호발명이라고 한다. (가)호발명은 일본에서 계쟁물을 가리키는 (イ)号発明에 해당하는 용어이다.

제5절 추정규정

Ⅰ. 과실의 추정

고의 또는 과실의 위법행위에 의하여 발생한 손해에 대한 손해배상을 청구하는 경우, 청구인은 상대방의 위법행위에 대하여 고의 또는 과실이 있음을 증명할 입증책임을 지는 것이 원칙이다. 그러나 특허권을 침해한 경우에는 특별규정을 두어, 그 침해자의 행위에 대하여 과실이 있는 것으로 **추정**한다. 따라서, **침해자가** 자신에게 과실 없음(무과실)을 주장 · 입증하여야 한다(입증책임의 전환). 하지만, 여전히 고의에 대해서는 권리자가 주장 · 입증하여야 한다.

Ⅱ. 생산방법의 추정

물건을 생산하는 방법에 관한 특허를 보유한 자는 그 생산 방법은 물론이고, 그 방법으로 제조된 물건에 대해서도 특허권을 주장할 수 있다. 그러나 물건은 동일하더라도 생산방법이 다른 물건에 대해서는 특허권을 주장할 수 없다. 따라서, 물건을 생산하는 방법에 관한 특허를 보유한 자가 특허침해를 주장하기 위해서는 특정물건이 자신의 특허방법으로 생산되었다는 것을 입증하여야 한다.

하지만, 현실에서 어떤 물건의 생산방법을 주장·입증하는 것은 대체로 용이하지 않다. 이러한 입증책임을 완화시켜주기 위하여 특허법에서는 특별규정을 두어(특허법 제129조), 특허출원 전에 공지되었거나 공연히 실시된 물건이 아닌 신규한 물건을 생산하는 방법에 관하여 특허가 된 경우, 특허된 생산방법에 관한 물건과 동일한 물건은 특허된 생산 방법에 의하여 생산된 것으로 **추정**한다.

Ⅲ. 손해액의 추정

특허와 같은 무체재산권이 침해된 경우, 그 손해액을 산정하는 것이 대체적으로 곤란한 경우가 많으므로, 손해액의 입증이 곤란한 경우가 많다. 이러한 입증책임을 경감시키기 위하여 손해액의 산정에 관하여 다음과 같은 특별한 규정을 두고 있다(특허법 第128조).

1. 침해자의 이익액

특허권자 또는 전용실시권자가 고의 또는 과실에 의하여 자기의 특허권 또는 전용실시권을 침해한 자에 대하여 그 침해에 의하여 자기가 받은 손해의 배상을 청구하는 경우 권리를 침해한 자가 그 침해행위에 의하여 이익을 받은 때에는 침해에 따른 이익의 액(**침해액**)을 특허권자 또는 전용실시권자가 받은 손해의 액(**손해액**)으로 추정한다(제128조 제4항).

즉, 침해자의 이익액을 특허권자의 손해액으로 추정한다는 것이다.[342] 이것은 어디까지나 추정규정이므로, 특허권자의 실제 손해액이 침해자의 이익액과 다르다는 사실을 주장입증하면 위의 추정은 깨어진다.

2. 실시료 상당액

특허권자 또는 전용실시권자가 고의 또는 과실에 의하여 자기의 특허권 또는 전용실시권을 침해한 자에 대하여 그 침해에 의하여 자기가 받은 손해의 배상을 청구하는 경우 그 특허발명의 실시에 대하여 통상 받을 수 있는 금액(**실시료**)에 상당(相當)하는 액(상당실시료, 실시료 상당액)[343]을 특허권자 또는 전용실시권자가 받은 손해의 액으로 하여 그 손해배상을 청구할 수 있다(제128조 제5항).

---

342) 이러한 추정이 항상 옳을 수는 없다는 점은, 침해자가 특허발명의 실시로 인하여 이익이 아니라 손해가 발생한 경우에, 이러한 추정에 따르면 특허권자가 침해자의 행위에 불구하고 이익을 얻게 된다는 결과가 되는 점을 상기하면 명확해진다.

343) '상당실시료', '상당한 실시료'는 일본어 '相当の実施料'의 번역어로 영어의 합리적 실시료(reasonable royalty)에 대응하는 용어이다.

제5항(통상 실시료)의 규정에 불구하고 손해의 액이 동항에 규정하는 금액을 초과하는 경우에는 그 초과액에 대하여도 손해배상을 청구할 수 있다. 이 경우 특허권 또는 전용실시권을 침해한 자에게 고의 또는 중대한 과실이 없는 때에는 법원은 손해배상의 액을 정함에 있어서 이를 참작할 수 있다(제128조 제6항).

(1) 다수설: 손해발생시 손해의 하한액

특허법 제128조 제3항의 의의로는 침해행위가 있을 때 실시료상당액의 손해를 의제한 것이 아니라, 침해행위로 "손해가 발생한" 경우, 그 손해의 하한액을 규정한 것이라고 이해하는 것이 통설과 판례이다. 다만, 손해발생에 대하여 주장, 입증 필요 없고, 권리침해사실과 실시료 상당액을 주장, 입증하면 족하며, 피고는 손해발생이 없었음을 주장, 입증하면 손해배상책임을 면한다.[344]

i) 국내 사례

국내의 판례로는 상표권자가 국내에서 생산, 판매 등의 영업활동을 한 바가 전혀 없으므로, 피고의 위 행위에 의하여 원고가 입은 영업상 손해는 없다는 판결이 있다.[345] 이 판결에서 원고는 위조품 적발 단속 등 영업의 준비행위를 영업활동으로 주장하면서 영업상의 손해가 있음을 주장하였으나, 상표권 침해행위로 인하여 실제로 손해를 입을 수 있는 활동에 의한 손해만 영업상 손해로 인정하여 제품의 생산, 판매 및 이와 유사한 활동에 의한 손해만 인정하고, 따라서, 원고의 영업활동이 전혀 없었으므로, 영업상의 손해는 발생하지 않았으므로 손해의 발생을 전제로 하는 손해배상, 부당이득반환 등을 논할 이유가 없다고 하여 원고 패소 판결을 내린바 있다.

특허발명의 무단 사용하더라도 특허권자에게 손해발생이 없다고 하는 예로는 전용실시권자가 있는 경우가 있다. 이러한 예로, 상표권자인 원고가 전용사용권을 제3자에게 부여하고 영업을 하고 있지 않은 사건에서, 원고는 영업을 하고 있지 않고 더구나, 전용사용권을 허락하고 있어 전용사용권 범위 내에서 이 사건 상표를 사용할 수 없음으로 상표권자에게는 상표의 무단 사용으

344) 대법원 2002.10.11. 선고, 2002다33175 판결.
345) 서울고등법원 제4민사부 2003.10.29. 선고, 2002나65044 손해배상(지) 판결.

로 인한 손해의 발생이 없다고 하여 피고의 손해배상책임을 인정하지 아니한 사례가[346] 있다. 전용실시권의 효력과 관련해서 특허인 경우에는 특허법 제94조에 특허권의 효력[347], 제100조에 전용실시권[348]으로 규정되어 있고, 상표법에 동일 취지의 조문이 있다.[349] 특허권의 침해는 제94조를 근거로 하고 있고 이 조문의 취지를 현재의 통설처럼 특허권자가 특허권을 독점적으로 실시할 권리로 해석하는 경우에는 특허권자의 독점적 실시권리가 전용실시권자가 있는 경우에는 유보되어 있으므로, 전용실시권자가 존재하는 경우에 제3자가 무단으로 실시하더라도 특허권자의 실시권리가 존재하지 않으므로 특허권의 침해가 되지 않는다는 해석이 가능하다. 따라서, 전용실시권이 설정되더라도 특허권자에게는 특허권 침해에 대한 소권이 존재하므로[350] 특허침해를 배제할 수 있는 권한을 행사할 수 있다고 한다.[351]

다만, 이러한 해석의 명확한 근거를 특허권을 독점권으로 해석하는 우리나라와 일본에서는 찾기가 쉽지 않다. 오히려 특허권의 본질을 타인의 실시를 배제하는 배타적 권리[352]로 해석하는 경우에서 그 근거를 용이하게 찾을 수

---

346) 대법원 2002.10.11. 선고, 2002다33175.

347) 제94조(특허권의 효력)
특허권자는 업으로서 그 특허발명을 실시할 권리를 독점한다. 다만, 그 특허권에 관하여 전용실시권을 설정한 때에는 제100조 제2항의 규정에 의하여 전용실시권자가 그 특허발명을 실시할 권리를 독점하는 범위 안에서는 그러하지 아니하다.

348) 제100조(전용실시권)
① 특허권자는 그 특허권에 대하여 타인에게 전용실시권을 설정할 수 있다.
② 제1항의 규정에 의한 전용실시권의 설정을 받은 전용실시권자는 그 설정행위로 정한 범위 안에서 업으로서 그 특허발명을 실시할 권리를 독점한다.

349) 상표법 제50조, 제55조.

350) 吉藤幸朔, 特許法概說 第13版, 대광서림, 2000, p. 640.

351) 東京地判 昭39.3.18『判タ』160号 p. 133.

352) 특허권을 배타적 권리로 해석하는 것의 대표적인 예로는 미국을 들 수 있다.
35 U.S.C. 154 Contents and term of patent; provisional rights.
(a) IN GENERAL.—
(1) CONTENTS.— Every patent shall contain a short title of the invention and a grant to the patentee, his heirs or assigns, of the right to exclude others from making, using, offering for sale, or selling the invention throughout the United States or importing the invention into the United States, and, if the invention is a process, of the right to exclude others from using, offering for sale or selling throughout the United States, or importing into the United States, products made by that process, referring to the specification for the particulars thereof.
또한, 특허권을 배타적 권리로 해석하는 미국에서는 우리나라와 일본과는 달리 이용발명과 저촉발명에 대한 별도의 규정이 없더라도, 배타권의 특성상 타인의 발명을 이용하는 이용발명과 타인의 권리와 저촉되는 저촉발명의 실시는 당연히 특허침해를 구성한다.

있을 것이다. 즉, 전용실시권의 설정계약은 특허권자의 배타권이 미치지 아니하는 상황의 계약[353]으로 이해할 수 있으며, 전용실시권이 존재하더라도 타인의 실시를 배제할 수 있는 특허권자의 권한은 전용실시권자 이외의 자에게는 여전히 행사할 수 있으므로, 제3자의 무단 실시는 특허권의 침해를 당연히 구성하게 된다.

ii) 일본의 사례

일본의 고조스시사건(小僧寿し事件)[354]에서 일본특허법 제102조 제3항과 같은 취지인 구상표법 제38조 제2항 (현 제38조 제3항)에 대해서, "상기 규정에 의하면, 상표권자는 손해의 발생에 대해서 주장 입증할 필요는 없고, 권리침해의 사실과 통상 받아야 할 금전의 액을 주장, 입증하면 족하지만, 침해자는 손해의 발생이 있을 수 없다는 것을 항변으로 주장, 입증해서 손해배상의 책임을 면할 수 있다고 해석하는 것이 합리적이다"라고 하고, 동항은 동조 제1항(현 제2항)과 함께 "불법행위에 기초한 손해배상 청구에 있어서 손해에 관한 피해자의 주장입증 책임을 경하는 취지의 규정이며, 손해가 발생되어 있지 않은 것이 명백한 경우까지 침해자에게 손해배상 의무가 있다고 하는 것은 불법행위법의 기본적 체계를 초월하는 것이라 할 수 밖에 없어 동조 제2항의 해석으로 채용할 수 없다."라고 판시한 다음, "상표권은 상표의 출처식별기능을 통하여 상표권자의 업무상의 신용을 보호하는 것과 동시에, 상품의 유통질서를 유지하는 것에 의해일반 수요자의 보호 도모하는 것에 그 본질이 있어, 특허권 및 실용신안권등과 같이 그 자체가 재산적 가치를 가지는 것은 아니다. 따라서, 등록상표와 유사한 표장을 제3자가 그 제조 판매하는 상품에 붙여 상표로서 사용한 경우이더라도, 당해 등록상표에 고객흡인력이 전혀 인정되지 않고, 등록상표와 유사한 표장을 사용한 것이 제3자의 상품 매상에 전혀 기여하지 않은 것이 명백한 때에는, 일실이익으로서의 실시료 상당액의 손해도 발생하지 않았다고 하여야 한다."라고 판시하여 권리침해가 있더라도 실시료 상

353) 미국에서 특허실시권 계약은 우리나라 및 일본과는 달리 특허법에 규정되어 있지 아니하고, 주(州) 계약법의 문제이다. Donald S. Chisum, ELEMENTS OF UNITED STATES PATENT LAW, 2nd Ed., YUSHODO PRESS CO. LTD., 2000, p.440, 4142 Authorization-Exhaustion 참조.

354) 最高裁 平成9年３月11日 第３小法廷判決 , 平成6年(オ)第1102号事件 (民集51巻３号 p.1055).

당액의 손해는 항상 발생하는 것은 아니라는 점을 분명히 하고 있다. 손해의 발생과 관련하여서는, “침해자의 본건 상품의 매상이 전적으로 고조스시(小僧寿し)체인의 저명성, 그 선전광고 및 상품의 품질, 고조스시 상표 자체의 고객흡인력에 얻어진 것이고, 등록상표와 유사한 상표인 고조(小僧)의 사용에 의하여 권리자가 판매하는 상품의 매상에 손해가 발생하였다고 인정할 수 없는 것은 물론이고, 권리자에게는 본건 상표권에 관한 일실이익의 상실에 의한 손해도 전혀 생기지 않았다고 하여야 한다.”라고 하여 침해자가 사용한 상표가 등록상표권을 침해한 점은 인정되더라도, 등록상표가 침해상표관련 물품의 매상에 전혀 기여한 바가 없다면 등록상표권자의 손해발생을 부인하고 있다.

iii) 문제점

위에서 살펴본 바와 같이 우리나라와 일본에서는 불실시의 특허권, 상표권 침해시 손해의 발생을 부정하고 있다. 그러나 이와 같은 해석에는 아래와 같은 몇 가지 문제점이 있다.

우선, 불실시의 특허권, 상표권 침해시 손해의 발생을 부정하는 근거로 전술한 바와 같은 영업상의 손해가 없음을 들고 있으나, 영업상의 손해는 침해품과 권리자의 물건과의 인과관계를 추정하기 위하여 인정하는 것일 뿐, 특허권자의 침해와 실시료의 손실은 그 자체로 인과관계를 가지고 있는 것으로 볼 수 있다. 이는 침해가 없었던 경우의 재산가액과 침해가 있은 후의 재산가액을 비교할 때, 침해의 유형으로 제3자의 무단실시 뿐만 아니라, 제3자가 실시권 허락을 받지 않고 실시하는 경우를 상정해 보면 알 수 있다. 따라서, 권리가 침해된 경우에는 실시료 상당액의 손해를 최소한의 손해로 인정하여야 할 것이다.

또한, 불실시인 권리의 침해시, 손해발생을 부인함으로서 이에 따른 손해배상청구가 불가하며, 형사처벌인 경우, 이는 친고죄이며 또한 고의를 요건으로 하고 있으므로 과실의 특허침해인 경우에는 형사처벌도 불가하므로 권리자가 적극적 권리행사가 곤란해지며, 단지, 특허권 침해의 금지청구권과 같이 소극적인 권리의 행사만이 가능할 뿐이다. 그 결과, 불실시의 특허권을 제3자가 무단 실시하더라도, 사후에 경고를 받은 후에 그 실시를 중지하면, 민사상 형사상의 책임을 회피할 수 있으므로 특허권의 침해를 방조하는 결과가 야기될 수 있다.

그리고 권리자가 실시인 경우에는 제1항의 법정손해액 산정 규정에 의하여 손해액을 산정하는 것이 유리하므로, 제3항의 의의가 감소하고, 권리자가 불실시인 경우에는 제1항의 적용이 불가하므로, 제3항의 적용을 배제한다면, 제3항의 존재 의의가 의문시된다.

한편, 우리나라에서는 일본과 달리 "통상" 받을 수 있는 실시료 상당액을 손해액으로 청구할 수 있게 되어 있어, 특허권자나 실시권자 사이에 존재할 수 있는 특별한 사정, 예를 들어 특허권자가 통상실시권을 허여하지 않는 것을 방침으로 하는 경우, 전용실시권을 허여하는 것만 방침으로 하는 경우와 같이 실시료 액수가 특별히 고액이 되는 경우를 반영하지 못하는 단점이 있다.[355] 이와 달리 미국에서는 손해배상액의 산정시 통상실시권자에게 이미 실시권을 허여하는 경우에 적용하는 확정실시료(established royalty)[356] 뿐만 아니라 통상실시권을 허여하고 있지 아니한 경우에도 실시권을 허여하고자 하는 실시허락권자와 실시권허락을 받고자 하는 실시권자가 가상의 합의(hypothetical negotiation)를 통하여 합의하였을 것으로 가정되는 액수로서의 합리적 실시료 (reasonable royalty)도 손해액으로 인정하고 있어,[357] 당사자간의 특별한 사정이 잘 반영될 수 있다.

(2) 소수설: 침해시 손해액의 하한

이에 반하여, 침해행위가 있는 경우에는 실시료 상당액을 손해의 하한액으로 이해하는 견해도 있다. 즉, 본 조항은 특허권의 침해행위가 있으면 항상 최저한도 실시료 상당액의 손해가 발생하는 것으로 간주하는 규정으로, 손해액 뿐만 아니라 손해액의 발생도 함께 의제한 것으로 파악하고 있다.[358] 이러한 견해는 미국에서, 침해가 있는 경우 특허권자는 그 침해를 전보하기에 적

355) 이러한 문제점을 반영하여 일본에서는 平成10년 5월 6일, 법률 제51호에서 "통상"을 삭제하는 개정을 행하여 현재까지 시행하고 있다.

356) Donald S. Chisum, ELEMENTS OF UNITED STATES PATENT LAW, 2nd Ed., YUSHODO PRESS CO., LTD., 2000, p.614, 4411.20 Established Royalty.

357) Donald S. Chisum, ELEMENTS OF UNITED STATES PATENT LAW, 2nd Ed., YUSHODO PRESS CO., LTD., 2000, p.614, 4411.30 Reasonable Royalty 및 4411.31 Hypothetical Negotiation – Time 참조.

358) 中山信弘 編著, 註解特許法(上) 第3版, 青林書院, 2000, p. 1058.

합한 합리적 실시료 상당액 이상의 금전적 손해배상을 받을 권리가 있다는 것과 일맥상통한다.[359)]

3. 법정 산정 방법

특허권자 또는 전용실시권자는 고의 또는 과실로 인하여 자기의 특허권 또는 전용실시권을 침해한 자에 대하여 그 침해에 의하여 자기가 입은 손해의 배상을 청구하는 경우 당해 권리를 침해한 자가 그 침해행위를 하게 한 물건을 양도한 때에는 그 물건의 양도수량에 특허권자 또는 전용실시권자가 당해 침해행위가 없었다면 판매할 수 있었던 물건의 단위수량당 이익액을 곱한 금액을 특허권자 또는 전용실시권자가 입은 손해액으로 할 수 있다.(제128조 제2항) 이 경우 손해액은 특허권자 또는 전용실시권자가 생산할 수 있었던 물건의 수량에서 실제 판매한 물건의 수량을 뺀 수량에 단위수량 당 이익액을 곱한 금액을 한도로 한다. 다만, 특허권자 또는 전용실시권자가 침해행위 외의 사유로 판매할 수 없었던 사정이 있는 때에는 당해 침해행위 외의 사유로 판매할 수 없었던 수량에 따른 금액을 빼야 한다(제128조 제3항).

이 규정은 일본의 판례 및 平成 10년 법 개정[360)]을 반영하고 우리나라의 대법원 판례의 취지를 따라서 추가된 조항이다.[361)]

---

359) Donald S. Chisum, ELEMENTS OF UNITED STATES PATENT LAW, 2nd Ed., YUSHODO PRESS CO. LTD., 2000, p.598, 4410 Damages 참조.

360) 일본 특허법 제102조 제1항.
第102条　特許権者又は専用実施権者が故意又は過失により自己の特許権又は専用実施権を侵害した者に対しその侵害により自己が受けた損害の賠償を請求する場合において、その者がその侵害の行為を組成した物を譲渡したときは、その譲渡した物の数量（以下この項において「譲渡数量」という。）に、特許権者又は専用実施権者がその侵害の行為がなければ販売することができた物の単位数量当たりの利益の額を乗じて得た額を、特許権者又は専用実施権者の実施の能力に応じた額を超えない限度において、特許権者又は専用実施権者が受けた損害の額とすることができる。ただし、譲渡数量の全部又は一部に相当する数量を特許権者又は専用実施権者が販売することができないとする事情があるときは、当該事情に相当する数量に応じた額を控除するものとする。(제102조 특허권자 또는 전용실시권자가 고의 또는 과실에 의하여 자신의 특허권 또는 전용실시권을 침해한 자에 대하여 그 침해에 의하여 자신이 받은 손해의 배상을 청구하는 경우에 있어서, 그 자가 그 침해 행위를 조성하는 것을 양도하였을 때에는, 그 양도한 것의 수량(이하 이 항에서「양도 수량」이라 한다.)에, 특허권자 또는 전용실시권자가 그 침해의 행위가 없으면 판매할 수 있던 것의 단위 수량 당 이익액을 곱하여 얻은 액을, 특허권자 또는 전용실시권자의 실시 능력에 따르는 액을 초과하지 않는 한도에 있어서, 특허권자 또는 전용실시권자가 입은 손해액으로 할 수 있다. 다만 양도 수량의 전부 또는 일부에 상당하는 수량을 특허권자 또는 전용실시권자가 판매할 수 없다고 하는 사정이 있을 때에는, 당해 사정에 상당하는 수량에 상응하는 액을 공제하는 것으로 한다.)

361) 2001.2.3. 법률 제6411호.

이를 간단히 도시하면 다음과 같다.

Min[362] (침해자의 양도수량, (특허권자의 생산가능량 - 실제판매량))
×
특허권자의 단위이익
↓
특허권자의 손해액

한편 이익의 종류로는 다음을 들 수 있다.[363]

① 총이익[364]: 매출액 - 매출원가(임금, 재료비 등)
② 영업이익: 총이익 - 영업비용(판매비, 관리비)
③ 경상이익: 영업이익 + 영업외손익(이자, 임대료, 배당금 등)
④ 세전순이익: 경상이익 + 특별손익(고정자산 처분 손익, 투자재산 매각 손액)
⑤ 당기순이익: 세전순이익 - 법인세.

법에서 규정된 이익의 의미로는 종례에는 순이익[365] 특히 상기의 세전순이익[366]으로 해석한 바 있으나 최근에는 권리자가 침해행위가 없었더라면 판매할 수 있었던 제품의 매상액에서 그 판매에 의하여 증가된 것으로 인정되는 비용을 공제한 액수 즉, "한계이익"[367]을 의미하는 것으로 해석하여 적용하는

362) 이 식에서 Min(A, B)는 A와 B 중에서 작은 값을 취한다는 의미이다.
363) http://www.woorifigitm.com/guide/comm_ana_s27.htm, 2004. 9. 23. 방문, 손익계산서 참조.
364) 일본에서는 '매상고에서 제조원가를 공제한 액'에 대하여 "粗利益"이라는 용어를 사용한다. 竹田和彦, 特許の知識 第6版, ダイヤモンド社, 2001, p. 315, 참조.
365) 中山信弘 著 韓日知財權硏究會 譯, 特許法, 法文社, 2001, p. 350.
366) 東京地判 平2.2.9 『判時』 1347号 p. 213, 『判タ』 725号 p. 213
(전략) 일반관리비, 영업외 손익, 특별손익도 침해품의 제조 판매 행위와 관계없이 생긴 비용이라고 말할 수 없다. (후략)
367) 미국에서 일실이익을 산정할 때 사용되는 incremental income approach의 개념과 유사하다. 이에 따르면 권리자의 일실이익은 판매에 의한 총이익에서 판매를 위하여 증가된 비용만을 공제한 값에 해당한다. 고정비용은, 판매의 증가 여부에 관계없이 발생하는 것이므로 공제하지 않는다. Donald S. Chisum, ELEMENTS OF UNITED STATES PATENT LAW, 2nd Ed., YUSHODO PRESS CO. LTD., 2000, p.612, 4311.18 Incremental Income Approach 참조.

경우가 많다.[368] 이중, 세전순이익설을 취하는 경우에는 판매와 직접적인 관계가 없는 특별손익, 영업외손익도 포함되어 대체로 손해액이 낮은 액수로 되는 경향이 있다.

(1) 의의

손해액을 법정한 제128조 제2-3항의 의의로는 권리자의 손해액으로 추정되는 판매자의 이익액을 계산함에 필요한 판매량과 단위 수량당 이익액을 산정함에 있어, 입증이 곤란한 판매자의 단위수량당의 이익액을 대신하여 권리자의 단위수량당 이익액을 사용할 수 있게 하여 입증의 곤란함을 완화한 점을 들 수 있다.[369] 또한, 실시료 상당액에 비해 대체로 고액의 배상액으로 되어 권리자를 충분히 보호할 수 있다는 장점이 있다.

(2) 일본과 미국

일본에는 동일한 내용의 규정이 특허법 제102조 제1항에 있다. 미국에는 일실이익(lost profit)의 구체적 계산 방법은 규정되어 있지 않고, 특허제품을 제조하는 특허권자의 일실이익을 계산함에 있어, 침해품에 의한 특허제품의 판매손실과의 인과관계를 다음의 요건[370] 을 고려하여 추정한다.

① 특허제품에 대한 수요의 존재

② 특허제품을 대체할 수 있는 비침해품의 부존재

③ 특허권자 또는 독점적통상실시권자가 수요를 만족시킬 수 있는 생산능력를 가지고 있었을 것[371]

---

368) 竹田和彦 著 김관식외 4인 譯, 特許의知識 第6版, 명현문화사, 2002, p. 382의 시스템사이언스 사건, 東京地判 平7.10.30『判時』1560号 p. 24, 부하장치시스템 사건, 東京地判 平10.10.7『判タ』987号, p. 255 및 中山信弘 等 編著, 特許判例百選 第3版, 有斐閣, 2004, p. 189의 ②「単位数量当たりの利益」の意味については, 이하 참조.

369) 中山信弘, 特許法, 法文社, 2001, p. 353, 참조.

370) *Panduit* Test라고 일반적으로 불린다.
Panduit Corp. v. Stahlin Bros. Fibre Works, Inc., 575 F.2d 1152, 197 USPQ 726 (6th Cir. 1978), 참조.

371) Donald S. Chisum, ELEMENTS OF UNITED STATES PATENT LAW, 2nd Ed., YUSHODO PRESS CO., LTD., 2000, p.604, 4411.13 *Panduit* Test.

(3) 권리자 불실시인 경우

권리자가 실시하고 있지 아니한 경우에 본 조항의 적용여부와 관련해서는 제128조 제2항의 침해자이익 추정규정이 권리자가 불실시인 경우에는 적용이 불가하다고 하는 판례, 통설[372]과는 조금 달리 해석하는 점이 있다.

즉, 본 조항에서 말하는 "침해 행위가 없었더라면 판매할 수 있었던 물건"이 침해품과 대체가능성이 있는 제품이면 충분하고,[373] 침해된 특허의 실시품이 아니라도 상관없다[374]고 하며, 특허권자가 침해된 특허발명을 실시하지 않고, 침해품과 대체품 관계에 있는 물건을 생산한 사건에서, 권리자가 특허발명을 실시하지 않았으므로 제2항의 침해자 이익 추정규정은 적용할 수 없지만, 침해품과 대체품 관계에 있는 물품의 판매 감소에 의한 이익의 감소는 특허침해와의 인과관계를 인정하여[375] 특허권자의 손해액으로 인정한 바 있다.[376]

이와 같이 침해자의 침해행위와 특허권자의 손해사이에서 인과관계가 적용되는 경우를 제128조 제1항에서는 특허권자의 특허발명을 직접 실시하지 않는 경우에도 인정하고 있음이 특징이다.

1. 법원에 의한 상당손해액의 산정

법원은 특허권 또는 전용실시권의 침해에 관한 소송에 있어서 손해가 발생된 것은 인정되나 그 손해액을 입증하기 위하여 필요한 사실을 입증하는 것이 해당 사실의 성질상 극히 곤란한 경우에는 제2항 내지 제6항의 규정에 불구하고 변론 전체의 취지와 증거조사의 결과에 기초하여 상당한 손해액을 인정할 수 있다(제128조 제7항).

이는 손해의 발생을 전제로 하여, 손해액을 입증하기 극히 곤란한 경우에 법원이 변론 전체의 취지와 증거조사의 결과에 기초하여 상당 손해액을 산정할 수 있음을 규정하여 원고의 입증책임을 경감시킨다.

---

372) 中山信弘 編著, 註解特許法(上) 第3版, 青林書院, 2000, p. 1018.
373) 茶園成樹,"特許権侵害による損害賠償",『ジュリ』, 1162号, p. 49.
374) 田村善之, "損害賠償に関する特許法等の改正について", 『知財管理』, 4 9巻, 3号, p. 331.
375) 東京高裁 平成11年6月15日判決, 平成10年(ね)第2249号, 同11年(ね)第1069号 事件(判時 1679号 p. 96).
376) 中山信弘 等 編著, 特許判例百選 第三版, 有斐閣, 2004, p. 188 참조.

2. 징벌적 손해배상

침해가 고의적인 것으로 인정되는 경우에는 앞서 산정된 손해액의 최대 3배를 넘지 않는 범위 내에서 손해배상액을 정할 수 있다(§ 128-⑧). 이때에는 아래와 같은 사항을 고려한다(§ 128-⑨).[377]

1. 침해행위를 한 자의 우월적 지위 여부
2. 고의 또는 손해 발생의 우려를 인식한 정도
3. 침해행위로 인하여 특허권자 및 전용실시권자가 입은 피해규모
4. 침해행위로 인하여 침해한 자가 얻은 경제적 이익
5. 침해행위의 기간 · 횟수 등
6. 침해행위에 따른 벌금
7. 침해행위를 한 자의 재산상태
8. 침해행위를 한 자의 피해구제 노력의 정도

제6절 이용관계와 저촉관계

특허권은 특허발명을 독점적으로 실시할 수 있는 독점권의 성질뿐만 아니라, 타인이 특허발명을 실시하는 것을 금지할 수 있는 배타권의 특성을 지니고 있다. 따라서, 어떠한 발명에 대하여 특허권을 획득하였더라도, 이것이 타인의 특허권의 범위에 포함된다면 타인이 가지는 특허권의 배타적 성질에 의하여 특허된 발명을 실시할 수 없게 된다.

이러한 예로는 이용관계와 저촉관계의 2가지가 있다.

---

377) 이러한 징벌적 손해배상제도는 미국의 제도를 본받은 것으로 볼 수 있으나, 미국의 경우에는 우리나라와 달리 특허권침해죄가 존재하지 않으므로 특허권자의 손해액을 넘어서는 부분에 대하여 징벌적인 성격을 부여한 것으로 이해할 수 있으나, 이와 달리 특허권 침해죄가 인정되는 우리나라에서 특허권 침해죄와 더불어 징벌적 손해배상제도를 인정하는 것은 민법상의 손해전보를 원칙으로 하는 법체계를 경시한 것으로 논란의 여지가 많다고 보인다. 또한 이미 법원의 재량 산정을 허용하면서도 3배 이내의 손해배상을 인정하는 것은 손해액 산정의 불명확성을 확대시키는 것으로 향후 특허권 침해에 대한 이중처벌의 문제 및 손해액 산정의 예측불가능성 등 실제 운용에서도 적지 않은 문제가 발생할 것으로 우려된다.

Ⅰ. 이용관계

타인의 발명에 포함된 기술사상을 포함하여 다른 기술적 요소를 추가하여 구성된 발명을 타인의 발명을 이용한 발명 즉, **이용발명**이라고 한다.

이용발명인 경우에도, 종래기술과 대비하여 신규성과 진보성을 인정받으면 특허될 수 있다. 다만, 이용발명의 실시는 타인의 특허를 침해하게 되므로 정당한 실시허락을 얻은 후 실시하여야 한다.

Ⅱ. 저촉관계

1. 의의

"특허권 또는 **실용신안권"**과 **"디자인권**과 **상표권"**은 그 보호대상을 달리하고 있으므로 하나의 사상에 대하여 "기술적 사상의 창작"에 초점을 둔 "특허권 또는 실용신안권"과 그 사상에 의해 발생하는 "미감"에 초점을 둔 "디자인권"과 그 사상에 의해 발생하는 "식별력"에 초점을 둔 "상표권" 등이 중복하여 존재할 수 있다. 이 경우에는 각 권리자가 실시하는 경우, 타 권리를 침해하는 결과가 초래된다. 이러한 경우를 **저촉관계**라고 한다.

특허권과 실용신안권은 보호대상이 "기술사상의 창작"으로 동일하여 특허권과 실용신안권이 동시에 존재할 수 없으므로, 저촉관계는 발생하지 않는다.

2. 특수한 경우의 저촉관계

특허권과 저작권은 보호의 대상이 "아이디어의 응용"과 "아이디어의 표현"으로 구체적 대상을 달리하고 있으므로[378] 동일한 목적물에 대하여 특허권과 저작권으로 동시에 보호가 될 수 있는 경우가 있을 수 있다. 특히, 컴퓨터프로그램에 대해서는 방법의 발명으로 기술하여 출원하면 특허획득이 가능하므로, 특정한 컴퓨터프로그램에 대해서는 저작시에 발생하는 프로그램저작권과 그 컴퓨터프로그램의 기술적 사상에 부여된 특허권이 동시에 병존할 수 있다.

---

378) Arthur R. Miller *et al.*, *Intellectual Property – Patents, Trademarks, and Copyright*, West Group, 2000, 293면.

(1) 특허권 취득후 창작

예를 들어, 갑이 특허권을 획득한 상태에서 을이 프로그램을 창작한 경우를 상정하면 다음과 같다. 이 경우, 을이 프로그램을 갑보다 늦게 창작하더라도, 저작권은 창작의 선후에 관계없이 창작성 자체를 그 보호의 대상으로 하므로 을은 갑의 특허권과 상관없이 자신의 프로그램을 갑의 발명을 모인하지 않고 창작한 경우라면 프로그램저작권을 획득한다. 따라서, 하나의 프로그램에 갑의 특허권과 을의 프로그램저작권이 병존하게 된다.

(2) 프로그램 창작후 특허권 취득

또한 갑이 프로그램 창작한 후 을이 그 프로그램의 기술적 사상에 대하여 특허권을 획득한 경우를 상정하면 다음과 같다. 이 경우에는 갑이 프로그램을 창작한 후 공표여부에 따라 결과가 상이하게 된다. 즉, 갑이 프로그램을 창작한 후 미공표 상태에서 을이 특허권을 획득하였다면, 을의 특허권은 유효하게 될 것이므로 갑의 프로그램저작권과 을의 특허권이 유효하게 병존하게 되어 저촉관계가 발생할 것이다. 한편, 갑이 프로그램을 창작하고 공표한 경우에는 을이 특허권을 획득하게 되었더라도 갑의 프로그램 공표에 따라 을의 발명은 신규성을 상실하게 되어 을이 취득한 특허권은 무효사유를 내포하게 된다.

(3) 특징

이와 같이 산업재산권과 저작권은 보호대상 및 권리의 발생요건이 매우 상이하고, 양자의 권리가 동일한 목적물에 존재할 수 있으므로, 일정한 경우에는 저촉관계가 발생하게 된다. 하지만, 특허법과 저작권법 상에는 특허권과 저작권이 저촉하는 경우의 상호 권리의 조정에 관한 규정이 없으므로 이에 대한 적절한 대응방안이 필요하다.[379]

379) 이에 대한 상세한 논의는, 김관식, "컴퓨터프로그램의 특허권적 보호와 저작권적 보호", 과학기술법연구 제11권 제1호, 한남대학교 과학기술법연구원, 2005, 119면 이하 참조.

제2장 상표권의 침해

제1절 침해의 정의

상표권자는 **'등록상표' '지정상품'**에 관하여 사용할 권리를 독점한다. 따라서, 정당한 권원없이 타인의 "등록상표"를 타인의 등록상표와 "동일한 지정상품"에 사용하는 것은 상표권의 침해가 된다.

여기서, 상표의 "사용"이라 함은 다음의 3가지를 의미한다.

① 상품 등에 표시하는 행위
② 상표가 붙은 상품을 유통시키는 행위
③ 상표를 광고적으로 사용행위

제2절 침해로 보는 경우

상표권의 경우에도 특허에서와 마찬가지로 엄격한 의미의 침해 뿐만 아니라, 다음과 같이 일정한 경우를 침해와 동일하게 취급하여 상표권자의 권리를 확대하여 보호하고 있다.[380)]

① 타인의 등록상표와 **동일**한 상표를, 지정상품과 **유사**한 상품에 사용
② 타인의 등록상표와 **유사**한 상표를, 지정상품과 **동일 · 유사**한 상품에 사용

---

380) 제108조 ① 다음 각 호의 어느 하나에 해당하는 행위는 상표권(지리적 표시 단체표장권은 제외한다) 또는 전용사용권을 침해한 것으로 본다.
1. 타인의 등록상표와 동일한 상표를 그 지정상품과 유사한 상품에 사용하거나 타인의 등록상표와 유사한 상표를 그 지정상품과 동일 · 유사한 상품에 사용하는 행위
2. 타인의 등록상표와 동일 · 유사한 상표를 그 지정상품과 동일 · 유사한 상품에 사용하거나 사용하게 할 목적으로 교부 · 판매 · 위조 · 모조 또는 소지하는 행위
3. 타인의 등록상표를 위조 또는 모조하거나 위조 또는 모조하게 할 목적으로 그 용구를 제작 · 교부 · 판매 또는 소지하는 행위
4. 타인의 등록상표 또는 이와 유사한 상표가 표시된 지정상품과 동일 · 유사한 상품을 양도 또는 인도하기 위하여 소지하는 행위

이를 정리하면 다음과 같다.

<table>
<tr><td rowspan="2">동일 여부</td><td>상표</td><td colspan="2">동일</td><td colspan="2">유사</td></tr>
<tr><td>상품</td><td>동일</td><td>유사</td><td>동일</td><td>유사</td></tr>
<tr><td colspan="2">침해의 유형</td><td>침해</td><td>침해간주</td><td>침해간주</td><td>침해간주</td></tr>
</table>

【표 21】 상표와 상품의 동일 · 유사에 따른 침해의 유형

그 외에도 다음과 같은 "침해의 예비행위"도 침해로 간주한다.

① 침해행위를 하기 위한 목적으로 **상표**를 **교부 · 판매 · 위조 · 모조** 또는 **소지**하는 행위
② 상표가 부착된 **상품**을 양도 · 인도하기 위하여 **소지**하는 행위

제3장 저작권의 침해

제1절 권리의 다발로서의 저작권

저작권자는 공표권, 성명표시권, 동일성유지권의 저작인격권과, 복제권, 공연권, 공중송신권, 전시권, 배포권, 대여권, 2차적저작물작성권의 저작재산권을 가지므로, 타인의 저작물을 정당한 이유없이 복제 등의 행위를 하면 저작권을 침해하게 된다. 다만, 특허권 등의 타 지적재산권에서는 권리자가 권리를 '독점한다'는 표현을 사용하여 타인의 실시행위가 권리침해가 되는 점이 명확한 반면에, 저작권법에는 저작권자가 권리를 단순히 '가진다'라고만 되어 있어 타인이 권리자가 누리는 권리의 내용과 동일한 행위를 하였을 때 저작권자의 권리침해를 야기한다는 점이 명확하지 않게 되어 있다.

저작권은 **창작성**을 보호 대상이 갖추어야 할 요건으로 하고 있으므로, 어떤 저작물이 타인의 저작물과 동일하더라도, 그 저작물이 복제된 것이 아니라 자신이 창작한 것이고, 동일성은 '우연히' 발생한 것이라면, 비록 동일한 저작물이더라도 독자적인 저작물로서 타인의 저작권과 별개의 완전한 저작권을 누릴 수 있다.

즉 저작권 침해를 증명하기 위해서 권리자는, 침해 저작물이 자신의 저작물과 객관적으로 '실질적으로 유사'하다는 점(**실질적 유사성**)뿐만 아니라, 침해 저작물이 권리자의 저작물에 '**의거**(依據, access) 하였음'을 입증하여야 한다. 이러한 점은 특허권 침해 판단시에는 침해자의 발명이 권리자의 발명을 복제한 것인지 독자적으로 발명한 것인지 여부는 전혀 고려의 대상이 될 수 없다는 점과 중요한 차이이다.[381] 타인이 우연하게 완성한 동일한 발명에 대해서도 특허권을 주장하여 독점적인 권리를 향유할 수 있는 특허권과는 상이한 것이다.

---

381) 현실에서는 침해자가 권리자의 발명이나 디자인을 복제하였다는 주장을 하기도 하나, 이것은 이러한 복제에 의하여 결국 침해자의 발명, 디자인이 권리자의 발명, 디자인과 '동일하다'는 점을 강조하여 주장하기 위한 것에 불과하다.

Ⅰ. 개요

특허권이 특허발명을 '실시'할 수 있는 하나의 권리로 구성되는 점과 달리, 저작권은 공표권, 성명표시권, 동일성유지권, 복제권, 공연권, 공중송신권, 전시권, 배포권, 대여권, 2차적저작물작성권 등으로 다양한 권리의 집합으로 구성되는 점이 특징이다.

예를 들어, 가요의 음원을 복제하여 노래방기기를 제작하고(가요의 복제), 이 노래방 기기를 노래방에서 일반 대중을 상대로 작동하기(가요의 공연) 위해서는, 저작권자로부터 가요에 대한 복제권 및 공연권에 대하여 모두 정당한 사용권을 확보하여야 한다. 만일, 가요 음원에 대한 복제권은 확보하였더라도 가요에 대한 공연권을 확보하지 않은 상태에서 노래방 기기를 일반 대중을 상대로 작동하면 저작권 침해가 된다.[382)]

Ⅱ. 노래방기계 사건

1. 개요

본 사건은 노래방 기기 내의 가요 음원에 대한 복제권을 허락받아서 적법하게 제작된 노래방 기기를 공중 앞에서 사용한 경우의 저작권 침해 여부가 쟁점이 된 사건이다.

2. 판시

대법원 2001. 9. 28. 선고 2001도4100 판결 【저작권법위반】 [공2001.11.15.(142),2412]

【전 문】

【피고인】 피고인
【상고인】 피고인
【원심판결】 인천지법 200 1. 7. 12. 선고 2001노784 판결

382) 대법원 2001.9.28. 선고, 2001도4100판결.

【주문】

상고를 기각한다.

【이유】

상고이유를 판단한다.

1. 저작물 이용허락 등에 관한 상고이유에 대하여

구 저작권법(2000.1.12. 법률 제6134호로 개정되기 전의 것) 제42조 제1항 및 제2항은 저작재산권자는 다른 사람에게 그 저작물의 이용을 허락할 수 있고, 그 허락을 받은 자는 허락을 받은 이용방법 및 조건의 범위 안에서 그 저작물을 이용할 수 있다고 규정하고 있는바, 이에 위반하여 저작권자의 이용허락 없이 복제된 노래반주용 기계를 구입하여 노래방에서 복제된 가사와 악곡을 재생하는 방식으로 일반 공중을 상대로 영업하는 행위는 저작재산권을 침해하는 행위라고 볼 것이다(대법원 1994. 5. 10. 선고 94도690 판결 참조).

원심판결 이유와 원심이 인용한 제1심판결의 채용증거들을 앞서 본 법리와 기록에 비추어 살펴보면 원심이, 피고인이 사단법인 한국음악저작권협회의 허락을 받지 아니하고 2000.2.12.경부터 같은 해 6월 1일경까지 사이에 피고인 경영의 노래방에서 노래반주기 등을 이용하여 고객들로 하여금 위 사단법인 한국음악저작권협회가 관리하는 대중가요 등을 가창케 하였다는 이 사건 구 저작권법위반의 범죄사실을 유죄로 인정하여 처벌한 제1심의 조치를 유지한 것은 수긍이 가고, 거기에 상고이유로 주장하는 바와 같은 음악저작물 이용허락에 관한 법리오해 등의 위법이 있다고 할 수 없다. 그리고 관계 법령상 저작권의 이용허락에 관한 계약절차 등이 규정되어 있지 않다고 하더라도 피고인과 같은 노래방 영업자들이 저작권자측과 이용허락계약을 체결하는 것이 불가능하다고 할 수는 없으므로 원심판결에 저작권 이용허락계약에 관한 법리오해의 위법이 있다고 할 수도 없다. 노래방 영업이 음악저작물 이용허락의 대상이 되지 않는다는 주장은 독자적인 견해에서 비롯된 것에 불과하여 받아들일 수 없다.

2. 저작물 이용허락의 범위 등에 관한 상고이유에 대하여

음악저작물에 대한 저작권위탁관리업자인 사단법인 한국음악저작권협회가 영상반주기 등 노래방 기기의 제작이나 신곡의 추가 입력시에 그 제작업자들로부터 사용료를 받고서 음악저작물의 이용을 허락한 것은 특별한 사정이 없는 한 위 제작업자들이 저작물을 복제하여 노래방 기기에 수록하고 노래방 기기와 함께 판매 · 배포하는 범위에 한정되는 것이라 할 것이고, 그와 같은 허락의 효력이 노래방 기기를 구입한 노래방 영업자가 일반 공중을 상대로 거기에 수록된 저작물을 재생하여 주는 방식으로 이용하는 데에까지 미치는 것은 아니라고 할 것이다(대법원 1996.3.22. 선고 95도1288 판결 참조).

원심판결 이유를 앞서 본 법리와 기록에 비추어 살펴보면, 같은 취지의 원심의 판단은 정당하고, 거기에 상고이유로 주장하는 바와 같은 저작권이용허락의 범위에 관한 법리오해 등의 위법이 있다고 할 수 없다. 노래방 기기 구입시 음악저작물의 이용허락에 관한 고지가 없었으므로 그에 관한 저작료를 납부할 수 없다는 상고이유의 주장도 독자적인 견해에서 비롯된 것에 불과하여 받아들일 수 없다.

3. 저작권법상 공연 등에 관한 상고이유에 대하여

구 저작권법 제2조 제3호는 '공연이라 함은 저작물을 상연 · 연주 · 가창 · 연술 · 상영 그 밖의 방법으로 일반 공중에게 공개하는 것을 말하며, 공연 · 방송 · 실연의 녹음물 또는 녹화물을 재생하여 일반 공중에게 공개하는 것을 포함한다.'고 규정하고 있는바, 여기서 일반 공중에게 공개한다 함은 불특정인 누구에게나 요금을 내는 정도 외에 다른 제한 없이 공개된 장소 또는 통상적인 가족 및 친지의 범위를 넘는 다수인이 모여 있는 장소에서 저작물을 공개하거나, 반드시 같은 시간에 같은 장소에 모여 있지 않더라도 위와 같은 불특정 또는 다수인에게 전자장치 등을 이용하여 저작물을 전파 · 통신함으로써 공개하는 것을 의미한다고 할 것이므로, 노래방의 구분된 각 방실이 소수의 고객을 수용할 수 있는 소규모에 불과하다고 하더라도, 일반 고객 누구나 요금만 내면 제한 없이 이를 이용할 수 있는 공개된 장소인 노래방에서 고객들로 하여금 노래방 기기에 녹음 또는 녹화된 음악저작물을 재생하는 방식으로 저작물을 이용하게 하였다면, 이는 일반 공중에게 저작물을 공개하여 공연한 행위에 해당된다고 할 것이다(대법원 1996.3.22. 선고 95도1288 판결 참조).

원심판결 이유를 앞서 본 법리와 기록에 비추어 살펴보면, 같은 취지의 원심의 판단은 정당하고, 거기에 상고이유로 주장하는 바와 같은 저작물의 공연행위에 관한 법리오해 등의 위법이 없다. 그리고 공연법상 공연의 의미가 저작권법의 그것과 다르다거나, 음반 · 비디오물및게임물에관한법률에서 노래연습장업을 별도로 규율하는 규정을 두고 있다고 하더라도 위 각 법률과 저작권법은 그 입법목적, 규정사항, 적용 범위 등을 달리하고 있으므로 위와 같은 다른 법률의 규정이 있다는 사정만으로는 피고인의 노래방 영업이 저작권법 소정의 공연에 해당하지 않는다고 볼 수도 없다고 할 것이고, 또한 노래방 이외의 유사 업종에서도 저작권자의 이용허락을 받지 않고 노래반주기 등을 이용하여 음악저작물을 재생하여 일반 공중에 공개하고 있다고 하더라도, 이는 그 해당 업소들과 저작권자들 사이에 별도로 처리될 문제에 해당할 뿐, 그와 같은 사정만으로 피고인의 이 사건 구 저작권법 위반행위가 정당화되거나 피고인의 이 사건 행위를 유죄로 인정하여 처벌하는 것이 형평에 어긋난다고 볼 수는 없다고 할 것인바, 같은 취지의 원심의 판단도 정당하고, 거기에 상고이유에서 주장하는 법리오해 등의 위법이 있다고 할 수 없다. 이 부분에 관한 상고이유도 받아들일 수 없다.

4. 그러므로 상고를 기각하기로 관여 법관의 의견이 일치되어 주문과 같이 판결한다.
대법관 이용우(재판장) 조무제 강신욱 이강국(주심)

3. 해설

즉, 저작물인 노래에 대한 "복제권"을 허락받아서 노래방기기에 그 노래를 수록하고, 이 기기를 제조, 판매하는 행위는 허용되지만, 이 노래방 기기를 정당하게 구입하여 다수를 상대로 재생하는 것은 별도의 "공연권"을 허락받지 않았기 때문에 저작권자의 "공연권 침해"를 구성한다는 의미이다.

제2절 직접침해

Ⅰ. 음반제작자의 복제권 침해: 벅스뮤직 사건

1. 개요

이 사건은 인터넷을 통하여 음악 파일을 전송하고 이를 사용자가 청취하는 경우에, 음반제작자의 저작인접권 중 복제권의 침해여부가 쟁점이 된 사건이다.

2. 판시[383)]

서울지방법원 2003. 9. 30자 2003카합2114 결정 【음반복제등금지가처분】: 확정 [각공2003.12.10.(4),659]

【결정요지】

[1] 음반을 컴퓨터압축파일로 변환하는 것은 변환 프로그램에 의하여 기계적으로 이루어지므로 창작성이 포함된다고 볼 여지가 없고, 변환된 컴퓨터압축파일이 컴퓨터의 보조기억장치에 저장되면 인위적인 삭제 등 특별한 사정이 없는 한 유형물에 고정되었다고 볼 만한 영속성을 지니게 되므로 그 파일저장행위도 음반의 복제에 해당한다.

[2] 개별적인 이용자들이 서로 다른 시간에 동일한 내용의 음악청취 서비스를 이용할 수 있음을 특징으로 하는 음악청취 사이트의 음악청취 서비스는 설령 다수의 이용자가 같은 시간에 동일한 내용의 음악청취 서비스를 받을 가능성이 있다 하더라도 그 이유만으로 저작권법 제2조 제8호의 동시성의 요건을 충족하지는 못하여 방송에 해당한다고 볼 수 없다 {구 저작권법(2000. 1. 12. 법률 제6134호로 개정되기 전의 것)은 방송의 개념에 동시성의 요소를 포함시키지 않고 있었는데 저작권법 제2조 제9호의2에 방송과 구별되는 전송의 개념이 새로 규정되면서 방송과 전송을 구별하기 위하여 방송의 개념에 동시성의 요소를 새롭게 포함시켰다}.

[3] 저작권법 제62조는 실연, 음반, 방송의 이용은 필연적으로 저작물의 이용을 수반하므로 이때 저작인접권자의 허락뿐만 아니라 저작권자의 허락도 필요하다는 것을 주의적으로 규정한 것일 뿐 저작권자의 의사와 무관하게 저작인접권자의 권리를 행사할 수 없다는 취지는 아니므로 저작인접권자는 음악저작물의 저작권자, 실연자의 의사와 무관하게 자신의 권리를 행사할 수 있다.

---

383) 대법원 종합법률정보 사이트 http://glaw.scourt.go.kr를 참조한 것이다.

[4] 저작권법상 '배포'라 함은 '저작물의 원작품 또는 그 복제물을 일반 공중에게 대가를 받거나 받지 아니하고 양도 또는 대여하는 것'384)을 뜻하는바, 음악청취 사이트에서 이용자들이 선택한 곡에 해당하는 컴퓨터압축파일을 스트리밍 방식에 의하여 이용자의 컴퓨터에 전송하고 실시간으로 재생되도록 하는 것이 저작물의 원작품이나 그 복제물을 일반공중에게 양도 또는 대여하는 것에 해당한다고 볼 수 없다.

【참조조문】

[1]저작권법 제2조 제1호,제14호/ [2]저작권법 제2조 제8호/ [3]저작권법 제62조/ [4]저작권법 제2조 제15호

【전 문】
【신청인】 사단법인 한국음원제작자협회
【피신청인】 벅스 주식회사 (소송대리인 변호사 윤형한 외 1인)

【주문】
1. 신청인이 피신청인을 위한 보증으로 금 3억(300,000,000)원을 공탁하거나 위 금액을 보험금액으로 하는 지급보증위탁계약 체결문서를 제출하는 것을 조건으로,
가. 피신청인은 별지 목록 기재 각 곡의 음원을 컴퓨터압축파일의 형태로 복제하여서는 아니 된다.
나. 피신청인은 피신청인이 운영하는 웹사이트 'www.bugs.co.kr'의 서버에서 별지 목록 기재 각 곡의 음원을 컴퓨터압축파일형태로 복제한 것을 이용하여 서비스를 하여서는 아니된다.
다. 집행관은 위 가.항 명령의 취지를 적당한 방법으로 공시하여야 한다.
2. 신청인의 나머지 신청을 기각한다.
3. 소송비용 중 1/5은 신청인의, 나머지는 피신청인의 각 부담으로 한다.

【신청취지】

피신청인은 별지 목록 기재 각 곡의 음원을 컴퓨터압축파일의 형태로 배포하여서는 아니 된다는 결정을 구하는 외에 주문 제1항과 같은 취지의 결정

384) 第2條 (定義) 이 法에서 사용하는 用語의 定義는 다음과 같다.〈개정 2000.1.12, 2003.5.27〉
15. 配布 : 著作物의 原作品 또는 그 複製物을 一般公衆에게 對價를 받거나 받지 아니하고 讓渡 또는 貸與하는 것을 말한다.

【이유】

1. 인정 사실

기록에 의하면, 다음과 같은 사실이 소명된다.

가. 신청인은 저작권법 제78조 제1항에 따라 2003.3.17. 문화관광부장관으로부터 음반제작자의 저작인접권에 대한 신탁관리업허가를 받은 저작권신탁관리업자로서, 별지 목록 음반기획제작자명란 기재 각 음반제작자(이하 '이 사건 음반기획제작자들')와 사이에 인터넷을 통한 스트리밍(streaming, 선택된 파일을 네트워크 상황에 맞추어 연결정보를 지닌 여러 개의 조각파일로 나눈 후 연이어 전송하고, 이를 전송받은 컴퓨터에서는 이 조각파일들을 전송받음과 동시에 압축을 풀어 재생되도록 하는 전송방식으로 인터넷에서 동영상, 음악 등을 실시간 전송, 구현하는 데 사용되는 기술을 일컫는다) 서비스 등 온라인을 이용한 매체와 관련된 위 음반제작자들의 저작인접권을 신탁관리하기로 각 약정(이하 '이 사건 신탁관리 약정'이라 한다)하였다.

나. 유 · 무선망을 통한 음악제공서비스 및 판매업, 인터넷 컨텐츠 개발 공급 및 유통업 등을 목적으로 설립된 상사법인인 피신청인은 2000.2.경부터 www.bugsmusic.co.kr 사이트를 운영하면서(그 후 피신청인은 사이트 도메인을 www.bugs.co.kr로 변경하였다. 이하 '이 사건 사이트'), 별지 목록 기재 각 곡을 포함하여 약 150,000개의 음반을 ASF, OGG 등의 컴퓨터압축파일형태로 변환하여 이 사건 사이트 서버의 보조기억장치에 저장(이하 '이 사건 파일저장행위')한 후 이 사건 사이트에 접속한 인터넷 이용자들에게 무료로 위와 같이 변환시킨 컴퓨터압축파일들 중 이용자들이 선택한 컴퓨터압축파일을 스트리밍 방식에 의하여 전송함으로써 이용자들이 실시간으로 음악을 청취할 수 있도록 하는 서비스(이하 '이 사건 음악청취 서비스'라 한다)를 제공하고 있다.

다. 피신청인과 같이 스트리밍 방식으로 음악청취 서비스를 제공하는 업체들의 모임인 신청외 '인터넷음악서비스협의회'는 신청인의 요구에 따라 2003.7.1.부터 유료로 음악청취 서비스를 제공하기로 하였으나, 피신청인은 신청인의 유료화 요구를 거부한 채 계속하여 이 사건 사이트를 통하여 무료로 이 사건 음악청취 서비스를 제공하고 있고, 한편, 이 사건 사이트에는 약 1,400만 명의 회원들이 가입하여 음악 관련 사이트 중에서는 가장 많은 회원수를 보유하고 있는데(다른 업체들의 유료화 조치 이후에는 점유율이 70% 이상으로 상승하였다), 피신청인은 이러한 회원수를 기초로 영화, 운세, 벨소리 다운로드, 교육 프로그램, 게임, 복권 등의 다양한 유료 콘텐츠를 통한 수익사업을 하고 있다.

라. 피신청인은 음악저작물 저작권자들의 저작권을 신탁관리하는 한국음악저작권협회와 실연자들의 저작인접권을 신탁관리하는 한국예술실연자단체연합회에게 일부 저작권 또는 저작인접권 사용료를 지급하기도 하였으나, 2003.6. 이후에는 위 단체들과 저작권 또는 저작인접권 사용재계약을 체결하지 못하고 있다.

마. 한편, 피신청인은 2003.6.25. 수원지방법원 성남지원에서 신청외 주식회사 월드뮤직엔터테인먼트 등 음반제작자들의 음반을 컴퓨터압축파일로 복제 · 배포하여서는 아니되고, 이를 이용하여 이 사건 사이트 서버에서 서비스를 하여서는 아니된다는 내용의 가처분 결정을 받았을 뿐 아니라, 2003.7.18. 피신청인의 대표이사인 박성훈과 함께 음반(WAV파일로 된 것)을 ASF 파일로 복제하였다는 혐의로 저작권법위반죄로 기소되었다.

2. 피보전권리

가. 복제권 침해 여부에 대한 판단

(1) 위 인정 사실에 의하면, 이 사건 음반기획제작자들은 별지 목록 기재 각 음반에 대한 저작권법 제2조 제7호의 음반제작자에 해당하므로, 이 사건 음반기획제작자들과 이 사건 신탁관리 약정을 체결한 신청인은 저작권법 제67조, 제2조 제18호에 의하여 온라인을 이용한 매체와 관련하여 별지 목록 기재 각 음반에 대한 복제권을 가진다고 할 것이고, 한편, 음반을 컴퓨터압축파일로 변환하는 것은 변환프로그램에 의하여 기계적으로 이루어지므로 창작성이 포함된다고 볼 여지가 없고, 변환된 컴퓨터압축파일이 컴퓨터의 보조기억장치에 저장되면 인위적인 삭제 등 특별한 사정이 없는 한 유형물에 고정되었다고 볼 만한 영속성을 지니게 되므로 이 사건 파일저장행위도 음반의 복제에 해당한다고 할 것이어서 피신청인은 신청인이 신탁관리하는 저작인접권인 복제권을 침해하였다 할 것이다.

(2) 이에 대하여 피신청인은, ① 이 사건 파일저장행위는 스트리밍 방식으로 파일을 방송 또는 전송행위인 이 사건 음악청취 서비스를 제공하기 위하여 필수적으로 수반되는 행위이므로 저작권법 제2조 제8호의 방송이나 같은 조 제9의2호의 전송에 해당할 뿐, 같은 조 제9호의 복제에 해당하지 않고, 복제권 침해를 이유로 이 사건 음악청취 서비스를 중지시킬 수 있다고 한다면 음반제작자에게 방송권 또는 전송권을 부여하는 결과가 되어 부당하며, ② 이 사건 음악청취 서비스는 동시성의 요건을 충족하여 저작권법 제2조 제8호의 방송에 해당하므로 피신청인은 같은 조 제9호의 방송사업자라 할 것이고, 설령 이 사건 음악청취 서비스가 방송이 아니라 하더라도 그 실질이나 기능에 있어서 공중파 방송과 아무런 차이가 없으므로 피신청인은 방송사업자와 유사한 지위에 있고, 피신청인이 이 사건

음악청취 서비스를 제공할 당시에는 저작권법에 전송권 규정이 없었고, 대법원판례도 인터넷 방송을 저작권법의 방송으로 판시하여 피신청인은 자신이 방송사업자인 것으로 믿고 이 사건 음악청취 서비스를 제공하기 시작하게 된 것이므로 피신청인의 이와 같은 정당한 신뢰는 보호할 가치가 있다 할 것이어서 결국 저작권법 제91조 제1항, 제68조에 의하여(또는 유추적용에 의하여) 신청인은 피신청인에게 단지 보상청구권만 가질 뿐, 복제권 등 침해를 이유로 이 사건 음악청취 서비스의 중단을 요구할 수 없으며, ③ 음반제작자가 갖는 복제권은 저작인접권으로서 저작권법 제62조에 의하여 저작권자의 권리에 영향을 미칠 수 없으므로 음악저작물의 저작권자 및 실연자의 의사와 무관하게 음반제작자의 저작인접권만의 침해를 이유로 이 사건 음악청취 서비스의 중단을 요구할 수는 없고, ④ 이 사건 신청이 인용될 경우 저작인접권자인 음반제작자들이나 신청인이 실질적으로 얻는 이익은 적은 데 비해 피신청인이 입는 불이익은 현저하게 크다는 점에서 복제권 침해를 이유로 한 신청인의 방해배제청구는 권리남용에 해당한다고 주장한다.

살피건대, ① 이 사건 파일저장행위가 이 사건 음악청취 서비스를 위한 필수적인 전제일 수는 있으나 방송이나 전송을 위하여 서버의 보조기억장치에 파일을 저장하는 행위가 반드시 수반되는 것은 아니므로 이 사건 파일저장행위가 저작권법의 방송이나 전송에 흡수된다고 볼 수 없고, 저작인접권자인 음반제작자에게 방송권 또는 전송권이 인정되지 아니하고 또한 이 사건 음악청취 서비스가 저작권법상 전송(제2조 제9의2호)으로 볼 여지가 없지 아니하다 해도, 앞서 본 대로 이 사건 음악청취 서비스를 위하여 이 사건 파일저장행위와 같은 저작권법상 복제행위를 거치는 이상 신청인은 음반제작자가 가지는 복제권에 기하여 피신청인에 대하여 복제권 침해의 정지 및 침해행위에 의하여 만들어진 물건의 폐기나 기타 필요한 조치를 청구할 수 있다고 할 것이며, 그 결과 신청인에게 전송권을 부여한 것과 같은 결과가 된다고 하여도 저작권법에 어긋나는 것이라고 볼 수는 없다고 할 것이다. ② 이 사건 음악청취 서비스는 개별적인 이용자들이 서로 다른 시간에 동일한 내용의 음악청취 서비스를 이용할 수 있음을 특징으로 하므로 설령 다수의 이용자가 같은 시간에 동일한 내용의 음악청취 서비스를 받을 가능성이 있다 하더라도 그 이유만으로 저작권법 제2조 제8호의 동시성의 요건을 충족하지는 못하여 방송에 해당한다고 볼 수 없고{구 저작권법(2000.1.12. 법률 제6134호로 개정되기 전의 것)은 방송의 개념에 동시성의 요소를 포함시키지 않고 있었는데 저작권법 제2조 제9호의2에 방송과 구별되는 전송의 개념이 새로 규정되면서 방송과 전송을 구별하기 위하여 방송의 개념에 동시성의 요소를 새롭게 포함시켰다}, 현행 저작권법은 방송과 전송의 송신방식이나 정보유통의 특성, 파급력 등에 있어서의 차이 등을 고려하여 전송을 업으로 하는 자에게 방송사업자와 같이 판매용 음반을 사용하여 전송할 권리를 부여하는 규정을 두지 않은 이상, 피신청인과 같이 전송을 업으로 하는 자에게 함부로 방송사업자의 지위를 인정할 수는 없으며, 한편, 기록상 소명되는 바대로 피신청인은 애초부터 음반제작자들의 반대에도 불구하고 이 사건 음악청취 서비스를 무료로 제공하여 온

점 등에 비추어 보면 피신청인이 방송사업자라고 믿은 신뢰에 정당한 이유가 있다고 보이지도 않는다. ③ 저작권법 제62조는 실연, 음반, 방송의 이용은 필연적으로 저작물의 이용을 수반하므로 이때 저작인접권자의 허락뿐만 아니라 저작권자의 허락도 필요하다는 것을 주의적으로 규정한 것일 뿐, 저작권자의 의사와 무관하게 저작인접권자의 권리를 행사할 수 없다는 취지는 아니므로 신청인은 음악저작물의 저작권자, 실연자의 의사와 무관하게 자신의 권리를 행사할 수 있고, ④ 권리행사가 권리의 남용에 해당한다고 할 수 있으려면, 주관적으로 그 권리행사의 목적이 오직 상대방에게 고통을 주고 손해를 입히려는 데 있을 뿐 행사하는 사람에게 아무런 이익이 없는 경우이어야 하고, 객관적으로는 그 권리행사가 사회질서에 위반된다고 볼 수 있어야 하는 것이며, 이와 같은 경우에 해당하지 않는 한 비록 그 권리의 행사에 의하여 권리행사자가 얻는 이익보다 상대방이 잃을 손해가 현저히 크다 하여도 그러한 사정만으로는 이를 권리남용이라 할 수 없다 할 것인데, 기록상으로는 신청인의 이 사건 신청이 그 목적이 오직 상대방에게 고통을 주고 손해를 입히려는 데 있고 그 권리행사가 사회질서에 위반된다고 볼 만한 사정에 대한 소명이 부족하다. 따라서 피신청인의 주장들은 모두 받아들일 수 없다.

나. 배포권 침해 여부에 대한 판단

신청인은, 피신청인이 별지 목록 기재 각 곡의 음원을 컴퓨터압축파일로 변환하여 이 사건 사이트 서버의 보조기억장치에 저장한 후 이 사건 사이트에 접속한 이용자들에게 이 사건 음악청취 서비스를 제공함으로써 신청인이 신탁관리하는 음반제작자의 배포권을 침해하였다고 주장한다. 살피건대, 저작권법상 '배포'라 함은 '저작물의 원작품 또는 그 복제물을 일반 공중에게 대가를 받거나 받지 아니하고 양도 또는 대여하는 것'을 뜻하는바(제2조 제15호), 위 인정 사실과 같이 이용자들이 선택한 곡에 해당하는 컴퓨터압축파일을 스트리밍 방식에 의하여 이용자의 컴퓨터에 전송하고 실시간으로 재생되도록 하는 것이 저작물의 원작품이나 그 복제물을 일반공중에게 양도 또는 대여하는 것에 해당한다고 볼 수 없고, 달리 피신청인이 배포권을 침해하였다고 소명할 만한 자료가 없으므로 이 부분 주장은 받아들일 수 없다.

3. 보전의 필요성

이 사건 기록에 의하여 소명되는 다음과 같은 사정 즉, 이 사건 사이트에 가입한 회원들이 1,400만 명에 이르고, 이 사건 사이트에 접속한 이용자들은 음반을 구입하지 않고도 이 사건 음악청취 서비스를 이용하여 원하는 곡을 청취할 수 있어 이 사건 음악청취 서비스로 인하여 이 사건 음반기획제작자들의 음반 판매량이 어떤 형태로든 감소하였을 것으로 보이는 점, 피신청인은 이 사건과 같은 내용의 가처분 결정을 받고, 저작권법위반 혐의로 기소되었으면서도 신청인의 복제권을 침해하는 이 사건 음악청취 서비스를 계속 무료로 제공하고 있고, 음악 관련 사이트 중 가장 많은 회원수를 보유하고 있으며, 다른 업체들의 유료화 조치 이후에는 그 점유율이 70% 이상으로 상승하는 등 불법적인 방법으로 얻은 수익이 계속적으로 증가할 것으로 예상되는 반면, 다른 인터넷 음악 서비스 업체는 피신청인의 인터넷 음악시장에 있어서의 지배력 때문에 신규로 진출하거나 사업을 유지하는 데 어려움을 겪을 것으로 보이는 점, 이 사건 신청은 피신청인이 운영하는 이 사건 사이트를 폐쇄하는 것이 아니라 신청인이 저작인접권을 가지는 음반에 수록된 곡의 삭제를 구하는 것에 불과한 점 등에 비추어 보면 신청인으로서는 계속하는 권리관계에 끼칠 현저한 손해를 피하기 위하여 피신청인에 대하여 신청인이 저작인접권을 가지는 음반의 복제 및 이를 이용한 서비스의 금지를 구할 보전의 필요성도 충분히 인정된다.

4. 결론

그렇다면 이 사건 신청은 위 인정범위 내에서 이유 있으므로 담보제공 조건으로 이를 인용하기로 하여 주문과 같이 결정한다.

판사 이홍훈(재판장) 이영훈 김연학

3. 해설

여기서, 사이트 운영자가 음반파일을 컴퓨터 저장파일로 변환하여 저장하는 것에는 창작성이 요구되지 않고, 별도로 삭제하기 전에는 고정이 되므로 저작권법상 유형물에의 고정에서 요구하는 '영속성'을 지니게 되므로 이와 같은 사용자의 행위를 저작권법상의 복제에 해당한다고 하여 음반제작자의 복제권을 침해한 것으로 판단하였다.

이 사건[385]은 음반제작자의 전송권이 신설되기 전[386]의 사건이어서, 전송권의 침해를 주장할 수 없어 방송권 침해를 주장하였으나, 사이트 운영자가 음반을 다수의 사용자에게 스트리밍 방식으로 전달하는 행위는 "동시성"의 요건을 충족하지 않으므로 방송권 침해로는 인정되지 않았다.

385) 이와 관련하여, 인터넷상에서 영화, 음악 등의 파일을 무단으로 다운로드하는 행위를 직업적으로 수집하여 고발행위를 수행하는 일명 "넷파라치" 등이 성업중이라는 보도가 있었다.(중앙일보 2005.3.10 12면 참조) 이들은 파일공유사이트 등에서 사용자의 IP 주소를 추적하여 신분을 확인한 후 이를 저작권자 혹은 저작권자의 대리인에게 통보하고, 법무법인 등의 대리인은 사용자에게 저작권침해에 대한 합의금조로 금품을 요구하고 이에 불응할 경우 저작권침해에 대한 손해배상을 요구하는 민사소송을 제기하고 있다.

386) 2004.10.16 신설, 3개월 후부터 시행.
부칙 〈제7233호,2004.10.16〉 이 법은 공포후 3월이 경과한 날부터 시행한다.

현재 동일한 사안이 발생한다면, 저작인접권자인 음반제작자도 **전송권**을 명시적으로 가지고, 사이트 운영자의 행위가 "음반"의 "전송"에 해당하므로 음악청취사이트 개설자를 상대로 전송권 침해를 주장할 수 있을 것이다.

한편, 전송은 "송신"만을 의미하므로[387], 음악을 단순히 청취하는 사용자를 상대로 전송권 침해를 주장할 수는 없으나, 청취자가 음악을 듣기 위해서는 전송된 파일을 자신의 컴퓨터 내부에 일시적이나마 저장하여야 하고, 후술하는 바와 같이 이를 복제로 볼 수 있으므로 복제권 침해를 주장할 수 있을 것이다.[388]

Ⅱ. 파일의 저장에 의한 복제권침해: 벅스뮤직 사건

1. 개요

벅스뮤직은, 인터넷 상에서 스트리밍 방식 및 다운로드 방식으로 음악파일을 전송하는 서비스이다. wav 형식의 음원 파일을 컴퓨터 압축파일인 asf 파일로 변환하여 웹사이트의 서버에 저장한 후 사용자에게 전송하는 서비스를 시행하고 있었다. 원래는 스트리밍 방식으로 서비스를 시행하고 있었으나, 사용자의 증가에 따라 서비스 방식을 다운로딩 서비스 방식인 HTTP 방식으로 변경하여 사용자가 원하는 파일을 선택하면 그 음원파일이 사용자의 컴퓨터에 다운로딩되어 이용자의 컴퓨터의 하드디스크에 저장되었다. 이에 대하여 저작인접권 침해를 검사가 주장한 것에 대하여, 스트리밍 방식이 아닌 다운로딩방식은 음원 파일이 일시적으로 저장될 뿐이어서 유형물에 고정이 아니므로 복제가 이루어지지 않았다고 주장하면서 저작인접권이 침해되지 않았다고 주장하였다.

387) 第2條(定義) 이 法에서 사용하는 用語의 定義는 다음과 같다.〈개정 2000.1.12, 2003.5.27〉
9의2. 傳送 : 一般公衆이 個別的으로 選擇한 時間과 場所에서 受信 하거나 이용할 수 있도록 著作物을 無線 또는 有線通信의 방법에 의하여 送信하거나 이용에 제공하는 것을 말한다.

388) 이 경우, 사이트 운영자의 제재없이 사용자의 제재만으로는 음반제작자의 저작인접권을 효율적으로 보호할 수는 없을 것이다.

2. 판시[389)]

서울중앙지법 2006.2.15. 선고 2005노480 판결 【저작권법위반·근로기준법위반】 : 확정
[각공2006.4.10.(32),1144]

【전 문】
【피 고 인】 박성훈외 4인
【항 소 인】 박성훈외 3인
【검 사】 민기호
【변 호 인】 법무법인 세종 담당변호사 임준호외 2인
【원심판결】 서울중앙지법 2005.1.27. 선고 2003고단6560, 7900, 9434, 9864), 10274, 2004고단1275, 4133, 5829 판결

[일부 생략]

피고인 박성훈, 벅스 주식회사의 변호인의 주장에 대한 판단

1. 피고인 박성훈, 벅스 주식회사의 변호인은 다음과 같은 취지의 주장을 한다.

즉, HTTP 방식의 서비스는 복제에 해당하는 다운로딩 방식의 서비스와 다른 것으로서, HTTP 방식에 의한 서비스로 인하여 이용자의 임시폴더나 하드디스크에 음원파일이 일시적으로 남는다고 하더라도 음원파일이 유형물에 고정되었다고 볼 수 있을 정도의 영속적인 저장행위가 수반되지 아니하므로, 이는 음반제작자의 저작인접권의 침해에 해당하지 않는 전송행위에 수반된 한 현상에 불과할 뿐, 복제에 해당한다고 할 수 없으며, 다만, 이용자가 임시폴더에 남아 있는 음원이 없어지기 전에 이를 자신의 하드디스크에 저장하는 경우에는 비로소 복제가 이루어지나, 이는 이용자의 사적인 복제로서 허용되는 정당한 행위일 뿐이므로 피고인 박성훈, 벅스 주식회사가 형사상 책임을 진다고 할 수 없으므로, HTTP 방식의 서비스의 경우에는 이를 저작인접권 침해로 처벌할 수 없다.

2. 이에 대하여 이 법원은 다음과 같이 판단한다.

가. 원심에서 적법하게 채택하여 조사한 증거들을 종합하면, 판시 범죄사실 1의 가.의 (2)항 기재와 같은 HTTP 방식에 의한 서비스의 경우 이용자들이 노래듣기를 선택하면 피고인 벅스 주식회사 측의 서버에서 전송된 해당 곡의 컴퓨터압축파일(asf파일)이 이용자 컴퓨터의 하드디스크의 임시폴더에 다운로드되어 재생되는데, 이와 같이 임시폴더에 다운로드된 파일은 미리 설정된 위 임시폴더의 사용공간이 다 채워지기 전에는 삭제되지 않고 위 임시폴더에 저장된 상태로 계속 남아 있게 되는 사실을 인정할 수 있다.

---

389) 2006.2.15. 선고, 2005노480사건. 대법원 종합법률정보 사이트 http://glaw.scourt.go.kr를 참조한 것이다.

나. 위 인정 사실에 의하면, 피고인 박성훈, 벅스 주식회사가 한 HTTP 방식에 의한 서비스의 경우에는 이용자가 별도로 복제행위를 하는지의 여부와 관계없이 위 피고인들의 위 HTTP 방식에 의한 서비스 자체만으로도 해당 곡의 음원파일에 대하여 저작권법 제2조 제14호 소정의 복제가 이루어졌다고 할 것이므로, 위 피고인들의 변호인의 위 주장은 이유 없다.

[일부 생략]

판사 이성훈(재판장) 신신호 김수영

3. 해설

변호인은 다운로딩 방식에서 사용자의 하드디스크에 임시로 저장되는 파일은 유형의 형태로 저장되는 것이 아니고, 또한, **임시적으로 저장되는 것**에 불과하므로 저작권법상의 복제가 아니라고 주장하였다.

이에 대하여 재판부는 HTTP 방식에 의한 서비스의 경우 이용자가 음악 듣기를 선택하면, 서버측의 컴퓨터압축파일(asf파일)이 이용자 컴퓨터의 하드디스크의 임시폴더에 다운로드되어 재생되고, 임시폴더에 저장된 파일은, 임시폴더의 사용공간이 다 채워지기 전에는 삭제되지 않고, 임시폴더에 저장된 상태로 계속남아 있게 되므로, 복제의 특성인 **영속성**을 갖게 되므로, 이용자가 별도의 복제행위를 하는지의 여부에 상관없이 피고인의 서비스 행위 자체만으로 저작권법 제2조 제14호 소정의 복제가 이루어졌다고 판단하였다.

한편, 본 사건에서도 앞에서와 같이 저작인접권자의 전송권의 침해여부는 다투어지지 않았다. 저작인접권자인 음반제작자의 전송권은 2004.10.16 신설되어 3개월 후부터 시행하는 것으로 되어 있다.[390] 전송권의 침해가 문제될 수 있는 스트리밍 방식의 파일 제공은 2003.5.1. 이전에만 시행되었으므로, 스트리밍 방식에 대한 전송권 침해는 문제되지 않는다. 다만, 그 후의 다운로딩 방식도, 사용자의 선택에 따라 파일이 전송되므로 전송권의 침해문제가 될 수 있겠으나, 검사가 주장하지는 않았다.

---

390) 2004.10.16 신설, 3개월 후부터 시행.
제67조의3 (전송권) 음반제작자는 그의 음반을 전송할 권리를 가진다. [본조신설 2004.10.16]
부칙 〈제7233호,2004.10.16〉 이 법은 공포 후 3월이 경과한 날부터 시행한다.

제3절 간접침해

Ⅰ. 개요

특허권 침해의 경우 직접침해가 아닌 경우에도 일정한 경우 간접침해를 인정하고 있는 것과 유사하게 저작권 침해의 경우에도 일정한 경우 침해를 인정하고 있다. 미국의 경우 판례에서 특허권의 경우와 유사한 기여침해(Contributory infringement)와 대위침해(Vicarious infringement)를 인정하고 있다. 우리나라의 경우에는 저작권법상 간접침해를 인정하지 아니하고, 일반불법행위 책임의 일종으로 불법행위의 교사 · 방조에 따른 공동불법행위 책임으로 다루고 있다.

Ⅱ. 미국에서 기여침해와 대위침해

1. 개요

미국의 저작권법 상에 간접침해행위가 정의 되어 있지 않는 점은 한국에서와 동일하다. 기여침해, 대위침해는 판례에서 확립된 것이다.

기여침해의 요건으로는, 1. 직접침해 행위가 있어야 하고, 2. 침해행위에 대하여 인식을 하였거나, 인식할 이유가 있었어야 하고, 3. 침해행위를 유인하거나, 유발하거나, 중대하게 기여하여야 한다.

대위침해의 요건으로는, 1. 직접침해 행위가 있어야 하고, 2. 침해자의 침해행위를 감독하거나, 통제할 수 있는 권리와 능력이 있고, 3. 침해행위로부터 피고가 직접적인 재정적 이익을 얻어야 한다.

2. 기여침해와 대위침해: Napster 사건

(1) 개요

Napster는 타인의 컴퓨터에 존재하는 파일을 네트워크에 접속해있는 사용자 상호간에 검색하여 공유할 수 있도록 해주는 P2P[391] 파일 공유프로그램이다. 이때, 공유되는 상당수의 파일은 저작권에 의하여 보호되는 음악, 영화 등이다.

냅스터는 하이브리드 방식의 P2P 서비스로서, 사용자가 냅스터 프로그램을 다운받아 실행하고, 자신이 공유하고자 하는 파일의 위치를 냅스터 서버에 등록한다. 이때 공유폴더가 생성되고, 냅스터 프로그램이 사용자의 컴퓨터에서 공유하고자 하는 파일을 검색하여 그 목록을 중앙 서버의 컴퓨터에 데이터베이스화해서 저장하고, 사용자가 새로 접속할 때마다 목록을 갱신한다. 이후에 다른 사용자로부터 검색 요청이 들어오면, 리스트를 검색하여 이를 사용자에게 제공한다. 즉, 냅스터의 서버에는 공유하고자 하는 파일이 존재하지는 않으나, 회원의 컴퓨터에 있는 파일의 위치정보가 존재하게 된다. 사용자 상호간에 파일의 교환은 중앙 관리서버를 거치는 것은 아니고, 사용자와 사용자 상호간에 직접 전달되는 방식으로 운영된다.

(2) 경과

A&M Records, Inc., v. Napster, Inc.사건[392]에서 미국 제9지구 연방항소법원은 냅스터 사용자들이 파일을 공유하는 행위는 저작권 침해(직접침해, Direct infringement)라고 판단하여, 사용자의 행위가 음악을 공간적으로 이동하여(Space-shift) 듣는 것에 해당하므로, 공정사용(Fair use)라는 주장을 배척하였다.

법원은 냅스터 설립자인 Sean Parker가 작성한 문서 중에 "사용자들이 저작권 침해 음악을 교환하고 있기 때문에, 사용자의 이름과 IP 주소를 비밀로 유지해야 한다."라는 기록이 있고, 원고가 냅스터 측에 1만2천개 이상의 침해

391) P2P(Peer-to-peer) 방식이란 네트워크의 구성을 클라이언트/서버 모델과는 달리, 네트워크에 참여한 구성원 모두가 동등한 지위를 갖는 방식으로 구성되는 네트워크를 말한다. 즉, 각자의 컴퓨터가 서버가 되어 타 컴퓨터에 정보를 송신하고, 또한 각자의 컴퓨터가 클라이언트가 되어 타인의 컴퓨터에 정보를 요청하기도 한다. P2P 방식의 구체적인 양태로는, 중앙의 관리서버의 존재여부에 따라 중앙의 관리서버가 존재하는 하이브리드 P2P 방식(Centralized indexing system)과, 중앙의 관리서버 없이 순수하게 사용자의 컴퓨터만으로 구성되는 순수 P2P 방식(Decentralized indexing system)으로 나눌 수 있다. 이러한 예로는 Open source 소프트웨어인 Gnutella가 있다. 또한, 몇 개의 강력한 컴퓨터가 서버 역할을 하는 방식도 있는데, 이를 Supernode라고 한다. 이는 네덜란드의 KaZaa사에 의해 개발되었고 FastTrack 기술로 불린다.

392) 284 F.3d 1091(9th Cir. 2002).

파일을 통보하였으므로, 냅스터사가 사용자의 침해행위를 알거나 알 수 있었다고 판단하고, 냅스터사의 서비스가 없었다면 사용자의 침해행위가 없었을 것이므로 사용자의 **직접침해에 대한 중대한 기여**가 있다고 판단하여 기여침해(Contributory infringement)의 가능성을 인정하였다.

또한, 냅스터사는 사용자의 접속을 통제할 수 있는 통제, 감독권이 있고, 사용자의 접속으로 인하여 **직접적인 재정적 수입**이 있다고 인정하여 그러한 **감독권**을 적극적으로 사용하지 않은 경우, 대위침해(Vicarious infringement)에 대한 책임을 진다고 판결하였다.

3. 기여침해와 대위침해: Grokster 사건

(1) 개요

Grokster사와 StreamCast사는 인터넷 파일 공유서비스를 제공하는 회사이다. Grokster사의 프로그램은 KaZaA기반으로 수퍼노드(super node) 형식으로 운영되고 있으며, StreamCast사의 Morpheus 프로그램은 Gnutella에 기반을 두고 '중앙서버 없이' 사용자의 컴퓨터만으로 P2P 서비스를 제공하는 형태로 운영되고 있다.

이에 대하여, Metro-Goldwyn-Mayer Studios Inc.사를 비롯한 신청인이 Grokster사 등을 상대로 저작권에 대한 기여침해 및 대위침해를 주장하였다.[393]

(2) 판시

지방법원에서 기여침해 및 대위침해가 부정되었다.[394]

항소심[395]에서는 StreamCast사가 Gnutella에 기반들 둔 분산된(Decentralized) 네트워크로 파일의 리스트를 관리하는 점과 Grokster사가 KaZaa에 기반을 둔, 유사분산 즉, Supernode 형식의 네트워크를 사용하는 점을 이유로 하여 사용

393) 이 사건에서도 직접침해 여부는 문제가 되지 않고, 기여침해 및 대위침해 여부가 쟁점이 되었다.
394) 259 F.Supp.2d 1029.
395) 380 F.3d 1154.(2004).

자의 침해에 대한 기여침해 혹은 대위침해에 대한 책임이 없다고 하여, 지방법원의 판단을 재확인하였다.

반면에 대법원[396]에서는 프로그램을 단순한 배포의 목적이 아니라, 명시적 의사표시 혹은 침해방조행위 등에 의하여 표현된 **저작권 침해 촉진의 목적**[397]으로 배포하는 자는, 그 도구에 대한 합법적 사용의 가능성에도 불구하고, 제3자의 침해에 대하여 책임을 져야한다고 판시하여, 사용자의 침해행위에 대하여 Grokster의 기여책임 혹은 대위책임을 인정을 하고, 원심판결을 파기환송하였다.

(3) 해설

지방법원 및 항소심에서는 파일서버프로그램에는 침해파일의 내용이 존재하지 않으므로, Napster 사건의 판시에 따라, 기여책임 혹은 대위책임을 물을 수 없다고 하였으나, 대법원에서는 합법적인 사용의 가능성이 있더라도, 그 프로그램의 배포가 침해의 촉진을 목적으로 하고 있는 경우에는 배포자에게 기여책임 혹은 대여책임을 물을 수 있다고 한 점이 특징이다.

Ⅲ. 저작인접권 침해의 방조책임

1. 소리바다 사건

(1) 개요

Napster의 성공에 영향을 받아 우리나라에서도 이와 유사한 서비스가 소리바다라는 명칭으로 개시되었다.

소리바다는 검색엔진이 중앙서버에 있어 파일 목록을 중앙서버에 저장하는 냅스터와 검색엔진이 중앙서버에 없어 파일 목록을 저장하지 않는 Gnutella

396) 545 U.S. 913(2005), 125 S.Ct. 2764(2005)

397) … one who distributes a device with the object of promoting its use to infringe copyright, as shown by clear expression or other affirmative steps taken to foster infringement, is liable for the resulting acts of infringement by third parties.

의 중간형태로서 파일 목록을 저장하지는 않으나, 사용자의 연결상태에 관한 정보를 저장하는 형태로 운용된다.

따라서, 파일을 사용자간에 직접 전송하는 소리바다의 경우, 서버에는 저작물의 복제물이 존재하지 않고, 이를 통하여 전송되는 것도 아니므로 저작권의 직접적인 침해책임을 물을 수는 없다.[398)]

(2) 경과

미국에서는 저작권에 관하여 직접침해 이외에 기여침해, 대위침해 등의 간접침해의 법리가 발달해 있으나, 우리나라에서는 특허법에 존재하는 간접침해 등의 법리가 저작권에는 적용되고 있지 않으므로, 간접침해의 법리를 저작권에 적용할 수 없다.

따라서, 일반 원칙으로 되돌아 가서 민법상의 불법행위의 법리를 적용한다. 즉, 민법상의 공동불법행위(제760조 제1항)[399)] 또는 불법행위의 교사 혹은 방조자에 대한 공동불법행위 책임(제760조 제3항)[400)]을 물을 가능성이 있다.

본 사안의 **제1심 판결**에서는 소리바다의 **이용자**의 업로드 · 다운로드 행위를 배포 · 복제행위로 보아 저작인접권자인 **음반제작자의 "배포권 · 복제권"**을 침해한 것으로 판단하고,[401)] 소리바다 **운영자**는 "이용자와 일체가 되어" 채권자들의 배포권 · 복제권을 침해한 것으로 판단하였다.

반면에 본 판결인 **항소심**에서는 **이용자**가 파일을 **업로드**하는 행위에서는 **유체물**의 형태로 이동하는 것이 아니므로 배포에 해당하지 않고 따라서 배포로 볼 수 없으므로 저작인접권자인 음반제작자의 배포권을 침해하지 않았다고 판단하였다. 그러나 사용자의 **다운로드** 행위에 대해서는 제1심에서와 같이 **음반제작자의 "복제권"**을 침해하였다고 판단하였다.

---

398) 칵테일 사건(서울지방법원 1999.12.3. 선고, 98가합111554판결)에서 직접침해자가 아닌 운영자가 책임을 져야하는 요건으로 미국의 기여책임 및 대위책임을 지기 위한 요건과 유사한 요건을 든 바 있다.

399) 第760條(共同不法行爲者의 責任) ① 數人이 共同의 不法行爲로 他人에게 損害를 加한 때에는 連帶하여 그 損害를 賠償할 責任이 있다.
② 共同 아닌 數人의 行爲中 어느 者의 行爲가 그 損害를 加한 것인지를 알 수 없는 때에도 前項과 같다.
③ 敎唆者나 幇助者는 共同行爲者로 본다.

401) 판결문에서 인정하고 있듯이 이용자의 행위가 전송에 해당하므로 저작인접권자의 전송권 침해 여부가 문제가 될 수 있지만, 저작인접권자에게 전송권은 2004년 10월 저작권법의 개정에 의하여 2005.1.16.부터 비로소 저작인접권자에게 부여되기 시작하였다.

소리바다 **운영자**의 저작인접권 침해 여부와 관련해서는, 저작권의 침해를 미필적으로 인식하였거나 충분히 예견할 수 있었지만 아무런 조치를 취하지 않고 프로그램을 개발하고 서버를 운영하여 이용자들의 저작인접권 침해를 용이하게 하였으므로, 이용자들의 저작인접권 침해에 대하여 민법상 불법행위의 방조자에 대한 **"방조책임"**을 진다고 판시하였다. 항소심에 대하여 채무자들이 상고하였으나, 모두 기각되었다.

한편, 형사 항소심[402]에서는 "소리바다 사이트를 이용해 파일을 공유한 사람들은 음악파일 저작권자의 복제권과 저작인접권을 침해한 점이 인정되지만, 소리바다 운영자인 양씨 등이 이들의 저작권 침해 행위를 방지할 적극적인 의무가 있다고 보기 어렵다."라는 이유로 무죄를 선고하였으다.

형사 상고심[403]에서는 복제권 침해의 방조는 정범의 복제권 침해행위 중에 복제를 방조하는 행위와 정범의 복제권 침해행위 이전에 장래의 복제권 침해행위를 예상하고 이를 용이하게 해주는 경우도 포함되고, 정범의 침해행위에 대하여 미필적 고의가 있으면 충분하고, 정범의 침해행위에 대하여 **구체적 인식**의 필요가 없고, 정범이 누구인지 알 필요가 없으므로, 본 사안에서 소리바다 **운영자**는 적어도 미필적 고의를 가지고 소리바다 사용자들의 복제권 침해행위를 용이하게 해준 것으로 인정하여 사용자의 복제권 침해에 대한 **방조책임을 진다**고 하여 항소심을 일부 파기 환송하였다.

2. 프루나 사건[404]

(1) 개요

이 사건은, P2P 서비스의 일종을 프루나(www1.pruna.com)라는 인터넷 사이트를 통하여 제공하는 피신청인을 상대로, 음반복제등금지가처분을 사단법인 한국음원제작자협회에서 신청한 사건이다. 사용자는 MP3 형식의 음악파일을 비롯한 다양한 형식을 파일을 피신청인이 제공하는 프루나라는 프로그램을 이용하여 상호 교환할 수 있다. 이전에 유사한 서비스를 제공하던 소리바다가

402) 서울중앙지법 형사항소 5부.
403) 대법원 2007.12.14. 선고 2005도872 판결.
404) 서울중앙지법 2006.3.13.자 2005카합4187결정.

저작인접권 침해로 인하여 2005.11.7. 무료서비스를 중단하였고, 이로 인하여 유사한 서비스를 제공하는 프루나의 접속수가 급증하였다.

신청인은 음원이 무단으로 업로드 및 다운로드 되고 있어, 음반제작자의 저작인접권 중, 복제권 및 전송권이 침해되고 있으며, 그 방조자인 피신청인을 상대로, 침해행위의 정지를 구하였다.

이에 대하여, 피신청인은 단지 P2P 호환서버의 이용에 편의를 제공할 뿐으로, 불법파일 교환행위를 방조하고 있다고 할 수 없으며, 침해행위를 방지하고 중단시키기 위한 최선의 기술적 조치를 다하고 있으며, 그 외의 수단이 전무하므로 저작권법상 온라인서비스제공자의 책임제한규정에 의하여 면책된다고 주장하였다.

(2) 판시

저작권법 제91조 제1항에서 침해정지청구의 상대방을 '저작권 그 밖에 이 법에 의하여 보호되는 권리를 침해하는자'로 규정하고 있는바, 침해행위를 방조하는 경우에도, 그 방조행위의 내용, 성질, 방조자의 관리, 지배의 정도, 방조자에게 발생하는 이익 등을 종합하여, 방조행위가 당해 저작권 침해행위에 밀접한 관련이 있고, 방조자가 저작권 침해해위를 미필적으로나마 인식하면서도 이를 용이하게 하거나 마땅히 취해야 할 금지조치를 취하지 아니하였으며, 방조행위를 중지시킴으로써 저작권 침해상태를 제거할 수 있는 경우에는 당해 방조자는 **침해주체에 준하여**, '저작권 그 밖에 이 법에 의하여 보호되는 권리를 침해하는 자'에 해당한다고 보는 것이 합리적이다.

면책주장에 대해서는, 침해의 사실을 알고 있었고, 비록 일부 침해 방지를 위한 조치를 하고 있으나, 실질적인 효과를 보기는 힘들고, 피신청인이 시행한 간단한 금칙어의 등록 등과 같은 방법이외에도, 음악인식기술을 비롯한 다양한 형태의 DRM(Digital Rights Management: 디지털 콘텐츠의 무단사용을 막아 저작권 관련 당사자들의 이익과 권리를 보호해 주는 기술과 서비스)의 발달로 실효적인 저작권 보호가 불가능하지 않고, 면책규정은 기술적 조치의 비용 및 난이도를 고려하지 않고 불가능한 경우에만 면책되도록 규정하고 있으므로, 피신청인의 면책주장은 인정하지 아니하였다.

(3) 해설

저작권 침해의 방조자를 저작권침해 주체에 준하는 것으로 취급하여, 저작권침해 정지청구의 대상이 되는 자에 포함시킨 점에 특징이 있다.

온라인서비스제공자에 대한 면책규정의 적용에 대해서는, 피신청인의 조치가 실질적인 저작권침해행위의 방지에 충분하지 않고, 현실적으로 실효적인 저작권보호가 가능한 방법이 있음에도 이를 수행하지 않아서, 그 기술적 난이도 및 비용에 관계없이 그 기술적 조치가 불가능한 것이 아니므로, 면책조항의 적용은 될 수 없다고 판단하였다.

제4절 저작재산권의 제한

저작권 있는 저작물을 저작권자의 허락 없이 사용하면 원칙적으로 저작권 침해가 될 것이나, 일정한 경우에는 저작재산권을 제한하여 저작물을 자유롭게 이용할 수 있는 경우가 있다. 이를 공정이용(fair use)이라고도 한다. 공정이용으로 인정되는 경우 중 일부를 들면 다음과 같다.

① 재판절차 등에서의 복제(저작권법 제23조)

② 학교교육목적 등에의 이용(제25조)

고등학교 및 이에 준하는 학교 이하의 학교의 교육목적상 필요한 교과용 도서에는 공표된 저작물을 게재할 수 있다.

③ 시사보도를 위한 이용(제26조)

④ 공표된 저작물의 인용(제28조)

공표된 저작물은 보도, 비평, 교육, 연구 등을 위하여 정당한 범위 안에서 공정한 관행에 합치되게 이를 인용할 수 있다. 예를 들어, 연구 논문, 보고서 등에서 타인의 저작물을 인용하고 그 출처를 밝히는 경우에 해당한다.

⑤ 영리를 목적으로 하지 않는 공연, 방송(제29조)

⑥ 사적이용을 위한 복제(제30조)

공표된 저작물을 영리를 목적으로 하지 않고 개인적으로 이용하거나 가정 및 이에 준하는 한정된 범위 안에서 이용하는 경우에는 복제할 수 있다.

예를 들어, 음악 CD를 구입한 후 음원파일을 추출하여 압축하고 이를 MP3 플레이어 내에 저장하여 개인적으로 청취하는 경우, 음원파일의 추출, 압축, 저장 행위는 저작인접권의 대상인 음반의 복제에 해당하여 저작인접권을 침해하지만, 영리를 목적으로 하지 않고 개인적으로 이용하는 경우에 해당하므로 이와 같은 행위는 사적이용을 위한 복제에 해당하여 허용된다.

한편 이와 같은 경우이외에도, 저작물의 통상적인 이용 방법과 충돌하지 아니하고 저작자의 정당한 이익을 부당하게 해치지 아니하는 경우에는 저작물을 이용할 수 있고, 이때에는 ① 이용의 목적 및 성격, ② 저작물의 종류 및 용도, ③ 이용된 부분이 저작물 전체에서 차지하는 비중과 그 중요성, ④ 저작물의 이용이 그 저작물의 현재 시장 또는 가치나 잠재적인 시장 또는 가치에 미치는 영향을 고려하여야 한다(저작권법 제35조의 3, 제1항 및 제2항).

제4장 지적재산권 침해에 대한 구제

특허권의 침해가 있는 경우에 특허권자 또는 전용실시권자는 민사적, 형사적 방법으로 권리침해에 대한 구제를 받을 수 있다.

제1절 민사적 구제

민사적 구제방법으로는 특허법에 규정된 **침해금지청구권**, **신용회복조치청구권** 및 민법의 규정에 따라 **손해배상청구권**, **부당이득반환청구권**을 행사할 수 있다.

Ⅰ. 침해금지청구권 등

특허권자 또는 전용실시권자는 자기의 권리를 침해한 자 또는 침해할 우려가 있는 자에 대하여 그 침해의 금지 또는 예방을 청구할 수 있다. 이러한 금지 또는 예방청구는 사건으로서의 침해를 대상으로 하고 있으므로, 손해배상청구의 경우와는 달리 침해의 고의 · 과실은 묻지 않는다.

침해금지 또는 예방청구시에는 그 실효성을 확보하기 위하여 다음과 같은 행위도 청구할 수 있다.

① 침해행위를 조성한 물건의 폐기
② 침해행위에 제공된 설비의 제거
③ 기타 침해의 예방에 필요한 행위

Ⅱ. 신용회복청구권

법원은 고의 또는 과실로 특허권 또는 전용실시권을 침해함으로써 특허권자 또는 전용실시권자의 업무상의 신용을 실추하게 한 자에 대하여 특허권자 또는 전용실시권자의 청구에 의하여 손해배상에 갈음하거나 손해배상과 함께 특허권자 또는 전용실시권자의 업무상의 신용회복을 위하여 필요한 조치를 명할 수 있다.

Ⅲ. 손해배상청구권

고의 또는 과실로 특허권 또는 전용실시권이 침해되어 손해가 발생한 경우, 침해자에 대하여 민법[405]에 규정된 손해배상청구권을 행사할 수 있다. 특허와 같은 무체재산권이 침해된 경우, 그 손해액을 산정하는 것이 대체적으로 곤란한 경우가 많으므로, 손해액의 입증이 곤란한 경우가 많다. 이러한 입증책임을 경감시키기 위하여 손해액의 산정에 관하여 손해액을 추정하는 규정을 두고 있음은 앞에서 기술한 바와 같다(손해액의 추정규정 부분 참조).

또한 최근 2019.1.8. 특허법의 개정(2019.7.9. 시행)으로 고의 침해의 경우에는 손해액의 3배까지 이른바 '징벌적 손해배상액'으로 청구할 수 있게 되었다.

Ⅳ. 부당이득반환청구권

특허권 또는 전용실시권이 침해되어 손해가 발생한 경우, 침해자에 대하여 민법[406]에 규정된 부당이득반환청구권을 행사할 수 있다.

부당이득반환청구권은 법률상 원인없이 타인의 재산 또는 노무로 인하여 이익을 얻고 이로 인하여 타인에게 손해를 가한 자에 대하여 청구가 가능하므로, 침해의 고의 · 과실을 묻지 않는다. 따라서, 침해의 고의 · 과실을 입증할 수 없는 경우에도 청구할 수 있는 실익이 있다.

한편, 부당이득반환청구권의 시효는 일반 채무불이행의 시효인 10년이므로, 불법행위로 인한 손해배상청구권이 시효[407]로 소멸한 이후에도 청구할 수 있는 실익이 있다.

---

405) 민법 제750조 [불법행위의 내용] 고의 또는 과실로 인한 위법행위로 타인에게 손해를 가한 자는 그 손해를 배상할 책임이 있다.

406) 민법 제741조 [부당이득의 내용] 법률상 원인없이 타인의 재산 또는 노무로 인하여 이익을 얻고 이로 인하여 타인에게 손해를 가한 자는 그 이익을 반환하여야 한다.

407) 민법 제766조 (손해배상청구권의 소멸시효) ① 불법행위로 인한 손해배상의 청구권은 피해자나 그 법정대리인이 그 손해 및 가해자를 안 날로부터 3년간 이를 행사하지 아니하면 시효로 인하여 소멸한다. ② 불법행위를 한 날로부터 10년을 경과한 때에도 전항과 같다.

제2절 형사적 구제

Ⅰ. 특허권 침해죄

특허권 또는 전용실시권을 침해한 자는 7년 이하의 징역 또는 1억원 이하의 벌금에 처한다(§ 225-①).

이 죄는 특허권자·전용실시권자 또는 법정대리인 등의 고소가 있어야 하는 '친고죄'이다(§ 225-②). 친고죄의 고소기간은 범인을 알게 된 날로부터 6개월이므로(형사소송법 제230조 제1항) 침해자를 안날로부터 6개월 이내에 고소하여야 한다.

Ⅱ. 몰수 등

법원은 침해죄에 해당하는 침해행위를 조성한 물건 또는 그 침해행위로부터 생긴 물건은 몰수하거나, 피해자의 청구에 의하여 그 물건을 피해자에게 교부할 것을 선고하여야 한다. 피해자는 법원의 선고에 의하여 물건의 교부를 받은 경우에는 그 물건의 가액을 초과하는 손해의 액에 한하여 배상을 청구할 수 있다.

제5장 특허권 침해에 대한 대응

특허권자로부터 특허권침해라는 권리의 대항을 받은 경우에는 상대방의 특허를 확인한 다음, 다음과 같은 대응을 할 수 있다. 상대방의 특허권의 유·무효를 판단하기 위하여는 심사과정에 수반되는 의견제출통지서, 의견서 등을 참조해야 할 필요가 있을 수 있다. 이 경우에는 아래의 **등록포대복사신청서**를 작성하여 제출하면, 출원 및 심사과정 중에 특허청과 출원인 사이에 상호 교부된 서류 일체를 복사하여 열람할 수 있으므로 특허 유·무효를 판단하는데 유용하게 사용될 수 있다.

등록포대복사신청서

(출원서에서 등록결정서까지)

신청인 (대리인)	성　명	
	주　소 (전화번호)	♣전화번호 필히 기재하세요♣ (☎　　　　)
등록번호	특　허	
	실용신안	
	의　장	
	상　표	
	서비스표	
	상표서비스표	
신청부분	【 포대전체, 중간서류, 이의신청서일체, 정보제출서류일체 】 ※ 이의신청서, 정보제출서는 장당 200원임	

특허법 제216조에 의거 위와 같이 신청합니다.

년　　월　　일

신청인(대리인)　　　　　　　　인 또는 서명

특 허 청 장 귀하

【그림 53】 등록 포대 복사 신청서

제1절 적극적 대응

특허권침해를 주장하는 상대방의 주장이 유력하지 않을 경우 다음과 같은 대응을 할 수 있다.

Ⅰ. 권리범위확인심판의 청구

실시품 즉, 확인대상발명이 특허권자의 특허청구범위에 의하여 보호되는 범위에 속하지 않는다는 주장을 하면서, 소극적 권리범위확인심판을 특허심판원에 청구한다.

Ⅱ. 특허취소의 신청

특허권 설정등록 공고일로부터 '6개월' 이내이라면, 누구라도 특허공보에 선행기술로 게재되어 있는 문헌을 제외한 문헌을 근거로 들면서, 신규성, 진보성 결여를 주장하거나, 특허법 제36조 소정의 선출원주의 위반을 근거로 특허권 취소를 신청할 수 있다.

Ⅲ. 특허무효심판의 청구

특허에 신규성, 진보성 결여 혹은 명세서의 기재불비 등의 하자가 있음을 주장하면서, 특허무효심판을 특허심판원에 청구한다. 무효심판청구는 특허권이 존속하는 기간뿐만 아니라 특허권이 존속기간 만료로 소멸된 이후에도 청구할 수 있다.

특허권자로부터 실시권을 허여받은 실시권자가 특허권자를 상대로 특허무효심판을 청구할 수 있는 이해관계가 있는지 여부와 관련하여 종전 판례의 태도는 불명확하였으나, 최근 대법원 판례에서 실시권자에게도 이해관계 있음을 명확하게 하여,[408] 특허권자로부터 실시권을 허여받은 실시권자도 특허무효심판을 청구할 수 있게 되었다.

---

408) 대법원 2019. 2. 21. 선고 2017후2819 전원합의체 판결.

Ⅳ. 권리남용의 주장

특허권 침해 주장의 근거가 되는 특허권에 진보성 등이 결여되어 "특허무효심판을 청구한다면 무효로 될 것임이 명백함"에도 이러한 특허권이 형식적으로 존재하고 있다는 점에 기초하여 특허권 침해를 주장하는 것은 민법상 금지되는 권리남용에 해당한다는 점을 근거로, 이러한 특허권 침해의 주장은 허용될 수 없다는 취지의 **'권리남용'** 주장이 가능하다.

제2절 소극적 대응

특허권 침해를 주장하는 상대방의 주장이 유효하다는 것을 전제로, 다음과 같은 행위를 할 수 있다.

Ⅰ. 실시권 설정계약

특허권자와 통상실시권 혹은 전용실시권의 계약을 체결한다.

Ⅱ. 특허권의 매입

특허권을 적당한 금액을 지불하고 매입한다.

제6장 사례해설

사례1의 경우, 물건을 생산하는 방법에 관한 특허의 경우, 특허된 방법을 사용하는 행위 뿐만 아니라, 그 방법에 의하여 생산한 물건을 사용 · 양도 · 대여 또는 수입하거나 그 물건의 양도 또는 대여의 청약을 하는 행위까지 특허 침해를 구성하므로, 제3자의 휴대폰 제조행위와, 제조된 휴대폰을 사용하는 행위 모두 특허침해를 구성한다.

사례2의 경우, 갑돌이는 레이저프린터에 관하여 특허를 보유하고 있고, 을순이는 그 부품에 해당하는 토너카트리지를 생산하는 경우, 토너카트리지 자체는 레이저프린터와는 그 구성이 동일하지 않으므로 특허권의 직접침해를 구성하지는 않는다. 그러나, 토너카트리지가 특허제품인 레이저프린터를 생산하는 데에만 사용되고 다른 용도가 없는 경우에는 특허권에 대한 간접침해를 구성하게 되어, 특허권침해금지청구 및 손해배상청구 등의 대상이 된다.

사례3의 경우, 비록 갑돌이가 자신의 특허를 실시하더라도 타인의 권리와 이용 또는 저촉관계에 있을 수 있다. 즉, 타인의 발명 또는 실용신안과 이용관계에 있는 경우에는 타인 특허권 또는 실용신안권의 침해가 될 수 있고, 타인의 디자인, 상표와 저촉관계에 있는 경우에는 타인의 디자인권, 상표권을 침해할 수 있다.

사례4의 경우, 본문의 내용을 참조하여 적극적 대응으로 권리범위확인심판이나 특허무효심판을 청구할 수 있고, 소극적 대응으로 실시권 설정계약이나, 특허권의 매입 등의 행위를 할 수 있다.

사례5의 경우, 상표는 동일하다고 인정되나, 그 상표가 사용되는 상품이 가방과, 시계는 동일 혹은 유사하다고 인정되지 아니할 것이므로, 상표권 침해를 구성하지 않는다.

사례6의 경우, 음반제작자는 저작인접권자로 음반에 대한 복제권, 배포권, 대여권, 전송권을 가진다. 갑돌이가 구입한 음악 CD로부터 음원을 추출하여 이를 컴퓨터에 저장하는 행위는 음반의 복제에 해당하고, 음원을 인터넷을 통하여 대중이 접속하여 이용하게 하는 것은 전송에 해당하므로, 갑돌이의 행위는 음반제작자의 복제권 및 전송권 침해가 된다.

을순이가 인터넷을 통하여 음악을 청취하는 것과 전송권 침해 여부를 검토하면, 전송권에서는 저작물을 공중이 이용하도록 '제공'하는 행위 즉, 송신만이 문제될 뿐이므로 을순이의 행위는 음반제작자의 전송권 침해를 구성하지는 않는다. 그러나 이와 같이 인터넷에 접속된 컴퓨터를 통하여 음악을 청취하는 경우에는 전송된 음악 파일이 필연적으로 컴퓨터의 메모리에 일시적으로 저장되게 되고 비록 저장시간이 일시적이라 하더라도 전송된 음악파일이 컴퓨터의 메모리에 저장되는 것은 복제로 볼 수 있으므로[409] 을순이의 행위는 음반제작자의 복제권 침해에 해당한다. 한편, 을순이가 전송된 음악을 자신의 컴퓨터에 저장하는 행위도 음반의 복제에 해당하므로 음반제작자의 복제권 침해가 된다. 다만, 을순이의 행위가 비영리이며 가정 내에서와 같이 한정된 장소에서 이루어진 경우라면 저작권법 제30조 소정의 사적이용을 위한 복제에 해당하여 허용될 수 있다.

409) 2006.2.15. 선고, 2005노480판결(벅스뮤직 사건).

지적재산권법

2020년 3월 1일 인쇄
2020년 3월 1일 발행

저 자 김 관 식
발행자 이 광 섭
발행처 한남대학교 출판부(글누리)
34430 대전광역시 대덕구 한남로 70(오정동)
전화 042-629-7536
전송 042-629-7264
인 쇄 바 름
전화 042-628-2412
ISBN 978-89-7066-397-5 93360

정 가 16,000원